By

PANEL OF AUTHORS

EDITION : 2022

ISBN : 978-93-9256-30-41

PRICE : ₹ 199.00

PUBLISHED BY

OSWAL PUBLISHERS

Head Office : 1/12, Sahitya Kunj, M.G. Road, Agra - 282 002

Phone : (0562) 2527771-4

Whatsapp : +91 74550 77222

E-mail : info@oswalpublishers.in

Website : www.oswalpublishers.com

The cover of this book has been designed using resources from Freepik.com

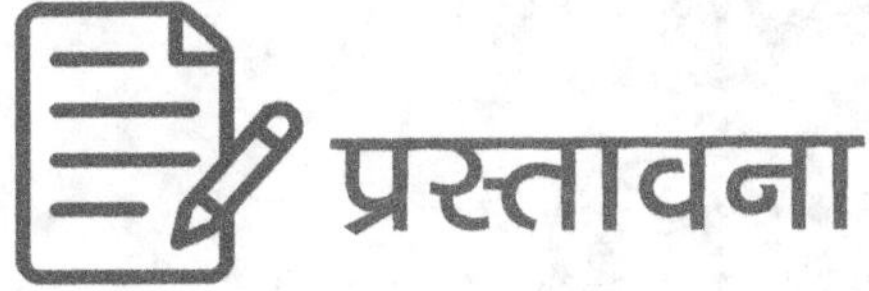 प्रस्तावना

विद्यार्थियों की उच्चतम शैक्षिक निष्पत्ति एवं सर्वोत्तम परीक्षा परिणाम की प्राप्ति, शिक्षण–अधिगम प्रक्रिया के सफल निष्पादन के मूल्यांकन हेतु हमें हिन्दी 'ए' का यह नवीन तथा संशोधित संस्करण प्रस्तुत करते हुए अत्यन्त हर्ष हो रहा है। यह संस्करण सी.बी.एस.ई. के नवीनतम पाठ्यक्रमानुसार कक्षा दसवीं हिन्दी 'ए' के विद्यार्थियों के लिए तैयार किया गया है।

इस विद्यार्थी–सहायक पुस्तक में उनके उचित मार्गदर्शन के लिए विषय से सम्बन्धित/सहायक सामग्री का निर्माण अत्यन्त प्रभावी रूप से किया गया है। नवीन सत्र के कक्षा दसवीं हिन्दी 'ए' हेतु अध्ययन सामग्री का प्रयोग पाठ्य–पुस्तकों के पूरक रूप में किया जाना वांछित परिणाम की प्राप्ति हेतु अभिप्रेरित है। प्रस्तुत पुस्तक में सी.बी.एस.ई के प्रश्न–पत्र के प्रारुपानुसार अभ्यास की व्यवस्था की गई है, जिसमें भाषा की सरलता एवं विषयगत दक्षता प्रमुख उद्देश्य है। पुस्तक में पाठ्य–पुस्तक व लेखन से सम्बन्धित विशिष्ट तकनीकी शब्दावली का सरलीकरण एवं अभ्यास हेतु महत्त्वपूर्ण प्रश्न–कोश उपलब्ध कराया गया है, जिसका निरन्तर अभ्यास विद्यार्थियों को अधिक आत्मविश्वास तथा सम्यक विषय ज्ञान से सुसज्जित कर सर्वोत्तम प्रदर्शन हेतु सक्षम बनाने में उपयोगी एवं सहायक सिद्ध होगा।

सभी विद्यार्थियों को शुभकामनाओं सहित............

—प्रकाशक

⊕ oswal.io

create your own exam sample papers in 2 mins

Prepare a chapter, take practice test & get —— evaluated to perform better ——

Create unlimited tests based on the latest board paper pattern once you are done practicing the book questions

Scan the **QR code** and get instant access to **oswal.io** for **free**. Just register & get started!

A winning effort begins with daily practice of tests

Easy steps to follow :

Step 1 - In a few clicks, you can completely customize your test

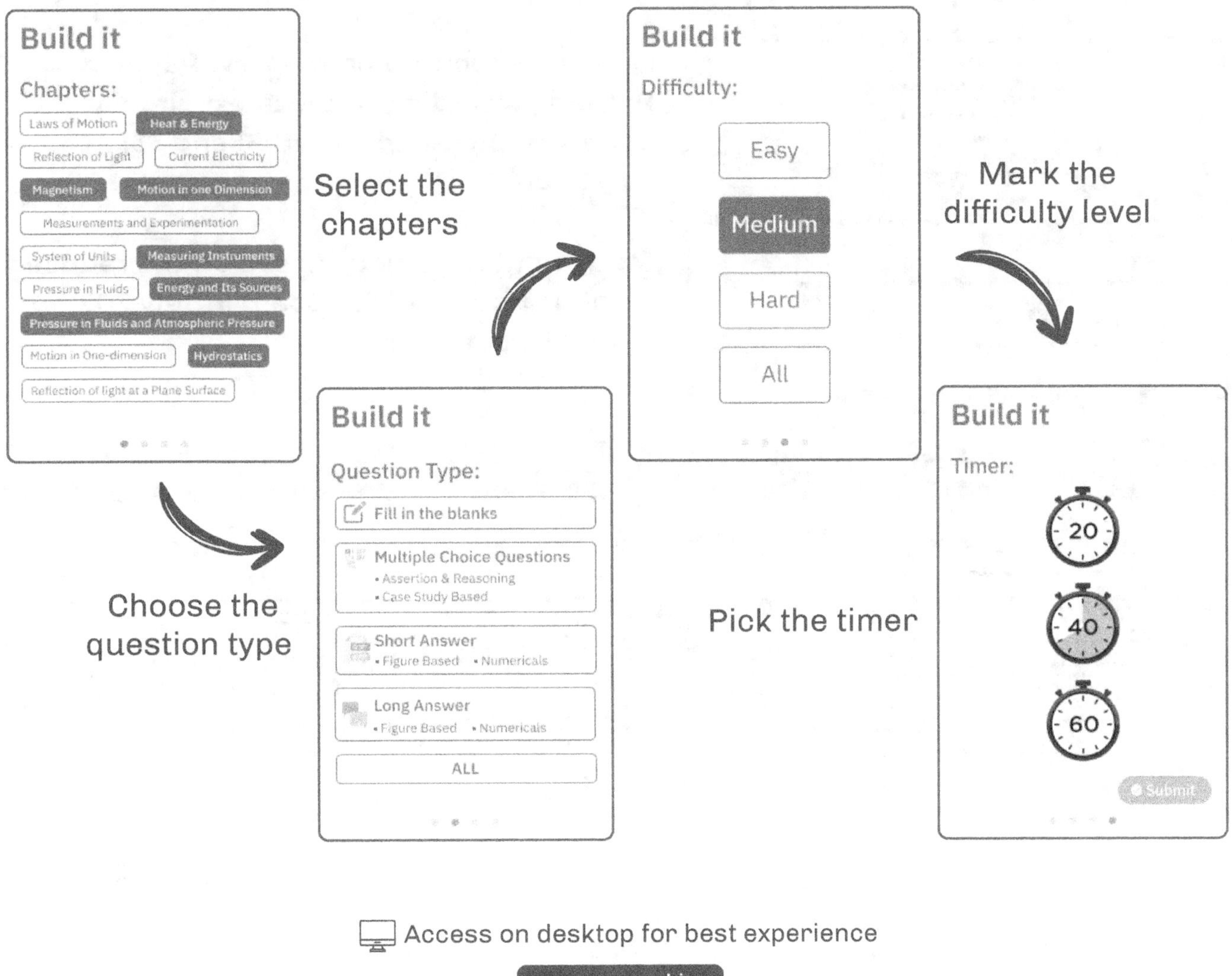

Access on desktop for best experience

www.oswal.io

Step 2 - Test is based on the selected question type, chapters, difficulty, time

Step 3 - Click on start and type your answers in the given space

Step 4 - Use insert $\TeX$ equation editor to quickly & accurately insert the difficult math/physics/chem formulas

Step 5 - Skip any question if not sure, proceed to next & submit

Step 6 - You will get your result emailed right away

SPECIAL HIGHLIGHTS

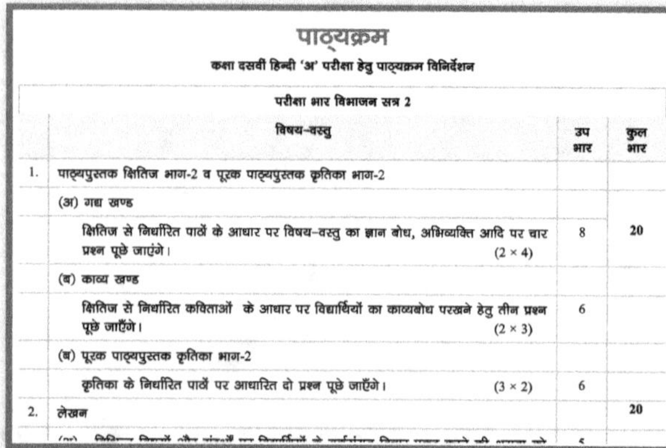

Questions focused on the New Paper Pattern, according to the latest circular issued by the Board (Acad-51 and 53) in July 2021.

Study material strictly based on the reduced syllabus issued by the Board in July 2021 for TERM-II examination.

Based on the board's most recent typologies of Objective Type Questions:

क्षितिज (काव्य–खण्ड)

क्षितिज (गद्य–खण्ड)

कृतिका

1000+ New Chapter-wise Questions Included

बहुविकल्पीय प्रश्न

गद्यांश पर आधारित बहुविकल्पीय प्रश्न

रचना और अभिव्यक्ति

प्रश्न 51. (i) नवाब साहब द्वारा खीरा खाने की तैयारी करने का एक चित्र प्रस्तुत किया गया है। इस पूरी प्रक्रिया को अपने शब्दों में व्यक्त कीजिए।

अथवा

नवाब साहब ने खीरे की एक फाँक को रेल के डिब्बे की खिड़की से बाहर फेंकने से पहले क्या-क्या क्रियाएँ सम्पन्न कीं?

उत्तर— नवाब साहब ने तौलिए पर रखे दो ताज़े-चिकने खीरों को उठाकर नीचे रखा और तौलिए को झाड़कर सामने बिछा लिया। सीट के नीचे लोटे में रखे हुए पानी से खिड़की के

प्रश्न 53. क्या सनक का कोई सकारात्मक रूप हो सकता है? यदि हाँ तो ऐसी सनकों का उल्लेख कीजिए।

उत्तर— हाँ! सनक का सकारात्मक रूप हो सकता है। नवाब आसफुद्दौला कुशल शासक के साथ-साथ बड़े दयालु भी थे। उन्हें प्रजा के हित की सनक चढ़ी रहती थी। अकाल के दौरान उन्होंने बड़ा इमामबाड़ा का निर्माण करवाया था। बताया जाता है कि दिन में जो काम होता था उसे रात में ढहा दिया जाता था, ताकि प्रजा को अनाज के रूप में ज़्यादा लाभ मिल सके। इस प्रकार सभी दरवाज़े और बड़ा इमामबाड़ा को बनवाने का काम दो साल तक चला। जिसमें करीब 2 करोड़ रुपये खर्च हुए थे। इस तरह अपनी सनक के कारण उन्होंने प्रजा के आत्मसम्मान को बिना चोट पहुँचाये उनकी मदद की।

रचना और अभिव्यक्ति

भाषा अध्ययन

प्रश्न 61. 'मेरा देश भारत' विषय पर 200 शब्दों का निबन्ध लिखिए।

उत्तर— दक्षिण से उत्तर भारत तक, विस्तृत पावन राष्ट्र हमारा।
सर्व समन्वय की यह धरती, नहीं भेद की इसमें धारा॥
स्वामी विवेकानन्द ने कहा था—''यदि पृथ्वी पर ऐसा कोई देश है, जिसे हम पुण्यभूमि कह सकते हैं......तो मैं निश्चित रूप से कहूँगा कि वह हमारी मातृभूमि भारतवर्ष ही है।'' भारत अत्यन्त प्राचीन देश है। यह स्वर्ग के समान सुन्दर है। हम यहीं पर जन्मे हैं, इसी की गोद में पलकर बड़े हुए हैं तथा इसी के अन्न-जल से हमारा पालन-पोषण हुआ है। अत:

भी तुम्हें भारत के पर्वतीय स्थानों का भ्रमण कराना चाहता हूँ। मुझे उम्मीद है कि तुम आओगे।

तुम्हारा मित्र
हंसराज।

प्रश्न 63. निम्नलिखित वाक्यों में समुच्चयबोधक छाँटकर अलग लिखिए—

(क) तब भी जब वह इलाहाबाद में थे और तब भी जब वह दिल्ली आते थे।

उत्तर— और।

(ख) माँ ने बचपन में ही घोषित कर दिया था कि लड़का हाथ से गया।

उत्तर— कि।

भाषा अध्ययन

लेखक परिचय

हिन्दी के प्रतिभावान साहित्यकार सर्वेश्वर दयाल सक्सेना का जन्म सन् 1927 में उत्तर प्रदेश के बस्ती जिले में हुआ। उनकी प्रारम्भिक शिक्षा बस्ती में तथा उच्च शिक्षा इलाहाबाद विश्वविद्यालय में हुई। प्रारम्भ में उन्होंने अध्यापन कार्य किया तथा बाद में वे आकाशवाणी में सहायक प्रोड्यूसर, दिनमान में उपसम्पादक तथा पराग के सम्पादक रहे। सन् 1983 में उनका आकस्मिक निधन हो गया।

सर्वेश्वर दयाल सक्सेना बहुमुखी प्रतिभा के धनी थे। वे एक अच्छे कवि, उपन्यासकार, कहानीकार तथा नाटककार थे। **काठ की घंटियाँ**, **जंगल का दर्द**, **कुआनो नदी** तथा **खूँटियों पर टंगे लोग** उनके प्रसिद्ध कविता संग्रह हैं। **पागल कुत्तों का मसीहा** तथा **सोया हुआ जल** प्रमुख उपन्यास हैं। **लड़ाई** उनका प्रसिद्ध कहानी-संग्रह तथा **बकरी** प्रसिद्ध नाटक है। **लाख की नाक**, **बतूता का जूता** एवं **भौं भौं खौं खौं** उनके बाल-साहित्य हैं। **चरचे और चरखे** उनके लेखों का संग्रह है। **खूँटियों पर टंगे** लोग नामक कविता पर उन्हें साहित्य अकादमी

फ़ादर की मृत्यु ज़हरबाद (गैंग्रीन) से हुई थी। लेखक बात का बहुत अफ़सोस हुआ। लेखक के अनुसार जीवन-भर बाँटने वाले साधु-पुरुष को यह बीमारी नहीं होनी चाहिए थी बल्कि हमेशा साधुओं जैसा लम्बा चोगा धारण करते थे। उनकी आँखें सदा सबको गले लगाने को आतुर रहती थीं। लेखक पैंतालीस तक उनके इस स्नेह को महसूस करते रहे। फ़ादर लेखक के देवदारु की छाया के समान था। फ़ादर बहुत साधारण थे। इ के समान सदैव उनकी सहायता के लिए तैयार रहते थे। उनका की सड़कों पर उनकी साईकिल चलती ही रहती थी। वे सदा लबरेज रहते थे। उन्हें कभी क्रोध नहीं आता था। प्यार और मम कूट-कूट कर भरी थी। जब फ़ादर इंजीनियरिंग के अन्तिम व तभी वे बेल्जियम छोड़कर संन्यासी होकर भारत आ गये। परिवार बेल्जियम के रैम्सचैपल शहर में रहता था। उन्हें अपनी रैम्सचैपल तथा माँ बहुत याद आती थीं। भारत आने के बाद शु वर्ष धर्माचार की शिक्षा ली। उसके बाद 9-10 वर्ष तक दार्ज पढ़ाई की। बी. ए. की शिक्षा उन्होंने कलकत्ता से प्राप्त की। इ

लेखक/कवि परिचय

विषय-सूची

पाठ्यक्रम

कक्षा दसवीं हिन्दी 'अ' परीक्षा हेतु पाठ्यक्रम विनिर्देशन

	परीक्षा भार विभाजन सत्र 2	उप भार	कुल भार
1.	पाठ्यपुस्तक क्षितिज भाग-2 व पूरक पाठ्यपुस्तक कृतिका भाग-2		
	(अ) गद्य खण्ड		
	क्षितिज से निर्धारित पाठों के आधार पर विषय–वस्तु का ज्ञान बोध, अभिव्यक्ति आदि पर चार प्रश्न पूछे जाएंगे। (2 × 4)	8	20
	(ब) काव्य खण्ड		
	क्षितिज से निर्धारित कविताओं के आधार पर विद्यार्थियों का काव्यबोध परखने हेतु तीन प्रश्न पूछे जाएँगे। (2 × 3)	6	
	(ब) पूरक पाठ्यपुस्तक कृतिका भाग-2		
	कृतिका के निर्धारित पाठों पर आधारित दो प्रश्न पूछे जाएँगे। (3 × 2)	6	
2.	लेखन		20
	(अ) विभिन्न विषयों और संदर्भों पर विद्यार्थियों के तर्कसंगत विचार प्रकट करने की क्षमता को परखने के लिए संकेत बिंदुओं पर आधारित समसामयिक एवं व्यावहारिक जीवन से जुड़े हुए तीन विषयों में से किसी एक विषय पर लगभग 150 शब्दों में अनुच्छेद लेखन। (5 × 1)	5	
	(ब) अभिव्यक्ति की क्षमता पर केन्द्रित औपचारिक अथवा अनौपचारिक विषयों में से किसी एक विषय पर लगभग 120 शब्दों में पत्र। (5 × 1)	5	
	(स) विषय से संबंधित दो विज्ञापनों (प्रत्येक लगभग 50 शब्दों वाला) का लेखन। (2.5 अंक × 2 प्रश्न) (विकल्प सहित)	5	
	(द) संदेश लेखन (शुभकामना, पर्व-त्यौहारों एवं विशेष अवसरों पर दिए जाने वाले दो संदेश) (प्रत्सेक लगभग 40 शब्दों में) (2.5 अंक × 2 प्रश्न) (विकल्प सहित)	5	
3.	आंतरिक मूल्यांकन		10
	(अ) सामयिक आकलन	3	
	(ब) बहुविध आकलन	2	
	(स) पोर्टफोलियो	2	
	(द) श्रवण एवं वाचन	3	
	कुल		50

सत्र-2 2021-22 में निम्नलिखित पाठ सम्मिलित किए गए हैं—

पाठ्य पुस्तक क्षितिज भाग-2

काव्य-खण्ड :

1. सूर्यकांत त्रिपाठी 'निराला'– 'उत्साह', 'अट नहीं रही है'

2. ऋतुराज–कन्यादान

गद्य-खण्ड :

3. यशपाल–लखनवी अंदाज

4. सर्वेश्वरदयाल सक्सेना–मानवीय करुणा की दिव्य चमक

अनुपूरक पाठ्य पुस्तक कृतिका भाग-2

1. शिवपूजन सहाय– माता का अँचल

2. कमलेश्वर– जॉर्ज पंचम की नाक

3. मधु कांकरिया–साना–साना हाथ जोड़ि

निर्धारित पुस्तकें:

1. क्षितिज, भाग-2, एन.सी.ई.आर.टी., नई दिल्ली द्वारा प्रकाशित नवीनतम संस्करण।

2. कृतिका, भाग-2, एन.सी.ई.आर.टी., नई दिल्ली द्वारा प्रकाशित नवीनतम संस्करण।

खण्ड 'क': (क्षितिज भाग-2)

'उत्साह', 'अट नहीं रही है'
कवि–सूर्यकांत त्रिपाठी 'निराला'

कवि-परिचय–छायावाद के आधार स्तम्भ सूर्यकान्त त्रिपाठी 'निराला' का जन्म बंगाल की महिषादल रियासत में सन् 1899 में हुआ। वे मूलत: उन्नाव (उत्तर प्रदेश) के निवासी थे। उनकी प्रारम्भिक शिक्षा महिषादल में ही हुई। उन्होंने स्वाध्याय से ही संस्कृत, बांग्ला और अंग्रेजी भाषा का ज्ञान अर्जित किया। हिन्दी भाषा उन्होंने हिन्दी-पत्रिकाओं के माध्यम से सीखी।

निराला का पारिवारिक जीवन दु:खों एवं संघर्षों से भरा था। आत्मीयजनों की असामयिक मृत्यु से वे भीतर तक हिल गये। निराला जी स्वभाव से उदार, स्वाभिमानी, अध्ययनशील, त्यागी एवं प्रकृति प्रेमी थे। अतिथि सत्कार की भावना उनमें कूट-कूटकर भरी थी।

रचनाएँ–**अनामिका, परिमल, गीतिका, कुकुरमुत्ता, नये-पत्ते** तथा **राम की शक्ति-पूजा** उनकी प्रमुख रचनाएँ हैं। इसके अतिरिक्त उपन्यास, कहानी, आलोचना, रेखाचित्र, जीवनी तथा निबन्ध लेखन में भी उनकी ख्याति अविस्मरणीय है।

साहित्यिक विशेषताएँ–निराला विद्रोही प्रकृति के कवि थे। इनकी रचनाओं में प्रकृति प्रेम, दार्शनिकता, विद्रोह, क्रान्ति तथा निराशा स्पष्ट दिखाई देती है। निराला छायावादी कवि थे। उन्होंने प्रगतिवाद, प्रयोगवाद तथा रहस्यवाद से सम्बन्धित कविताएँ भी लिखीं, उन्होंने अपनी रचनाओं में शोषकों का जमकर विद्रोह किया। उन्होंने शिल्प-क्षेत्र में बदलाव लाते हुए परम्परागत छन्द-परम्परा को तोड़कर छन्दमुक्त कविताएँ लिखीं। मुक्तक छन्द निराला की ही देन है। उनकी भाषा में कोमलता, चित्रात्मकता, संगीतात्मकता, प्राकृतिक उपमानों तथा अलंकारों का प्रयोग प्रचुर मात्रा में दिखाई देता है।

निराला जी बहुमुखी प्रतिभा के धनी थे। उन्होंने गद्य एवं पद्य दोनों में ही लेखन कार्य किया।

गरजो = गर्जना करो। **घोर** = भयंकर। **गगन** = आसमान। **धाराधर** = बादल, मूसलाधार वर्षा। **ललित** = सुन्दर। **विद्युत छवि** = बिजली के समान चमकती शोभा। **उर** = हृदय, मन। **कवि** = रचना करने वाला, सृजनकर्ता। **वज्र** = कठोर, भीषण। **नूतन** = नया। **विकल** = व्याकुल, बैचेन, घबराए हुए। **उन्मन** = उदास, अनमने। **विश्व** = संसार। **निदाघ** = तपन, प्रचण्ड गर्मी। **सकल जन** = सभी लोग। **अज्ञात** = अनजान। **अनन्त** = आकाश। **घन** = बादल। **तप्त** = तपित, तपती हुई। **धरा** = धरती, पृथ्वी। **शीतल** =

ठण्डी। **अट** = समाना, समाहित होना। **आभा** = चमक, सौन्दर्य। **फागुन** = फाल्गुन मास। **तन** = शरीर। **सट** = स्पर्श। **नभ** = आसमान। **पर** = पंख। **उर** = हृदय। **मंद** = धीमी। **गंध** = सुगन्ध। **पुष्प-माल** = फूलों की माला। **पाट-पाट** = जगह-जगह। **शोभा श्री** = सौन्दर्य रूपी लक्ष्मी। **पट नहीं रही है** = समा नहीं रही है।

1. 'उत्साह' किस प्रकार की कविता है?

(क) प्राकृतिक कविता   (ख) संबोधन कविता

(ग) आह्वान गीत   (घ) सौंदर्य कविता है

उत्तर: (ग) आह्वान गीत

2. कविता में बादल किसका प्रतीक है?

(क) शांति का   (ख) क्रांति का

(ग) वर्षा का   (घ) सौंदर्य का

उत्तर: (ख) क्रांति का

3. कवि बादल से बरसने की प्रार्थना क्यों करते हैं?

(क) धरती को शीतलता प्रदान करने के लिए।

(ख) समाज में क्रांति लाने के लिए

(ग) उपर्युक्त दोनों

(घ) इनमें से कोई नहीं

उत्तर: (ग) उपर्युक्त दोनों

4. कवि बादल को कैसा बताते हैं?

(क) समाज में व्याकुलता लाने वाला।

(ख) धरा को तप्त करने वाला।

(ग) समाज में विद्युत का संचार करने वाला।

(घ) पीड़ित समाज की आकांक्षाओं को पूरा करने वाला।

उत्तर: (घ) पीड़ित समाज की आकांक्षाओं को पूरा करने वाला।

5. वर्षा के बिना लोगों की क्या अवस्था है?

(क) शीतलता से व्याकुल हैं।

(ख) गर्मी से व्याकुल हैं।

(ग) खेती करने के लिए व्याकुल हैं।

(घ) गरजने के लिए व्याकुल हैं।

उत्तर: (ख) गर्मी से व्याकुल हैं।

6. सभी बादल से क्या अपेक्षा कर रहे हैं?

(क) समाज में शांति की स्थापना हो

(ख) धरती को तप्त कर दे।

(ग) धरती को शीतल कर दे।

(घ) प्रकृति का सौंदर्य बढ़ जाए।

उत्तर: (ग) धरती को शीतल कर दे।

7. कवि ने यह कविता बादलों को ही क्यों संबोधित की है?

(क) क्रांति का प्रतीक होने के कारण।

(ख) गरजने के कारण।

(ग) बरसने के कारण।

(घ) इनमें से कोई नहीं।

उत्तर: (क) क्रांति का प्रतीक होने के कारण।

8. इस कविता में किसकी सुंदरता का वर्णन किया गया है?

(क) प्रकृति की सुंदरता   (ख) आसमान की सुंदरता

(ग) धरती की सुंदरता   (घ) फागुन की सुंदरता

उत्तर: (घ) फागुन की सुंदरता

9. 'साँस' से कवि का क्या आशय है?

(क) फागुन की हवा   (ख) जीवन

(ग) नए पत्ते   (घ) नई डालियाँ

उत्तर: (क) फागुन की हवा

10. फागुन के प्रभाव से डालियों का स्वरूप किस प्रकार का हो गया है?

(क) खाली   (ख) हरा–भरा

(ग) आभापूर्ण   (घ) निस्तेज

उत्तर: (ख) हरा–भरा

11. कवि की आँखें कहाँ से नहीं हट रही हैं?

(क) प्रकृति के सौंदर्य से

(ख) पेड़ों की डालियों से

(ग) आसमान के सौंदर्य से

(घ) वर्षा के सौंदर्य से

उत्तर: (क) प्रकृति के सौंदर्य से

12. डालियाँ किससे लदी हुई हैं?

(क) मंद गंध से   (ख) शोभा से

(ग) संतोष से   (घ) पत्तों से

उत्तर: (घ) पत्तों से

13. फूल की माला की क्या विशेषता है?

(क) आभा से भरी है।

(ख) हृदय में पड़ी है।

(ग) हवा के प्रभाव से उड़ती है।

(घ) मंद गंध आती है।

उत्तर: (घ) मंद गंध आती है।

14. 'अट नहीं रही है' से कवि का क्या आशय है?

(क) प्रकृति का सौंदर्य आँखों में न समा पाना।

(ख) प्रकृति का सौंदर्य आँखों में समाना।

(ग) अत्यधिक चमक

(घ) हरा–भरा वातावरण

उत्तर: (क) प्रकृति का सौंदर्य आँखों में न समा पाना।

15. 'उत्साह' कविता के माध्यम से कवि ने 'नवजीवन वाले' कहकर संबोधित किया है—

(क) जीवन प्रदान करने वाले बादलों और नई रचना करने वाले कवियों को

(ख) निराश व हताश लोगों को

(ग) मूसलाधार वर्षा को

(घ) बाल–कल्पना को

उत्तर: (क) जीवन प्रदान करने वाले बादलों और नई रचना करने वाले कवियों को

16. 'निराला' द्वारा रचित 'उत्साह' नामक कविता में बादल अनेक अर्थों की ओर संकेत करता है। इनमें से गलत उत्तर छाँटिए—

(क) क्रांतिकारी चेतना

(ख) मूसलाधार वर्षा

(ग) उपेक्षित लोगों के प्रति सहानुभूति

(घ) विध्वंसक एवं प्रलयंकारी

उत्तर: (ख) मूसलाधार वर्षा

17. 'उत्साह' कविता में ध्वन्यात्मक प्रभाव तथा नाद–सौन्दर्य उत्पन्न करने वाले शब्दों का प्रयोग किया गया है। इनमें से गलत उत्तर पर सही का निशान लगाइए—

(क) घेर–घेर घोर गगन

(ख) ललित–ललित काले घुँघराले

(ग) विकल–विकल, उन्मन थे उन्मन

(घ) आये अज्ञात दिशा से अनंत के घन

उत्तर: (घ) आये अज्ञात दिशा से अनंत के घन

18. 'धाराधर' किसके लिए प्रयुक्त हुआ है?

(क) पृथ्वी   (ख) आकाश

(ग) समुद्र   (घ) बादल

उत्तर: (घ) बादल

19. कविता में बादल किसका प्रतीक है?

(क) भावनाओं का   (ख) सुख का

(ग) दु:ख का   (घ) क्रांति का

उत्तर: (घ) क्रांति का

20. कवि ने बादलों का आह्वान करते हुए उनसे क्या करने का आग्रह किया है?

(क) न बरसने का   (ख) बरसने का

(ग) गरजने का   (घ) इनमें से कोई नहीं

उत्तर: (ख) बरसने का

21. कवि ने 'निदाघ' अर्थात् भीषण गर्मी से किसकी ओर इशारा किया है?

(क) अधिक गर्मी   (ख) सांसारिक कष्ट

(ग) असफलता   (घ) इनमें से कोई नहीं

उत्तर: (ख) सांसारिक कष्ट

22. कविता में जल का बरसना किसका प्रतीक है?
   (क) बारिश होना   (ख) शांति और सुख की स्थापना
   (ग) प्यास बुझना   (घ) इनमें से कोई नहीं
उत्तर: (ख) शांति और सुख की स्थापना

23. किस महीने में चारों तरफ हरियाली छा जाती है?
   (क) फागुन   (ख) माघ
   (ग) वैशाख   (घ) आषाढ़
उत्तर: (क) फागुन

24. बादल को कवि ने गरजने के लिए कहा है, जिससे कि वातावरण में—
   (क) जोश और क्रांति फैल सके
   (ख) गर्मी समाप्त हो सके
   (ग) बच्चे डर जाएँ
   (घ) इनमें से कोई नहीं
उत्तर: (क) जोश और क्रांति फैल सके

25. कवि का प्रिय घर को किस प्रकार सुगंध से भर देता है?
   (क) धूप बत्ती जलाकर   (ख) फूल खिलाकर
   (ग) अपनी श्वास से   (घ) अपने विचारों से
उत्तर: (ग) अपनी श्वास से

26. चारों ओर किसका सौंदर्य व्याप्त है?
   (क) पहाड़ों का   (ख) झरनों का
   (ग) प्रकृति का   (घ) इनमें से कोई नहीं
उत्तर: (ग) प्रकृति का

27. कवि किसकी ओर से अपनी आँख नहीं उठा पा रहा है?
   (क) अपने प्रियतम की ओर से
   (ख) प्रकृति के सौंदर्य की ओर से
   (ग) बादलों की ओर से
   (घ) आकाश की ओर से
उत्तर: (ख) प्रकृति के सौंदर्य की ओर से

28. वन के वैभव में क्या कूट-कूटकर भरा हुआ है?
   (क) शोभा और सौंदर्य   (ख) पेड़-पौधे
   (ग) पहाड़   (घ) नदियाँ
उत्तर: (क) शोभा और सौंदर्य

29. 'अट नहीं रही है' कविता में कौन-सा गुण है?
   (क) माधुर्यगुण   (ख) प्रसाद गुण
   (ग) ओजगुण   (घ) सगुण
उत्तर: (ख) प्रसाद गुण

30. निराला किस वाद से जुड़े हुए कवि थे?
   (क) छायावाद   (ख) प्रयोगवाद
   (ग) प्रगतिवाद   (घ) आदर्शवाद
उत्तर: (क) छायावाद

31. निराला जी की अधिकतर रचनाएँ........में मिलती हैं?
   (क) रोला   (ख) मुक्तक
   (ग) सोरठा   (घ) दोहा
उत्तर: (ख) मुक्तक

32. 'उत्साह' एक........है
   (क) आह्वान गीत   (ख) शोक गीत
   (ग) भक्ति गीत   (घ) विरह गीत
उत्तर: (क) आह्वान गीत

पद्यांश पर आधारित बहुविकल्पीय प्रश्न

निम्नलिखित पद्यांशों को ध्यानपूर्वक पढ़कर दिए गए प्रश्नों के लिए सही विकल्प चुनिए—

33. बादल, गरजो!
   घेर घेर घोर गगन, धाराधर ओ!
   ललित ललित, काले घुँघराले,
   बाल कल्पना के-से पाले,
   विद्युत छबि उर में, कवि, नवजीवन वाले!
   वज्र छिपा, नूतन कविता
   फिर भर दो—

(i) कविता में बादलों को क्या करने को कहा गया है?
   (क) नूतन कविता भरने को
   (ख) गरजने को
   (ग) बरसने को
   (घ) कल्पना करने को
उत्तर: (ख) गरजने को

(ii) बादल को कैसा कहा गया है?
   (क) सुंदर   (ख) विद्युत छवि वाला
   (ग) नूतन   (घ) काल्पनिक
उत्तर: (क) सुंदर

(iii) काव्यांश में 'ललित ललित काले घुँघराले' किसे कहा गया है?
   (क) कल्पना को   (ख) कविता को
   (ग) बच्चों को   (घ) बादल को
उत्तर: (घ) बादल को

(iv) बिजली की छवि कहाँ समाई हुई है?
   (क) बाल कल्पना में   (ख) नूतन कविता में
   (ग) बादलों के हृदय में   (घ) वज्र में
उत्तर: (ग) बादलों के हृदय में

(v) समाज में नवजीवन कौन लाता है?
   (क) कवि   (ख) बादल
   (ग) बाल कल्पना   (घ) हृदय
उत्तर: (क) कवि

34. बादल, गरजो!
   विकल विकल, उन्मन थे उन्मन
   विश्व के निदाघ के सकल जन,
   आये अज्ञात दिशा से अनंत के घन!
   तप्त धरा, जल से फिर
   शीतल कर दो—
   बादल, गरजो!

(i) बादल क्यों बेचैन हैं?

(क) गरजने के लिए

(ख) बरसने के लिए

(ग) अज्ञात दिशा से आने के लिए

(घ) धरती को तप्त करने के लिए

उत्तर: (ख) बरसने के लिए

(ii) वर्षा के लिए लोगों की क्या अवस्था है?

(क) उत्साहपूर्ण हैं।

(ख) उदासीन हैं।

(ग) गर्मी से प्रसन्न हैं।

(घ) गर्मी में व्याकुल हैं।

उत्तर: (घ) गर्मी में व्याकुल हैं।

(iii) तप्त धरा को किस प्रकार शीतलता दी जा सकती है?

(क) जल से   (ख) बादलों से

(ग) गर्मी से प्रसन हैं   (घ) उन्मनता से

उत्तर: (क) जल से

(iv) बादल किस तरफ़ से आए हैं?

(क) पूरब से   (ख) पश्चिम से

(ग) हवा से   (घ) दक्षिण दिशा से

उत्तर: (ग) अज्ञात दिशा से

(v) बादलों से क्या प्रार्थना की जा रही है?

(क) गरजने की   (ख) निदाघ देने की

(ग) उन्मत करने की   (घ) धरा को तप्त करने की

उत्तर: (क) गरजने की

35. अट नहीं रही है

आभा फागुन की तन

सट नहीं रही है।

कहीं साँस लेते हो,

घर-घर भर देते हो,

उड़ने को नभ में तुम

पर-पर कर देते हो,

आँख हटाता हूँ तो

हट नहीं रही है।

पत्तों से लदी डाल

कहीं हरी, कहीं लाल,

कहीं पड़ी है उर में

मंद-गंध-पुष्प-माल,

(i) प्रस्तुत कविता के कवि का नाम बताइए।

(क) नागार्जुन

(ख) जयशंकर प्रसाद

(ग) सूर्यकांत त्रिपाठी 'निराला'

(घ) मंगलेश डबराल

उत्तर: (ग) सूर्यकांत त्रिपाठी 'निराला'

(ii) कविता में किस ऋतु का वर्णन किया गया है?

(क) वर्षा ऋतु   (ख) ग्रीष्म ऋतु

(ग) शीत ऋतु   (घ) फाल्गुन ऋतु

उत्तर: (घ) फाल्गुन ऋतु

(iii) 'साँस लेते हो' से कवि का क्या तात्पर्य है?

(क) हवा का बहना   (ख) सुगंध आना

(ग) उड़ना   (घ) इनमें से कोई नहीं

उत्तर: (क) हवा का बहना

(iv) डाल कैसी लग रही हैं?

(क) मंद गंध पुष्प माल के समान

(ख) पंख के समान

(ग) पत्तों से लदी हुई

(घ) आभा से चमकती

उत्तर: (ग) पत्तों से लदी हुई

(v) यह काव्यांश किस कविता से है?

(क) अट नहीं रही है।   (ख) उत्साह

(ग) आत्मकथ्य   (घ) छाया मत छूना

उत्तर: (क) अट नहीं रही है।

36. बादल, गरजो!

घेर घेर घोर गगन, धाराधर ओ!

ललित ललित, काले घुँघराले,

बाल कल्पना के-से पाले,

विद्युत छबि उर में, कवि, नवजीवन वाले!

वज्र छिपा, नूतन कविता

फिर भर दो-

बादल, गरजो!

सन्दर्भ–सुप्रसिद्ध छायावादी कवि सूर्यकान्त त्रिपाठी 'निराला' द्वारा रचित प्रस्तुत कविता 'उत्साह' नामक शीर्षक से अवतरित है।

प्रसंग–इसमें कवि प्यास से व्याकुल लोगों की प्यास बुझाने के लिए बादलों का आह्वान कर रहे हैं।

व्याख्या–कवि बादलों को सम्बोधित करते हुए कहता है कि हे बादल! तुम आसमान में गर्जना करो। हे काले बादल! तुम अत्यन्त सुन्दर हो। तुम बालक के काले घुँघराले बालों के समान प्रतीत हो रहे हो। तुम अबोध बालकों की कल्पना में पाले हुए दिखाई दे रहे हो। हे बादल! तुम सम्पूर्ण गगन को चारों ओर से घेरकर मूसलाधार वर्षा करो। जिस प्रकार कवि की कविता में नव-जीवन प्रदान करने की शक्ति होती है, उसी प्रकार तुम्हारे हृदय में भी वज्रपात करने वाली विद्युत शक्ति छिपी हुई है। तुम उस शक्ति से संसार के प्राणियों को नवजीवन प्रदान कर दो। हे बादल! तुम गरजकर बरस जाओ।

काव्यगत सौन्दर्य–छायावादी कवि निराला जी ने बादलों के माध्यम से सामाजिक चेतना हेतु सामाजिक क्रान्ति का आह्वान किया है। खड़ी बोली का प्रयोग है तथा तत्सम शब्दावली

की अधिकता है। ओज गुण है। कहीं-कहीं तद्भव शब्द भी दिखाई देते हैं। सम्बोधन शैली विद्यमान है। अनुप्रास, उपमा, पुनरुक्तिप्रकाश तथा मानवीकरण अलंकारों का प्रयोग कुशलतापूर्वक किया गया है। नई कविता के माध्यम से कवि ने बादलों को माध्यम बनाकर अपने भावों की कुशल अभिव्यक्ति की है। वीर रस का प्रयोग दर्शनीय है। नाद सौन्दर्य विद्यमान है।

(i) उपर्युक्त काव्यांश किस कविता से लिया गया है?

(क) बादल (ख) बादल गरजो

(ग) उत्साह (घ) अट नहीं रही है

उत्तर: (ग) उत्साह

(ii) प्रस्तुत कविता के रचयिता हैं—

(क) सुमित्रानंदन पंत

(ख) महादेवी वर्मा

(ग) जयशंकर प्रसाद

(घ) सूर्यकांत त्रिपाठी 'निराला'

उत्तर: (घ) सूर्यकांत त्रिपाठी 'निराला'

(iii) 'घेर घेर घोर गगन' में प्रयुक्त अलंकार है—

(क) रूपक (ख) श्लेष

(ग) यमक (घ) अनुप्रास

उत्तर: (घ) अनुप्रास

(iv) 'ललित ललित' में प्रयुक्त अलंकार का नाम है—

(क) अनुप्रास (ख) पुनरुक्तिप्रकाश

(ग) यमक (घ) श्लेष

उत्तर: (ख) पुनरुक्तिप्रकाश

(v) इस काव्यांश में कवि आह्वान कर रहा है—

(क) बादलों का

(ख) बादल की गर्जना का

(ग) मूसलाधार वर्षा का

(घ) बाल कल्पना का

उत्तर: (क) बादलों का

37. अट नहीं रही है
आभा फागुन की तन
सट नहीं रही है।

कहीं साँस लेते हो,
घर-घर भर देते हो,
उड़ने को नभ में तुम
पर-पर कर देते हो,
आँख हटाता हूँ तो
हट नहीं रही है।
पत्तों से लदी डाल
कहीं हरी, कहीं लाल,
कहीं पड़ी है उर में
मंद-गंध-पुष्प-माल,

पाट-पाट शोभा-श्री
पट नहीं रही है।

सन्दर्भ—प्रस्तुत कविता प्रसिद्ध छायावादी कवि सूर्यकान्त त्रिपाठी 'निराला' द्वारा रचित उनकी काव्य-रचना 'राग-विराग' के 'अट नहीं रही है' नामक शीर्षक से अवतरित है।

प्रसंग—इसमें कवि ने चारों ओर फैली हुई फाल्गुन मास की मदमाती सुन्दरता तथा लोगों के हृदय से छलकते उल्लास का वर्णन किया है।

व्याख्या—कवि कहता है कि फाल्गुन के महीने की अद्भुत प्राकृतिक छटा अत्यन्त आभायुक्त है। उसकी मादकता इतनी अधिक है कि वह तन-मन में समा नहीं रही है। प्रकृति के रूप-सौन्दर्य को देखकर लोग इतने प्रफुल्लित हैं कि उनकी खुशी छलक कर बाहर आ रही है।

फाल्गुन को सम्बोधित करते हुए कवि कहता है कि हे फाल्गुन! तुम्हारी प्रत्येक साँस से सुगन्धित हवा का झोंका निकलता है, जिससे सारा वातावरण सुगन्धित एवं मादक हो जाता है। प्रत्येक घर रंग-बिरंगे फूलों से आच्छादित है। चारों ओर निराली छटा बिखर रही है। ऐसे मनमोहक वातावरण में पक्षी भी अम्बर में उड़ने के लिए आतुर हैं। वे आसमान में उड़ान भरने के लिए अपने पंखों को फड़फड़ा रहे हैं। सौन्दर्य में इतना आकर्षण है कि इसे लगातार देखते रहने का मन कर रहा है। यदि मैं इस शोभा से आँख हटाना चाहता हूँ, तब भी मेरी नजर इससे हट नहीं रही है। प्राकृतिक सौन्दर्य में चुम्बक जैसी आकर्षण शक्ति है, जो मुझे अपनी ओर खींच रही है।

वृक्ष लाल और हरे रंग के नये पत्तों से लद गये हैं। कहीं वृक्षों के गले एवं हृदय पर मंद-मंद सुगन्धयुक्त फूलों की माला सुशोभित हो रही है, जो बरबस ही लोगों के चित्त को आकर्षित कर रही है। जगह-जगह सौन्दर्य का खज़ाना बिखरा हुआ है, जो कि समा नहीं पा रहा। शोभा जगह-जगह से फूटकर छलकी पड़ रही है।

काव्यगत सौन्दर्य—फाल्गुन मास की मदमाती शोभा का मनमोहक वर्णन पाठकों को आकर्षित करता है। प्रकृति का सौन्दर्य छलका जा रहा है। कविता में तत्सम एवं तद्भव शब्दावली की अधिकता है तथा प्रसाद गुण विद्यमान है। कविता में रहस्यवादी भावना दिखाई देती है। भाषा गेय है तथा खड़ी बोली का प्रयोग है। मुहावरे का प्रयोग किया गया है, जिससे सौन्दर्य में वृद्धि हो गई है। कथन को गम्भीरता प्रदान करने के लिए लाक्षणिकता का सराहनीय प्रयोग किया गया है, अनुप्रास, पुनरुक्तिप्रकाश तथा मानवीकरण अलंकार का सहज प्रयोग प्रशंसनीय है।

(i) आभा का अर्थ है—

(क) शोभा (ख) चमक

(ग) कान्ति (घ) ये सभी

उत्तर: (घ) ये सभी

(ii) निम्न में से कौनसी फागुन मास की विशेषता है—

 (क) सुगन्धित हवा का चलना

 (ख) रंग बिरंगे फूल

 (ग) मनमोहक वातावरण

 (घ) उपर्युक्त सभी

उत्तर: (घ) उपर्युक्त सभी

(iii) 'कहीं साँस लेते हो, घर-घर भर देते हो'—यह पंक्ति किसके लिए कही गई है?

 (क) कवि के लिए

 (ख) प्रकृति का आनंद लेने वाले लोगों के लिए

 (ग) फाल्गुन मास की मादकता के लिए

 (घ) आकाश में उड़ने वाले पक्षियों के लिए

उत्तर: (ग) फाल्गुन मास की मादकता के लिए

(iv) 'घर-घर' तथा 'पर-पर' में अलंकार है—

 (क) पुनरुक्तिप्रकाश (ख) यमक

 (ग) श्लेष   (घ) उपमा

उत्तर: (क) पुनरुक्तिप्रकाश

(v) यहाँ प्रयुक्त 'पाट-पाट' का प्रयोग किस अर्थ में किया गया है?

 (क) किसी वस्तु को पाट देना

 (ख) पट्टा-पट्टा

 (ग) पत्ता-पत्ता

 (घ) स्थान-स्थान

उत्तर: (घ) स्थान-स्थान

पद्यांश पर आधारित प्रश्नोत्तर

38. विकल विकल, उन्मन थे उन्मन

विश्व के निदाघ के सकल जन,

आये अज्ञात दिशा से अनंत के घन!

तप्त धरा, जल से फिर

शीतल कर दो-

बादल, गरजो !

सन्दर्भ—प्रस्तुत कविता सूर्यकान्त त्रिपाठी 'निराला' द्वारा रचित 'उत्साह' नामक शीर्षक से अवतरित है।

प्रसंग—इस कविता के माध्यम से कवि भीषण गर्मी से तपित धरती तथा व्याकुल लोगों को शीतलता प्रदान करने के लिए बादलों से निवेदन कर रहा है।

व्याख्या—कवि कहता है कि लोग गर्मी से बेचैन और व्याकुल हो रहे थे। वे परेशान होकर अनमने हो रहे थे। उनका मन एकाग्रचित्त नहीं था। सभी के मन उचाट हो रहे थे। सभी लोग भीषण गर्मी में आकुल हो रहे थे। तपती गर्मी के कारण सम्पूर्ण विश्व के सभी लोग बेचैन थे। ऐसे वातावरण में असीमित आकाश में अनजानी दिशा से आकर बादल छा गये। कवि उन बादलों से तपती धरा को फिर से शीतल कर देने के लिए कह रहा है। वह बादलों से कहता है कि तुम गरज कर वर्षा कर दो।

काव्यगत सौन्दर्य—अतुकान्त मुक्तक छन्द होने पर भी गेयता परिलक्षित है। बादलों से वर्षा करने का निवेदन सामाजिक क्रान्ति को चरितार्थ करता है। भीषण गर्मी की प्रतीकार्थ सराहनीय है। खड़ी बोली तथा तत्सम शब्दावली का प्रयोग हुआ है। वीर रस व ओज गुण है। चाक्षुष बिम्ब का प्रयोग सराहनीय है। सम्बोधन शैली दर्शनीय है। छायावाद की झलक विद्यमान है। मानवीकरण एवं पुनरुक्तिप्रकाश अलंकारों की छटा देखते ही बनती है।

प्रश्न— (i) विश्व के जन किस कारण व्याकुल हो रहे थे?

 (ii) बादल कौन-सी दिशा से आकर आसमान में छा गये?

 (iii) 'अनंत के घन' से क्या तात्पर्य है?

 (iv) 'निदाघ' शब्द का क्या अर्थ है?

 (v) कवि कैसी धरा को फिर से शीतल करने के लिए कह रहा है?

 (vi) विकल विकल में कौन-सा अलंकार है?

 (vii) कवि बादल से क्या प्रार्थना कर रहा है?

 (viii) 'तप्त धरा' का अर्थ तथा संकेतार्थ स्पष्ट कीजिए।

उत्तर— (i) विश्व के जन भीषण गर्मी के कारण व्याकुल हो रहे थे।

 (ii) बादल अज्ञात दिशा से आकर आसमान में छा गये।

 (iii) 'अनंत के घन' से तात्पर्य असीमित आकाश में छाये हुए बादलों से है।

 (iv) 'निदाघ' शब्द का अर्थ भीषण गर्मी की तपन से है।

 (v) कवि भीषण गर्मी से तप्त धरा को फिर से शीतल करने के लिए कह रहा है।

 (vi) 'विकल विकल' में पुनरुक्तिप्रकाश अलंकार है।

 (vii) कवि बादल से भीषण गर्मी से तपित धरती को शीतल करने की प्रार्थना कर रहा है।

 (viii) 'तप्त धरा' का शाब्दिक अर्थ है—भयंकर गर्मी से तपित पृथ्वी तथा इसका सांकेतिक अर्थ है—कष्टों से पीड़ित विश्व के लोग।

पाठ से सम्बन्धित प्रश्नोत्तर

उत्साह

प्रश्न 39. कवि बादल से फुहार, रिमझिम या बरसने के स्थान पर 'गरजने' के लिए कहता है, क्यों?

अथवा

कवि द्वारा बादल से फुहार, रिमझिम या बरसने की न कहकर 'गरजने' के लिए क्यों कहा गया है?

उत्तर— निराला विद्रोही स्वभाव के कवि हैं। शोषक वर्ग और सत्ता के प्रति उनके मन में प्रचण्ड प्रतिकार के भाव रहते हैं। वे क्रान्ति के माध्यम से समाज में परिवर्तन लाना चाहते हैं। गरजता हुआ बादल ओज व जोश का प्रतीक है, इसलिए वे बादल से फुहार, रिमझिम या बरसने के स्थान पर 'गरजने' के लिए कहते हैं।

प्रश्न 40. कविता का शीर्षक 'उत्साह' क्यों रखा गया है?

उत्तर— उत्साह नामक कविता में कल्पना का लालित्य और क्रान्तिकारी चेतना विद्यमान है। यदि बादल प्यासों की प्यास बुझा सकते हैं, तो वे नई कल्पना और नए अंकुर के लिए विध्वंसक, विप्लवकारी तथा क्रान्ति चेतना सम्भव करने वाले भी हो सकते हैं। वे अपने अन्दर विद्युत के समान वज्रपात छिपाकर रखते हैं। वे विश्व को जीवनदान भी दे सकते हैं तथा प्रलयंकारी भी हो सकते हैं। बादल के इन्हीं गुणों के कारण कविता का शीर्षक 'उत्साह' रखा गया है।

प्रश्न 41. कविता में बादल किन-किन अर्थों की ओर संकेत करता है?

उत्तर— कविता में बादल लालित्यपूर्ण कल्पना तथा क्रान्तिकारी चेतना की ओर संकेत करता है। एक तरफ तो बादल प्यासे-पीड़ित, शोषित, उपेक्षित लोगों के प्रति सहानुभूति दर्शाते हुए उनकी आकांक्षाओं को पूरा करने वाला है तथा दूसरी ओर वह नयी कल्पना तथा नये अंकुर के लिए विध्वंसक एवं प्रलयंकारी रूप धारण करने वाला है।

<h2 style="text-align:center">अट नहीं रही है</h2>

प्रश्न 42. छायावाद की एक खास विशेषता है अन्तर्मन के भावों का बाहर की दुनिया से सामंजस्य बिठाना। कविता की किन पंक्तियों को पढ़कर यह धारणा पुष्ट होती है? लिखिए।

उत्तर— छायावादी कवि अपनी कविता में प्रकृति चित्रण के माध्यम से अपने अन्तर्मन के भावों को प्रकट करता है। इस धारणा की पुष्टि निम्नलिखित पंक्तियों से होती है—

आभा फागुन की तन

सट नहीं रही है।

यहाँ फागुन की आभा के माध्यम से कवि अपनी प्रिया के सौन्दर्य के विषय में बात कर रहा है।

कहीं पड़ी है उर में

मंद-गंध-पुष्प-माल

पाट-पाट शोभा-श्री

पट नहीं रही है।

इन पंक्तियों में कवि ने प्रकृति के माध्यम से अपनी प्रियतमा के उर पर सुशोभित सुगन्धित माला को दर्शाया है। उसकी सौन्दर्य राशि के बारे में बताया है। उसकी आभा से सारा वातावरण सुशोभित हो रहा है।

प्रश्न 43. कवि की आँख फाल्गुन की सुन्दरता से क्यों नहीं हट रही है?

उत्तर— फाल्गुन मदमस्त, शोभायुक्त तथा वातावरण को मादक बनाने वाला है। उसके सौन्दर्य की छटा देखते ही बनती है। मनमोहक मंद-सुगन्धित हवा चल रही है। चारों ओर रंग-बिरंगे फूल खिल रहे हैं। पेड़ नई कोंपलों से लद गए हैं। मौसम अत्यन्त सुहावना है, इस कारण कवि की आँख फाल्गुन की सुन्दरता से हट नहीं रही है।

प्रश्न 44. प्रस्तुत कविता में कवि ने प्रकृति की व्यापकता का वर्णन किन रूपों में किया है?

अथवा

'अट नहीं रही है' कविता के आधार पर फाल्गुन के सौन्दर्य का वर्णन कीजिए।

उत्तर— 'अट नहीं रही है' कविता में प्रकृति का सौन्दर्य सब जगह व्याप्त है। कोई भी स्थान प्राकृतिक सौन्दर्य से अछूता नहीं है। फाल्गुन की सुन्दरता फूटी पड़ रही है। पेड़ हरे और लाल पत्तों से लदे हुए हैं। सुगन्धित पवन चल रही है। रंग-बिरंगे फूल खिल रहे हैं। पक्षी पंख फड़फड़ाकर उड़ने को आतुर हैं। चारों ओर सौन्दर्य-राशि बिखरी हुई है।

प्रश्न 45. फाल्गुन में ऐसा क्या होता है जो बाकी ऋतुओं से भिन्न होता है? अथवा

फाल्गुन की विशिष्टता का उल्लेख कीजिए।

उत्तर— फाल्गुन में प्राकृतिक सौन्दर्य चरम पर होता है। यह ऋतुराज बसंत के आगमन का समय होता है। मौसम मदमस्त एवं सुहावना होता है। पेड़ों पर नए-नए पत्ते आ जाते हैं। धरती रंग-बिरंगे फूलों से सज जाती है। आम पर बौर आने लगते हैं तथा कोयल मतवाली होकर कूकने लगती है। पक्षी असीम आसमान में पंख-पसारकर विचरण करने लगते हैं। खेतों में सरसों के फूल खिलने लगते हैं। लोगों का मन-मयूर नाचने लगता है। तापमान सुखद रहता है। लोगों का उत्सव मनाने को मन करता है। रंगों का पवित्र त्योहार होली भी इसी मास की शोभा बढ़ाता है। अपनी इन्हीं विशेषताओं के कारण फाल्गुन बाकी ऋतुओं से भिन्न होता है।

प्रश्न 46. ''कहीं साँस लेते हो, घर घर भर देते हो'' पंक्ति में किसकी विशिष्टता व्यंजित हुई है? बताइए कि वह उसकी कौन-सी खूबी है जिससे घर-घर भर आता है? 'अट नहीं रही है' कविता के आधार पर उत्तर दीजिए।

उत्तर— इस पंक्ति में फूलों की विशिष्टता व्यंजित हुई है। जब फाल्गुन मास में चारों ओर फूल खिले होते हैं, उनकी सुगंधित वायु से घर भर जाता है।

प्रश्न 47. इन कविताओं के आधार पर निराला के काव्य-शिल्प की विशेषताएँ लिखिए।

अथवा

'अट नहीं रही है' के आधार पर निराला के काव्य-शिल्प पर प्रकाश डालिए।

उत्तर— निराला छायावादी कवि हैं। उनकी कविता में रहस्यवाद के दर्शन होना स्वाभाविक है। विद्रोह, दार्शनिकता, तरलता, क्रान्ति एवं प्रकृति का विराट रूप उनकी कविताओं के मूल में स्थित है। छायावादी रचनाकारों में उन्होंने ही सर्वप्रथम मुक्तक छन्दों का प्रयोग किया। उनके शिल्प-काव्य में भाषा की कोमलता, मधुर शब्द-संयोजन, संगीतात्मकता या गेयता, चित्रात्मकता, लाक्षणिकता, बिम्ब-संयोजन, संकेतात्मकता तथा अलंकारों का उचित प्रयोग दर्शनीय है। निराला जी का शिल्प-काव्य मौलिक तथा महत्वपूर्ण है, जो उनको अलग पहचान दिलाता है।

रचना और अभिव्यक्ति

प्रश्न 48. जैसे बादल घुमड़-घुमड़कर बारिश करते हैं वैसे ही कवि के अन्तर्मन में भी भावों के बादल उमड़-घुमड़कर कविता के रूप में अभिव्यक्त होते हैं। ऐसे ही किसी प्राकृतिक सौन्दर्य को देखकर अपने उमड़ते भावों को कविता में उतारिये।

उत्तर— मैंने देखा रंग-बिरंगे कुसुमों वाले खेतों के बीच,
बिल्कुल बीचों-बीच वहीं मेड़ पर गुलाबी सुमनों से लदा।
शिरीष का पेड़ खड़ा था मानो दूल्हा बना सजा-सा,
और उसके निकट ही, उससे बिल्कुल सटी श्वेत-रानी।
चूँदर ओढ़े कुछ लजाती-शरमाती,
बोगनबेलिया अँगड़ाइयाँ ले रही थी।
जैसे कि 'कुसुम' हो या 'सुमन',
बस मिलने को अपने प्रियतम से बेचैन-सी।
उस ओर कदमों को बढ़ाकर गर्दन को उचकाकर,
बस बढ़ी जा रही थी।
मैंने देखा, और फिर,
कुछ सोचा……।

प्रश्न 49. होली के आसपास प्रकृति में जो परिवर्तन दिखाई देते हैं, उन्हें लिखिए।

उत्तर— होली के आसपास प्रकृति में आश्चर्यजनक तथा मनोहर परिवर्तन दिखाई देते हैं। नैसर्गिक सौन्दर्य मन को आकर्षित करता है। खेतों में गेहूँ की बालियाँ इठलाने लगती हैं। खेतों में सरसों खिल उठती है। पेड़-पौधे पुष्पित एवं पल्लवित हो जाते हैं। चारों ओर अनूठी एवं मादक सुगन्ध फैल जाती है। मौसम सुहावना हो जाता है।

मूल्यपरक प्रश्नोत्तर

प्रश्न 50. क्या बसंत ऋतु को होली का संदेशवाहक कहा जा सकता है? क्यों? होली से सम्बन्धित प्रचलित तथ्यों को स्पष्ट कीजिए।

उत्तर— हाँ, बसंत ऋतु को होली का संदेशवाहक कहा जा सकता है, क्योंकि बसंत ऋतु में ही रंगों का त्योहार होली मनायी जाती है। राग एवं रंग इसके प्रमुख अंग हैं। राग और रंग को चरमोत्कर्ष पर पहुँचाने वाली प्रकृति भी इस ऋतु में पूरे यौवन पर होती है। त्योहार बसंत पंचमी से आरम्भ हो जाता है। इस वक्त बच्चे-वृद्ध सभी ढोलक-झाँझ-मंजीरों की धुन पर नृत्य-संगीत में पूर्णतया लीन हो जाते हैं।

परीक्षोपयोगी महत्वपूर्ण प्रश्नोत्तर

प्रश्न 51. 'उत्साह' कविता का उद्देश्य स्पष्ट करते हुए शीर्षक की सार्थकता पर प्रकाश डालिए।

उत्तर— 'उत्साह' एक संकेतात्मक तथा प्रतीकात्मक कविता है। इसमें बादलों की ललित कल्पना तथा क्रान्ति चेतना दोनों पक्षों को समाहित किया गया है। इसमें वे पीड़ित जनों की प्यास बुझाने तथा उनके कष्टों को दूर करने के लिए बादलों का आह्वान करते हैं तथा उनसे गरज कर बरसने के लिए कहते हैं।

गरजता हुआ बादल उत्साह से परिपूर्ण होता है। वह अपने उर में छिपी विद्युत शक्ति से वज्रपात करने की क्षमता रखता है। कवि समाज में बादलों के माध्यम से क्रान्ति लाना चाहता है। यह सब देखते हुए हम कह सकते हैं कि कविता का शीर्षक उचित एवं सार्थक है।

प्रश्न 52. कवि ने कौन-से उपमान के माध्यम से बादलों के सौन्दर्य का बखान किया है?

उत्तर— कवि ने बादलों को काले घुँघराले बालों के समान माना है, जो कि अपने हृदय में वज्रपात करने वाली विद्युत शक्ति समाये हुए हैं।

प्रश्न 53. मानव-जीवन में बादलों का क्या महत्व है?

उत्तर— मानव-जीवन में बादलों का बहुत महत्व है। मानव कृषि पर आधारित है। बिना वर्षा के कृषि द्वारा पर्याप्त अन्न का उत्पादन सम्भव नहीं है। यदि बादल वर्षा नहीं करेंगे तो सूखा पड़ जायेगा, जिससे मानव जीवन प्रभावित होगा। अत: मानव जीवन के लिए बादलों का महत्वपूर्ण योगदान है।

प्रश्न 54. निराला के काव्य में नारी का चित्रण किन रूपों में हुआ है?

उत्तर— निराला ने अपने काव्य में नारी का विविध रूपों में चित्रण किया है। नारी के प्रति उनके हृदय में विशेष सहानुभूति है। कहीं वह उनके जीवन में उनकी प्रेयसी या सहचरी प्रतीत होती है, तो कहीं वह सम्पूर्ण प्रकृति में व्याप्त होकर अपनी आभा बिखेरती दिखाई देती है। राह में दिखाई देने वाली पत्थर तोड़ती हुई मजदूर महिला के प्रति भी वे सहानुभूति दिखाते हुए परिलक्षित होते हैं—

वह तोड़ती पत्थर,
कोई न छायादार
पेड़ वह जिसके तले बैठी हुई स्वीकार;
श्याम तन, भर बंधा यौवन,
नत नयन, प्रिय-कर्म-रत मन,
गुरु हथौड़ा हाथ,
करती बार-बार प्रहार,
सामने तरु-मालिका अट्टालिका, प्राकार।

प्रश्न 55. 'उत्साह' कविता के माध्यम से कवि ने 'नवजीवन वाले' कहकर किसे सम्बोधित किया है और क्यों?

उत्तर— 'उत्साह' कविता के माध्यम से कवि ने जीवन प्रदान करने वाले बादलों तथा नई रचना करने वाले कवियों को 'नवजीवन वाले' कहकर सम्बोधित किया है, क्योंकि बादल पानी बरसाकर प्यासे-पीड़ित मुरझाए लोगों को जीवन प्रदान करते हैं। कवि अपनी उत्साहपूर्ण रचना के माध्यम से निराश-हताश लोगों के जीवन को आशा की किरण दिखाकर नई उम्मीदें पैदा कर देते हैं।

प्रश्न 56. 'अट नहीं रही है' कविता में 'उड़ने को नभ में तुम पर-पर कर देते हो' के आलोक में बताइए कि फागुन लोगों के मन को किस तरह प्रभावित करता है?

उत्तर— फागुन की सुंदरता प्रकृति पर अनेक रूपों में देखी जा सकती है और जन-मन उससे प्रभावित होता है। फागुन की सुगंधित हवा के रूप में जन-जन अन्दर बाहर सुवासित हो उठता है। यह वातावरण को इतना मनमोहक बना देते हैं कि जन-जन पक्षी की तरह पंख फैलाकर उड़ने के लिए व्याकुल नज़र आते हैं।

प्रश्न 57. 'अट नहीं रही है' कविता के आधार पर मदमस्त फाल्गुन के सौन्दर्य का वर्णन कीजिए।

अथवा

'अट नहीं रही है' कविता के आधार पर फाल्गुन की मस्ती का वर्णन कीजिए।

उत्तर— 'अट नहीं रही है' कविता में कवि ने अपने अन्तर्मन के भावों को व्यक्त करते हुए मदमाते फाल्गुन के अनूठे सौन्दर्य का वर्णन किया है। चारों ओर सुगन्धित फूल खिले हुए हैं। शीतल मन्द-सुगन्धयुक्त हवा चल रही है। फाल्गुन का सौन्दर्य चरमोत्कर्ष पर है। पेड़ पुष्पित एवं पल्लवित हो गए हैं। जगह-जगह फाल्गुन का मस्ती भरा सौन्दर्य बिखरा पड़ा है, जो सबके चित्त को हरने वाला है।

प्रश्न 58. फाल्गुन का मादक वातावरण मानव-हृदय को कैसे प्रभावित करता है?

अथवा

फाल्गुन की मस्ती का मानव-मन पर क्या प्रभाव पड़ता है?

उत्तर— फाल्गुन का मादक वातावरण मानव-हृदय को रोमांचित कर देता है। बालक-वृद्ध सभी फाल्गुन की मस्ती में लीन होकर झूमने-नाचने-गुनगुनाने लगते हैं। चारों ओर राग-रंग और संगीत दिखाई देता है। सबके मन उल्लास से भरकर प्रफुल्लित दिखाई देते हैं। प्रकृति भी पूरे उत्साह के साथ सौन्दर्य बिखेरकर लोगों को आह्लादित कर देती है। चारों ओर मस्ती नज़र आती है।

प्रश्न 59. 'पाट-पाट शोभा-श्री पट नहीं रही है।' के माध्यम से कवि क्या कहना चाहता है?

उत्तर— 'पाट-पाट शोभा-श्री पट नहीं रही है।' के माध्यम से कवि प्रकृति की मनमोहक छटा के विषय में बताना चाहता है। फाल्गुन में प्राकृतिक सौन्दर्य चारों ओर बिखरा पड़ा है। फूलों की मादक सुगन्ध जन-जन को मस्त कर रही है। जगह-जगह इतना सौन्दर्य फूटा पड़ रहा है, जो समा नहीं पा रहा है।

❏❏

कन्यादान

कवि–ऋतुराज

कवि परिचय

हिन्दी साहित्य के प्रसिद्ध कवि ऋतुराज का जन्म सन् 1940 में राजस्थान के भरतपुर नामक स्थान पर हुआ था। राजस्थान विश्वविद्यालय से अंग्रेजी विषय में एम.ए. करने के बाद उन्होंने अध्ययन एवं अध्यापन को ही आजीविका का साधन बनाया। सेवानिवृत्ति के पश्चात् ये जयपुर में ही निवास कर रहे हैं।

रचनाएँ–नई कविता के क्षेत्र में विशिष्ट पहचान बनाने वाले ऋतुराज की आठ रचनाएँ प्रकाशित हो चुकी हैं। उनमें से प्रमुख हैं–**एक मरणधर्मा और अन्य, पुल पर पानी, सुरत निरत, लीला मुखारविंद।**

पुरस्कार–ऋतुराज को साहित्य-साधना के क्षेत्र में अनेक बार पुरस्कारों से सम्मानित किया जा चुका है। जो निम्न हैं–सोमदत्त परिमल सम्मान, मीरा पुरस्कार, पहल सम्मान तथा बिहारी पुरस्कार आदि।

साहित्यिक विशेषताएँ–ऋतुराज ने आधुनिक मानव के संघर्ष को अपनी कविता में स्थान दिया है। वे शोषितों, उपेक्षितों, वंचितों तथा पीड़ितों के कवि हैं। उन्होंने समाज के हाशिए पर खड़े लोगों की परेशानियों एवं चिन्ताओं को अपने साहित्य का विषय बनाया है। वे यथार्थ के कवि हैं, कल्पनाओं का उनके लेखन में कहीं स्थान नहीं है। उन्होंने लाचार एवं बेबस नारी-जीवन तथा उन पर होने वाले शोषण एवं अत्याचारों को नज़दीक से देखा है। वे रोज़मर्रा के जीवन में घटित होने वाले सामाजिक एवं आर्थिक शोषण से व्यथित हैं। उन्होंने परम्परा से हटकर नये मूल्यों को स्थापित करने का प्रयास किया है। ऋतुराज ने लोकजीवन से जुड़ी भाषा का प्रयोग किया है। उनकी भाषा में तत्सम एवं तद्भव शब्दावली का समन्वय दिखाई पड़ता है। उनकी शब्दयोजना अत्यन्त सरल किन्तु मर्मभेदी है।

सारांश–कवि ऋतुराज ने 'कन्यादान' कविता के माध्यम से माँ-बेटी के घनिष्ठ सम्बन्धों को प्रतिपादित करते हुए नए सामाजिक मूल्यों को परिभाषित किया है। इस कविता में कवि ने बताया कि कन्यादान करते समय कन्या की माँ का दुःख सच्चा और प्रामाणिक होता है। उसकी कन्या ही उसके लिए अन्तिम पूँजी थी, जिसे उसने जीवन-भर सहेज कर रखा था। वह इस बात को समझती थी कि उसकी कन्या अभी नासमझ और नादान थी। वह अभी सयानी या समझदार नहीं थी। उसे सांसारिक सुखों का आभास तो था, किन्तु उन सुखों के पीछे छिपे दुःखों का एहसास नहीं था। वह जीवन के यथार्थ से अनजान केवल मधुर कल्पनाओं में जी रही थी। माँ को उसकी चिन्ता थी, इसलिए वह उसे विदा

करते हुए समझा रही थी कि वह जीवन के यथार्थ को समझे, बाहरी सौन्दर्य और वस्त्र-आभूषणों की चमक में अपने अस्तित्व को अनदेखा न कर दे। ये सब दिखावटी एवं भ्रामक हैं। जीवन की वास्तविकता इन सबसे अलग है। वह जीवन में आने वाले कष्टों और कठिनाइयों को जाने तथा समझे। माँ अपनी बेटी को पानी में झाँककर अपने चेहरे पर न रीझने तथा आग से बचकर रहने की सीख दे रही है। उसने बताया कि आग रोटियाँ सेंकने के लिए है न कि जलने के लिए। माँ ने कहा कि वह लड़की के समान व्यवहार करे, परन्तु लड़की के समान कोमल और नाजुक बनकर अत्याचार एवं शोषण बर्दाश्त न करे। वह सजग, सतर्क, जागरूक एवं दृढ़ रहे। जीवन में आने वाली कठिनाइयों का डटकर मुकाबला करे। वह साहस से काम ले तथा जीवन के संघर्षों से न घबराते हुए आगे बढ़ती रहे।

शब्द-सम्पदा

प्रामाणिक = वास्तविक। **सयानी** = समझदार। **आभास** = एहसास। **बाँचना** = पढ़ना, समझना। **पाठिका** = पढ़ने वाली। **धुँधले** = अस्पष्ट, ठीक से न दिखाई देने वाला। **लयबद्ध** = लय में बँधी। **अन्तिम पूँजी** = आखिरी सम्पत्ति। **वक़्त** = समय। **तुकों** = अंदाज़ों। **रीझना** = आकृष्ट होना, आकर्षित होना। **आग** = अग्नि। **आभूषण** = गहने। **भ्रम** = धोखा, छल। **शाब्दिक भ्रम** = शब्दों का जाल या शब्द जाल, मीठे शब्दों द्वारा फैलाया गया जाल।

बहुविकल्पीय प्रश्न

1. 'कन्यादान' कविता में माँ ने अपनी पुत्री को अंतिम पूँजी क्यों कहा है?

   (क) अत्यंत प्रिय होने के कारण

   (ख) एकमात्र पुत्री होने के कारण

   (ग) अत्यंत सुंदर होने के कारण

   (घ) अत्यंत मूल्यवान होने के कारण

उत्तरः (क) अत्यंत प्रिय होने के कारण

2. ऋतुराज का जन्म वर्ष बताइये—

   (क) 1941   (ख) 1940

   (ग) 1950   (घ) 1949

उत्तरः (ख) 1940

3. माँ ने अपनी बेटी को क्या सीख दी?

   (क) सौन्दर्य पर अहंकार न करना

   (ख) आत्महत्या न करना

(ग) वस्त्र और आभूषण से मोह न करना

(घ) उपर्युक्त सभी

उत्तर: (घ) उपर्युक्त सभी

4. ''आग रोटियाँ सेंकने के लिए है जलने के लिए नहीं'' पंक्तियों के माध्यम से कवि क्या संदेश देना चाहते हैं?

(क) अहंकार नहीं करना चाहिए।

(ख) आत्महत्या नहीं करनी चाहिए।

(ग) कन्या का दान नहीं करना चाहिए।

(घ) कन्या का दान करना चाहिए।

उत्तर: (ख) आत्महत्या नहीं करना चाहिए।

5. 'कन्यादान' कविता समाज की किस बुराई की ओर संकेत करती है?

(क) बाल विवाह

(ख) दहेज प्रथा

(ग) स्त्री को वस्तु समझना

(घ) स्त्रियों की अशिक्षा

उत्तर: (ग) स्त्री को वस्तु समझना

6. स्त्रियों के लिए वस्त्र और आभूषणों का क्या महत्व है?

(क) बंधन हैं।   (ख) सुंदरता का प्रतीक हैं।

(ग) अभिमान है।   (घ) प्रतिष्ठा है।

उत्तर: (क) बंधन हैं।

7. 'कन्यादान' पाठ के आधार पर बताइए कि माँ ने बेटी को सचेत करना क्यों आवश्यक समझा?

(क) आग का सदुपयोग करने के कारण

(ख) अत्यधिक प्रिय होने के कारण

(ग) एकमात्र संतान होने के कारण

(घ) दुनियादारी से अनजान होने के कारण

उत्तर: (घ) दुनियादारी से अनजान होने के कारण

8. 'कन्यादान' कविता के माध्यम से कवि ने समाज में स्त्री की किस अवस्था की ओर संकेत किया है?

(क) शक्तिशाली अवस्था (ख) दयनीय अवस्था

(ग) अभिमानपूर्ण अवस्था (घ) आत्मसम्मानपूर्ण अवस्था

उत्तर: (ख) दयनीय अवस्था

9. कविता के अनुसार 'पानी में झाँकना' किसका प्रतीक है?

(क) स्वयं को पहचानना

(ख) अत्यधिक कार्य करना

(ग) मृत्यु की कामना करना

(घ) दर्पण देखना

उत्तर: (घ) दर्पण देखना

10. लड़की के कन्यादान के अवसर पर माँ को क्या अनुभूति हो रही थी?

(क) लड़की को अभी भेजना उचित नहीं है।

(ख) लड़की अभी पाठिका है।

(ग) लड़की अभी समझदार नहीं है।

(घ) लड़की उसकी अंतिम पूँजी है।

उत्तर: (घ) लड़की उसकी अंतिम पूँजी है।

11. 'आग रोटियाँ सेंकने के लिए है, जलने के लिए नहीं।' इस पंक्ति के माध्यम से माँ ने बेटी को सचेत करना जरूरी समझा, ताकि—

(क) वह शोषण तथा अत्याचार का शिकार न हो।

(ख) वह मजबूत इरादों वाली बनकर अपने अधिकारों की रक्षा कर सके।

(ग) विवश होकर वह अपने जीवन का परित्याग न कर दे।

(घ) उपर्युक्त सभी बातें सत्य हैं।

उत्तर: (घ) उपर्युक्त सभी बातें सत्य हैं

12. 'कन्यादान' कविता के माध्यम से ऋतुराज संदेश देना चाहते हैं—

(क) नारी-सशक्तीकरण का

(ख) नारी-जागृति का

(ग) नारी जाति को अन्याय के विरुद्ध आवाज उठाने के लिए प्रेरित करना

(घ) उपर्युक्त सभी

उत्तर: (घ) उपर्युक्त सभी

13. 'ऋतुराज' द्वारा रचित 'कन्यादान' कविता में किसके दुःख को प्रामाणिक कहा गया है?

(क) कवि के दुःख को   (ख) माँ के दुःख को

(ग) कन्या के दुःख को   (घ) पिता के दुःख को

उत्तर: (ख) माँ के दुःख को

14. कविता में शब्दों के द्वारा किसी अवास्तविक वस्तु को वास्तविक-सा दिखने को क्या कहा गया है?

(क) काल्पनिक शब्द   (ख) शाब्दिक सौंदर्य

(ग) वास्तविक भ्रम   (घ) शाब्दिक भ्रम

उत्तर: (घ) शाब्दिक भ्रम

15. लड़कियाँ स्वभाव से कैसी होती हैं?

(क) सरल   (ख) कठोर

(ग) सहनशील   (घ) चालू

उत्तर: (क) सरल

16. हर कन्या विवाह से पूर्व वैवाहिक जीवन के बारे में कैसी कल्पनाएँ करती हैं?

(क) बेरंग   (ख) कोरी

(ग) रंगीन   (घ) इनमें से कोई नहीं

उत्तर: (ग) रंगीन

17. तुक और लय कविता में किसका संचार करते हैं?

(क) भावनाओं का   (ख) सुख का

(ग) आनंद का   (घ) मधुरता का

उत्तर: (ग) आनंद का

18. लड़की की माँ को लड़की के किन दुखों की चिंता है?

   (क) वास्तविक   (ख) काल्पनिक

   (ग) संभावित   (घ) इनमें से कोई नहीं

उत्तर: (ग) संभावित

19. कवि ने लड़की को किन सुखों में जीता हुआ दर्शाया है?

   (क) काल्पनिक   (ख) वास्तविक

   (ग) स्वप्निल   (घ) इनमें से कोई नहीं

उत्तर: (क) काल्पनिक

20. लड़कियाँ किनकी प्रशंसा सुनकर वहाँ के हर कष्ट झेल लेती हैं?

   (क) ससुरालवालों की   (ख) शिक्षिका की

   (ग) मित्रों की   (घ) इनमें से कोई नहीं

उत्तर: (क) ससुरालवालों की

21. 'तुकों और कुछ लयबद्ध पंक्तियों' से कवि का क्या तात्पर्य है?

   (क) कवि का तात्पर्य उस सामान्य ज्ञान की प्राप्ति से है जो विवाह से पूर्व लड़की को परिवार में दिया जाता है

   (ख) लयबद्ध कविता की रचना करना

   (ग) सुर में सुर मिलाकर गीत गाना

   (घ) लयबद्ध संगीत की रचना करना

उत्तर: (क) कवि का तात्पर्य उस सामान्य ज्ञान की प्राप्ति से है जो विवाह से पूर्व लड़की को परिवार में दिया जाता है।

22. 'वस्त्र और आभूषण शाब्दिक भ्रमों की तरह बंधन हैं।' स्त्री-जीवन के पंक्ति में निहित अलंकार बताइए।

   (क) रूपक   (ख) श्लेष

   (ग) उत्प्रेक्षा   (घ) उपमा

उत्तर: (घ) उपमा

23. 'दुःख बाँचना' में निहित गूढ़ार्थ स्पष्ट कीजिए।

   (क) दुःख की पहचान

   (ख) जीवन में आने वाले दुःखों की जानकारी रखना

   (ग) भावी जीवन के हर पक्ष की समझ रखना

   (घ) उपर्युक्त सभी कथन सत्य हैं

उत्तर: (घ) उपर्युक्त सभी कथन सत्य हैं।

24. 'आग और पानी' की क्या विशेषता होती है?

   (क) ये जीवन देने वाले होते हैं

   (ख) ये जीवन लेने वाले होते हैं

   (ग) ये जीवन लेने व देने वाले होते हैं

   (घ) उपर्युक्त सभी कथन सत्य हैं

उत्तर: (घ) उपर्युक्त सभी कथन सत्य हैं।

25. 'धुँधले प्रकाश की पाठिका' होने से क्या आशय है?

   (क) अज्ञान की स्थिति होना

   (ख) कम दिखाई देना

   (ग) विषय का अस्पष्ट ज्ञान होना

   (घ) अक्षर ज्ञान न होना

उत्तर: (ग) विषय का अस्पष्ट ज्ञान होना

26. 'दुःख बाँचना' से कवि का क्या अभिप्राय है?

   (क) जीवन में आने वाले दुःखों की समझ होना

   (ख) सुख-दुख का अन्तर जानना

   (ग) स्थिति विपरीत होने पर भी पढ़ना

   (घ) इनमें से कोई नहीं

उत्तर: (क) जीवन में आने वाले दुःखों की समझ होना

पद्यांश पर आधारित बहुविकल्पीय प्रश्न

निम्नलिखित पद्यांशों को ध्यानपूर्वक पढ़कर दिए गए प्रश्नों के लिए सही विकल्प चुनिए—

27. कितना प्रामाणिक था उसका दुख
लड़की को दान में देते वक्त
जैसे वही उसकी अंतिम पूँजी हो
लड़की अभी सयानी नहीं थी
अभी इतनी भोली सरल थी
कि उसे सुख का आभास तो होता था
लेकिन दुख बाँचना नहीं आता था
पाठिका थी वह धुँधले प्रकाश की
कुछ तुकों और कुछ लयबद्ध पंक्तियों की

(i) कविता में अंतिम पूँजी किसे कहा गया है?

   (क) माँ को   (ख) घर को

   (ग) पुत्री को   (घ) दुख को

उत्तर: (ग) पुत्री को

(ii) विवाह के समय लड़की की क्या अवस्था थी?

   (क) समझदार   (ख) नादान

   (ग) सयानी   (घ) उम्रदराज

उत्तर: (ख) नादान

(iii) माँ के दुख को प्रामाणिक क्यों कहा गया है?

   (क) लड़की की पढ़ाई पूरी न होने के कारण

   (ख) लड़की का समझदार होने के कारण

   (ग) अपनी सम्पत्ति को दान देने के कारण

   (घ) अपनी लड़की को दान में देने के कारण

उत्तर: (घ) अपनी लड़की को दान में देने के कारण

(iv) लड़की को किसका आभास था?

   (क) सुख का   (ख) दुख का

   (ग) धुँधले प्रकाश का   (घ) माँ का

उत्तर: (क) सुख का

(v) लड़की भोली और सरल क्यों थी?

   (क) सयानी होने के कारण

(ख) पाठिक होने के कारण

(ग) अंतिम पूँजी होने के कारण

(घ) उम्र कम होने के कारण

उत्तर: (घ) उम्र कम होने के कारण

28. माँ ने कहा पानी में झाँककर

अपने चेहरे पर मत रीझना

आग रोटियाँ सेंकने के लिए है

जलने के लिए नहीं

वस्त्र और आभूषण शाब्दिक भ्रमों की तरह

बंधन हैं स्त्री जीवन के

माँ ने कहा लड़की होना

पर लड़की जैसी दिखाई मत देना।

(i) माँ ने अपनी पुत्री को क्या सीख दी?

(क) अपनी सुंदरता पर आकर्षित न होना

(ख) जीवन की कठिनाइयों से थककर मृत्यु का वरण न करना

(ग) वस्त्र और आभूषणों पर मोहित नहीं होना

(घ) उपर्युक्त सभी

उत्तर: (घ) उपर्युक्त सभी

(ii) ''लड़की जैसी दिखाई मत देना'' से माँ का क्या अभिप्राय है?

(क) खूबसूरत दिखना

(ख) खूबसूरत मत दिखना

(ग) कमज़ोर मत दिखना

(घ) जीवन पर आकर्षित मत होना

उत्तर: (ग) कमज़ोर मत दिखना

(iii) कविता में शाब्दिक भ्रम किसे कहा गया है?

(क) वस्त्र और आभूषणों को

(ख) चेहरे की सुंदरता को

(ग) जीवन की परेशानियों को

(घ) उपर्युक्त सभी

उत्तर: (क) वस्त्र और आभूषणों को

(iv) ''अपने चेहरे पर मत रीझना'' किसका प्रतीक है?

(क) शक्ति का   (ख) कमज़ोरी का

(ग) परेशानियों का   (घ) अहंकार का

उत्तर: (घ) अहंकार का

(v) प्रस्तुत काव्यांश के कवि का नाम बताइए।

(क) मंगलेश डबराल

(ख) ऋतुराज

(ग) सूर्यकांत त्रिपाठी 'निराला'

(घ) गिरिजाकुमार माथुर

उत्तर: (ख) ऋतुराज

29. कितना प्रामाणिक था उसका दुःख

लड़की को दान में देते वक्त

जैसे वही उसकी अन्तिम पूँजी हो

लड़की अभी सयानी नहीं थी

अभी इतनी भोली सरल थी

कि उसे सुख का आभास तो होता था

लेकिन दुख बाँचना नहीं आता था

पाठिका थी वह धुँधले प्रकाश की

कुछ तुकों और कुछ लयबद्ध पंक्तियों की

सन्दर्भ—प्रस्तुत पंक्तियाँ कवि ऋतुराज द्वारा रचित 'छाया मत छूना' नामक पाठ से अवतरित हैं।

प्रसंग—इस कविता में कवि ने बेटी का कन्यादान करते समय माँ को होने वाले वास्तविक दुःख के विषय में बताया है तथा बेटी के भोलेपन से परेशान माँ की चिन्ता को भी व्यक्त किया है।

व्याख्या—कवि कहता है कि अपनी बेटी का कन्यादान करते समय लड़की की माँ बहुत दुःखी थी, क्योंकि वह अपने जीवनभर की पूँजी किसी को सौंपने जा रही थी। उसका दुःख वास्तविक था। कन्यादान के रूप में वह अपना सब कुछ अनजान लोगों को समर्पित कर रही थी।

उसकी बेटी अभी नादान और मासूम थी। उसे व्यावहारिक ज्ञान नहीं था। रिश्तों की जटिलताओं को वह नहीं समझ पाती थी। वह अभी बहुत भोली तथा सरल स्वभाव की थी। उसे ससुराल से सम्बन्धित सच्चाइयों का भान नहीं था। पुरुष-प्रधान समाज के तौर-तरीकों से वह अनजान थी। उसे वैवाहिक सुखों का कुछ एहसास तो था, किन्तु वैवाहिक जीवन में आने वाली कठिनाइयों तथा तकलीफों का ज्ञान नहीं था। वह सुख के पीछे छिपे दुःखों को नहीं समझती थी। उसे वैवाहिक जीवन के धुँधले उजाले का एहसास था अर्थात् विवाहोपरान्त मिलने वाले सुखों की अस्पष्ट-सी कल्पना थी। वह तुक और लय से युक्त काव्य-पंक्तियों या छन्दों को कुछ-कुछ पढ़ना तो जानती थी, परन्तु उन पंक्तियों की गहराइयों को नहीं समझती थी। वह विवाह के केवल मनमोहक एवं उजले पक्ष को जानती थी, दूसरे स्याह पक्ष के विषय में उसको ज्ञान नहीं था। वह कल्पना लोक में विचरण करने वाली कोमल-सरल स्वभाव की मासूम कन्या थी।

काव्यगत सौन्दर्य—कवि द्वारा बदलती हुई सामाजिक-व्यवस्था की ओर संकेत करना सराहनीय है। भावों को स्पष्ट करने के लिए प्रतीकात्मकता का प्रयोग प्रशंसनीय है। लाक्षणिकता के प्रयोग से कवि के कथन में गहनता एवं गम्भीरता का समावेश हो गया है। खड़ी बोली का प्रयोग है। शान्त रस है। प्रसाद गुण विद्यमान है। अतुकान्त छन्द है। सामान्य बोलचाल के शब्दों के प्रयोग से काव्य में स्वाभाविकता आ गयी है। अनुप्रास एवं उत्प्रेक्षा अलंकार के प्रयोग से काव्य सुन्दर बन पड़ा है। कवि ने माँ के माध्यम से बेटी को परम्पराओं से हटकर शिक्षा देने की ओर जो संकेत किया है, वह वांछनीय है।

(i) 'लड़की अभी सयानी नहीं थी' से आशय है—

(क) लड़की भोली, मासूम एवं सरल हृदय की थी

(ख) उसे व्यावहारिक ज्ञान नहीं था

(ग) पुरुष प्रधान समाज के तौर-तरीकों से वह अनजान थी

(घ) उपर्युक्त सभी सत्य हैं

उत्तर: (घ) उपर्युक्त सभी सत्य हैं

(ii) लड़की को 'अंतिम पूँजी' कहने का अर्थ है—

(क) बेटी माँ के सुख-दुःख का सहारा होती है

(ख) बेटी के विवाह पर सम्पूर्ण पूँजी लग गई थी

(ग) माँ के पास एकमात्र बेटी ही थी और अब उसका भी विवाह हो रहा था

(घ) बेटी के जाने के बाद माँ के जीवन में रिक्तता आ जाएगी

उत्तर: (घ) बेटी के जाने के बाद माँ के जीवन में रिक्तता आ जाएगी

(iii) कवि के अनुसार माँ का दुख प्रामाणिक है, क्योंकि—

(क) माँ के दुःख को किसी प्रमाण की आवश्यकता नहीं होती

(ख) माँ के द्वारा बेटी को वरपक्ष को सौंपना बहुत पीड़ादायक होता है

(ग) माँ के दुःख में कृत्रिमता नहीं होती

(घ) माँ अपनी बेटी का विवाह नहीं करना चाहती थी

उत्तर: (ख) माँ के द्वारा बेटी को वरपक्ष को सौंपना बहुत पीड़ादायक होता है

(iv) 'पाठिका थी वह धुँधले प्रकाश की'— इस पंक्ति से कवि का आशय है—

(क) बेटी धुँधले प्रकाश में पढ़ती थी

(ख) बेटी कम पढ़ी-लिखी थी

(ग) उसे जीवन की समस्याओं का अनुमान नहीं था

(घ) वह अज्ञानी थी

उत्तर: (ग) उसे जीवन की समस्याओं का अनुमान नहीं था

(v) काव्यांश में प्रयुक्त 'प्रामाणिक', 'पाठिका' 'लयबद्ध' आदि शब्द हैं—

(क) तत्सम   (ख) उद्भव

(ग) ब्रजभाषा के   (घ) अवधी के

उत्तर: (क) तत्सम

30. माँ ने कहा पानी में झाँककर
अपने चेहरे पर मत रीझना
आग रोटियाँ सेंकने के लिए है
जलने के लिए नहीं
वस्त्र और आभूषण शाब्दिक भ्रमों की तरह
बंधन हैं स्त्री जीवन के
माँ ने कहा लड़की होना
पर लड़की जैसी दिखाई मत देना

सन्दर्भ—प्रस्तुत पंक्तियाँ कवि ऋतुराज द्वारा रचित 'कन्यादान' नामक कविता से अवतरित हैं।

प्रसंग—इस कविता में माँ अपनी बेटी को कन्यादान करते समय स्त्री के परम्परागत 'आदर्श' रूप से हटकर शिक्षा दे रही है।

व्याख्या—माँ अपनी बेटी का कन्यादान करते समय उसे समझाते हुए कहती है कि पानी अर्थात् दर्पण में झाँककर अपने सुन्दर चेहरे की ओर आकर्षित होकर उसे निहारते ही मत रहना। केवल अपने शृंगार की ओर ध्यान देना काफी नहीं, अपने रूप-सौन्दर्य पर रीझकर उस पर अभिमान मत करना ना ही अपनी कोमलता के कारण खुद को कमजोर समझना। आग

का उपयोग केवल रोटियाँ सेंकने के लिए करना कोई गम्भीर कदम उठाने के लिए नहीं। उस आग का शिकार मत हो जाना। तू सावधानीपूर्वक अपने जीवन का निर्वहन करना। घर-गृहस्थी की जिम्मेदारियाँ अवश्य निभाना, लेकिन अत्याचार एवं शोषण बर्दाश्त मत करना। सुन्दर वस्त्र और गहने आदि भ्रामक वस्तुएँ हैं, इनके छलावे में मत आना। इन्हें बन्धन के समान प्रयोग किया जाता है तू इन बन्धनों से सावधान रहना। माँ ने अपनी बेटी को सीख दी कि तू लड़की के समान भोली, नाजुक, मासूम एवं निश्छल रहना, परन्तु व्यावहारिक रूप से सतर्क और सावधान रहना। अपनी मासूमियत एवं सरलता को व्यक्त मत होने देना अन्यथा लोग तुझे बेवकूफ समझकर तेरा शोषण करेंगे।

काव्यगत सौन्दर्य—कवि द्वारा वर्तमान समाज के प्रति नारी को सतर्क किया जाना सराहनीय है। भावों में गम्भीरता के लिए लाक्षणिकता का प्रयोग किया गया है। अतुकान्त छंद है। सामान्य शब्दावली युक्त खड़ी बोली का प्रयोग है। शान्त रस है। उपमा एवं विरोधाभास अलंकारों के प्रयोग से काव्य सुन्दर बन पड़ा है।

(i) माँ ने बेटी से चेहरे पर रीझने के लिए क्यों मना किया?

(क) ताकि वह कहीं अपना चेहरा ही निहारती न रहे

(ख) ताकि वह अपने सौंदर्य पर गर्व न करने लगे

(ग) ताकि वह सौंदर्य के आकर्षण में बँधकर शोषण का शिकार न हो जाए

(घ) क्योंकि विवाह के बाद कन्या को चेहरे पर घूँघट डालना चाहिए

उत्तर: (ग) ताकि वह सौंदर्य के आकर्षण में बँधकर शोषण का शिकार न हो जाए

(ii) पानी के प्रतीकार्थ हैं—

(क) सौंदर्य   (ख) दर्पण

(ग) झूठी प्रशंसा   (घ) उपर्युक्त सभी

उत्तर: (घ) उपर्युक्त सभी

(iii) 'लड़की जैसी दिखाई मत देना' से तात्पर्य है—

(क) लड़के की तरह वेशभूषा रखना

(ख) लड़के की तरह बोलना

(ग) ससुराल में भोली और मासूम बनकर अत्याचार का शिकार मत होना

(घ) लड़की की तरह घर के कामों में लगी मत रहना

उत्तर: (ग) ससुराल में भोली और मासूम बनकर अत्याचार का शिकार मत होना

(iv) कवि के अनुसार वस्त्र तथा आभूषण हैं—

(क) बहुत मूल्यवान

(ख) लड़की की वास्तविक पूँजी

(ग) सुहाग का प्रतीक

(घ) छलावा मात्र और भ्रामक

उत्तर: (घ) छलावा मात्र और भ्रामक

(v) 'लड़की होना पर, लड़की जैसी दिखाई मत देना'–इस पंक्ति में अलंकार है–

(क) उपमा अलंकार   (ख) विरोधाभास अलंकार

(ग) उत्प्रेक्षा अलंकार   (घ) यमक अलंकार

उत्तर: (ख) विरोधाभास अलंकार

पाठ से सम्बन्धित प्रश्नोत्तर

प्रश्न 31. 'कन्यादान' कविता की माँ परम्परागत माँ से कैसे भिन्न है?

उत्तर— 'कन्यादान' कविता की माँ परम्परागत माँ से भिन्न थी, क्योंकि इसमें माँ अपनी बेटी को स्त्री के परम्परागत 'आदर्श' रूप से हटकर जीने की सीख दे रही है। समाज व्यवस्था द्वारा स्त्रियों के लिए आचरण संबंधी जो प्रतिमान गढ़ दिए जाते हैं उनमें 'कमजोरी' का एहसास छिपा रहता है।

प्रश्न 32. आपके विचार से माँ ने ऐसा क्यों कहा कि लड़की होना पर लड़की जैसी दिखाई मत देना?

अथवा

'लड़की जैसी दिखाई मत देना' यह आचरण अब बदलने लगा है–इस पर अपने विचार लिखिए।

उत्तर— माँ चाहती है कि उसकी बेटी सम्पूर्ण नारी बने। नारी के समस्त गुण जैसे–कोमलता, धैर्य, सहनशीलता, मासूमियत, सरलता एवं समर्पण आदि को वह आत्मसात करे। अत्यन्त सहनशीलता से कहीं वह कमज़ोर न हो जाये। कोई उसके इन गुणों के कारण उसके अधिकारों का हनन न करे इसीलिए वह उससे लड़की जैसा न दिखने की बात कह रही है।

प्रश्न 33. 'आग रोटियाँ सेंकने के लिए है, जलने के लिए नहीं।'

(क) इन पंक्तियों से समाज में स्त्री की किस स्थिति की ओर संकेत किया गया है?

(ख) माँ ने बेटी को सचेत करना क्यों जरूरी समझा?

उत्तर— (क) इन पंक्तियों से समाज में स्त्री की शोचनीय एवं दयनीय स्थिति की ओर संकेत किया गया है। जब दहेजलोभी लड़की को जलाकर मार दिया करते थे या उन्हें स्वयं जलकर आत्महत्या करने के लिए विवश कर दिया करते थे।

(ख) माँ ने बेटी को सचेत करना इसलिए जरूरी समझा ताकि वह शोषण तथा अत्याचार का शिकार होकर अपने जीवन का परित्याग न कर दे। वह कमजोर बनकर षड्यन्त्र का शिकार न हो जाये। वह मजबूत इरादों वाली बनकर अपने अधिकारों की रक्षा कर सके। अन्याय के विरुद्ध आवाज़ उठा सके।

प्रश्न 34. 'बेटी अभी सयानी नहीं थी'–में माँ की चिन्ता क्या है? 'कन्यादान' कविता के आधार पर लिखिए।

उत्तर— माँ के स्नेह में पली-बढ़ी बेटी उसके लिए सरल ही होती है। इसके अतिरिक्त माँ जानती है कि बेटी को वैवाहिक जीवन एवं मनुष्यों की कटु बातों की जानकारी नहीं है। ससुराल पक्ष के उस व्यवहार को कैसे सहन कर पाएगी? जो छल-कपट से युक्त हैं। वह उन्हें कैसे समझ पाएगी? यही माँ की अंतर्वेदना उसे संत्रस्त कर रही है।

प्रश्न 35. 'पाठिका थी वह धुँधले प्रकाश की, कुछ तुकों और कुछ लयबद्ध पंक्तियों की'–इन पंक्तियों को पढ़कर लड़की की जो छवि आपके सामने उभर कर आ रही है, उसे शब्दबद्ध कीजिए।

उत्तर— इन पंक्तियों को पढ़कर हमारे सामने एक शिष्ट, सभ्य, मासूम, कोमल तथा नासमझ लड़की की छवि उभरकर आ रही है, जो अभी व्यावहारिक रूप से परिपक्व नहीं है। विवाह के सुख के पीछे छिपे दुःखों से अनजान है। उसे वैवाहिक जीवन के सुखों का धुँधला-सा अहसास है, लेकिन दुःखों के अहसास एवं गहराइयों को नहीं समझती।

प्रश्न 36. 'कन्यादान' कविता में 'वस्त्र' और 'आभूषणों' को शाब्दिक भ्रम क्यों कहा गया है?

उत्तर— प्रशंसात्मक शब्दों को सुनकर कई बार समझदार लोग भी अन्य लोगों के भ्रमजाल में फँस जाते हैं, जिसका परिणाम उचित नहीं होता है। ठीक इसी प्रकार वस्त्र, आभूषण तथा सुंदरता की प्रशंसा स्त्री के बंधन हैं। अगर वह इस बंधन में एक बार बँध गई, तो उसका अस्तित्व खो जाता है, लेकिन नारी जीवन वस्त्राभूषणों तक ही सीमित नहीं है। उसे अपनी स्वतंत्रता बनाए रखनी चाहिए।

प्रश्न 37. माँ को अपनी बेटी अन्तिम पूँजी क्यों लग रही थी?

उत्तर— बेटी माँ के दिल का टुकड़ा होती है वह उसकी हमराज़ होती है। माँ बेटी के साथ ही जीवन के सुख-दुःख बाँटती है। बेटी ही उसके सबसे निकट होती है। इसीलिए माँ को अपनी बेटी अन्तिम पूँजी लग रही थी।

प्रश्न 38. माँ ने बेटी को क्या-क्या सीख दी?

अथवा

कन्यादान करते समय माँ ने बेटी को क्या शिक्षा दी?

अथवा

'कन्यादान' कविता में माँ ने बेटी को अपने चेहरे पर न रीझने की सलाह क्यों दी है?

उत्तर— माँ ने बेटी को सीख दी कि अपने सौन्दर्य पर इतनी मुग्ध मत होना कि दुनियादारी का ध्यान ही न रहे। घर-गृहस्थी तथा ससुरालीजनों के लिए समर्पित तो रहना, किन्तु शोषण एवं अत्याचार सहन मत करना। आग और पानी से सावधान रहना कहीं वे जानलेवा सिद्ध न हो जायें तथा वस्त्र और आभूषण के भ्रम में पड़कर अपने अस्तित्व को मत खो देना। लड़की के सभी गुणों से परिपूर्ण रहना, परन्तु अपनी शिष्टता, सहनशीलता एवं मासूमियत का किसी को गलत लाभ मत उठाने देना। अन्याय के खिलाफ मजबूती से आवाज़ उठाना।

प्रश्न 39. माँ का कौन-सा दुःख प्रामाणिक था, कैसे?

उत्तर— विवाह के अवसर पर कन्यादान करते समय माँ जो दुःख अनुभव करती थी वह दुःख प्रामाणिक था, क्योंकि बेटी को कन्यादान स्वरूप वर-पक्ष के हाथों में सौंपते समय माँ के हृदय की पीड़ा स्वाभाविक होती है उसमें किंचित भी कृत्रिमता नहीं होती है।

रचना और अभिव्यक्ति

प्रश्न 40. आपकी दृष्टि में कन्या के साथ दान की बात करना कहाँ तक उचित है?

अथवा

'कन्यादान' शब्द के सन्दर्भ में वर्तमान समय में कन्या के दान की बात करना कहाँ तक उचित है?

अथवा

कन्या के साथ दान शब्द के औचित्य पर अपने विचार व्यक्त कीजिए।

उत्तर— जब कोई वस्तु दान कर दी जाती है, तो वह अपनी नहीं रहती। इस सन्दर्भ में वस्तुएँ दान की जाती हैं और कन्या कोई वस्तु नहीं है। परन्तु यदि उसका दान कर भी दिया जाता है, तो उससे सम्बन्ध-विच्छेद नहीं होता वह फिर भी अपने माता-पिता की लाड़ली रहती है तथा समय-समय पर अपने 'मायके' आती-जाती रहती है। आज समाज में लड़का व लड़की को समान अधिकार प्राप्त हैं। इस प्रकार हमारी दृष्टि में कन्या के साथ दान शब्द का कोई औचित्य नहीं है।

प्रश्न 41. 'कन्यादान' कविता में किसे दु:ख बाँचना नहीं आता था और क्यों?

उत्तर— 'कन्यादान' कविता में बेटी को अभी दु:ख बाँचना नहीं आता था, क्योंकि माँ के अनुसार बेटी स्नेह के भावों को तो समझती है, किन्तु स्नेह में छल-कपटों से अपरिचित ही है। इसी कारण माँ के हृदय में भय व्याप्त है कि बेटी ससुराल के छल को कैसे समझ पायेगी?

मूल्यपरक एवं अन्य महत्वपूर्ण प्रश्नोत्तर

प्रश्न 42. कवि ने माँ की सीख के माध्यम से समाज की किन कुरीतियों पर प्रहार किया है?

उत्तर— समाज में कुछ कुरीतियाँ प्रचलित हैं जो समाज की प्रगति पर काले धब्बे के समान हैं। दहेज प्रथा, कन्या भ्रूणहत्या, नववधू को आत्महत्या के लिए मजबूर करना या उसकी हत्या कर देना। घरेलू हिंसा, नववधू को ताने और उलाहने देकर उसको अस्तित्वहीन एवं हीनभावना का शिकार बना देना आदि। कवि ने माँ की सीख के माध्यम से दहेजलोभियों द्वारा लड़की को प्रताड़ित करना, उसकी हत्या कर देना या फिर उसे आत्महत्या के लिए विवश कर देना, उसको दबाकर रखना, उस पर अत्याचार करना तथा उसको परिवार में महत्व न देना आदि सामाजिक कुरीतियों पर प्रहार किया है।

प्रश्न 43. 'कन्यादान' कविता की माँ परम्परागत माँ से भिन्न है, सिद्ध कीजिए।

उत्तर— परम्परागत माँ बेटी को ससुराल के प्रति पूर्ण रूप से समर्पित होने की सीख देती है। वह अपनी बेटी को सब कुछ सहन करते हुए ससुरालीजनों की सेवा करने की सीख देती है।

'कन्यादान' कविता की माँ अपनी बेटी को साहसी बनकर अपने अधिकारों की रक्षा करने तथा कमज़ोर न बनने की सीख देती है। वह बेटी को गहनों व वस्त्रों के बन्धन में न बँधने तथा शोषण का पात्र न बनने के प्रति भी सचेत करती है। वह दहेज के कारण जलाये जाने के खतरे के प्रति भी उसे आगाह करती है। माँ की इन सभी सीखों से सिद्ध होता है कि 'कन्यादान' कविता की माँ परम्परागत माँ से सर्वथा भिन्न है।

प्रश्न 44. हर माँ की चाहत अपनी बेटी को दुल्हन के रूप में देखने व उसके सुखी भविष्य के सपने सँजोने की होती है। आप इस विचार से कहाँ तक सहमत हैं?

उत्तर— हाँ! यह बिल्कुल सत्य है कि हर माँ की चाहत अपनी बेटी को दुल्हन के रूप में देखने तथा उसके सुखी भविष्य के सपने सँजोने की होती है। आज पढ़े-लिखे समाज में रोजगार के लिए भागमभाग होने के बावजूद भी एक बेटी की माँ उसे आत्मनिर्भर बनाने के साथ उसे दुनिया की सबसे खूबसूरत दुल्हन के रूप में देखने के लिए लालायित रहती है। उसका पूरा दिन इन्हीं खुशियों के पलों के लिए ताने-बाने बुनते हुए निकल जाता है।

प्रश्न 45. 'कन्यादान' कविता की मुख्य विशेषता क्या है?

उत्तर— 'कन्यादान' कविता की मुख्य विशेषता यह है कि माँ अपनी बेटी को लीक से हटकर शिक्षा दे रही है। उसकी शिक्षा स्त्री के परम्परागत 'आदर्श' रूप से हटकर है। हमारे समाज में नववधू को 'आदर्शों' का प्रतिमान माना जाता है। उसे कोमल तथा लज्जाशील माना जाता है। यही आदर्श, कोमलता व लज्जाशीलता उसके बन्धन बन जाते हैं। उसकी कोमलता को कमज़ोरी मानकर उसका शोषण किया जाता है। 'कन्यादान' कविता की माँ अनुभवी है। अत: कविता में केवल भावुकता ही नहीं अपितु माँ के संचित अनुभव एवं उसकी पीड़ा की मार्मिक अभिव्यक्ति है। यह छोटी-सी कविता सम्पूर्ण नारी-जीवन की कहानी कह रही है।

प्रश्न 46. 'कन्यादान' कविता में निहित सन्देश स्पष्ट कीजिए।

अथवा

'कन्यादान' कविता का उद्देश्य स्पष्ट कीजिए।

अथवा

'कन्यादान' कविता के माध्यम से ऋतुराज क्या सन्देश देना चाहते हैं?

उत्तर— ऋतुराज द्वारा रचित 'कन्यादान' कविता शिक्षाप्रद है। यह कविता आधुनिक समाज को आइना दिखाती है। यह नारी जागृति का सन्देश देते हुए उसे साहसी बनाती है। यह कविता नारी को अपने अस्तित्व की रक्षा करने, आत्मसम्मान की रक्षा करने तथा अपने अधिकारों के लिए संघर्ष करने के लिए प्रेरित करती है। यह कविता नारी-जाति को अन्याय के खिलाफ अपनी आवाज़ बुलन्द करने का हौसला देती है। साथ ही कन्यादान के समय माँ के दु:ख को भी अभिव्यक्त करती है। इस कविता का उद्देश्य नारी सशक्तीकरण भी है।

प्रश्न 47. वर्तमान समय के परिप्रेक्ष्य में 'कन्यादान' कविता की उपयुक्तता पर अपने विचार व्यक्त कीजिए।

उत्तर— वर्तमान समय में समाज में कई परिवर्तन आये हैं। स्वावलम्बी होते-होते समाज में स्वार्थी लोगों की संख्या बढ़ गई है। लोगों में सामाजिकता कम हो गई है। केवल अपने परिवार तक ही सिमटना लोगों का फैशन बन गया है। ऐसे में 'कन्यादान' कविता एकदम उपयुक्त है। समाज का दबाव कम हो जाने के कारण कन्या को स्वयं ही अपने स्वाभिमान, आत्मसम्मान व अस्तित्व की रक्षा हेतु आगे जाना पड़ेगा। वर्तमान समय की कन्या को सचेत होने की जरूरत है। उसमें उचित-अनुचित, न्याय-अन्याय आदि समझने की परख होना आवश्यक है, अन्यथा उसका शोषण हो सकता है, उस पर अत्याचार किये जा सकते हैं। ऐसे में उसे अनुकरणीय साहस व सूझ-बूझ से काम लेना आवश्यक है। 'कन्यादान' कविता की माँ भी अपनी बेटी को यही सीख दे रही है।

प्रश्न 48. ऋतुराज द्वारा रचित 'कन्यादान' कविता में किसके दुःख को प्रामाणिक कहा गया है और क्यों?

उत्तर— ऋतुराज द्वारा रचित 'कन्यादान' कविता में अपनी बेटी का कन्यादान करने वाली 'माँ' के दुःख को प्रामाणिक कहा गया है। उसके जीवन-भर की पूँजी उससे दूर जाने वाली थी। माँ बिल्कुल अकेली रह जाने वाली थी। उसका यह दुःख कोई बनावटी न होकर वास्तविक था। माँ के इस दुःख को किसी प्रमाण की जरूरत नहीं थी। यह दुःख स्वाभाविक था।

प्रश्न 49. 'कोमलता के गौरव में दुर्बलता का उपहास छिपा रहता है' आप इस बात से कहाँ तक सहमत हैं?

उत्तर— कोमलता एवं लज्जाशीलता स्त्री का गहना होती है। इसी कोमलता की आड़ में धीरे-धीरे उसे गहने रूपी बेड़ियों में जकड़ दिया जाता है। लोग उसकी इसी कमज़ोरी का उपहास उड़ाते हैं। उसे कोमलता एवं सौन्दर्य का प्रतिमान बनाकर धीरे-धीरे उसका शोषण करने लगते हैं। शोषण के भी अनेक रूप होते हैं। बन्धन में बँधी होने के कारण वह अपनी आवाज़ को मुखर नहीं कर पाती तथा शोषित होती रहती है।

प्रश्न 50. वर्तमान समाज में स्त्रियों की क्या स्थिति है?

उत्तर— वर्तमान समाज में स्त्रियों की स्थिति में काफी सुधार हुआ है। आज की स्त्री स्वतन्त्र तथा आत्मनिर्भर है। हर क्षेत्र में उसकी पहुँच है। वह स्वाभिमानी तथा निर्णय लेने में समर्थ है। वह रसोई से लेकर चाँद तक हर क्षेत्र में स्वयं को सिद्ध करने का जज़्बा रखती है। उसकी सोच नयी है तथा कल्पनाशक्ति भी कमाल की है।

आज की नारी पुरुषों के साथ कन्धे-से-कन्धा मिलाकर चल रही है। किसी भी क्षेत्र में वह पुरुषों से पीछे नहीं है। वह जागरूक है। वह अपने अधिकारों के प्रति सजग है। आज की नारी में नेतृत्व की क्षमता का विकास हुआ है। वह कर्मठ तथा दृढ़निश्चयी है। आज की स्त्री गर्व करने योग्य है।

लखनवी अंदाज़

लेखक–यशपाल

Chapter 12

प्रसिद्ध कहानीकार, निबन्धकार एवं यशस्वी उपन्यासकार यशपाल जी का जन्म सन् 1903 में पंजाब के फिरोजपुर छावनी में हुआ था। उनके पिता का नाम हीरालाल तथा माता का नाम प्रेमा देवी था। उनकी प्रारम्भिक शिक्षा काँगड़ा में हुई। उन्होंने लाहौर के नेशनल कॉलेज से बी.ए. किया। यहीं पर वे भगत सिंह और सुखदेव के सम्पर्क में आए। स्वाधीनता संग्राम की क्रान्तिकारी लहर से जुड़ने के कारण उन्हें कई बार जेल जाना पड़ा। सन् 1976 में उनका देहावसान हो गया।

रचनाएँ–यशपाल की रचनाओं में आम आदमी के सरोकारों की झलक मिलती है। उनके कहानी संग्रहों में **पिंजरे की उड़ान, फूलों का कुर्ता, वा दुलिया, तर्क का तूफ़ान, ज्ञानदान** आदि हैं। उनके **झूठा सच, दादा कामरेड, अमिता, दिव्या, देश-द्रोही, पार्टी कामरेड** तथा **मेरी तेरी उसकी बात** आदि प्रसिद्ध उपन्यास हैं। **राम राज्य की कथा, बीबी जी कहती हैं मेरा चेहरा रोबीला है, मार्क्सवाद, देखा सोचा समझा, गाँधीवाद की शव परीक्षा, चक्कर क्लब, न्याय का संघर्ष, जग का मुजरा** तथा **बात-बात में बात** आदि प्रसिद्ध निबन्ध संग्रह हैं।

साहित्यिक विशेषताएँ–यशपाल जी यथार्थवादी शैली के विशिष्ट रचनाकार हैं। इन्होंने भावपूर्ण, प्रवाहयुक्त, चित्रात्मक, वर्णनात्मक तथा आत्मकथात्मक शैली का अधिक प्रयोग किया है। इनकी रचनाओं में उर्दू मिश्रित शब्दों की बहुतायत है। यशपाल जी मार्क्सवादी विचारधारा से प्रभावित थे। इनकी रचनाएँ सामाजिक विषमता, राजनीतिक पाखण्ड तथा रूढ़ियों के खिलाफ अपनी आवाज मुखर करती हैं।

सारांश–लेखक यशपाल 'लखनवी अंदाज़' नामक कहानी के माध्यम से यह कहना चाहते हैं कि पात्र एवं कथ्य के बिना कहानी नहीं लिखी जा सकती, परन्तु एक स्वतन्त्र रचना की जा सकती है। इस कहानी के माध्यम से यशपाल जी ने पतनशील सामंती वर्ग पर व्यंग्य किया है।

लेखक को करीब के स्टेशन तक यात्रा करनी थी। वह एकान्त समय में नई कहानी के तथ्य पर विचार करना चाहता था इसलिए वह अधिक किराया होने पर भी सेकण्ड क्लास के डिब्बे में चढ़ गया। उस डिब्बे में उनकी सामने वाली सीट पर एक सफेदपोश लखनवी नवाब विराजमान थे। वे आराम से पालथी मारकर सीट पर बैठे हुए थे। उनके सामने एक तौलिये पर दो ताज़ा, चिकने खीरे रखे हुए थे। लेखक के आने पर उन्होंने स्वयं को असहज महसूस किया तथा लेखक से बात करने का कोई उत्साह नहीं दिखाया। लेखक आँखें चुराते हुए अपने कल्पनालोक में विचरण करने लगा। अचानक नवाब साहब ने लेखक से खीरे खाने के लिए पूछा। लेखक ने इन्कार कर दिया।

अब नवाब साहब ने दोनों खीरों को धोकर चाकू से दोनों सिरों को काटकर उसको रगड़कर उसका झाग निकाला। बड़ी नज़ाकत से उन्होंने उन खीरों पर नमक-मिर्च बुरका। लेखक के मुँह में खीरों को देखकर पानी आने लगा, किन्तु वे पहले ही उनके लिए मना कर चुके थे अत: नवाब साहब द्वारा फिर से पूछने पर भी लेखक ने आत्मसम्मान की रक्षा के लिए इन्कार कर दिया।

नवाब साहब ने प्यासी आँखों से खीरे को देखा, एक फाँक को उठाकर ओठों तक ले गये। उसे केवल सूँघा। खीरे के स्वाद से उनके मुँह में पानी भर गया था। तब भी उन्होंने उसे खाया नहीं बल्कि सूँघकर खिड़की से बाहर फेंक दिया। इसी प्रकार उन्होंने सभी फाँकों को एक-एक करके सूँघकर खिड़की से बाहर फेंक दिया। उसके बाद उन्होंने तौलिये से हाथ पोंछते हुए बड़े घमण्ड से लेखक की ओर देखा। जैसे कह रहे हों कि खीरे खाना तो आम आदमी का काम है, खानदानी नवाब तो इसी तरह खीरे का स्वाद लेते हैं। लेखक सोच रहा था कि क्या इस तरह खीरे का स्वाद लेने से नवाब साहब के पेट की भूख शान्त हो गयी होगी? उसी समय नवाब साहब ने ज़ोर से डकार ली मानो उनका पेट भर गया हो। लेखक सोचने लगता है कि नवाब साहब बिना खीरा खाये डकार ले सकते हैं तो एक लेखक बिना घटना, पात्रों और बिना विचार के कहानी क्यों नहीं लिख सकता। इस तरह लेखक को नवाब साहब के रूप में नई कहानी मिल जाती है।

मुफ़स्सिल = केन्द्रीय स्थान के आसपास के स्थल। **पैसेंजर ट्रेन** = यात्री गाड़ी। **उतावली** = जल्दी। **फुँकारना** = तेज़ आवाज करना। **दाम** = किराया। **किफ़ायत** = कम खर्च। **अनुमान** = अन्दाजा। **एकान्त** = निर्जन, अकेला। **प्रतिकूल** = विपरीत। **निर्जन** = खाली। **बर्थ** = सीट। **नवाबी नस्ल का** = नवाबी जाति या स्वभाव का। **सफेदपोश** = सज्जन व्यक्ति, भद्र पुरुष। **सुविधा** = आराम। **सहसा** = अचानक। **एकान्त चिन्तन** = अकेले में बैठकर सोच-विचार करना। **विघ्न** = बाधा। **संकोच** = लज्जा, शर्म। **सूझ** = विचार। **अपदार्थ वस्तु** = तुच्छ वस्तु। **संगति** = साथ, मित्रता। **आत्मसम्मान** = स्वाभिमान। **आँखें चुराना** = नज़रें बचाना। **असुविधा** = परेशानी। **गवारा न होना** = असहनीय। **ठाली बैठना** = खाली बैठना। **मँझले दर्जे** = बीच का दर्जा। **सम्बोधन** = पुकारना। **वक्त काटना** = समय व्यतीत करना। **कनखियाँ** = तिरछी नज़र से देखना। **गौर करना** = ध्यान देना। **स्थिति** = दशा। **आदाब अर्ज़** = अभिवादन करना। **शौक फ़रमाना** = आनन्द लेना, खाना। **लथेड़ लेना** = मिला लेना। **भाँप लेना** = समझ जाना। **भाव परिवर्तन** = भावों में बदलाव। **शराफ़त** = सज्जनता। **गुमान** = घमण्ड। **हरकत** = गतिविधि। **किबला** = सम्मानपूर्वक सम्बोधन। **एहतियात** = सावधानी। **बुरक देना** = छिड़क देना। **स्फुरण** = फड़कना, कम्पन करना। **प्लावित** = पानी भर जाना। **खम** = झुकाना। **नज़ाकत** = कोमलता। **नफ़ासत**

= स्वच्छता। **लज़ीज़** = स्वादिष्ट। **पनियाती** = पनीली, रसीली। **मेदा** = आमाशय। **तहज़ीब** = शिष्टता। **तसलीम** = आदर-सम्मान में। **नफ़ीस** = बढ़िया। **दृढ़ निश्चय** = पक्का इरादा। **फाँक** = कटा हुआ लम्बा टुकड़ा। **गोदकर** = चुभाकर। **एब्स्ट्रैक्ट** = जिसका भौतिक अस्तित्व न हो, सूक्ष्म। **हाज़िर करना** = प्रस्तुत करना, देना। **सुर्खी** = लाली। **सकील** = आसानी से न पचने वाला। **इस्तेमाल** = प्रयोग। **तृप्ति** = सन्तुष्टि। **रईस** = अमीर। **उदर** = पेट। **सुगन्ध** = महक, खुशबू। **भाव-भंगिमा** = चेहरे के बदलते भाव। **जबड़ा** = मुँह। **प्रक्रिया** = सम्पूर्ण विधि। **वल्लाह** = सचमुच, खुदा कसम। **असलियत** = वास्तविकता। **कल्पना** = सोच। **निबाहना** = निभाना। **सतृष्ण** = प्यासी। **तलब महसूस होना** = तीव्र इच्छा होना। **संयोग** = मेल। **दीर्घ निश्वास** = लम्बी साँस। **वासना** = कामना, लालसा, इच्छा। **पलकें मूँदना** = आँखें बन्द करना। **रसास्वादन** = रस का स्वाद लेना। **खानदानी** = कुलीन, पारिवारिक। **गुलाबी आँख** = अभिमान से युक्त निगाहें। **सूक्ष्म** = बारीक। **गर्व** = अभिमान। **नामुराद** = एक अपशब्द, जिसकी मुराद पूरी न हो, अभागा। **ज्ञान-चक्षु** = ज्ञान रूपी नेत्र।

बहुविकल्पीय प्रश्न

1. लेखक गाड़ी के किस डिब्बे में चढ़ गए?
(क) फर्स्ट क्लास के डिब्बे में
(ख) सेकंड क्लास के डिब्बे में
(ग) निचली क्लास के डिब्बे में
(घ) थर्ड क्लास के डिब्बे में
उत्तर: (ख) सेकंड क्लास के डिब्बे में

2. लेखक शांत माहौल क्यों ढूँढ़ रहे थे?
(क) कहानी लिखने के लिए
(ख) प्राकृतिक दृश्य देखने के लिए
(ग) उपर्युक्त दोनों
(घ) इनमें से कोई नहीं
उत्तर: (ग) उपर्युक्त दोनों

3. लेखक ने डिब्बे में जाकर क्या देखा?
(क) खीरा बेचने वाले को
(ख) बर्थ पर रखे हुए खीरे
(ग) अनेक यात्रियों को बैठे हुए
(घ) नवाब साहब को बैठे हुए
उत्तर: (घ) नवाब साहब को बैठे हुए

4. डिब्बे पर चढ़ने से पहले लेखक को क्या आशा थी?
(क) बहुत से यात्री होंगे (ख) नवाब साहब बैठे होंगे
(ग) डिब्बा खाली होगा (घ) खीरा बेचने वाला होगा
उत्तर: (ग) डिब्बा खाली होगा

5. लेखक के डिब्बे पर चढ़ने के बाद नवाब साहब ने उनके साथ कैसा व्यवहार किया?
(क) उपेक्षापूर्ण व्यवहार (ख) सम्मानपूर्ण व्यवहार
(ग) संतोषजनक व्यवहार (घ) इनमें से कोई नहीं
उत्तर: (क) उपेक्षापूर्ण व्यवहार

6. यशपाल का जन्म कब और कहाँ हुआ?
(क) 1903 में हिमाचल के शिमला जिले में
(ख) 1903 में कश्मीर के जंगु जिले में
(ग) 1903 में हिमाचल के कांगड़ा जिले में
(घ) 1903 में पंजाब के फ़िरोजपुर छावनी में
उत्तर: (घ) 1903 में पंजाब के फ़िरोजपुर छावनी में

7. नवाब साहब की जीवन शैली देखकर लेखक के मन में क्या प्रश्न उठा?
(क) नवाब साहब में अभिमान क्यों है?
(ख) खीरा कैसे खाया जाता है?
(ग) खीरे जैसी तुच्छ वस्तु कैसे खा सकते हैं?
(घ) स्वाद और गंध की कल्पना से भूख कैसे मिट सकती है?
उत्तर: (घ) स्वाद और गंध की कल्पना से भूख कैसे मिट सकती है?

8. नवाब साहब ने डकार लेकर क्या व्यक्त किया?
(क) उदर की तृप्ति
(ख) अहंकार की भावना
(ग) आत्मसम्मान की भावना
(घ) समझदारी
उत्तर: (क) उदर की तृप्ति

9. लेखक ने नई कहानी का लेखक किसे कहा है?
(क) स्वयं को
(ख) नवाब साहब को
(ग) खीरा बेचने वालों को
(घ) कल्पना को
उत्तर: (ख) नवाब साहब को

10. लेखक के ज्ञान-चक्षु किस प्रकार खुले?
(क) नई कहानी को पढ़कर
(ख) कहानी के लेखक को देखकर
(ग) खिड़की से बाहर प्राकृतिक दृश्य देखकर
(घ) नवाब साहब के खीरे खाने की कल्पना को देखकर
उत्तर: (घ) नवाब साहब के खीरे खाने की कल्पना को देखकर

11. 'एब्स्ट्रैक्ट' शब्द का क्या अर्थ है?
(क) जिसका भौतिक अस्तित्व न हो
(ख) खीरे को खाने की विशेष कला
(ग) दिखावे की भावना
(घ) रईसी की भावना
उत्तर: (क) जिसका भौतिक अस्तित्व न हो

12. 'एब्स्ट्रैक्ट' शब्द का प्रयोग किस पर व्यंग्य करने के लिए किया गया है?

(क) लेखक पर   (ख) नई कहानी के लेखक पर

(ग) नवाब साहब पर   (घ) अन्य यात्रियों पर

उत्तर: (ग) नवाब साहब पर

13. खीरे की फाँकों को देखकर किसके मुँह में पानी भर गया?

(क) लेखक के मुँह में

(ख) नवाब साहब के मुँह में

(ग) नई कहानी के लेखक के मुँह में

(घ) इनमें से कोई नहीं

उत्तर: (क) लेखक के मुँह में

14. नवाब साहब क्यों लेट गए?

(क) लेखक से बात करने की इच्छा न होने के कारण

(ख) खीरे के इस्तेमाल से थककर

(ग) लेखक से नाराज़ होकर

(घ) अपनी रईसी का दिखावा करने के लिए

उत्तर: (ख) खीरे के इस्तेमाल से थककर

15. 'लखनवी अंदाज़' पाठ में कौन-सा व्यंग्य निहित है?

(क) दिखावे की भावना पर व्यंग्य

(ख) कहानी की रचना पर व्यंग्य

(ग) वास्तविकता पर व्यंग्य

(घ) लेखक पर व्यंग्य

उत्तर: (क) दिखावे की भावना पर व्यंग्य

16. लेखक को नवाब साहब के हाव-भाव से क्या प्रतीत हुआ?

(क) नवाब साहब सोना चाहते हैं।

(ख) नवाब साहब खीरा खाने के इच्छुक नहीं हैं।

(ग) नवाब साहब बात करने के इच्छुक हैं।

(घ) नवाब साहब बात करने के इच्छुक नहीं हैं।

उत्तर: (घ) नवाब साहब बात करने के इच्छुक नहीं हैं।

17. नवाब साहब ने खीरे को खाने के लिए तैयार किया परंतु न खाकर फेंक दिया। उनके द्वारा ऐसा किया जाना उनके किस प्रयास को दिखाता है?

(क) दिखावा करने का प्रयास

(ख) मूर्ख बनने का प्रयास

(ग) मूर्ख बनाने का प्रयास

(घ) पैसे बर्बाद करने का प्रयास

उत्तर: (क) दिखावा करने का प्रयास

18. नवाब साहब ने अपनी आँखों को क्यों मूँद लिया था?

(क) खीरे को खाने के लिए

(ख) खीरे का रसास्वादन करने के लिए

(ग) खीरे को काटने के लिए

(घ) खीरे पर नमक-मिर्च बुरकने के लिए

उत्तर: (ख) खीरे का रसास्वादन करने के लिए

19. खीरे को खाने की इच्छा होने पर भी नवाब साहब ने उसे क्यों खिड़की से बाहर फेंक दिया?

(क) आत्मसम्मान के कारण

(ख) रईसी दिखाने के कारण

(ग) खीरा खराब होने के कारण

(घ) स्वाद अच्छा न होने के कारण

उत्तर: (ख) रईसी दिखाने के कारण

20. लेखक ने खीरा खाने से क्यों मना कर दिया?

(क) आत्मसम्मान बनाए रखने के कारण।

(ख) नवाब साहब द्वारा नहीं पूछे जाने के कारण।

(ग) व्यस्त होने के कारण।

(घ) जल्दी में होने के कारण।

उत्तर: (क) आत्मसम्मान बनाए रखने के कारण।

21. कहानी में नई कहानी का लेखक किसे कहा गया है?

(क) लेखक को

(ख) खीरे को

(ग) खीरा खाने के तरीके को

(घ) नवाब साहब को

उत्तर: (घ) नवाब साहब को

22. कहानी के अनुसार नई कहानी के लिए आवश्यक तत्व किसे माना गया है?

(क) लेखक की इच्छा   (ख) घटना

(ग) पात्र   (घ) विचार

उत्तर: (क) लेखक की इच्छा

23. एक आदर्श कहानी के लिए क्या आवश्यक है?

(क) विचार, घटना और पात्र

(ख) लेखक की इच्छाशक्ति

(ग) नवाब साहब की रईसी

(घ) दिखावे की भावना

उत्तर: (क) विचार, घटना और पात्र

24. लेखक ने अपनी कौन-सी पुरानी आदत का उल्लेख किया है?

(क) खाली बैठे रहने की

(ख) कहानी लिखने की

(ग) खाली बैठे कल्पना करने की

(घ) उपर्युक्त सभी

उत्तर: (ग) खाली बैठे कल्पना करने की

25. इस कहानी से हमें क्या संदेश मिलता है?

(क) अत्यधिक सोचना चाहिए।

(ख) कहानी लिखना चाहिए।

(ग) नई कहानी लिखनी चाहिए।

(घ) दिखावा नहीं करना चाहिए।

उत्तर: (घ) दिखावा नहीं करना चाहिए।

26. नवाब साहब ने खीरे की तैयारी के बाद उसका क्या किया?

(क) खा लिया

(ख) खिड़की से बाहर फेंक दिया

(ग) नवाब साहब को दे दिया

(घ) इनमें से कोई नहीं

उत्तर: (ख) खिड़की से बाहर फेंक दिया

27. लेखक कनखियों से किसकी ओर देख रहे थे?

(क) खिड़की की तरफ (ख) घर की तरफ

(ग) स्टेशन की तरफ (घ) नवाब साहब की तरफ

उत्तर: (घ) नवाब साहब की तरफ

28. ठाली बैठे, कल्पना करते रहने की पुरानी आदत किसकी थी?

(क) नवाब साहब की (ख) खीरा बेचने वाले की

(ग) लेखक की (घ) कवि की

उत्तर: (ग) लेखक की

29. अकेले सफ़र का वक़्त काटने के लिए नवाब साहब ने क्या खरीदा था?

(क) अखबार (ख) पुस्तक

(ग) खीरा (घ) पत्रिका

उत्तर: (ग) खीरा

30. लेखक ने नवाब साहब को खीरा न खाने का कारण क्या बताया?

(क) उन्हें खीरा पसंद नहीं है।

(ख) पेट भरा हुआ है।

(ग) इच्छा नहीं है।

(घ) इनमें से कोई नहीं।

उत्तर: (ग) इच्छा नहीं है।

31. नवाब साहब ने खीरों को खिड़की से बाहर क्यों फेंक दिया?

(क) अमीरी दिखाने के लिए

(ख) पेट भरे होने के कारण

(ग) तबीयत खराब होने के कारण

(घ) इनमें से कोई नहीं

उत्तर: (क) अमीरी दिखाने के लिए

32. लखनऊ स्टेशन पर कौन खीरे के इस्तेमाल का तरीका जानते हैं?

(क) नवाब साहब (ख) लेखक

(ग) खीरा बेचने वाले (घ) इनमें से कोई नहीं

उत्तर: (ग) खीरा बेचने वाले

33. निम्नलिखित में से कौन-सी रचना यशपाल की नहीं है?

(क) जंजीरें और दीवारें (ख) ज्ञान दान

(ग) पिंजरे की उड़ान (घ) दादा कामरेड

उत्तर: (क) जंजीरें और दीवारें

34. वार्तालाप की शुरुआत किसने की?

(क) लेखक ने (ख) नवाब साहब ने

(ग) दुकानदार ने (घ) इनमें से कोई नहीं

उत्तर: (ख) नवाब साहब ने

35. लेखक के अनुसार नवाब साहब ने सेकण्ड क्लास का टिकट क्यों खरीदा?

(क) अकेले में यात्रा का आनंद लेने के लिए।

(ख) पैसों की किफायत के कारण।

(ग) (क) और (ख) दोनों सत्य हैं।

(घ) कोई भी कथन सत्य नहीं है।

उत्तर: (ग) (क) और (ख) दोनों सत्य हैं।

गद्यांश पर आधारित बहुविकल्पीय प्रश्न

36. निम्नलिखित गद्यांशों को ध्यानपूर्वक पढ़कर दिए गए प्रश्नों के लिए सही विकल्प चुनिए—

मुफ़्फ़िसल की पैसेंजर ट्रेन चल पड़ने की उतावली में फूँकार रही थी। आराम से सेकंड क्लास में जाने के लिए दाम अधिक लगते हैं। दूर तो जाना नहीं था। भीड़ से बचकर, एकांत में नई कहानी के संबंध में सोच सकने और खिड़की से प्राकृतिक दृश्य देख सकने के लिए टिकट सेकंड क्लास का ही ले लिया। गाड़ी छूट रही थी। सेकंड क्लास के एक छोटे डिब्बे को खाली समझकर, ज़रा दौड़कर उसमें चढ़ गए। अनुमान के प्रतिकूल डिब्बा निर्जन नहीं था। एक बर्थ पर लखनऊ की नवाबी नस्ल के एक सफ़ेदपोश सज्जन बहुत सुविधा से पालथी मारे बैठे थे। सामने दो ताज़े-चिकने खीरे तौलिए पर रखे थे। डिब्बे में हमारे सहसा कूद जाने से सज्जन की आँखों में एकांत चिंतन में विघ्न का असंतोष दिखाई दिया। सोचा, हो सकता है, यह भी कहानी के लिए सूझ की चिंता में हों या खीरे-जैसी अपदार्थ वस्तु का शौक करते देखे जाने के संकोच में हों।

(i) लेखक ने टिकट के लिए अधिक पैसे क्यों खर्च किए?

(क) नवाब साहब के साथ सफ़र करने के लिए।

(ख) दूर जाने के लिए।

(ग) आराम से सफ़र करने के लिए।

(घ) सुविधा से बैठने के लिए।

उत्तर: (ग) आराम से सफ़र करने के लिए।

(ii) ट्रेन के डिब्बे में चढ़ते समय लेखक का क्या अनुमान था?

(क) डिब्बे में कोई नहीं होगा।

(ख) डिब्बे में नवाब साहब होंगे।

(ग) टिकट की ज़रूरत नहीं होगी।

(घ) नवाब साहब खीरा नहीं खाएँगे।

उत्तर: (क) डिब्बे में कोई नहीं होगा।

(iii) डिब्बा कैसा था?

(क) अनुमान के अनुसार (ख) अनुमान से विपरीत

(ग) भीड़-भाड़ वाला (घ) खाली

उत्तर: (ख) अनुमान से विपरीत

(iv) डिब्बे में कौन था?

(क) नवाब साहब   (ख) टिकट बाबू

(ग) ड्राइवर   (घ) प्रसिद्ध लेखक

उत्तर: (क) नवाब साहब

(v) डिब्बे में लेखक के चढ़ जाने से सज्जन की क्या प्रतिक्रिया हुई?

(क) खुश हुए।

(ख) शिकायत की।

(ग) डिब्बा छोड़कर चले गए।

(घ) असंतुष्ट हुए।

उत्तर: (घ) असंतुष्ट हुए।

37. नवाब साहब ने संगति के लिए उत्साह नहीं दिखाया। हमने भी उनके सामने की बर्थ पर बैठकर आत्मसम्मान में आँखें चुरा लीं। ठाली बैठे, कल्पना करते रहने की पुरानी आदत है। नवाब साहब की असुविधा और संकोच के कारण का अनुमान करने लगे। संभव है, नवाब साहब ने बिल्कुल अकेले यात्रा कर सकने के अनुमान में किफ़ायत के विचार से सेकंड क्लास का टिकट खरीद लिया हो और अब गवारा न हो कि शहर का कोई सफ़ेदपोश उन्हें मँझले दर्ज़े में सफ़र करता देखे।.....अकेले सफ़र का वक्त काटने के लिए ही खीरे खरीदे होंगे और अब किसी सफ़ेदपोश के सामने खीरा कैसे खाएँ?

हम कनखियों से नवाब साहब की ओर देख रहे थे। नवाब साहब कुछ देर गाड़ी की खिड़की से बाहर देखकर स्थिति पर गौर करते रहे।

(i) लेखक ने नवाब साहब से आँखें क्यों चुरा लीं?

(क) आत्मसम्मान बनाए रखने के लिए।

(ख) टिकट न होने के कारण।

(ग) काम में व्यस्त होने के कारण।

(घ) किफ़ायत के विचार से।

उत्तर: (क) आत्मसम्मान बनाए रखने के लिए।

(ii) लेखक के प्रति नवाब साहब का व्यवहार कैसा था?

(क) उत्साहपूर्ण   (ख) उदासीन

(ग) संकोचपूर्ण   (घ) मित्रतापूर्ण

उत्तर: (ख) उदासीन

(iii) बर्थ पर बैठकर लेखक किस बात का अनुमान लगाने लगे?

(क) नवाब साहब के दिखावे का

(ख) नवाब साहब की आदत का

(ग) नवाब साहब के उत्साह का

(घ) नवाब साहब की उदासीनता का

उत्तर: (घ) नवाब साहब की उदासीनता का

(iv) नवाब साहब की दृष्टि कहाँ थी?

(क) लेखक पर   (ख) खीरे पर

(ग) बाहर के दृश्य पर   (घ) अपने बर्थ पर

उत्तर: (ग) बाहर के दृश्य पर

(v) 'आत्मसम्मान' में समास का नाम बताइए।

(क) तत्पुरुष समास   (ख) कर्मधारय समास

(ग) द्वंद्व समास   (घ) द्विगु समास

उत्तर: (क) तत्पुरुष समास

38. 'ओह' नवाब साहब ने सहसा हमें संबोधन किया, 'आदाब-अर्ज़', जनाब, खीरा का शौक फरमाएँगे? नवाब साहब का सहसा भाव परिवर्तन अच्छा नहीं लगा। भाँप लिया, आप शराफ़त का गुमान बनाए रखने के लिए हमें भी मामूली लोगों की हरकत में लथेड़ लेना चाहते हैं। जवाब दिया, 'शुक्रिया, किबला शौक फरमाएँ।' नवाब साहब ने फिर एक पल खिड़की से बाहर देखकर गौर किया और दृढ़ निश्चय से खीरों के नीचे रखा तौलिया झाड़कर सामने बिछा लिया। सीट के नीचे से लोटा उठाकर दोनों खीरों को खिड़की से बाहर धोया और तौलिए से पोंछ लिया। जेब से चाकू निकाला। दोनों खीरों के सिर काटे और उन्हें गोदकर झाग निकाला। फिर खीरों को बहुत एहतियात से छीलकर फाँकों को करीने से तौलिए पर सजाते गए।

(i) कौन-सी बात लेखक को अच्छी नहीं लगी?

(क) नवाब साहब का भाव परिवर्तन

(ख) नवाब साहब की भाषा

(ग) नवाब साहब का खीरा खाना

(घ) नवाब साहब का अहंकार

उत्तर: (क) नवाब साहब का भाव परिवर्तन

(ii) नवाब साहब ने लेखक को किस प्रकार संबोधित किया?

(क) खीरा खिलाकर   (ख) नमस्कार कहकर

(ग) आदाब कहकर   (घ) खिड़की से बाहर देखकर

उत्तर: (ग) आदाब कहकर

(iii) नवाब साहब किस प्रकार की तैयारी में लगे हुए थे?

(क) लेखक से बात करने की तैयारी

(ख) खीरा खाने की तैयारी

(ग) सोने की तैयारी

(घ) कहानी लिखने की तैयारी

उत्तर: (ख) खीरा खाने की तैयारी

(iv) लेखक ने नवाब साहब के आग्रह का जवाब किस प्रकार दिया?

(क) खीरा खाने को मना करके

(ख) खीरा खाकर

(ग) कहानी सुनाकर

(घ) मौन रहकर

उत्तर: (क) खीरा खाने को मना करके

(v) गद्यांश के लेखक का नाम बताइए।

(क) प्रेमचंद   (ख) यशपाल

(ग) रामवृक्ष बेनीपुरी   (घ) हरिशंकर परसाई

उत्तर: (ख) यशपाल

39. लखनऊ स्टेशन पर खीरा बेचने वाले खीरे के इस्तेमाल का तरीका जानते हैं। ग्राहक के लिए जीरा मिला नमक और पिसी हुई लाल मिर्च की पुड़िया भी हाज़िर कर देते हैं। नवाब साहब ने बहुत करीने से खीरे की फाँकों पर जीरा मिला नमक और लाल मिर्च की सुर्खी बुरक दी। उनकी प्रत्येक भाव-भंगिमा और जबड़ों के स्फुरण से स्पष्ट था कि उस प्रक्रिया में उनका मुख खीरे के रसास्वादन की कल्पना से प्लावित हो रहा था। हम कनखियों से देखकर सोच रहे थे, मियाँ रईस बनते हैं, लेकिन लोगों की नज़रों से बच सकने के खयाल में अपनी असलियत पर उतर आए हैं।

नवाब साहब ने फिर एक बार हमारी ओर देख लिया, 'वल्लाह, शौक कीजिए, लखनऊ का बालम खीरा है!'

(i) नवाब साहब खीरे को किस प्रकार तैयार कर रहे थे?

(क) ग्राहक की तरह   (ख) खीरा बेचने वाले की तरह

(ग) कहानीकार की तरह   (घ) यात्री की तरह

उत्तर: (ख) खीरा बेचने वाले की तरह

(ii) किसका मन खीरे के रसास्वादन की कल्पना से प्लावित हो रहा था?

(क) नवाब साहब का   (ख) लेखक का

(ग) ग्राहक का   (घ) खीरा बेचने वाले का

उत्तर: (क) नवाब साहब का

(iii) कौन अपनी रईसी दिखा रहा था?

(क) नवाब साहब   (ख) लेखक

(ग) कहानीकार   (घ) खीरा बेचने वाला

उत्तर: (क) नवाब साहब

(iv) खीरे का सही इस्तेमाल करना किसे पता होता है?

(क) नवाब साहब को   (ख) लेखक को

(ग) खीरा बेचने वाले को   (घ) उपर्युक्त सभी

उत्तर: (ग) खीरा बेचने वाले को

(v) लेखक क्या सोच रहे थे?

(क) खीरे को खाने के बारे में

(ख) अपनी कल्पना के बारे में

(ग) ट्रेन की रफ़्तार के बारे में

(घ) नवाब साहब की असलियत के बारे में

उत्तर: (घ) नवाब साहब की असलियत के बारे में

40. नमक-मिर्च छिड़क दिए जाने से ताज़े खीरे की पनियाती फाँके देखकर पानी मुँह में जरूर आ रहा था, लेकिन इनकार कर चुके थे। आत्मसम्मान निबाहना ही उचित समझा, उत्तर दिया, 'शुक्रिया, इस वक्त तलब महसूस नहीं हो रही, मेदा भी ज़रा कमज़ोर है, किबला शौक फरमाएँ।'

नवाब साहब ने सतृष्ण आँखों से नमक-मिर्च के संयोग से चमकती खीरे की फाँकों की ओर देखा। खिड़की के बाहर देखकर दीर्घ निश्वास लिया। खीरे की एक फाँक उठाकर होंठों तक ले गए। फाँक को सूँघा। स्वाद के आनंद में पलकें मुँद गईं।

(i) ताज़े खीरे को देखकर लेखक को कैसा लग रहा था?

(क) आत्मसम्मान की भावना जागृत हुई।

(ख) बाहर जाने की इच्छा हुई।

(ग) नवाब साहब से बात करने की इच्छा हुई।

(घ) लालच आ रहा था।

उत्तर: (घ) लालच आ रहा था।

(ii) खीरा खाने के लिए पूछे जाने पर लेखक ने मना क्यों कर दिया?

(क) स्वादिष्ट न होने के कारण।

(ख) पसंद न होने के कारण।

(ग) आत्मसम्मान वश।

(घ) नवाब साहब से बात न करने के कारण।

उत्तर: (ग) आत्मसम्मान वश।

(iii) नवाब साहब ने किसे तृष्णा भरी नज़रों से देखा?

(क) खीरे को   (ख) नवाब साहब को

(ग) प्लेटफार्म को   (घ) खीरा बेचने वालों को

उत्तर: (क) खीरे को

(iv) नवाब साहब ने खीरे को क्यों नहीं खाया?

(क) स्वादिष्ट न होने के कारण।

(ख) आत्मसम्मान के कारण।

(ग) रईसी दिखाने के कारण।

(घ) खराब होने के कारण।

उत्तर: (ग) रईसी दिखाने के कारण।

(v) नवाब साहब ने अपनी पलकों को क्यों मूँद लिया?

(क) अहंकारवश   (ख) आत्मसम्मानवश

(ग) नींद आने के कारण   (घ) आनंदवश

उत्तर: (घ) आनंदवश

41. मुँह में भर आए पानी का घूँट गले से उतर गया। तब नवाब साहब ने फाँक को खिड़की से बाहर छोड़ दिया। नवाब साहब खीरे की फाँकों को नाक के पास ले जाकर, वासना से रसास्वादन कर खिड़की के बाहर फेंकते गए।

नवाब साहब ने खीरे की सब फाँकों को खिड़की के बाहर फेंककर तौलिए से हाथ और होंठ पोंछ लिए और गर्व से गुलाबी आँखों से हमारी ओर देख लिया, मानो कह रहे हों—यह है खानदानी रईसों का तरीका!

नवाब साहब खीरे की तैयारी और इस्तेमाल से थककर लेट गए। हमें तसलीम में सिर खम कर लेना पड़ा—यह है खानदानी तहज़ीब, नफ़ासत और नज़ाकत!

(i) नवाब साहब ने खीरे की फाँक का क्या किया?

(क) खिड़की से बाहर फेंक दिया।

(ख) खा लिया।

(ग) बच्चे को दे दिया।

(घ) लेखक को दे दिया।

उत्तर: (क) खिड़की से बाहर फेंक दिया।

(ii) नवाब साहब क्यों लेट गए?

(क) खीरा खराब होने के कारण।

(ख) बीमार होने के कारण।

(ग) पेट भरा होने के कारण।

(घ) थकने के कारण।

उत्तर: (घ) थकने के कारण।

(iii) लेखक ने अपना सर क्यों झुका लिया?

(क) नवाब साहब को खीरा खाता देखकर

(ख) नवाब साहब की थकावट को देखकर

(ग) नवाब साहब के दिखावे को देखकर

(घ) नवाब साहब को सोता हुआ देखकर

उत्तर: (ग) नवाब साहब के दिखावे को देखकर

(iv) नवाब साहब की थकावट का क्या कारण था?

(क) अत्यधिक खीरा खा लेना।

(ख) अधिक बातें करना।

(ग) अधिक देर बैठना।

(घ) अत्यधिक दिखावा करना।

उत्तर: (घ) अत्यधिक दिखावा करना।

(v) नफासत का अर्थ है—

(क) बढ़िया होने का भाव (ख) अमीर होने का भाव

(ग) चालाक होने का भाव(घ) इनमें से कोई नहीं

उत्तर: (क) बढ़िया होने का भाव

42. हम गौर कर रहे थे, खीरा इस्तेमाल करने के इस तरीके को खीरे की सुगंध और स्वाद की कल्पना से संतुष्ट होने का सूक्ष्म, नफ़ीस या एब्स्ट्रैक्ट तरीका ज़रूर कहा जा सकता है परंतु क्या ऐसे तरीके से उदर की तृप्ति भी हो सकती है?

नवाब साहब की ओर से भरे पेट के ऊँचे डकार का शब्द सुनाई दिया और नवाब साहब ने हमारी ओर देखकर कह दिया, 'खीरा लज़ीज़ होता है लेकिन होता है सकील, नामुराद मेदे पर बोझ डाल देता है।'

ज्ञान-चक्षु खुल गए! पहचाना—ये हैं नई कहानी के लेखक! खीरे की सुगंध और स्वाद की कल्पना से पेट भर जाने का डकार आ सकता है तो बिना विचार, घटना और पात्रों के, लेखक की इच्छा मात्र से 'नई कहानी' क्यों नहीं बन सकती?

(i) लेखक ने किसे एब्स्ट्रैक्ट तरीका कहा है?

(क) खीरे के इस्तेमाल को

(ख) खीरे के स्वाद की कल्पना को

(ग) ऊँचे डकार को

(घ) उदर की तृप्ति को

उत्तर: (ख) खीरे के स्वाद की कल्पना को

(ii) लेखक के ज्ञान-चक्षु क्यों खुल गए?

(क) नवाब साहब के दिखावे को देखकर

(ख) नवाब साहब की रईसी को देखकर

(ग) नई कहानी के लेखकों को देखकर

(घ) खीरे को देखकर

उत्तर: (क) नवाब साहब के दिखावे को देखकर

(iii) नई कहानी की रचना के लिए आवश्यक तत्व क्या होता है?

(क) घटना   (ख) कहानी के पात्र

(ग) विषय वस्तु   (घ) लेखक की इच्छा

उत्तर: (घ) लेखक की इच्छा

(iv) खीरे को सकील क्यों कहा गया है?

(क) पेट में भारीपन कर देने के कारण।

(ख) स्वाद अच्छा न होने के कारण।

(ग) फायदेमंद न होने के कारण।

(घ) लज़ीज़ होने के कारण।

उत्तर: (क) पेट में भारीपन कर देने के कारण।

(v) लेखक ने नवाब साहब की तुलना किससे की है?

(क) नई कहानी के लेखक से

(ख) कहानी के नायक से

(ग) खीरे खाने के शौकीन से

(घ) झूठे दिखावे से

उत्तर: (क) नई कहानी के लेखक से

43. लखनऊ स्टेशन पर खीरा बेचने वाले खीरे के इस्तेमाल का तरीका जानते हैं। ग्राहक के लिए जीरा-मिला नमक और पिसी हुई लाल मिर्च की पुड़िया भी हाज़िर कर देते हैं।

नवाब साहब ने बहुत करीने से खीरी की फाँकों पर जीरा-मिला नमक और लाल मिर्च की सुर्खी बुरक दी। उनकी प्रत्येक भाव-भंगिमा और जबड़ों के स्फुरण से स्पष्ट था कि उस प्रक्रिया में उनका मुख खीरे के रसास्वादन की कल्पना से प्लावित हो रहा था।

हम कनखियों से देखकर सोच रहे थे, मियाँ रईस बनते हैं, लेकिन लोगों की नज़रों से बच सकने के ख्याल में अपनी असलियत पर उतर आये हैं।

नवाब साहब ने फिर एक बार हमारी ओर देख लिया, 'वल्लाह, शौक कीजिए, लखनऊ का बालम खीरा है!'

नमक-मिर्च छिड़क दिये जाने से ताज़े खीरे की पनियाती फाँकें देखकर पानी मुँह में जरूर आ रहा था, लेकिन इनकार कर चुके थे। आत्मसम्मान निबाहना ही उचित समझा, उत्तर दिया, 'शुक्रिया, इस वक्त तलब महसूस नहीं हो रही, मेदा भी जरा कमज़ोर है, किबला शौक फरमाएँ।'

(i) लखनऊ स्टेशन पर खीरा बेचने वाले ग्राहक के लिए हाजिर कर देते हैं—

(क) जीरा मिला नमक

(ख) पिसी हुई लाल मिर्च की पुड़िया

(ग) कटा हुआ खीरा

(घ) जीरा मिला नमक और पिसी हुई लाल मिर्च की पुड़िया

उत्तर: (घ) जीरा मिला नमक और पिसी हुई लाल मिर्च की पुड़िया

(ii) नवाब साहब ने बड़े करीने से क्या किया?

(क) खीरे की फाँकों पर नमक बुरक दिया

(ख) खीरे की फाँकों को तौलिए पर सजाकर रखा

(ग) खीरे की फाँकों पर जीरा मिला नमक और लाल मिर्च की सुर्खी बुरक दी

(घ) खीरे की फाँकों को एक-एक करके सूँघकर खिड़की से बाहर फेंक दिया

उत्तर: (ग) खीरे की फाँकों पर जीरा मिला नमक और लाल मिर्च की सुर्खी बुरक दी

(iii) लेखक कनखियों से देखता हुआ नवाब साहब के विषय में क्या सोच रहा था?

(क) नवाब साहब बहुत रईस हैं।

(ख) मियाँ रईस बनते हैं, लेकिन लोगों की नजरों के बचने के खयाल में अपनी असलियत पर उतर आए हैं।

(ग) नवाब साहब खीरे के बहुत शौकीन हैं।

(घ) नवाब साहब खीरे के इस्तेमाल का तरीका जानते हैं।

उत्तर: (ख) मियाँ रईस बनते हैं, लेकिन लोगों की नजरों के बचने के खयाल में अपनी असलियत पर उतर आए हैं।

(iv) ललचाते हुए भी लेखक ने खीरा खाने से मना कर दिया, क्योंकि—

(क) वे अपने आत्मसम्मान की रक्षा करना चाहते थे

(ख) उस समय उन्हें खीरा खाने की तलब महसूस नहीं हो रही थी

(ग) उनकी हालत कमजोर थी

उत्तर: (क) वे अपने आत्मसम्मान की रक्षा करना चाहते थे

(v) प्रस्तुत गद्यांश में अधिकतर किस भाषा के शब्दों का प्रयोग किया गया है?

(क) हिंदी भाषा के   (ख) उर्दू के

(ग) अंग्रेजी के   (घ) पंजाबी के

उत्तर: (ख) उर्दू के।

44. हम गौर कर रहे थे, खीरा इस्तेमाल करने के इस तरीके को खीरे की सुगन्ध और स्वाद की कल्पना से सन्तुष्ट होने का सूक्ष्म, नफ़ीस या एब्स्ट्रैक्ट तरीका ज़रूर कहा जा सकता है, परन्तु क्या ऐसे तरीके से उदर की तृप्ति भी हो सकती है?

नवाब साहब की ओर से भरे पेट के ऊँचे डकार का शब्द सुनाई दिया और नवाब साहब ने हमारी ओर देखकर कह दिया, 'खीरा लज़ीज़ होता है लेकिन होता है सकील, नामुराद मेदे पर बोझ डाल देता है।'

ज्ञान-चक्षु खुल गये! पहचाना—ये हैं नई कहानी के लेखक! खीरे की सुगन्ध और स्वाद की कल्पना से पेट भर जाने का डकार आ सकता है तो बिना विचार, घटना और पात्रों के लेखक की इच्छा मात्र से 'नई कहानी' क्यों नहीं बन सकती?

(i) नवाब साहब खीरे की सब फाँकों को खिड़की से बाहर फेंककर दिखाना चाहते थे—

(क) कि खीरा कड़वा था

(ख) खानदानी रईसों का तरीका

(ग) कि वे लेखक को खीरा नहीं देना चाहते

(घ) कि खीरे की फाँकें गंदी हो गई थीं

उत्तर: (ख) खानदानी रईसों का तरीका।

(ii) अपने इस व्यवहार से नवाब साहब लेखक को दिखा रहे थे—

(क) खानदानी तहजीब   (ख) नफासत

(ग) नज़ाकत   (घ) इनमें से तीनों

उत्तर: (ग) इनमें से तीनों

(iii) लेखक ने अपने ज्ञान-चक्षु खुलने पर इनमें से क्या पहचाना?

(क) नई कहानी का लेखक

(ख) नवाब साहब का व्यवहार

(ग) नवाब साहब का चेहरा

(घ) खीरा खाने का तरीका

उत्तर: (क) नई कहानी का लेखक

(iv) ''नामुराद मेदे पर बोझ डाल देता है'' मेदे का अर्थ बताइये—

(क) गुर्दा   (ख) आमाशय

(ग) जिगर   (घ) यकृत

उत्तर: (ख) आमाशय

(v) क्या आप भी नवाब साहब की तरह खीरा खाना पसंद करते हैं—

(क) हाँ   (ख) नहीं

(ग) कभी नहीं   (घ) कभी-कभी

उत्तर: (ख) नहीं।

गद्यांश पर आधारित प्रश्नोत्तर

45. मुफ़्फ़सिल की पैसेंजर ट्रेन चल पड़ने की उतावली में फूँकार रही थी। आराम से सेकण्ड क्लास में जाने के लिए दाम अधिक लगते हैं। दूर तो जाना नहीं था। भीड़ से बचकर, एकान्त में नयी कहानी के सम्बन्ध में सोच सकने और खिड़की से प्राकृतिक दृश्य देख सकने के लिए टिकट सेकण्ड क्लास का ही ले लिया।

गाड़ी छूट रही थी। सेकण्ड क्लास के एक छोटे डिब्बे को खाली समझकर, जरा दौड़कर उसमें चढ़ गये। अनुमान के प्रतिकूल डिब्बा निर्जन नहीं था। एक बर्थ पर लखनऊ की नवाबी नस्ल के एक सफ़ेदपोश सज्जन बहुत सुविधा से पालथी मारे बैठे थे। सामने दो ताज़े-चिकने खीरे तौलिए पर रखे थे। डिब्बे में हमारे सहसा कूद जाने से सज्जन की आँखों में एकान्त चिंतन में विघ्न का असंतोष दिखाई दिया। सोचा, हो सकता है, यह भी कहानी के लिए सूझ की चिंता में हों या खीरे-जैसी अपदार्थ वस्तु का शौक करते देखे जाने के संकोच में हों।

प्रश्न— **(i)** मुफ़्फ़सिल की पैसेंजर ट्रेन क्यों फूँकार रही थी?

(ii) सेकण्ड क्लास में दाम अधिक क्यों लगते हैं?

(iii) लेखक ने सेकण्ड क्लास का टिकट क्यों ले लिया?

(iv) लेखक छोटे डिब्बे में क्यों चढ़ गये?

(v) अनुमान के प्रतिकूल डिब्बा कैसा नहीं था?

(vi) एक बर्थ पर कौन तथा कैसे बैठा था?

(vii) नवाब साहब के सामने तौलिए पर क्या रखा था?

(viii) डिब्बे में बैठे सज्जन ने लेखक के आने पर क्या प्रतिक्रिया व्यक्त की और लेखक ने उनके व्यवहार से क्या अनुमान लगाया?

उत्तर— (i) मुफ़स्सिल की पैसेंजर ट्रेन चल पड़ने की उतावली में फूँकार रही थी।

(ii) सेकण्ड क्लास में आराम से जाने के लिए दाम अधिक लगते हैं।

(iii) भीड़ से बचकर, एकान्त में नई कहानी के सम्बन्ध में सोच सकने और खिड़की से प्राकृतिक दृश्य देख सकने के लिए लेखक ने सेकण्ड क्लास का टिकट लिया।

(iv) गाड़ी छूट रही थी। सेकण्ड क्लास के एक छोटे डिब्बे को खाली समझकर लेखक उसमें चढ़ गये।

(v) अनुमान के प्रतिकूल डिब्बा निर्जन नहीं था।

(vi) एक बर्थ पर लखनऊ की नवाबी नस्ल के एक सफ़ेदपोश सज्जन बहुत सुविधा से पालथी मारे बैठे थे।

(vii) नवाब साहब के सामने तौलिए पर दो ताज़े-चिकने खीरे रखे हुए थे।

(viii) डिब्बे में पहले से बैठे सज्जन की आँखों में लेखक के आने पर एकांत चिंतन में विघ्न का असंतोष दिखाई दिया। लेखक ने अनुमान लगाया कि या तो नवाब साहब किसी नई कहानी के विषय में सोचते हुए चिंतित हैं अथवा एक नवाब को खीरा खाते देख लिए जाने का संकोच उनके चेहरे पर आ गया है।

46. ठाली बैठे, कल्पना करते रहने की पुरानी आदत है। नवाब साहब की असुविधा और संकोच के कारण का अनुमान करने लगे। सम्भव है, नवाब साहब ने बिल्कुल अकेले यात्रा कर सकने के अनुमान में किफायत के विचार से सेकण्ड क्लास का टिकट खरीद लिया हो और अब गवारा न हो कि शहर का कोई सफ़ेदपोश उन्हें मँझले दर्जे में सफ़र करता देखे।.........अकेले सफ़र का वक्त काटने के लिए ही खीरे खरीदे होंगे और अब किसी सफ़ेदपोश के सामने खीरा कैसे खायें?

हम कनखियों से नवाब साहब की ओर देख रहे थे। नवाब साहब कुछ देर गाड़ी की खिड़की से बाहर देखकर स्थिति पर गौर करते रहे। 'ओह', नवाब साहब ने सहसा हमें सम्बोधन किया, 'आदाब-अर्ज़' जनाब, खीरे का शौक फ़रमाएँगे?

प्रश्न— (i) लेखक की पुरानी आदत क्या है?

(ii) लेखक किस चीज़ का अनुमान करने लगे?

(iii) लेखक ने नवाब साहब के विषय में क्या सोचा?

(iv) लेखक के अनुसार नवाब साहब को क्या गवारा नहीं हो रहा?

(v) लेखक के अनुसार नवाब साहब ने खीरे क्यों खरीदे होंगे?

(vi) नवाब साहब खीरे क्यों नहीं खा रहे थे?

(vii) नवाब साहब ने लेखक को सम्बोधित करते हुए क्या कहा?

उत्तर— (i) खाली बैठे कल्पना करते रहना ही लेखक की पुरानी आदत है।

(ii) लेखक यह अनुमान करने लगे कि नवाब साहब अकेले यात्रा करना चाहते होंगे। किफायत के विचार से उन्होंने सेकण्ड क्लास का टिकट खरीद लिया होगा।

(iii) लेखक ने सोचा कि नवाब साहब को यह लगा होगा कि सेकण्ड क्लास का डिब्बा खाली मिलेगा। इसीलिए उन्होंने किराया कम होने के कारण सेकण्ड क्लास में यात्रा करने के लिए सोचा होगा।

(iv) लेखक के अनुसार नवाब साहब को यह गवारा नहीं होगा कि कोई सफ़ेदपोश या आम आदमी उन्हें सेकण्ड क्लास में सफ़र करता देखे।

(v) लेखक के अनुसार नवाब साहब ने खीरे सफ़र का वक्त काटने के लिए खरीदे होंगे।

(vi) नवाब साहब को लग रहा था कि किसी सफ़ेदपोश के सामने खीरा कैसे खाया? यह उनकी शान के खिलाफ था।

(vii) नवाब साहब ने लेखक को सम्बोधित करते हुए कहा—'आदाब-अर्ज़', जनाब, खीरे का शौक फ़रमाएँगे?

पाठ से सम्बन्धित प्रश्नोत्तर

प्रश्न 47. लेखक को नवाब साहब के किन हाव-भावों से महसूस हुआ कि वे उससे बातचीत करने के लिए तनिक भी उत्सुक नहीं थे?

उत्तर— लेखक को सामने देखकर नवाब साहब की आँखों में असन्तोष दिखाई दिया। ऐसा प्रतीत हो रहा था जैसे लेखक के अचानक आ जाने से उनके एकान्त-चिन्तन में विघ्न पड़ गया हो। उन्होंने लेखक की संगति के लिए उत्साह भी नहीं दिखाया, बल्कि उपेक्षा प्रकट करने के लिए गाड़ी से बाहर देखने लगे।

प्रश्न 48. नवाब साहब ने बहुत ही यत्न से खीरा काटा, नमक-मिर्च बुरका, अन्ततः सूँघकर ही खिड़की से बाहर फेंक दिया। उन्होंने ऐसा क्यों किया होगा? उनका ऐसा करना उनके कैसे स्वभाव को इंगित करता है?

उत्तर— नवाब साहब द्वारा स्वादिष्ट खीरों को केवल सूँघकर ही खिड़की से बाहर फेंक देने का कारण उनका दिखावा मात्र था। अपनी नज़ाकत व नफ़ासत दिखाने व अपनी अमीरी प्रकट करने के लिए ही उन्होंने ऐसा किया होगा।

प्रश्न 49. बिना विचार, घटना और पात्रों के भी क्या कहानी लिखी जा सकती है? यशपाल के इस विचार से आप कहाँ तक सहमत हैं?

उत्तर— यशपाल के इस विचार से हम पूर्णता: सहमत नहीं हैं। लखनवी अन्दाज़ कहानी में लेखक ने सामन्ती वर्ग पर कटाक्ष करते हुए अपने विचारों को प्रस्तुत किया है। पात्र तथा घटना के स्थान पर नवाब साहब एवं रेलयात्रा को दर्शा दिया गया है।

'कहानी' को पूर्णरूप से चरितार्थ करने के लिए उसमें कहानी के सभी तत्वों का समावेश अत्यन्त आवश्यक है तभी कहानी को पूर्णता प्रदान की जा सकती है। बिना विचार, घटना और पात्रों के कहानी लिखना असम्भव-सा है।

प्रश्न 50. आप इस निबन्ध को और क्या नाम देना चाहेंगे?

उत्तर— 'दिखावे के मारे—नवाब बेचारे' या 'झूठी शान और नवाब साहब' हम इस निबन्ध को ऐसा ही नाम देना चाहेंगे, क्योंकि अपनी झूठी शान दिखाने के कारण वे खीरों को खा भी नहीं पाते।

रचना और अभिव्यक्ति

प्रश्न 51. (i) नवाब साहब द्वारा खीरा खाने की तैयारी करने का एक चित्र प्रस्तुत किया गया है। इस पूरी प्रक्रिया को अपने शब्दों में व्यक्त कीजिए।

अथवा

नवाब साहब ने खीरे की एक फाँक को रेल के डिब्बे की खिड़की से बाहर फेंकने से पहले क्या-क्या क्रियाएँ सम्पन्न कीं?

उत्तर— नवाब साहब ने तौलिए पर रखे दो ताज़े-चिकने खीरों को उठाकर नीचे रखा और तौलिए को झाड़कर सामने बिछा लिया। सीट के नीचे लोटे में रखे हुए पानी से खिड़की के बाहर उन खीरों को धोया और उसी तौलिए से पोंछ लिया। जेब से चाकू निकालकर उन खीरों के सिर काटकर उन्हें गोदकर उनका कड़वा झाग बाहर निकाल दिया। खीरों को बड़े ध्यान से फाँकों के रूप में काटकर तौलिए पर सजाकर रख दिया। उसके बाद उन फाँकों पर जीरा मिला नमक तथा लाल मिर्च पाउडर बुरक कर इस तरह रख दिया कि देखने वालों के मुँह में पानी आ जाये।

(ii) किन-किन चीज़ों का रसास्वादन करने के लिए आप किस प्रकार तैयारी करते हैं?

उत्तर— हम कच्ची खाई जाने वाली तथा सलाद के रूप में प्रयोग की जाने वाली लगभग सभी सब्जियों जैसे—गाजर, मूली, चुकन्दर, टमाटर, पालक, बन्दगोभी आदि को साफ करने के बाद धोकर तथा साफ कपड़े से पोंछकर साफ प्लेट में काट लेते हैं फिर उसमें जीरा-नमक-मिर्च तथा नींबू निचोड़ कर खाने की तैयारी करते हैं।

प्रश्न 52. खीरे के सम्बन्ध में नवाब साहब के व्यवहार को उनकी सनक कहा जा सकता है। आपने नवाबों की और भी सनकों और शौक के बारे में पढ़ा-सुना होगा। किसी एक के बारे में लिखिए।

उत्तर— मैंने अपने दादाजी से नवाब नसीरुद्दीन हैदर के शौक के बारे में सुना था—नवाब को कबूतरबाजी का बड़ा शौक था। उनको प्रसन्न करने के लिए कबूतरबाज भिन्न-भिन्न प्रकार के उपाय किया करते थे। कबूतरबाजों ने दो कबूतर के बच्चों को लेकर उनमें से एक का दायाँ भाग तथा दूसरे का बायाँ भाग काटकर आपस में जोड़ दिया तथा टाँके लगा दिये। उन्हें इसी अवस्था में पाल-पोसकर बड़ा किया और उन्हें उड़ान भरना सिखा दिया। उन्होंने इनका नाम 'दोहरिया कबूतर' रखा। जब नवाब साहब गोमती नदी के किनारे बैठकर आराम फ़रमाते थे तभी ये कबूतरबाज दूसरे किनारे से उन कबूतरों को उड़ा दिया करते थे। कबूतर भी बहुत उस्ताद थे, वे अक्सर नवाब साहब के पास जाकर बैठ जाया करते थे। नवाब साहब कबूतरों पर रीझकर इनाम लुटाया करते थे।

प्रश्न 53. क्या सनक का कोई सकारात्मक रूप हो सकता है? यदि हाँ तो ऐसी सनकों का उल्लेख कीजिए।

उत्तर— हाँ! सनक का सकारात्मक रूप हो सकता है। नवाब आसफुद्दौला कुशल शासक के साथ-साथ बड़े दयालु भी थे। उन्हें प्रजा के हित की सनक चढ़ी रहती थी। अकाल के दौरान उन्होंने बड़ा इमामबाड़ा का निर्माण करवाया था। बताया जाता है कि दिन में जो काम होता था उसे रात में ढहा दिया जाता था, ताकि प्रजा को अनाज के रूप में ज़्यादा लाभ मिल सके। इस प्रकार सभी दरवाज़े और बड़ा इमामबाड़ा को बनवाने का काम दो साल तक चला। जिसमें करीब 2 करोड़ रुपये खर्च हुए थे। इस तरह अपनी सनक के कारण उन्होंने प्रजा के आत्मसम्मान को बिना चोट पहुँचाये उनकी मदद की।

प्रश्न 54. नवाब साहब ने खीरा काटा, नमक-मिर्च बुरका, अंततः सूँघकर ही खिड़की से बाहर फेंक दिया। उनका ऐसा करना उनके कैसे स्वभाव को इंगित करता है?

उत्तर— उनका ऐसा करना उनके दर्प-युक्त स्वभाव तथा दिखावटी जीवन-शैली को इंगित करता है।

प्रश्न 55. 'लखनवी अंदाज' नामक पाठ के द्वारा लेखक हमें क्या संदेश देना चाहता है?

उत्तर— मनुष्य को यथार्थ के धरातल पर रहकर ही अपना जीवन-यापन करना चाहिए।

प्रश्न 56. नवाब साहब ने बहुत ही यत्न से खीरा काटा, नमक-मिर्च बुरका, अंत में सूँघकर ही खिड़की से बाहर फेंक दिया। उन्होंने ऐसा इसलिए किया, क्योंकि—

उत्तर— वे अपनी नज़ाकत और अमीरी दिखाना चाहते थे।

भाषा अध्ययन

प्रश्न 57. निम्नलिखित वाक्यों में से क्रियापद छाँटकर क्रिया-भेद भी लिखिए—

(i) एक सफ़ेदपोश सज्जन बहुत सुविधा से पालथी मारे बैठे थे।

(ii) नवाब साहब ने संगति के लिए उत्साह नहीं दिखाया।

(iii) थाली बैठे, कल्पना करते रहने की पुरानी आदत है।

(iv) अकेले सफ़र का वक्त काटने के लिए ही खीरे खरीदे होंगे।

(v) दोनों खीरों के सिर काटे और उन्हें गोदकर झाग निकाला।

(vi) नवाब साहब ने सतृष्ण आँखों से नमक-मिर्च के संयोग से चमकती खीरे की फाँकों की ओर देखा।

(vii) नवाब साहब खीरे की तैयारी और इस्तेमाल से थककर लेट गये।

(viii) जेब से चाकू निकाला।

उत्तर—

(i)	बैठे थे	—	अकर्मक क्रिया।	(पूर्ण भूतकालिक क्रिया)
(ii)	दिखाया	—	सकर्मक क्रिया।	(सामान्य भूतकालिक क्रिया)
(iii)	बैठे	—	अकर्मक क्रिया।	(सामान्य भूतकालिक क्रिया)
	कल्पना करना	—	अकर्मक क्रिया।	(आसन्न भूतकालिक क्रिया)
	है	—	अकर्मक क्रिया।	(आसन्न भूतकालिक क्रिया)
(iv)	काटना	—	सकर्मक क्रिया।	(सामान्य भूतकालिक क्रिया)
	खरीदे होंगे	—	सकर्मक क्रिया।	(संदिग्ध भूतकालिक क्रिया)
(v)	काटे	—	सकर्मक क्रिया।	(सामान्य भूतकालिक क्रिया)
	गोदकर	—	सकर्मक क्रिया।	(सामान्य भूतकालिक क्रिया)
	निकाला	—	सकर्मक क्रिया।	(सामान्य भूतकालिक क्रिया)
(vi)	देखा	—	अकर्मक क्रिया।	(सामान्य भूतकालिक क्रिया)
(vii)	लेट गये	—	अकर्मक क्रिया।	(आसन्न भूतकालिक क्रिया)
	थककर	—	अकर्मक क्रिया।	(आसन्न भूतकालिक क्रिया)
(viii)	निकाला	—	सकर्मक क्रिया।	(समर्थक क्रिया)

परीक्षोपयोगी महत्त्वपूर्ण प्रश्नोत्तर

प्रश्न 58. नवाब साहब ने खीरे उसी तौलिये पर रखकर काट दिये। स्वास्थ्य एवं स्वच्छता की दृष्टि से यह कहाँ तक उचित है? अपने विचार व्यक्त कीजिए।

उत्तर— नवाब साहब ने खीरों को उसी तौलिए पर रखकर काट दिया जिस पर वे धोने से पहले भी रखे हुए थे। तौलिया हमारे शरीर के अंगों को पोंछने के काम आती है। कितनी भी साफ होने पर उसे इतना स्वच्छ नहीं मान सकते कि उस पर खाद्य-पदार्थों को रखा जा सके। हमारे विचार से यह स्वास्थ्य एवं स्वच्छता की दृष्टि से सर्वथा अनुचित है।

प्रश्न 59. झूठी शान दिखाना तथा दिखावा करना एक अच्छे व्यक्तित्व के परिचायक हैं? इस सम्बन्ध में अपने विचार व्यक्त कीजिए।

उत्तर— झूठी शान दिखाना तथा दिखावा करना एक अच्छे व्यक्तित्व के परिचायक नहीं हैं। ऐसा करने से मनुष्य दूसरों की नजरों में गिर जाता है। समाज के लोग उसके कोरे ढकोसले को समझते हैं तथा वे ऐसे लोगों से दूरी बनाने का प्रयास करते हैं। ऐसे लोग उपहास के पात्र भी बनते रहते हैं।

प्रश्न 60. नवाब साहब ने सहसा भाव-परिवर्तन किया। समाज में हमें भी कई लोग अचानक भाव-परिवर्तन करते दिखाई देते हैं। भाव-परिवर्तन पर अपने विचार स्पष्ट कीजिए।

उत्तर— आज के समय में भाव-परिवर्तन एक कला है जो हर किसी को नहीं आती। कुछ लोग इस कला में पारंगत होते हैं। भाव-परिवर्तन नकारात्मक भी हो सकता है और सकारात्मक भी। हमारे विचार से बनावटी स्वभाव के लोग भाव-परिवर्तन में अधिक माहिर होते हैं। सरल एवं सीधे स्वभाव के लोग तो इस कला से दूर ही रहते हैं। आज के समय में भी यत्र-तत्र ऐसी परजीवी संस्कृति दिखाई दे जाती है।

प्रश्न 61. 'लखनवी अंदाज़' शीर्षक की सार्थकता पर प्रकाश डालिए।

अथवा

'लखनवी अंदाज़' शीर्षक के औचित्य को स्पष्ट कीजिए।

उत्तर— 'लखनवी अंदाज़' एक व्यंग्य-प्रधान रचना है। एक स्वतन्त्र रचना के रूप में इसको पढ़ा जा सकता है। इसमें झूठी शान तथा बनावटी जीवन जीने वालों पर करारा व्यंग्य किया गया है। इस व्यंग्य-प्रधान कहानी के माध्यम से यशपाल जी ने उस पतनशील सामन्ती वर्ग पर कटाक्ष किया है जो वास्तविकता व जीवन के यथार्थ से बेखबर होकर बनावटी जीवन-शैली अपनाते हैं। इन्हीं कारणों से यह 'लखनवी अंदाज़' शीर्षक सार्थक बन गया है।

प्रश्न 62. लेखक ने नवाब साहब के थककर लेट जाने का क्या कारण बताया?

उत्तर— नवाब के थककर लेट जाने का कारण-नवाब साहब का खीरे को धोना, काटना, सूँघना व पेट भर जाना बताया।

प्रश्न 63. 'लखनवी अंदाज़' नामक पाठ के नवाब साहब पतनशील सामन्ती वर्ग के जीते-जागते उदाहरण हैं—स्पष्ट कीजिए।

अथवा

'लखनवी अंदाज़' पाठ के नवाब साहब पतनशील सामन्तवादी संस्कृति का प्रतिनिधित्व करते हैं। टिप्पणी लिखिए।

उत्तर— नवाब साहब पतनशील सामन्तवादी वर्ग का प्रतिनिधित्व करते हैं। वे पतनशील सामन्ती वर्ग के जीते-जागते उदाहरण हैं। नज़ाकत, नफ़ासत, तहज़ीब और शराफत उनके खून में बसी रहती हैं। अपनी इन्हीं आदतों का बारीकी से अनुसरण करते रहने से इनका जीवन बनावटी-सा दिखने लगता है। अपने को विशिष्ट तथा औरों से अलग दिखाने के लिए वे सामन्तवादी संस्कृति को अपनाते हैं। नवाब साहब भी इसी संस्कृति के मारे हैं, इसीलिए वे खीरे को केवल सूँघकर खिड़की से बाहर फेंककर स्वयं को पतनशील सामन्ती वर्ग के जीते-जागते उदाहरण के रूप में प्रस्तुत करते हैं।

प्रश्न 64. 'लखनऊ की नवाबी नस्ल के सफ़ेदपोश सज्जन' में निहित व्यंग्य को स्पष्ट कीजिए।

अथवा

'लखनऊ की नवाबी नस्ल के सफ़ेदपोश सज्जन' कहकर लेखक ने किसे सम्बोधित किया है और क्यों?

उत्तर— 'लखनऊ की नवाबी नस्ल के सफ़ेदपोश सज्जन' कहकर लेखक ने नवाब साहब को सम्बोधित किया है। यह कहकर वे नवाब साहब पर कटाक्ष करना चाहते थे क्योंकि लखनऊ के नवाब बहुत विचित्र स्वभाव के होते हैं। वे स्वयं को बहुत कोमल, सफाई पसन्द, सज्जन तथा तहज़ीब वाला मानते हैं। वैसे ये सभी गुण हर मनुष्य में अत्यन्त आवश्यक हैं, परन्तु नवाब लोग इन गुणों को इतना बढ़ा-चढ़ाकर प्रस्तुत करते हैं कि लोगों में अजीब-सा भाव आ जाता है। उनकी इस विचित्र हरकत को दर्शाने के लिए ही लेखक ने 'नस्ल' शब्द का प्रयोग किया है, जो कि एक गम्भीर कटाक्ष है।

प्रश्न 65. 'लखनवी अंदाज़' पाठ का उद्देश्य स्पष्ट कीजिए।

उत्तर— 'लखनवी अंदाज़' एक व्यंग्यप्रधान स्वतन्त्र रचना है। इसका मूल उद्देश्य यह है कि बिना पात्र, विचार, घटना तथा तथ्य के आधार पर कहानी नहीं लिखी जा सकती है, किन्तु इसे एक स्वतन्त्र रचना के रूप में पढ़ा जा सकता है। इस पाठ के माध्यम से लेखक बनावटी लोगों पर करारा व्यंग्य करना चाहते हैं।

प्रश्न 66. लेखक का नवाब साहब के प्रति व्यंग्य से भर जाने का क्या कारण है?

अथवा

नवाब साहब को सामने देखते ही लेखक व्यंग्य से क्यों भर जाता है?

उत्तर— अपने मन में स्थित पूर्वधारणा के कारण लेखक नवाब साहब के प्रति व्यंग्य से भर जाता है। वह जानता है कि लखनवी नवाब अपनी आन-बान और शान को जीवन में सर्वोपरि मानते हैं। वे नज़ाकत और नफ़ासत दिखाकर स्वयं को दूसरों की तुलना में अधिक शिष्ट और खानदानी साबित करना चाहते हैं। अपने मन में बैठी इसी धारणा के कारण लेखक को नवाब साहब के व्यवहार में झूठी शान तथा बनावटीपन दिखाई देता है। यही कारण है कि जिससे नवाब साहब को सामने देखते ही लेखक व्यंग्य से भर जाता है।

प्रश्न 67. 'लखनवी अंदाज़' नामक व्यंग्य से हमें क्या सन्देश मिलता है?

अथवा

'लखनवी अंदाज़' नामक पाठ का सन्देश स्पष्ट कीजिए।

उत्तर— 'लखनवी अंदाज़' नामक पाठ के माध्यम से लेखक यह सन्देश देना चाहता है कि मनुष्य को यथार्थ के धरातल पर रहकर ही अपना जीवन-यापन करना चाहिए। दिखावा मात्र से जीवन नहीं जिया जा सकता। मानव-जीवन में सूक्ष्म और स्थूल दोनों ही तत्व महत्वपूर्ण हैं। केवल सुगन्ध और स्वाद की कल्पना मात्र से पेट नहीं भर सकता। साथ ही यह व्यंग्य हमें यह सन्देश भी देता है कि कहानी लिखने के लिए कहानी के सभी तत्वों का होना अत्यन्त आवश्यक है। बिना पात्र, घटना, विचार एवं तथ्य के कहानी नहीं गढ़ी जा सकती।

प्रश्न 68. 'नवाब साहब खीरे की तैयारी और इस्तेमाल से थककर लेट गये।' पंक्ति में निहित व्यंग्य स्पष्ट कीजिए।

उत्तर— नवाबों के स्वभाव में बनावटीपन होता है। उन्हें परिश्रम करने की आदत नहीं होती। वे स्वयं को अत्यन्त नाजुक दर्शाते हैं। इसी कारण लेखक ने नवाब साहब पर इस पंक्ति के माध्यम से सटीक व्यंग्य करके उनकी कार्य पद्धति पर तीक्ष्ण प्रहार किया है।

प्रश्न 69. 'लखनवी अंदाज़' और 'नई कहानी' में निहित साम्य भाव को स्पष्ट कीजिए।

अथवा

'लखनवी अंदाज़' और 'नई कहानी' की एकरूपता को वर्णित कीजिए।

अथवा

'नई कहानी' और 'लखनवी अंदाज़' में आपको क्या समानता दिखाई देती है?

उत्तर— 'नई कहानी' और 'लखनवी अंदाज़' दोनों ही जीवन की वास्तविकता से दूर हैं। दोनों ही यथार्थ की उपेक्षा तथा सूक्ष्म को महत्व देते हैं तथा दोनों ही कल्पना पर आधारित हैं। नवाब साहब खीरे को बिना खाए ही पेट भर लेते हैं तथा कहानीकार पात्र, घटना, विचार तथा बिना तथ्यों के ही कहानी लिखना चाहते हैं।

प्रश्न 70. लेखक नवाब साहब के सामने बैठकर आँखें क्यों चुरा रहे थे?

अथवा

'हमने भी उनके सामने की बर्थ पर बैठकर आत्मसम्मान में आँखें चुरा लीं।' लेखक द्वारा आँखें चुराने का कारण स्पष्ट कीजिए।

उत्तर— जब लेखक नवाब साहब के सामने की बर्थ पर बैठा तो उसने महसूस किया कि नवाब साहब उनसे मिलने व बात करने के लिए उत्सुक नहीं हैं। लेखक को उनका यह व्यवहार बुरा लगा। वह अपने आत्मसम्मान की रक्षा करना चाहता था। अत: अपने स्वाभिमान की रक्षा करने के लिए लेखक ने आँखें चुरा लीं।

प्रश्न 71. 'लखनवी अंदाज' पाठ के आधार पर बताइए कि लखनऊ के नवाबों और रईसों के बारे में लेखक की क्या धारणा थी?

उत्तर— लखनऊ के नवाबों और रईसों के बारे में लेखक की धारणा व्यंग्यपूर्ण और नकारात्मक थी। वह उनकी जीवन-शैली की कृत्रिमता को और दिखावे को पसन्द नहीं करता था। उसने आरम्भ में ही डिब्बे में बैठे सज्जन को 'नवाबी नस्ल का सफ़ेदपोश' कहा है।

प्रश्न 72. नवाब साहब की असुविधा और संकोच के विषय में लेखक का क्या अनुमान था?

अथवा

नवाब साहब की असुविधा एवं संकोच के क्या कारण रहे होंगे?

उत्तर— नवाब साहब की असुविधा एवं संकोच के विषय में लेखक का अनुमान था कि सम्भव है, नवाब साहब बिल्कुल अकेले यात्रा करना चाहते हों तथा फिजूलखर्ची से बचना चाहते हों, इसीलिए उन्होंने सेकण्ड क्लास का टिकट खरीद लिया होगा। अब उन्हें यह गवारा न हो रहा हो कि शहर का कोई सफ़ेदपोश उन्हें मँझले दर्जे में सफर करता देखे।

प्रश्न 73. 'अनुमान के प्रतिकूल डिब्बा निर्जन नहीं था।' लेखक ने डिब्बे में चढ़ते ही क्या देखा?

उत्तर— लेखक का अनुमान था कि सेकण्ड क्लास का डिब्बा खाली होगा, जिससे वे भीड़ से बचकर नई कहानी के विषय में एकान्त-चिन्तन करने के साथ-साथ प्राकृतिक दृश्यों की शोभा भी देख लेंगे।

'अनुमान के प्रतिकूल डिब्बा निर्जन नहीं था।' लेखक ने देखा कि एक बर्थ पर लखनऊ की नवाबी नस्ल के एक सफ़ेदपोश सज्जन बहुत सुविधा से पालथी मारे बैठे हुए हैं। सामने तौलिए पर दो ताज़े-चिकने खीरे रखे हुए हैं।

प्रश्न 74. 'लखनवी अंदाज़' पाठ के आधार पर यशपाल जी की भाषा-शैली पर प्रकाश डालिए।

उत्तर— यशपाल जी की भाषा-शैली वातावरण के अनुरूप प्रभाव पैदा करने की क्षमता रखती है। इनकी भाषा-शैली वर्णनात्मक, विवेचनात्मक, भावनात्मक, चित्रात्मक तथा प्रवाहयुक्त है। 'लखनवी अंदाज़' इनकी पतनशील सामन्ती वर्ग पर करारा व्यंग्य करने वाली रचना है। इसमें इन्होंने आत्मकथात्मक शैली का प्रयोग करके पाठ को बिना तथ्यों के ही रोचक बना दिया है। इस व्यंग्य में इन्होंने उर्दू मिश्रित शब्दावली का प्रयोग बड़ी कुशलता से किया है।

प्रश्न 75. यशपाल मार्क्सवादी विचारधारा से प्रभावित थे—स्पष्ट कीजिए।

उत्तर— यशपाल मार्क्सवादी विचारधारा से प्रभावित थे। इसी कारण उनके कथा-साहित्य में राजनीतिक तथा आधुनिक सामाजिक जीवन की विडम्बनाओं का मर्मस्पर्शी चित्रण दिखाई देता है। यथार्थवादी होने के कारण ही उन्होंने सामाजिक रूढ़ियों एवं कुरीतियों की कटु आलोचना की। उन्होंने लोगों की आर्थिक दुर्दशा पर भी अनेक कहानियाँ लिखीं। 'लखनवी अंदाज़' कहानी के माध्यम से भी उन्होंने झूठी शान दिखाने वाले बनावटी लोगों पर व्यंग्य करते हुए तीक्ष्ण प्रहार किया है। उनकी रचनाएँ यथार्थ के धरातल पर खरा उतरती हैं।

प्रश्न 76. 'लखनवी अंदाज़' रचना में नवाब साहब की सनक को आप कहाँ तक उचित ठहराएँगे? क्यों?

उत्तर— 'लखनवी अंदाज़' रचना में नवाब साहब की सनक को सकारात्मक कहा जा सकता है। सनक चाहे अंदाज़ की हो या बलिदान की, उसको किस रूप से लेते हैं यह जरूरी है। देशभक्ति रखने वाला देशभक्त, संत, महात्माओं की भक्ति और परोपकार की सनक, महापुरुषों की नव निर्माण की सनक सकारात्मक है, तो नवाब साहब की सनक भी सकारात्मक है, अर्थात् उचित है।

❏❏

मानवीय करुणा की दिव्य चमक
लेखक—सर्वेश्वर दयाल सक्सेना

हिन्दी के प्रतिभावान साहित्यकार सर्वेश्वर दयाल सक्सेना का जन्म सन् 1927 में उत्तर प्रदेश के बस्ती जिले में हुआ। उनकी प्रारम्भिक शिक्षा बस्ती में तथा उच्च शिक्षा इलाहाबाद विश्वविद्यालय में हुई। प्रारम्भ में उन्होंने अध्यापन कार्य किया तथा बाद में वे आकाशवाणी में सहायक प्रोड्यूसर, दिनमान में उपसम्पादक तथा पराग के सम्पादक रहे। सन् 1983 में उनका आकस्मिक निधन हो गया।

सर्वेश्वर दयाल सक्सेना बहुमुखी प्रतिभा के धनी थे। वे एक अच्छे कवि, उपन्यासकार, कहानीकार तथा नाटककार थे। **काठ की घंटियाँ, जंगल का दर्द, कुआनो नदी** तथा **खूँटियों पर टँगे लोग** उनके प्रसिद्ध कविता संग्रह हैं। **पागल कुत्तों का मसीहा** तथा **सोया हुआ जल** प्रमुख उपन्यास हैं। **लड़ाई** उनका प्रसिद्ध कहानी-संग्रह तथा **बकरी** प्रसिद्ध नाटक हैं। **लाख की नाक, बतूता का जूता** एवं **भौं भौं खौं खौं** उनके बाल-साहित्य हैं। **चरचे और चरखे** उनके लेखों का संग्रह है। **खूँटियों पर टँगे** लोग नामक कविता पर उन्हें साहित्य अकादमी द्वारा नवाजा जा चुका है।

साहित्यिक विशेषताएँ—हिन्दी के सशक्त हस्ताक्षर सर्वेश्वर दयाल सक्सेना की अभिव्यक्ति में सहजता, सरलता एवं स्वाभाविकता है। उन्होंने अपने साहित्य में मध्यमवर्गीय जीवन की महत्वाकांक्षाओं, संघर्ष, शोषण, कुण्ठा एवं हताशा का मार्मिक एवं यथार्थ चित्रण किया है। ये प्रकृति-प्रेम एवं शृंगार व सौन्दर्य के कवि हैं। इन्होंने साहित्य की विभिन्न विधाओं को अपनी लेखनी प्रदान की है। वे अपनी चित्रात्मक शैली के लिए विख्यात हैं। भावपूर्ण शैली उनको विशेष स्थान पर लाकर खड़ा कर देती है। लेखक ने फ़ादर बुल्के से सम्बन्धित अपनी स्मृतियों को अत्यन्त भावुकतापूर्ण एवं सहज रूप से प्रस्तुत किया है। उन्होंने अपने साहित्य में तत्सम, देशज तथा विदेशी शब्दों का प्रचुर मात्रा में प्रयोग किया है।

सारांश—संस्मरण विधा में लिखित 'मानवीय करुणा की दिव्य चमक' नामक पाठ के माध्यम से लेखक सर्वेश्वर दयाल सक्सेना ने फ़ादर बुल्के से सम्बन्धित स्मृतियों पर प्रकाश डाला है।

स्वयं को भारतीय कहने वाले फ़ादर बुल्के का जन्म बेल्जियम (यूरोप) के रैम्सचैपल शहर में हुआ था, परन्तु उन्होंने भारत को अपनी कर्मभूमि बनाया। रैम्सचैपल को पादरियों, गिरजों, धर्मगुरुओं तथा संतों की भूमि कहा जाता है।

फ़ादर बुल्के एक संन्यासी थे, परन्तु पारम्परिक अर्थ में उन्हें संन्यासी नहीं कहा जा सकता। सर्वेश्वर का फ़ादर बुल्के के साथ अंतरंग तथा भावनाप्रद सम्बन्ध था, जिसकी झलक हमें इस संस्मरण में दिखाई देती है। उन्हें हिन्दी भाषा से विशेष लगाव था।

फ़ादर की मृत्यु ज़हरबाद (गैंग्रीन) से हुई थी। लेखक को इस बात का बहुत अफसोस हुआ। लेखक के अनुसार जीवन-भर मिठास बाँटने वाले साधु-पुरुष को यह बीमारी नहीं होनी चाहिए थी। फ़ादर बुल्के हमेशा साधुओं जैसा लम्बा चोगा धारण करते थे। उनकी बाँहें और आँखें सदा सबको गले लगाने को आतुर रहती थीं। लेखक पैंतीस वर्षों तक उनके इस स्नेह को महसूस करते रहे। फ़ादर लेखक के बड़े भाई के समान सदैव उनकी सहायता के लिए तैयार रहते थे। उनका वात्सल्य देवदारु की छाया के समान था। फ़ादर बहुत साधारण थे। इलाहाबाद की सड़कों पर उनकी साईकिल चलती ही रहती थी। वे सदा उत्साह से लबरेज रहते थे। उन्हें कभी क्रोध नहीं आता था। प्यार और ममता उनमें कूट-कूट कर भरी थी। जब फ़ादर इंजीनियरिंग के अन्तिम वर्ष में थे तभी वे बेल्जियम छोड़कर संन्यासी होकर भारत आ गये। उनका पूरा परिवार बेल्जियम के रैम्सचैपल शहर में रहता था। उन्हें अपनी जन्मभूमि रैम्सचैपल तथा माँ बहुत याद आती थीं। भारत आने के बाद शुरू के दो वर्ष धर्माचार की शिक्षा ली। उसके बाद 9-10 वर्ष तक दार्जिलिंग में पढ़ाई की। बी. ए. की शिक्षा उन्होंने कलकत्ता से प्राप्त की। इलाहाबाद विश्वविद्यालय से एम. ए. करने के बाद उन्होंने अपना शोधकार्य प्रयाग विश्वविद्यालय के हिन्दी विभाग से सन् 1950 में पूरा किया। उनके शोधकार्य का विषय—'रामकथा उत्पत्ति और विकास' था। फ़ादर ने मातरलिंक के प्रसिद्ध नाटक 'ब्लू बर्ड' का 'नील पंछी' नाम से हिन्दी रूपान्तर किया। बाद में वे सेंट जेवियर्स कॉलेज, राँची में हिन्दी तथा संस्कृत विभाग के विभागाध्यक्ष भी रहे। यहीं पर उन्होंने अपना प्रसिद्ध अंग्रेजी-हिन्दी कोश तैयार किया तथा बाइबिल का हिन्दी अनुवाद भी किया। राँची रहने के दौरान ही उनका स्वास्थ्य खराब हो गया, जिसके बाद वहाँ से वे दिल्ली आये तथा वहीं पर 47 वर्ष देश में रहकर तथा 73 वर्ष की ज़िन्दगी जीकर अपना शरीर छोड़ गये।

फ़ादर बुल्के केवल संकल्प से संन्यासी थे, मन से नहीं। वे जब किसी के साथ एक बार रिश्ता बनाते थे, तो सदियों बाद मिलने पर भी उसकी गन्ध महसूस होती थी। वे दिल्ली आते थे, तो हर हाल में लेखक से जरूर मिलते थे। वे हिन्दी को राष्ट्रभाषा के रूप में देखना चाहते थे। वे हर मंच से हिन्दी को समृद्ध बनाने के लिए जूझते तथा अकाट्य तर्क देते थे। वे हिन्दी वालों द्वारा हिन्दी की उपेक्षा देखकर झुँझला जाते थे। वे सबसे उनके दुःख तकलीफों के बारे में पूछते रहते थे। लेखक की पत्नी व पुत्र की मृत्यु के समय फ़ादर ने उन्हें सांत्वना देते हुए कहा था कि हर मौत जीवन को नई राह दिखाती है। इन शब्दों से विरल शान्ति-सी झड़ रही थी।

लेखक को फ़ादर की मृत्यु के बारे में पता नहीं चला, वह उनकी मृत्यु के बाद दिल्ली पहुँचे। वे चिर-शान्ति की अवस्था में ताबूत में लेटे हुए थे। उनकी मृत्यु 18 अगस्त, 1982 में हुई थी। दिल्ली में कश्मीरी गेट के निकलसन कब्रगाह में उनके ताबूत को एक नीली गाड़ी से कुछ

पादरी, रघुवंश जी का बेटा और उनके परिजन उतार रहे थे। सभी दु:खी और उदास थे। उनका अन्तिम संस्कार मसीही विधि-विधान से हुआ। उनके पीछे रोने वालों की कमी नहीं थी।

इस तरह सबसे अधिक छायादार, फल-फूल एवं गन्ध से भरा, सबसे अलग, सबका होकर, सबसे ऊँचाई पर, मानवीय करुणा की दिव्य चमक में लहलहाता खड़ा एक सितारा हमारे बीच से चला गया। जिसकी स्मृति सबके मन में बसी हुई थी। एक पवित्र अग्नि की आँच की तरह आजीवन सबके हृदय में उनकी स्मृति बसी रहेगी। लेखक का मानना है कि जब तक रामकथा है तब तक इस विदेशी भारतीय साधु को याद किया जायेगा तथा उन्हें हिन्दी भाषा और बोलियों के प्रति अगाध प्रेम का उदाहरण माना जायेगा। लेखक उस पवित्र ज्योति की स्मृति में श्रद्धा से नतमस्तक है।

शब्द-सम्पदा

ज़हरबाद = गैंग्रीन, एक तरह का ज़हरीला और कष्ट दायक फोड़ा। **रगों** = नसों। **दिव्य** = महान्। **विधान** = रचना। **आस्था** = विश्वास, श्रद्धा। **अस्तित्व** = वजूद, पहचान, जीवन। **देह** = शरीर। **यातना** = असाध्य कष्ट, पीड़ा। **अतिरिक्त** = अलावा। **देहरी** = दहलीज़। **पादरी** = ईसाई गुरु, आचार्य। **आकृति** = आकार। **झाँई** = झलक, चमक। **भूरी** = सफेद। **चोगा** = बहुत लम्बा कुर्ता। **बाँहें** = भुजाएँ। **आतुर** = अधीर। **अपनत्व** = अपनापन। **साक्षी** = गवाह। **निर्मल** = पवित्र। **संकल्प** = दृढ़ निश्चय, प्रतिज्ञा। **कर्म** = कार्य। **निर्लिप्त** = अनासक्त भाव से, जो लिप्त न हो। **शामिल** = सम्मिलित। **गोष्ठी** = विचार-विमर्श के लिए बुलाई गई सभा। **गंभीर** = गहरी। **बेबाक राय देना** = बेझिझक विचार प्रस्तुत करना। **उत्सव** = जलसा, त्योहार। **पुरोहित** = पण्डित, गुरु। **आशीष** = आशीर्वाद। **मुख** = मुँह। **वात्सल्य** = बच्चों के प्रति स्नेह। **देवदारु** = घनी छाया वाला पहाड़ी पेड़। **क्रोध** = गुस्सा। **आवेश** = जोश, उत्साह। **लबालब** = ऊपर तक भरा हुआ। **छलकता** = छलछलाता, उमड़ता। **स्मृति** = याद। **चिट्ठियाँ** = पत्र। **अभिन्न मित्र** = गहरा दोस्त। **व्यवसायी** = व्यापारी। **सख्त** = कठोर। **व्यक्त** = प्रकट। **घोषित करना** = सबके सामने कहना। **धर्माचार** = धर्म का पालन, आचरण। **रूपान्तर** = अनुवाद, बदला हुआ रूप। **शोधप्रबन्ध** = खोज (रिसर्च) करने के बाद लिखी गई पुस्तक। **परिमल** = एक साहित्यिक संस्था। **कोश** = डिक्शनरी, शब्द-कोश। **तकलीफ** = कष्ट, दु:ख। **बयान करना** = वर्णन करना। **अकाट्य** = जिनको काटा न जा सके, पक्का, मजबूत। **तर्क** = दलील। **झुँझलाते** = खीज प्रकट करते। **उपेक्षा** = महत्व न देना, तिरस्कार, अनदेखा करना। **निजी** = अपना। **गन्ध** = सुगन्ध, चाह। **मौत** = मृत्यु। **राह** = रास्ता। **विरल** = कम मिलने वाली। **सांत्वना** = तसल्ली। **जादू भरे** = प्रभावशाली। **तपस्या** = साधना। **जनमती** = पैदा होती। **ताबूत** = शव को ले जाने वाला सन्दूक। **जिस्म** = शरीर। **थिर** = स्थिर, ठहरी हुई। **सँकरी** = तंग। **कब्रगाह** = जहाँ मुर्दे दफनाये जाते हैं, कब्रिस्तान। **छोर** = किनारा। **अवाक्** = चुपचाप, मौन। **वृत्त** = गोले। **करील** = बिना पत्ते वाली काँटीली झाड़ी। **गैरिक वसन** = गेरुए वस्त्र। **घनी** = गहरी। **ठण्डी उदासी** = हतोत्साहित करने वाली निराशा। **खामोश** = चुप।

अपरिचित = अनजान। **आहट** = आवाज़। **मसीही विधि** = मसीही (ईसाई) धर्म में अन्तिम संस्कार करने का ढंग। **अर्पित करना** = चढ़ाना। **रत्न** = मूल्यवान व्यक्ति। **अनुकरणीय** = अनुकरण करने योग्य। **नमन करना** = नतमस्तक होना। **क्षण** = पल। **स्याही फैलाना** = लिखने का व्यर्थ प्रयास करना। **लहलहाता** = शान से झूमता। **आँच** = तपन, ऊष्मा। **आजीवन** = जीवन भर। **ज्योति** = प्रकाश। **श्रद्धानत** = श्रद्धा से झुका हुआ।

बहुविकल्पीय प्रश्न

1. फ़ादर की मृत्यु कैसे हुई थी?
 (क) अधिक उम्र होने के कारण।
 (ख) अधिक काम करने के कारण।
 (ग) ज़हरबाद के कारण।
 (घ) ज़हर के कारण।
उत्तर: (ग) ज़हरबाद के कारण।

2. लेखक के साथ फ़ादर का व्यवहार कैसा था?
 (क) आत्मीयता से भरा प्रेम
 (ख) सामान्य प्रेम
 (ग) मिला-जुला प्रेम
 (घ) गुरु का प्रेम
उत्तर: (क) आत्मीयता से भरा प्रेम

3. अपने प्रियजनों के लिए फ़ादर के मन में कैसा भाव रहता था?
 (क) श्रद्धा और स्नेह　　(ख) दया और करुणा
 (ग) दया और सद्भाव　　(घ) ममता और अपनत्व
उत्तर: (घ) ममता और अपनत्व

4. फ़ादर को याद करना किसके समान है?
 (क) करुणा के जल में स्नान करने जैसा
 (ख) उदास-शांत संगीत को सुनने जैसा
 (ग) कर्म के संकल्प से भरने जैसा
 (घ) ईश्वर की पूजा करने जैसा
उत्तर: (ख) उदास-शांत संगीत को सुनने जैसा

5. लेखक के घर के उत्सव और संस्कार के समय फ़ादर कामिल बुल्के का कौन-सा रूप दिखाई देता था?
 (क) परिवार के बड़े सदस्य के समान
 (ख) समाज सुधारक के समान
 (ग) गुरु के समान
 (घ) धर्मज्ञाता के समान
उत्तर: (क) परिवार के बड़े सदस्य के समान

6. फ़ादर कामिल बुल्के को संकल्प से संन्यासी कहा गया है मन से नहीं, क्यों?
 (क) सुख और सुविधा में लिप्त रहने के कारण।

(ख) हिंदी भाषा के प्रति प्रेम होने के कारण।

(ग) दूसरे धर्म को मानने के कारण।

(घ) रिश्ता बनाए रखने के कारण।

उत्तर: (घ) रिश्ता बनाए रखने के कारण।

7. फ़ादर ने धर्माचार की शिक्षा कहाँ से प्राप्त की थी?

(क) जिसेट संघ   (ख) कलकत्ता

(ग) इलाहाबाद   (घ) बनारस

उत्तर: (क) जिसेट संघ

8. फ़ादर बुल्के ने कौन-सा शोध कार्य किया था?

(क) नीलपंछी

(ख) बाइबिल

(ग) रामकथा:उद्भव और विकास

(घ) ब्लू बर्ड

उत्तर: (ग) रामकथा:उद्भव और विकास

9. फ़ादर कामिल बुल्के की मृत्यु कहाँ हुई थी?

(क) दिल्ली   (ख) राँची

(ग) इलाहाबाद   (घ) कलकत्ता

उत्तर: (क) दिल्ली

10. फ़ादर कामिल बुल्के ने भारत देश को अपने जीवन के कितने वर्ष दिए?

(क) 73 वर्ष   (ख) 47 वर्ष

(ग) 45 वर्ष   (घ) 50 वर्ष

उत्तर: (ख) 47 वर्ष

11. संन्यास ग्रहण करते समय फ़ादर कामिल बुल्के ने कौन-सी शर्त रखी थी?

(क) बाइबिल पर शोध कार्य करने की शर्त

(ख) रामकथा का अध्ययन करने की शर्त

(ग) हिंदी भाषा का अध्ययन करने की शर्त

(घ) भारत जाने की शर्त

उत्तर: (घ) भारत जाने की शर्त

12. फ़ादर की उपस्थिति किसके समान लगती थी?

(क) देवदारु की छाया के समान

(ख) करुणा के सागर के समान

(ग) निर्मल जल में स्नान करने के समान

(घ) उदास शांत संगीत के समान

उत्तर: (क) देवदारु की छाया के समान

13. फ़ादर कामिल बुल्के को किस बात पर झुंझलाते देखा गया है?

(क) फ़ादर के अपमान पर

(ख) हिंदी भाषा के अपमान पर

(ग) अपने ही देश के अपमान पर

(घ) गरीबों के अपमान पर

उत्तर: (ख) हिंदी भाषा के अपमान पर

14. कितने वर्ष की आयु में फ़ादर कामिल बुल्के की मृत्यु हो गई थी?

(क) 75 वर्ष की आयु में (ख) 78 वर्ष की आयु में

(ग) 73 वर्ष की आयु में (घ) 71 वर्ष की आयु में

उत्तर: (ग) 73 वर्ष की आयु में

15. फ़ादर कामिल बुल्के हिंदी भाषा को किस रूप में देखना चाहते थे?

(क) राष्ट्रभाषा के रूप में (ख) राजभाषा के रूप में

(ग) काव्यभाषा के रूप में(घ) लेखनभाषा के रूप में

उत्तर: (क) राष्ट्रभाषा के रूप में

16. ''नम आँखों को गिनना स्याही फैलाना है''—लेखक ने ऐसा क्यों कहा है?

(क) फ़ादर की मृत्यु सामान्य घटना नहीं है।

(ख) लेखक के पास लिखने के लिए स्याही नहीं है।

(ग) लेखक के पास लिखने के लिए शब्द नहीं हैं।

(घ) फ़ादर की मृत्यु पर अनेक लोग रो रहे थे।

उत्तर: (घ) फ़ादर की मृत्यु पर अनेक लोग रो रहे थे।

17. लेखक ने फ़ादर कामिल बुल्के को मानवीय करुणा की दिव्य चमक क्यों कहा है?

(क) संसार का त्याग करने के कारण।

(ख) संन्यासी होने के कारण।

(ग) हिंदी भाषा की उन्नति के लिए कार्य करने के कारण।

(घ) सभी के लिए मन में करुणा होने के कारण।

उत्तर: (घ) सभी के लिए मन में करुणा होने के कारण।

18. फ़ादर को याद करना उदास-शांत संगीत को सुनने के समान क्यों कहा गया है?

(क) फ़ादर को शांत संगीत पसंद होने के कारण।

(ख) फ़ादर की याद से मन उदास होने के कारण

(ग) फ़ादर की मृत्यु होने के कारण।

(घ) फ़ादर की मृत्यु से लेखक का मन दुखी होने के कारण।

उत्तर: (ख) फ़ादर की याद से मन उदास होने के कारण।

19. 'मानवीय करुणा की दिव्य चमक' पाठ से हमें क्या प्रेरणा मिलती है?

(क) मानवतावादी दृष्टिकोण को अपनाना

(ख) अपनी भाषा पर गर्व करना

(ग) मानवीय करुणा की भावना को अपनाना

(घ) उपर्युक्त सभी

उत्तर: (घ) उपर्युक्त सभी

20. अपने भारत आने को फ़ादर बुल्के क्या मानते थे?

(क) धर्म गुरु की इच्छा   (ख) स्वयं की इच्छा

(ग) प्रभु की इच्छा   (घ) उपर्युक्त सभी

उत्तर: (ग) प्रभु की इच्छा

21. फ़ादर बुल्के ने कहाँ रहकर अपना शोध कार्य पूरा किया था?

(क) इलाहाबाद में   (ख) दिल्ली में

(ग) कलकत्ता में   (घ) इनमें से कोई नहीं

उत्तर: (क) इलाहाबाद में

22. फ़ादर की मृत्यु के बाद लेखक को कौन से दिन याद आते हैं?

(क) परिमल में बिताए गए क्षण

(ख) इलाहाबाद में घूमने के क्षण

(ग) फ़ादर की मृत्यु का क्षण

(घ) उपर्युक्त सभी

उत्तर: (क) परिमल में बिताए गए क्षण

23. परिमल क्या है?

(क) साहित्य की संस्था

(ख) फ़ादर का आश्रम

(ग) फ़ादर का निवासस्थान

(घ) फ़ादर की संस्था

उत्तर: (क) साहित्य की संस्था

24. हिंदी भाषा के लिए फ़ादर के मन में क्या भाव था?

(क) उपेक्षा का भाव   (ख) सम्मान का भाव

(ग) अपेक्षा का भाव   (घ) दुख का भाव

उत्तर: (ख) सम्मान का भाव

25. इस कहानी का क्या उद्देश्य है?

(क) विदेशी साधुओं के गुणों का उल्लेख करना

(ख) धर्मगुरुओं के धर्म के प्रति भावना का उल्लेख करना

(ग) रैम्सचैपल शहर के वैभव का उल्लेख करना

(घ) फ़ादर कामिल बुल्के के महान व्यक्तित्व से परिचय करवाना

उत्तर: (घ) फ़ादर कामिल बुल्के के महान व्यक्तित्व से परिचय करवाना

26. फ़ादर के संस्कार किस धर्मगुरु ने किये?

(क) फ़ादर डिसूजा   (ख) फ़ादर पास्कल तोयना

(ग) फ़ादर आंद्रे   (घ) फ़ादर निक्सन

उत्तर: (ख) फ़ादर पास्कल तोयना

27. सर्वेश्वर दयाल सक्सेना का जन्म कब हुआ?

(क) सन् 1927 में उत्तर प्रदेश के बस्ती जिले में

(ख) सन् 1937 में इलाहाबाद में

(ग) सन् 1910 में वाराणसी में

(घ) सन् 1927 में गोरखपुर में

उत्तर: (क) सन् 1927 में उत्तर प्रदेश के बस्ती जिले में

28. फ़ादर की मृत्यु पर रोने वालों की कमी क्यों नहीं थी?

(क) फ़ादर ने सदा दूसरों को प्रेम और ममता का अमृत बाँटा

(ख) दूसरों को सदा शुभाशिषों से भर दिया था

(ग) उन्होंने सदा मानवीय करुणा की दिव्य चमक बिखराई

(घ) उपर्युक्त सभी कथन सत्य हैं

उत्तर: (घ) उपर्युक्त सभी कथन सत्य हैं

29. फ़ादर कामिल बुल्के की माँ ने बचपन में क्या भविष्यवाणी की थी?

(क) लड़का तो हाथ से गया

(ख) यह बड़ा होकर संन्यासी बनेगा

(ग) यह इंजीनियर बनेगा

(घ) यह घर वालों को छोड़कर भारत में बसेगा

उत्तर: (क) लड़का तो हाथ से गया

30. फ़ादर बुल्के भारतीय संस्कृति के अभिन्न अंग क्यों थे?

(क) भारत को अपना देश मानने के कारण

(ख) भारतीय भाषा के प्रति असीम प्रेम के कारण

(ग) भारतीय संस्कारों से जुड़ने के कारण

(घ) उपर्युक्त सभी कथन सत्य हैं

उत्तर: (घ) उपर्युक्त सभी कथन सत्य हैं

31. फ़ादर बुल्के की जन्मभूमि का क्या नाम था ?

(क) भारत   (ख) वार्सा

(ग) रैम्स चैपल   (घ) सिडनी

उत्तर: (ग) रैम्स चैपल

32. निम्नलिखित में से कौन-सी रचना सर्वेश्वर दयाल सक्सेना की नहीं है?

(क) लड़ाई   (ख) त्रिशंकु

(ग) चरचे और चरखे   (घ) लाख की नाक

उत्तर: (ख) त्रिशंकु

33. फ़ादर को याद करना कैसा है?

(क) उदास शांति में संगीत सुनने जैसा

(ख) हृदय को भाव-विभोर कर देने वाला

(ग) हृदय को पीड़ा देना

(घ) पापों से मुक्ति जैसा

उत्तर: (क) उदास शांति में संगीत सुनने जैसा

34. सर्वेश्वर दयाल सक्सेना किस पत्रिका के संपादक रहे?

(क) सरस्वती   (ख) दिनमान

(ग) पराग   (घ) इनमें से कोई नहीं

उत्तर: (ग) पराग

35. लेखक के अनुसार फ़ादर बुल्के कैसे थे?

(क) ईश्वर के समान

(ख) मानवीय करुणा में दिव्य चमक

(ग) एक पहुँचे हुए संन्यासी

(घ) सन्मार्ग दिखाने वाले धर्म गुरु

उत्तर: (ख) मानवीय करुणा में दिव्य चमक

निम्नलिखित गद्यांशों को ध्यानपूर्वक पढ़कर दिए गए प्रश्नों के लिए सही विकल्प चुनिए—

36. फ़ादर को ज़हरबाद से नहीं मरना चाहिए था। जिसकी रगों में दूसरों के लिए मिठास भरे अमृत के अतिरिक्त और कुछ नहीं था, उसके लिए इस ज़हर का विधान क्यों हो? यह सवाल किस ईश्वर से पूछें? प्रभु की आस्था ही जिसका अस्तित्व था। वह देह की इस यातना की परीक्षा उम्र की आखिरी देहरी पर क्यों दे? एक लंबी, पादरी के सफ़ेद चोगे से ढकी आकृति सामने है—गोरा रंग, सफ़ेद झाँई मारती भूरी दाढ़ी, नीली आँखें-बाँहें खोल गले लगाने को आतुर। इतनी ममता, इतना अपनत्व इस साधु में अपने हर एक प्रियजन के लिए उमड़ता रहता था। मैं पैंतीस साल से इसका साक्षी था। तब भी जब वह इलाहाबाद में थे और तब भी जब वह दिल्ली आते थे। आज उन बाँहों का दबाव मैं अपनी छाती पर महसूस करता हूँ।

(i) लेखक के अनुसार फ़ादर की मृत्यु किससे नहीं होनी चाहिए थी?

    (क) ज़हर खाने से   (ख) दूर जाने से

    (ग) मिठास भरे अमृत से   (घ) ज़हरबाद से

उत्तर: (घ) ज़हरबाद से

(ii) फ़ादर कामिल बुल्के के जीवन का अस्तित्व किसमें था?

    (क) मिठास भरा जीवन   (ख) प्रभु की आस्था

    (ग) वात्सल्यपूर्ण व्यवहार   (घ) देह की यातना

उत्तर: (ख) प्रभु की आस्था

(iii) फ़ादर को याद करते समय लेखक के सामने उनकी कैसी आकृति है?

    (क) लंबी, पादरी के सफ़ेद चोगे से ढकी आकृति

    (ख) उम्र की आखिरी देहरी पर खड़ी आकृति

    (ग) प्रभु की आस्था से भरे जीवन की आकृति

    (घ) मिठास भरे अमृत के जीवन के समान आकृति

उत्तर: (क) लंबी पादरी के सफ़ेद चोगे से ढकी आकृति

(iv) फ़ादर कहाँ रहते थे?

    (क) दिल्ली   (ख) इलाहाबाद

    (ग) बनारस   (घ) राँची

उत्तर: (ख) इलाहाबाद

(v) लेखक अपनी छाती पर क्या महसूस करते हैं?

    (क) ममता और अपनत्व

    (ख) फ़ादर की बाँहों का दबाव

    (ग) प्रियजन के लिए उमड़ता प्रेम

    (घ) ज़हर का विधान

उत्तर: (ख) फ़ादर की बाँहों का दबाव

37. फ़ादर को याद करना एक उदास-शांत संगीत को सुनने जैसा है। उनको देखना करुणा के निर्मल जल में स्नान करने जैसा था और उनसे बात करना कर्म के संकल्प से भरना था। मुझे

'परिमल' के वे दिन याद आते हैं जब हम सब एक पारिवारिक रिश्ते में बंधे जैसे थे जिसके बड़े फ़ादर बुल्के थे। हमारे हँसी-मज़ाक में वह निर्लिप्त शामिल रहते, हमारी गोष्ठियों में वह गंभीर बहस करते, हमारी रचनाओं पर बेबाक राय और सुझाव देते और हमारे घरों के किसी भी उत्सव और संस्कार में वह बड़े भाई और पुरोहित जैसे खड़े हो हमें अपने आशीषों से भर देते। मुझे अपना बच्चा और फ़ादर का उसके मुख में पहली बार अन्न डालना यदि आता है और नीली आँखों की चमक में तैरता वात्सल्य भी—जैसे किसी ऊँचाई पर देवदारु की छाया में खड़े हों।

(i) उदास शांत संगीत को सुनने की तुलना किससे की गई है?

    (क) फ़ादर को याद करने से

    (ख) फ़ादर को देखने से

    (ग) परिमल के दिनों को याद करने से

    (घ) पारिवारिक रिश्ते में बंधने से

उत्तर: (क) फ़ादर को याद करने से

(ii) फ़ादर को देखने की तुलना किससे की गई है?

    (क) परिमल के दिनों को याद करने से

    (ख) कर्म के संकल्प से भरने से

    (ग) उदास शांत संगीत को सुनने से

    (घ) करुणा के निर्मल जल में स्नान करने से

उत्तर: (घ) करुणा के निर्मल जल में स्नान करने से

(iii) लेखक फ़ादर से किस माध्यम से जुड़े थे?

    (क) संकल्प के माध्यम से

    (ख) परिमल के माध्यम से

    (ग) कर्म के माध्यम से

    (घ) पारिवारिक रिश्ते के माध्यम से

उत्तर: (ख) परिमल के माध्यम से

(iv) फ़ादर लेखक के बच्चे के साथ किस प्रकार जुड़े हुए थे?

    (क) बच्चे का जन्मदिन मनाकर

    (ख) बच्चे को सांत्वना के शब्द बोलकर

    (ग) बच्चे के मुख में पहली बार अन्न डालकर

    (घ) बच्चे को अपनी कविता सुनाकर

उत्तर: (ग) बच्चे के मुख में पहली बार अन्न डालकर

(v) फ़ादर की आँखों में लेखक को क्या दिखता था?

    (क) वात्सल्य   (ख) नीला रंग

    (ग) अमृत   (घ) ईश्वर की आस्था

उत्तर: (क) वात्सल्य

38. कहाँ से शुरू करें! इलाहाबाद की सड़कों पर फ़ादर की साइकिल चलती दीख रही है। वह हमारे पास आकर रुकती है, मुसकराते हुए उतरते हैं, 'देखिए-देखिए मैंने उसे पढ़ लिया है और मैं कहना चाहता हूँ.....' उनको क्रोध में कभी नहीं देखा, आवेश में देखा है और ममता तथा प्यार में लबालब छलकता महसूस किया है। अकसर उन्हें देखकर लगता कि बेल्जियम में इंजीनियरिंग के अंतिम वर्ष में पहुँचकर उनके मन में संन्यासी

बनने की इच्छा कैसे जाग गई जबकि घर भरा-पूरा था—दो भाई, एक बहन, माँ, पिता सभी थे।

''आपको अपने देश की याद आती है?''

''मेरा देश तो अब भारत है।''

''मैं जन्मभूमि की पूछ रहा हूँ?''

''हाँ आती है। बहुत सुंदर है मेरी जन्मभूमि—रेम्सचैपल।''

''घर में किसी की याद?''

''माँ की याद आती है—बहुत याद आती है।''

(i) फ़ादर की कहानी लेखक कहाँ से शुरू करते हैं?

(क) बेल्ज़ियम में इंजीनियरिंग के अंतिम वर्ष से

(ख) इलाहाबाद की सड़कों से

(ग) संन्यासी बनने की इच्छा से

(घ) रेम्सचैपल से

उत्तर: (ख) इलाहाबाद की सड़कों से

(ii) फ़ादर को क्या करते कभी नहीं देखा गया है?

(क) सड़कों पर घूमते   (ख) सड़कों पर साइकिल चलाते

(ग) क्रोध करते   (घ) कविता पढ़ते

उत्तर: (ग) क्रोध करते

(iii) 'रेम्सचैपल' से फ़ादर का क्या संबंध था?

(क) जन्मभूमि है।   (ख) कर्मभूमि है।

(ग) कॉलेज है।   (घ) परिवार है।

उत्तर: (क) जन्मभूमि है

(iv) फ़ादर को घर के किस सदस्य की याद आती थी?

(क) माँ की   (ख) पिता की

(ग) बहन की   (घ) भाइयों की

उत्तर: (क) माँ की

(v) जन्मभूमि का पर्यायवाची है—

(क) पुण्यभूमि   (ख) मातृभूमि

(ग) बुद्धभूमि   (घ) इनमें से कोई नहीं

उत्तर: (ख) मातृभूमि

39. फिर अक्सर माँ की स्मृति में डूब जाते देखा है। उनकी माँ की चिट्ठियाँ अक्सर उनके पास आती थीं। अपने अभिन्न मित्र डॉ. रघुवंश को वह उन चिट्ठियों को दिखाते थे। पिता और भाइयों के लिए बहुत लगाव मन में नहीं था। पिता व्यवसायी थे। एक भाई वहीं पादरी हो गया है। एक भाई काम करता है, उसका परिवार है। बहन सख्त और जिद्दी थी। बहुत देर से उसने शादी की। फ़ादर को एकाध बार उसकी शादी की चिंता व्यक्त करते उन दिनों देखा था। भारत में बस जाने के बाद दो या तीन बार अपने परिवार से मिलने भारत से बेल्ज़ियम गए थे।

(i) फ़ादर अक्सर किसकी याद में डूब जाते थे?

(क) बहन की

(ख) पिता के व्यवसाय की

(ग) माँ की चिट्ठियों की

(घ) माँ की

उत्तर: (घ) माँ की

(ii) फ़ादर अपनी चिट्ठियों को किसे दिखाते थे?

(क) लेखक को   (ख) डॉ. रघुवंश को

(ग) माँ को   (घ) बहन को

उत्तर: (ख) डॉ. रघुवंश को

(iii) फ़ादर की बहन का स्वभाव कैसा था?

(क) क्रोधी   (ख) वात्सल्य से भरी हुई

(ग) सख्त और जिद्दी   (घ) चिंतित

उत्तर: (ग) सख्त और जिद्दी

(iv) फ़ादर का परिवार कहाँ रहता था?

(क) भारत में   (ख) इलाहाबाद में

(ग) रेम्सचैपल में   (घ) बेल्ज़ियम में

उत्तर: (घ) बेल्ज़ियम में

(v) फ़ादर अक्सर किसके लिए चिंतित रहते थे?

(क) माँ के लिए

(ख) पिता के लिए

(ग) बहन की शादी के लिए

(घ) अपने देश के लिए

उत्तर: (ग) बहन की शादी के लिए

40. ''लेकिन मैं तो संन्यासी हूँ।''

''आप सब कुछ छोड़कर क्यों चले आए?''

''प्रभु की इच्छा थी।'' वह बालकों की सी सरलता से मुस्कराकर कहते, ''माँ ने बचपन में ही घोषित कर दिया था कि लड़का हाथ से गया। और सचमुच इंजीनियरिंग के अंतिम वर्ष की पढ़ाई छोड़ फ़ादर बुल्के संन्यासी होने जब धर्म गुरु के पास गए और कहा कि मैं संन्यास लेना चाहता हूँ तथा एक शर्त रखी (संन्यास लेते समय चाहने वाला शर्त रख सकता है) कि मैं भारत जाऊँगा।''

''भारत जाने की बात क्यों उठी?''

''नहीं जानता, बस मन में यह था।''

उनकी शर्त मान ली गई और वह भारत आ गए।

(i) फ़ादर की माँ ने बचपन में ही क्या घोषित कर दिया था?

(क) लड़का हाथ से गया

(ख) फ़ादर का पढ़ाई न करना

(ग) फ़ादर का इंजीनियरिंग न करना

(घ) फ़ादर का भारत आना

उत्तर: (क) लड़का हाथ से गया

(ii) संन्यास ग्रहण करने के लिए फ़ादर कहाँ गए थे?

(क) माता के पास   (ख) पिता के पास

(ग) लेखक के पास   (घ) धर्म गुरु के पास

उत्तर: (घ) धर्म गुरु के पास

(iii) संन्यास ग्रहण करने के बाद फ़ादर कहाँ गए?

(क) रेम्सचैपल   (ख) बेल्ज़ियम

(ग) भारत   (घ) इलाहाबाद

उत्तर: (ग) भारत

(iv) संन्यासी बनने के लिए फ़ादर को क्या छोड़ना पड़ा?

(क) बेल्जियम   (ख) परिवार

(ग) इंजीनियरिंग की पढ़ाई (घ) उपर्युक्त सभी

उत्तर: (घ) उपर्युक्त सभी

(v) इस गद्यांश के लेखक का नाम बताइए।

(क) सर्वेश्वर दयाल सक्सेना

(ख) निदा फ़ाज़ली

(ग) फ़ादर कामिल बुल्के

(घ) डॉ. रघुवंश राय

उत्तर: (क) सर्वेश्वर दयाल सक्सेना

41. पहले 'जिसेट संघ' में दो साल पादरियों के बीच धर्माचार की पढ़ाई की। फिर 9-10 वर्ष दार्जिलिंग में पढ़ते रहे। कलकत्ता (कोलकाता) से बी.ए. किया और फिर इलाहाबाद से एम.ए.। उन दिनों डॉ. धीरेंद्र वर्मा हिंदी विभाग के अध्यक्ष थे। शोधप्रबंध प्रयाग विश्वविद्यालय के हिंदी विभाग में रहकर 1950 में पूरा किया—'रामकथा: उत्पत्ति और विकास।' 'परिमल' में उसके अध्याय पढ़े गए थे। फ़ादर ने मातरलिंक के प्रसिद्ध नाटक 'ब्लू बर्ड' का रूपांतर भी किया है 'नीलपंछी' के नाम से। बाद में वह सेंट जेवियर्स कॉलिज, राँची में हिंदी तथा संस्कृत विभाग के विभागाध्यक्ष हो गए और यहीं उन्होंने अपना प्रसिद्ध अंग्रेज़ी-हिंदी कोश तैयार किया और बाइबिल का अनुवाद भी ....और वहीं बीमार पड़े, पटना आए। दिल्ली आए और चले गए—47 वर्ष देश में रहकर और 73 वर्ष की ज़िंदगी जीकर।

(i) फ़ादर ने धर्माचार की पढ़ाई कहाँ की?

(क) राँची में   (ख) कलकत्ता में

(ग) जिसेट संघ में   (घ) इलाहाबाद में

उत्तर: (ग) जिसेट संघ में

(ii) फ़ादर कामिल बुल्के कहाँ कार्यरत थे?

(क) राँची में   (ख) कलकत्ता में

(ग) जिसेट संघ में   (घ) इलाहाबाद में

उत्तर: (क) राँची में

(iii) फ़ादर कामिल बुल्के की मृत्यु कहाँ हुई थी?

(क) राँची में   (ख) कलकत्ता में

(ग) दिल्ली में   (घ) इलाहाबाद में

उत्तर: (ग) दिल्ली में

(iv) फ़ादर कामिल बुल्के ने अपना शोध प्रबंध कार्य कहाँ से किया था?

(क) प्रयाग विश्वविद्यालय से

(ख) जिसेट संघ से

(ग) राँची विश्वविद्यालय के विभाग से

(घ) धर्माचार से

उत्तर: (क) प्रयाग विश्वविद्यालय से

(v) फ़ादर कामिल बुल्के ने किस नाटक का हिंदी रूपांतरण किया था?

(क) ब्लू बर्ड   (ख) नीलपंक्षी

(ग) रामकथा   (घ) बाइबिल

उत्तर: (क) ब्लू बर्ड

42. फ़ादर बुल्के संकल्प से संन्यासी थे। कभी-कभी लगता है वह मन से संन्यासी नहीं थे। रिश्ता बनाते थे तो तोड़ते नहीं थे। दसियों साल बाद मिलने के बाद भी उसकी गंध महसूस होती थी। वह जब भी दिल्ली आते ज़रूर मिलते—खोजकर, समय निकालकर, गर्मी, सर्दी, बरसात झेलकर मिलते, चाहे दो मिनट के लिए ही सही। यह कौन संन्यासी करता है? उनकी चिंता हिंदी को राष्ट्रभाषा के रूप में देखने की थी। हर मंच से इसकी तकलीफ़ बयान करते, इसके लिए अकाट्य तर्क देते। बस इसी एक सवाल पर उन्हें झुँझलाते देखा है और हिंदी वालों द्वारा ही हिंदी की उपेक्षा पर दुख करते उन्हें पाया है। घर-परिवार के बारे में, निजी दुख-तकलीफ के बारे में पूछना उनका स्वभाव था और बड़े से बड़े दुख में उनके मुख से सांत्वना के जादू भरे दो शब्द सुनना एक ऐसी रोशनी से भर देता था जो किसी गहरी तपस्या से जनमती है। 'हर मौत दिखाती है जीवन को नई राह।' मुझे अपनी पत्नी और पुत्र की मृत्यु याद आ रही है और फ़ादर के शब्दों से झरती विरल शांति भी।

(i) लेखक ने फ़ादर को किस प्रकार का संन्यासी कहा है?

(क) रिश्ते से संन्यासी   (ख) मन से संन्यासी

(ग) कर्म से संन्यासी   (घ) संकल्प से संन्यासी

उत्तर: (घ) संकल्प से संन्यासी

(ii) फ़ादर की चिंता का विषय क्या था?

(क) रिश्ता बनाकर न तोड़ना

(ख) हिंदी को राष्ट्रभाषा के रूप में देखना

(ग) निजी दुख-तकलिफ किसी से न कह पाना

(घ) किसी की सहायता न कर पाना

उत्तर: (ख) हिंदी को राष्ट्रभाषा के रूप में देखना

(iii) लेखक की पत्नी और पुत्र की मृत्यु के समय फ़ादर बुल्के ने क्या किया था?

(क) दुख प्रकट किया था।

(ख) सांत्वना दी थी।

(ग) देखभाल की थी।

(घ) इलाज़ करवाया था।

उत्तर: (ख) सांत्वना दी थी।

(iv) फ़ादर कामिल बुल्के का स्वभाव क्या था?

(क) निजी दुख-तकलीफ के बारे में पूछना

(ख) सांत्वना देना

(ग) दुख प्रकट करना

(घ) सबकी सहायता करना

उत्तर: (क) निजी दुख-तकलीफ के बारे में पूछना

(v) पत्नी और पुत्र की मृत्यु के समय लेखक का मन किस प्रकार शांत हुआ?

(क) कमरे में बंद रहकर   (ख) फ़ादर के शब्दों को सुनकर

(ग) धर्माचार को पढ़कर   (घ) मित्रों से बात करके

उत्तर: (ख) फ़ादर के शब्दों को सुनकर

43. आज वह नहीं हैं। दिल्ली में बीमार रहे और पता नहीं चला। बाँहें खोलकर इस बार उन्होंने गले नहीं लगाया। जब देखा तब वे बाहें दोनों हाथों की सूजी उँगलियों को उलझाए ताबूत में जिस्म पर पड़ी थीं। जो शांति बरसती थी वह चेहरे पर थिर थी। तरलता जम गई थी। वह 18 अगस्त, 1982 की सुबह दस बजे का समय था। दिल्ली में कश्मीरी गेट के निकलसन कब्रगाह में उनका ताबूत एक छोटी-सी नीली गाड़ी में से उतारा गया। कुछ पादरी, रघुवंश जी का बेटा और उनके परिजन राजेश्वर सिंह उसे उतार रहे थे। फिर उसे उठाकर एक लंबी सँकरी, उदास पेड़ों की घनी छाँह वाली सड़क से कब्रगाह के आखिरी छोर तक ले जाया गया जहाँ धरती की गोद में सुलाने के लिए कब्र अवाक् मुँह खोले लेटी थी। ऊपर करील की घनी छाँह थी और चारों ओर कब्रें और तेज़ धूप के वृत्त। जैनेंद्र कुमार, विजयेंद्र स्नातक, अजित कुमार, डॉ. निर्मला जैन और मसीही समुदाय के लोग, पादरीगण, उनके बीच में गैरिक वसन पहने इलाहाबाद के प्रसिद्ध विज्ञान-शिक्षक डॉ. सत्यप्रकाश और डॉ. रघुवंश भी जो अकेले उस सँकरी सड़क की ठंडी उदासी में बहुत पहले से खामोश दुख की किन्हीं अपरिचित आहटों से दबे हुए थे, सिमट आए थे कब्र के चारों तरफ़।

(i) लेखक ने फ़ादर को किस अवस्था में पाया?

(क) सोते हुए   (ख) मृत

(ग) बीमार   (घ) जाते हुए

उत्तर: (ख) मृत

(ii) फ़ादर का अंतिम संस्कार किसके अनुसार हुआ?

(क) मसीही समुदाय के अनुसार

(ख) भारतीय नियमों के अनुसार

(ग) अस्पताल के नियमों के अनुसार

(घ) परिवार के नियमों के अनुसार

उत्तर: (क) मसीही समुदाय के अनुसार

(iii) फ़ादर कामिल बुल्के को कहाँ दफनाया गया?

(क) दिल्ली में   (ख) कश्मीर में

(ग) इलाहाबाद में   (घ) पटना में

उत्तर: (क) दिल्ली में

(iv) डॉ. सत्यप्रकाश कौन थे?

(क) लेखक के मित्र   (ख) फ़ादर के चिकित्सक

(ग) पक्षी विशेषज्ञ   (घ) विज्ञान के शिक्षक

उत्तर: (घ) विज्ञान के शिक्षक

(v) फ़ादर के चेहरे पर बरसने वाली शांति स्थिर क्यों थी?

(क) मृत्यु के कारण

(ख) बीमारी के कारण

(ग) बोल न पाने के कारण

(घ) महसूस न कर पाने के कारण

उत्तर: (क) मृत्यु के कारण

44. फ़ादर की देह पहले कब्र के ऊपर लिटाई गई। मसीही विधि से प्रार्थना की फिर सेंट जेवियर्स के रेक्टर फ़ादर पास्कल ने उनके जीवन और कर्म पर श्रद्धांजलि अर्पित करते हुए कहा, 'फ़ादर बुल्के धरती में जा रहे हैं। इस धरती से ऐसे रत्न और पैदा हों।' डॉ. सत्यप्रकाश ने भी अपनी श्रद्धांजलि में उनके अनुकरणीय जीवन को नमन किया। फिर देह कब्र में उतार दी गई...। मैं नहीं जानता इस संन्यासी ने कभी सोचा था या नहीं कि उसकी मृत्यु पर कोई रोएगा। लेकिन उस क्षण रोने वालों की कमी नहीं थी। (नम आँखों को गिनना स्याही फैलाना है।)

इस तरह हमारे बीच से वह चला गया जो हम में से सबसे अधिक छायादार फल-फूल गंध से भरा और सबसे अलग, सबका होकर सबसे ऊँचाई पर, मानवीय करुणा की दिव्य चमक में लहलहाता खड़ा था। जिसकी स्मृति हम सबके मन में जो उनके निकट थे किसी यज्ञ की पवित्र आग की आँच की तरह आजीवन बनी रहेगी। मैं उस पवित्र ज्योति की आग में श्रद्धानत हूँ।

(i) फ़ादर पास्कल ने फ़ादर की कब्र पर क्या प्रार्थना की?

(क) फ़ादर का जीवन अनुकरणीय हो।

(ख) फ़ादर की मृत्यु पर कोई नहीं रोए।

(ग) सभी संन्यासी बनें।

(घ) उनके समान लोगों का जन्म हो।

उत्तर: (घ) उनके समान लोगों का जन्म हो।

(ii) किसने फ़ादर के अनुकरणीय जीवन को नमन किया?

(क) फ़ादर पास्कल ने   (ख) डॉ. सत्यप्रकाश ने

(ग) लेखक ने   (घ) नम आँखों ने

उत्तर: (ख) डॉ. सत्यप्रकाश ने

(iii) फ़ादर की मृत्यु पर रोने वालों की कमी क्यों नहीं थी?

(क) संन्यासी होने के कारण।

(ख) कवि होने के कारण।

(ग) मित्र होने के कारण।

(घ) सबके लिए मन में प्रेम होने के कारण।

उत्तर: (घ) सबके लिए मन में प्रेम होने के कारण।

(iv) लेखक किसके समक्ष श्रद्धानत हैं?

(क) फ़ादर की स्मृति के समक्ष

(ख) फ़ादर के समक्ष

(ग) फ़ादर के कार्य के समक्ष

(घ) फ़ादर के योगदान के समक्ष

उत्तर: (क) फ़ादर की स्मृति के समक्ष

(v) प्रस्तुत गद्यांश किस पाठ से लिया गया है?

(क) फ़ादर कामिल बुल्के

(ख) मानवीय करुणा की दिव्य चमक

(ग) यज्ञ की पवित्र आग की आँच

(घ) हिंदी भाषा के लिए फ़ादर का योगदान

उत्तर: (ख) मानवीय करुणा की दिव्य चमक

45. फ़ादर को ज़हरबाद से नहीं मरना चाहिए था। जिसकी रगों में दूसरों के लिए मिठास भरे अमृत के अतिरिक्त और कुछ नहीं था। उसके लिए इस ज़हर का विधान क्यों हो? यह सवाल किस ईश्वर से पूछें? प्रभु की आस्था ही जिसका अस्तित्व था। वह देह की इस यातना की परीक्षा उम्र की आखिरी देहरी पर क्यों दे? एक लम्बी, पादरी के सफ़ेद चोगे से ढकी आकृति सामने है—गोरा रंग, सफेद झाँई मारती भूरी दाढ़ी, नीली आँखें-बाँहें खोल गले लगाने को आतुर। इतनी ममता, इतना अपनत्व इस साधु में अपने हर एक प्रियजन के लिए उमड़ता रहता था। मैं पैंतीस साल से इसका साक्षी था। तब भी जब वह इलाहाबाद में थे और तब भी जब वह दिल्ली आते थे। आज उन बाहों का दबाव मैं अपनी छाती पर महसूस करता हूँ।

(i) 'ज़हरबाद' शब्द का अर्थ है—

(क) ज़हर खाना

(ख) ज़हर खिलाना

(ग) ज़हरीला और कष्ट साध्य फोड़ा

(घ) ज़हरीला भोजन।

उत्तर: (ग) ज़हरीला और कष्ट साध्य फोड़ा

(ii) लेखक के अनुसार फ़ादर को ज़हरबाद से नहीं मरना चाहिए था, क्योंकि—

(क) ज़हर खाना अच्छी बात नहीं है

(ख) ज़हरीला भोजन नहीं करना चाहिए

(ग) फ़ादर ने आत्महत्या करने का प्रयास किया था

(घ) उनकी रगों में मिठास से युक्त अमृत भरा हुआ था

उत्तर: (घ) उनकी रगों में मिठास से युक्त अमृत भरा हुआ था

(iii) फ़ादर बुल्के का व्यक्तित्व कैसा था?

(क) गोरा रंग

(ख) नीली आँखें

(ग) सफेद झाँई मारती भूरी दाढ़ी

(घ) ये सभी

उत्तर: (घ) ये सभी

(iv) लेखक कितने साल तक फ़ादर के साथ रहे?

(क) पैंतीस साल   (ख) पैंतालीस साल

(ग) पच्चीस साल   (घ) चालीस साल

उत्तर: (क) पैंतीस साल

(v) साधु के हृदय में अपने प्रियजन के लिए उमड़ता रहता है—

(क) अगाध प्रेम   (ख) ममता

(ग) अपनत्व   (घ) ये सभी

उत्तर: (घ) ये सभी

46. फ़ादर बुल्के संकल्प से संन्यासी थे। कभी-कभी लगता है वह मन से संन्यासी नहीं थे। रिश्ता बनाते थे तो तोड़ते नहीं थे। दसियों साल बाद मिलने के बाद भी उसकी गन्ध महसूस होती थी। वह जब भी दिल्ली आते जरूर मिलते-खोजकर, समय निकालकर गर्मी, सर्दी, बरसात झेलकर मिलते, चाहे दो मिनट के लिए ही सही। यह कौन संन्यासी करता है? उनकी चिन्ता हिन्दी को राष्ट्रभाषा के रूप में देखने की थी। हर मंच से इसकी तकलीफ बयान करते, इसके लिए अकाट्य तर्क देते। बस इसी एक सवाल पर उन्हें झुँझलाते देखा है और हिन्दी वालों द्वारा ही हिन्दी की उपेक्षा पर दुःख करते उन्हें पाया है। घर-परिवार के बारे में, निजी दुःख-तकलीफ के बारे में पूछना उनका स्वभाव था और बड़े-से-बड़े दुःख में उनके मुख से सांत्वना के जादू भरे दो शब्द सुनना एक ऐसी रोशनी से भर देता था जो किसी गहरी तपस्या से जनमती है। 'हर मौत दिखाती है जीवन को नयी राह।' मुझे अपनी पत्नी और पुत्र की मृत्यु याद आ रही है और फ़ादर के शब्दों से झरती विरल शान्ति भी।

(i) फ़ादर बुल्के के संबंध में कौन-सा वाक्य उचित है?

(क) फ़ादर बुल्के मन से संन्यासी थे, संकल्प से नहीं

(ख) फ़ादर बुल्के संकल्प और मन दोनों से संन्यासी थे

(ग) फ़ादर बुल्के संन्यासी थे ही नहीं

(घ) फ़ादर बुल्के संकल्प से संन्यासी थे, मन से नहीं

उत्तर: (घ) फ़ादर बुल्के संकल्प से संन्यासी थे, मन से नहीं

(ii) फ़ादर बुल्के की चिंता का कारण था—

(क) हिंदी को राष्ट्रभाषा के रूप में देखना

(ख) लेखक की पत्नी और पुत्र की मृत्यु

(ग) उनका संन्यासी होना

(घ) इनमें से कोई नहीं

उत्तर: (क) हिंदी को राष्ट्रभाषा के रूप में देखना

(iii) फ़ादर बुल्के के स्वभाव में नहीं था—

(क) घर-परिवार के बारे में पूछना

(ख) निजी दुःख-तकलीफ के बारे में पूछना

(ग) सांत्वना के शब्द कहना

(घ) किसी को भी नजरअंदाज कर देना

उत्तर: (घ) किसी को भी नजरअंदाज कर देना

(iv) लेखक ने उनके बारे में बताया कि वे—

(क) रिश्ता तोड़ते थे तो बनाते नहीं थे

(ख) रिश्ता बनाते थे तो तोड़ते नहीं थे

(ग) रिश्ता बनाते ही नहीं थे

(घ) रिश्ता बनाते थे लेकिन कुछ समय बाद भूल जाते थे

उत्तर: (ख) रिश्ता बनाते थे तो तोड़ते नहीं थे

(v) 'हर मौत दिखाती है जीवन को नयी राह' यह पंक्ति किसने कही?

(क) फ़ादर बुल्के ने

(ख) लेखक ने

(ग) लेखक के मित्रों ने

(घ) लेखक के परिवारीजनों ने

उत्तर: (क) फ़ादर बुल्के ने

47. उनकी शर्त मान ली गई और वह भारत आ गये। पहले 'जिसेट संघ' में दो साल पादरियों के बीच धर्माचार की पढ़ाई की। फिर 9-10 वर्ष दार्जिलिंग में पढ़ते रहे। कलकत्ता (कोलकाता) से बी. ए. किया और फिर इलाहाबाद से एम. ए.। उन दिनों डॉ. धीरेन्द्र वर्मा हिन्दी विभाग के अध्यक्ष थे। शोधप्रबन्ध प्रयाग विश्वविद्यालय के हिन्दी विभाग में रहकर 1950 में पूरा किया—'रामकथा: उत्पत्ति और विकास।' 'परिमल' में उसके अध्याय पढ़े गये थे। फ़ादर ने मातरलिंक के प्रसिद्ध नाटक 'ब्लू बर्ड' का रूपान्तर भी किया है 'नीलपंछी' के नाम से। बाद में वह सेंट जेवियर्स कॉलेज, राँची में हिन्दी तथा संस्कृत विभाग के विभागाध्यक्ष हो गये और यहीं उन्होंने अपना प्रसिद्ध अंग्रेजी-हिन्दी कोश तैयार किया और बाइबिल का अनुवाद भी. ...और वहीं बीमार पड़े, पटना आये। दिल्ली आये और चले गये—47 वर्ष देश में रहकर और 73 वर्ष की ज़िन्दगी जीकर।

(i) फ़ादर बुल्के ने भारत आने के बाद सर्वप्रथम—

(क) दार्जिलिंग में पढ़ाई की

(ख) कलकत्ता से बी.ए. किया

(ग) इलाहाबाद से एम.ए. किया

(घ) 'जिसेट संघ' में धर्माचार की पढ़ाई की।

उत्तर: (घ) 'जिसेट संघ' में धर्माचार की पढ़ाई की।

(ii) फ़ादर ने इनमें से कहाँ पर शिक्षा प्राप्त नहीं की?

(क) दिल्ली   (ख) दार्जिलिंग

(ग) इलाहाबाद   (घ) कलकत्ता

उत्तर: (क) दिल्ली।

(iii) फ़ादर के एम.ए. करते समय इलाहाबाद के हिंदी विभागाध्यक्ष थे—

(क) लेखक   (ख) डॉ. धीरेन्द्र वर्मा

(ग) मातरलिंक   (घ) पादरी

उत्तर: (ख) डॉ. धीरेन्द्र वर्मा

(iv) फ़ादर के शोध प्रबंध का नाम है—

(क) ब्लू बर्ड

(ख) नील पंछी

(ग) रामकथा : उत्पत्ति और विकास

(घ) परिमल

उत्तर: (ग) रामकथा : उत्पत्ति और विकास

(v) फ़ादर कामिल बुल्के ने अपना शोध प्रबंध कहाँ रहकर पूरा किया?

(क) राँची के हिंदी तथा संस्कृत विभाग में रहकर

(ख) प्रयाग विश्वविद्यालय के हिंदी विभाग में रहकर

(ग) कलकत्ता में रहकर

(घ) दार्जिलिंग में रहकर

उत्तर: (ख) प्रयाग विश्वविद्यालय के हिंदी विभाग में रहकर

48. फ़ादर को याद करना एक उदास शान्त संगीत को सुनने जैसा है। उनको देखना करुणा के निर्मल जल में स्नान करने जैसा था और उनसे बात करना कर्म के संकल्प से भरना था। मुझे 'परिमल' के वे दिन याद आते हैं जब हम सब एक पारिवारिक रिश्ते में बँधे जैसे थे जिसके बड़े फ़ादर बुल्के थे। हमारे हँसी-मज़ाक में वह निर्लिप्त शामिल रहते, हमारी गोष्ठियों में वह गम्भीर बहस करते, हमारी रचनाओं पर बेबाक राय और सुझाव देते और हमारे घरों के किसी भी उत्सव और संस्कार में वह बड़े भाई और पुरोहित जैसे खड़े हो हमें अपने आशीषों से भर देते। मुझे अपना बच्चा और फ़ादर का उसके मुख में पहली बार अन्न डालना याद आता है और नीली आँखों की चमक में तैरता वात्सल्य भी—जैसे किसी ऊँचाई पर देवदारु की छाया में खड़े हों।

प्रश्न— **(i)** फ़ादर को याद करना और उनको देखना कैसा था?

(ii) 'परिमल' क्या है? 'परिमल के वे दिन' से क्या आशय है?

(iii) फ़ादर कामिल बुल्के की 'परिमल' में क्या भूमिका थी तथा वे परिमल के सदस्यों के साथ कैसा सम्बन्ध रखते थे?

(iv) लेखक को क्या याद आता है?

(v) 'जैसे किसी ऊँचाई पर देवदारु की छाया में खड़े हों।' का भाव स्पष्ट कीजिए।

(vi) फ़ादर से बात करना किसके समान था?

उत्तर— **(i)** फ़ादर को याद करना एक उदास शान्त संगीत को सुनने जैसा तथा उनको देखना करुणा के निर्मल जल में स्नान करने जैसा था।

(ii) 'परिमल' एक साहित्यिक संस्था थी। उसमें उत्साही साहित्यिक लोग राष्ट्रीय स्तर की गोष्ठियाँ आयोजित किया करते थे तथा साहित्यिक चर्चाएँ, समीक्षाएँ तथा आलोचना किया करते थे। 'परिमल के वे दिन' से आशय उन दिनों से है, जब लेखक इलाहाबाद में 'परिमल' की गोष्ठियों में भाग लेते थे।

(iii) फ़ादर बुल्के साहित्यिक संस्था 'परिमल' के सक्रिय एवं महत्वपूर्ण सदस्य थे। वे संस्था में मुख्य भूमिका निभाते थे। वे सभी सदस्यों के साथ अपनत्व एवं स्नेह का व्यवहार करते थे। हँसी-मज़ाक से लेकर गम्भीर मुद्दों तक में उनकी उपस्थिति आवश्यक थी। वे सभी रचनाओं पर बेबाक राय और सुझाव देते थे। संस्था के सभी सदस्य एक पारिवारिक रिश्ते में बँधे थे।

(iv) अपने बच्चे के अन्नप्राशन संस्कार के समय फ़ादर द्वारा उसके मुख में पहली बार अन्न डालना लेखक को बहुत याद आता है।

(v) फ़ादर कामिल बुल्के के हृदय में प्रेम, ममता एवं अपनत्व का झरना बहता था। उनका हृदय वात्सल्य से भरा था। लेखक के बच्चे के लिए भी उनके मन में तथा आँखों में वात्सल्य तैर रहा था। उनको सामने देखकर सबको ऐसा प्रतीत होता था जैसे वे सब देवदारु की शीतल छाया में खड़े हैं।

(vi) फ़ादर से बात करना कर्म के संकल्प से भरने के समान लगता था, क्योंकि फ़ादर कामिल बुल्के स्वयं दृढ़-प्रतिज्ञ थे। लोग उनसे प्रभावित होकर कर्म के प्रति दृढ़ संकल्पित हो जाते थे।

49. मैं नहीं जानता इस संन्यासी ने कभी सोचा था या नहीं कि उसकी मृत्यु पर कोई रोएगा, लेकिन उस क्षण रोने वालों की कमी नहीं थी। (नम आँखों को गिनना स्याही फैलाना है।) इस तरह हमारे बीच से वह चला गया जो हममें से सबसे अधिक छायादार फल-फूल गन्ध से भरा और सबसे अलग, सबका होकर, सबसे ऊँचाई पर, मानवीय करुणा की दिव्य चमक में लहलहाता खड़ा था। जिसकी स्मृति हम सबके मन में जो उनके निकट थे, किसी यज्ञ की पवित्र आग की आँच की तरह आजीवन बनी रहेगी। मैं उस पवित्र ज्योति की याद में श्रद्धानत हूँ।

प्रश्न— (i) लेखक क्या नहीं जानता?

(ii) 'नम आँखों को गिनना स्याही फैलाना है।' से क्या अभिप्राय है?

(iii) अपना कोई सगा न होने पर भी फ़ादर कामिल बुल्के की मृत्यु पर रोने वालों की कमी क्यों नहीं थी?

(iv) 'मानवीय करुणा की दिव्य चमक में लहलहाता खड़ा था'—वाक्य का आशय स्पष्ट कीजिए।

(v) फ़ादर की स्मृति सबके मन में किस भाँति बनी रहेगी?

(vi) उस संन्यासी को सबसे अधिक छायादार, फल-फूल, गन्ध से भरा और सबसे अलग, सबका होकर क्यों कहा गया है?

(vii) लेखक किसकी याद में श्रद्धानत है?

उत्तर— (i) लेखक यह नहीं जानता कि फ़ादर ने कभी यह सोचा होगा या नहीं कि उनकी मृत्यु पर कोई रोएगा या नहीं।

(ii) 'नम आँखों को गिनना स्याही फैलाना है।' से यह आशय है कि फ़ादर की मृत्यु पर अनगिनत लोगों की आँखें नम थीं। उनका वर्णन लिखने का मतलब स्याही खर्च करना है, अर्थात् इतने लोगों के बारे में लिखा नहीं जा सकता।

(iii) फ़ादर बुल्के बेल्जियम के निवासी थे, भारत में उनका अपना कोई सगा नहीं था, परन्तु अपने जीते-जी भारत के लोगों को उन्होंने इतना प्रेम तथा अपनत्व दिया कि उनके अन्तिम समय पर उनके लिए रोने वालों की कोई कमी नहीं थी।

(iv) इस वाक्य का आशय यह है कि फ़ादर का व्यक्तित्व दिव्य आभा से प्रकाशित था। मृत्यु के उपरान्त भी इस दिव्य ज्योति से उनका मुख-मण्डल ज्योतिर्मय हो रहा था।

(v) फ़ादर की स्मृति सबके मन में किसी यज्ञ की पवित्र आग की आँच की तरह आजीवन बनी रहेगी।

(vi) फ़ादर महान् व्यक्तित्व के धनी थे। वे सब पर अपनी छत्र-छाया रखते थे। उन्हीं की छाया में सब फलते-फूलते थे। उनके प्रेम और करुणा की सुगन्ध चारों ओर फैलती रहती थी। वे संन्यासी होकर भी संन्यासी जैसा व्यवहार नहीं करते थे। सबको अपना बनाकर रखते थे। इसीलिए लेखक ने ऐसा कहा है।

(vii) लेखक पवित्र ज्योति के समान फ़ादर बुल्के की याद में श्रद्धानत है।

प्रश्न 50. फ़ादर की उपस्थिति देवदारु की छाया जैसी क्यों लगती थी?

उत्तर— जिस प्रकार देवदारु वृक्ष की छाया के नीचे उनके छोटे-बड़े पौधों का विकास होता रहता है तथा उन्हें वात्सल्यमयी शरण मिलती है, उसी प्रकार फ़ादर बुल्के का हृदय ममता, करुणा एवं अपनेपन से भरा था। उनकी छत्र-छाया में लेखक तथा उनके परिजन एवं मित्रों को स्नेह एवं वात्सल्य की प्राप्ति होती थी। इसीलिए फ़ादर की उपस्थिति देवदारु की छाया जैसी लगती थी।

प्रश्न 51. फ़ादर बुल्के भारतीय संस्कृति के एक अभिन्न अंग हैं, किस आधार पर ऐसा कहा गया है?

उत्तर— फ़ादर बुल्के ने रेम्सचैपल से भारत आने का फैसला लिया। यहीं पर उन्होंने अपनी एम.ए. तक की शिक्षा पूर्ण की। उन्होंने यहाँ की संस्कृति को अपना लिया। उन्होंने 'रामकथा: उत्पत्ति और विकास' विषय पर शोध कार्य किया। वे हिन्दी और संस्कृत विभाग के विभागाध्यक्ष रहे तथा हिन्दी को राष्ट्रभाषा के रूप में देखने के लिए संघर्ष करते रहे। इन सभी आधारों पर हम कह सकते हैं कि फ़ादर बुल्के भारतीय संस्कृति के एक अभिन्न अंग हैं। वे भारतीय संस्कृति में रच-बस गये थे।

प्रश्न 52. पाठ में आये उन प्रसंगों का उल्लेख कीजिए, जिनसे फ़ादर बुल्के का हिन्दी प्रेम प्रकट होता है।

उत्तर— फ़ादर कामिल बुल्के ने हिन्दी विषय में ही शोधकार्य किया। मातरलिंक के उपन्यास 'ब्लू बर्ड' का 'नीलपंछी' नाम से हिन्दी रूपान्तर किया। उन्होंने प्रसिद्ध अंग्रेजी-हिन्दी कोश तैयार किया। उनकी चिन्ता हिन्दी को राष्ट्रभाषा के रूप में देखने की थी। हर मंच से वे हिन्दी को राष्ट्रभाषा बनाने के विषय में बोलते तथा अकाट्य तर्क देते थे। वे हिन्दी की अवहेलना को लेकर झुँझला जाते थे। हिन्दी वालों द्वारा हिन्दी की उपेक्षा करने पर वे बहुत दुःखी हो जाते थे। वे हिन्दी के प्रबल पक्षधर थे। उन्हें हिन्दी पर गर्व था। इन्हीं सब प्रसंगों से फ़ादर बुल्के का हिन्दी प्रेम प्रकट होता है।

प्रश्न 53. इस पाठ के आधार पर फ़ादर कामिल बुल्के की जो छवि उभरती है, उसे अपने शब्दों में लिखिए।

उत्तर— फ़ादर कामिल बुल्के विदेशी होते हुए भी भारतीय थे। वे संकल्प से संन्यासी थे। उनके हृदय में सबके लिए ममता, प्रेम तथा अपनत्व था। वात्सल्य भाव तो उनकी आँखों में तैरता रहता था। उनका व्यक्तित्व तपती धूप में शीतलता प्रदान करने वाला था। वे संयमी थे। क्रोध तो उन्हें छूकर भी नहीं गया था। उनके व्यक्तित्व से शान्ति तथा सरलता बरसती थी तथा शब्दों से विरल शान्ति झड़ती थी। उनका व्यक्तित्व देवदारु के समान था।

प्रश्न 54. लेखक ने फ़ादर बुल्के को 'मानवीय करुणा की दिव्य चमक' क्यों कहा है?

उत्तर— फ़ादर बुल्के तरल हृदय के व्यक्ति थे। उनके मन में अपने सभी परिचित लोगों के प्रति अपार सद्भावना एवं ममता थी। वे सबके सुख-दुःख में बराबर साथ देते थे। उनका हृदय वात्सल्य से भरा था। वे सभी प्रियजनों को गले लगाने के लिए आतुर रहते थे। वे बड़े भाई और पुरोहित के समान सिर पर अपना आशीष भरा हाथ रखते थे। उनके हृदय की तरलता की चमक उनके चेहरे पर प्रतिबिम्बित होती थी, इसीलिए लेखक ने फ़ादर बुल्के को 'मानवीय करुणा की दिव्य चमक' कहा है।

प्रश्न 55. फ़ादर बुल्के ने संन्यासी की परम्परागत छवि से अलग एक नई छवि प्रस्तुत की है, कैसे?

उत्तर— संन्यासी से आशय ऐसे व्यक्ति से है, जो माया-मोह-धन-सम्पत्ति सबका त्याग करके वैराग्य का जीवन बिताए। फ़ादर बुल्के संन्यासी की परम्परागत छवि से अलग थे। वे संकल्प से संन्यासी थे, मन से नहीं। वे अपने आत्मीयजनों से गहरा लगाव रखते थे। वे सभी के धार्मिक उत्सवों एवं संस्कारों में बड़ी प्रसन्नता के साथ एक बड़े बुजुर्ग की भाँति शामिल होकर अपना आशीर्वाद प्रदान करते थे। वे किसी से एक बार सम्बन्ध बनाकर उसे तोड़ते नहीं थे। वर्षों बाद भी उनसे मिलने पर अपनत्व की गन्ध को महसूस किया जा सकता था। इन्हीं सब विशेषताओं के कारण वह संन्यासी की परम्परागत छवि से भिन्न थे।

प्रश्न 56. आशय स्पष्ट कीजिए—

(क) नम आँखों को गिनना स्याही फैलाना है।

(ख) फ़ादर को याद करना एक उदास शान्त संगीत को सुनने जैसा है।

उत्तर— (क) फ़ादर बुल्के विदेशी थे। फिर भी वे भारत की संस्कृति में रच-बस गये थे। अपनी ममता, अपनत्व तथा वात्सल्य से उन्होंने सबके दिलों को जीत लिया था। उनकी मृत्यु पर रोने वालों की संख्या अनगिनत थी। लेखक के अनुसार इतनी नम आँखों के बारे में लिखना व्यर्थ ही स्याही खर्च करना है अर्थात् उनकी मृत्यु पर नम आँखों की संख्या इतनी अधिक थी कि उनको गिना नहीं जा सकता।

(ख) लेखक के फ़ादर बुल्के के साथ आत्मीय सम्बन्ध थे। उनकी मृत्यु के बाद लेखक को लगता है कि फ़ादर का स्मरण करना एक उदास शान्त संगीत को सुनने जैसा है, क्योंकि अब फ़ादर नहीं हैं। केवल उनकी स्मृतियाँ शेष हैं और वे यादें अशान्त मन को शान्ति प्रदान करती हैं।

रचना और अभिव्यक्ति

प्रश्न 57. आपके विचार से बुल्के ने भारत आने का मन क्यों बनाया होगा?

उत्तर— भारत की मिट्टी से अनेक महान् साधु-सन्तों का आविर्भाव हुआ है। अनेक महान् आत्माओं ने अपने कदमों से देश की माटी को पावन किया है। भारत को आध्यात्मिकता का केन्द्र कहा जाता है। स्वामी विवेकानन्द, रामकृष्ण परमहंस तथा दयानन्द सरस्वती जैसे महान् सन्तों से प्रभावित होकर या फिर भारत की पावन माटी की महक से आकर्षित होकर फ़ादर बुल्के ने भारत आने का मन बनाया होगा।

प्रश्न 58. 'बहुत सुन्दर है मेरी जन्मभूमि रेम्सचैपल'—इस पंक्ति में फ़ादर बुल्के की अपनी जन्मभूमि के प्रति कौन-सी भावनाएँ अभिव्यक्त होती हैं? आप अपनी जन्मभूमि के बारे में क्या सोचते हैं?

उत्तर— 'जननी जन्मभूमिश्च स्वर्गादपि गरीयसी' जननी और जन्मभूमि स्वर्ग से भी बढ़कर हैं। यह कटु सत्य है। सबको अपनी जन्मभूमि बहुत ही सुन्दर लगती है। मनुष्य जन्म से लेकर मृत्युपर्यन्त अपनी जन्मभूमि के प्रति अगाध प्रेम व लगाव रखता है।

फ़ादर बुल्के को भी अपनी जन्मभूमि रेम्सचैपल से बहुत प्यार था, जिस मिट्टी में पलकर वे बड़े हुए थे, आज भी वे उस मिट्टी की महक को अपने अन्दर महसूस करते थे। इस पंक्ति में फ़ादर बुल्के की देश-प्रेम की भावनाएँ प्रकट होती हैं। गहरा लगाव होने के कारण उन्हें अपनी जन्मभूमि अत्यन्त सुन्दर प्रतीत होती है।

मैं भी अपनी जन्मभूमि के प्रति अपार श्रद्धा एवं गहरा लगाव रखती हूँ। मुझे उसकी माटी, अन्न-जल तथा धर्म एवं संस्कृति पर गर्व है। इसके विकास और उत्थान के लिए दृढ़ संकल्पित हूँ।

प्रश्न 59. फ़ादर कामिल बुल्के का हिन्दी प्रेम किस प्रसंग से प्रकट होता है?

उत्तर— उन्होंने प्रामाणिक अंग्रेजी-हिन्दी शब्दकोश तैयार किया।

प्रश्न 60. 'मानवीय करुणा की दिव्य चमक' पाठ के आधार पर फ़ादर बुल्के के चरित्र में कौन-सा गुण नहीं मिलता?

  (i) गरिमामय व्यक्तित्व   (ii) करुणामय व्यक्तित्व

 (iii) वात्सल्य   (iv) क्रोध

उत्तर— (iv) क्रोध

प्रश्न 61. **'मेरा देश भारत' विषय पर 200 शब्दों का निबन्ध लिखिए।**

उत्तर— दक्षिण से उत्तर भारत तक, विस्तृत पावन राष्ट्र हमारा।

सर्व समन्वय की यह धरती, नहीं भेद की इसमें धारा॥

स्वामी विवेकानन्द ने कहा था—''यदि पृथ्वी पर ऐसा कोई देश है, जिसे हम पुण्यभूमि कह सकते हैं......तो मैं निश्चित रूप से कहूँगा कि वह हमारी मातृभूमि भारतवर्ष ही है।''

भारत अत्यन्त प्राचीन देश है। यह स्वर्ग के समान सुन्दर है। हम यहीं पर जन्मे हैं, इसी की गोद में पलकर बड़े हुए हैं तथा इसी के अन्न-जल से हमारा पालन-पोषण हुआ है। अत: हमारा कर्त्तव्य है कि हम इसके गौरव की रक्षा करें, इसका सम्मान करें तथा जरूरत पड़ने पर इसकी आन-बान-शान के लिए अपना सर्वस्व न्योछावर कर दें। भारत में प्रकृति सुन्दरी ने भी अनुपम रूप प्रदर्शित किया है। चारों ओर प्राकृतिक सौन्दर्य बिखरा पड़ा है।

भारत त्याग और तपस्या की भूमि है। यहीं पर श्रीराम और श्रीकृष्ण का जन्म हुआ। अनेक प्रतापी राजाओं तथा सम्राटों ने भी इस पवित्र मिट्टी को अपनी कर्मभूमि बनाकर कर्म का पाठ पढ़ाया। आज विश्व के मानचित्र में भारत का एक विशिष्ट स्थान है।

हमें अपने महापुरुषों पर भी गर्व है, जिन्होंने स्वर्ग-फलदायिनी भारत भूमि पर जन्म लेकर अपने आदर्शों से इसे गौरवान्वित किया है। इस पावन-भूमि पर जन्म लेकर मैं स्वयं को धन्य मानती हूँ।

महान् शायर इकबाल ने कहा है—

''सारे जहाँ से अच्छा हिन्दोस्ताँ हमारा।''

प्रश्न 62. **आपका मित्र हडसन एंड्री ऑस्ट्रेलिया में रहता है। उसे इस बार की गर्मी की छुट्टियों के दौरान भारत के पर्वतीय प्रदेशों के भ्रमण हेतु निमन्त्रित करते हुए पत्र लिखिए।**

उत्तर— 148, A-B

दक्षिण रेलवे कॉलोनी,

आगरा

02 दिसम्बर, XXXX

प्रिय मित्र हडसन एंड्री,

सप्रेम नमस्कार।

मित्र बहुत दिनों से तुम्हारे समाचार नहीं मिले हैं। आशा है कि तुम सकुशल होंगे। तुम सपरिवार आनन्द में रहो, मेरी ईश्वर से यही प्रार्थना है। तुम इस बार गर्मी की छुट्टियों में भारत आ जाओ। मेरी छुट्टियाँ मई से प्रारम्भ होंगी। मैं यहाँ पर तुम्हें पर्वतीय प्रदेशों की सैर कराऊँगा। शिमला तथा कश्मीर के पहाड़ी स्थानों व घाटियों में घुमाऊँगा। मुझे तुम्हारे साथ ऑस्ट्रेलिया में बिताए दिनों की बहुत याद आती है। मैं

भी तुम्हें भारत के पर्वतीय स्थानों का भ्रमण कराना चाहता हूँ। मुझे उम्मीद है कि तुम आओगे।

तुम्हारा मित्र

हंसराज।

प्रश्न 63. **निम्नलिखित वाक्यों में समुच्चयबोधक छाँटकर अलग लिखिए—**

(क) तब भी जब वह इलाहाबाद में थे और तब भी जब वह दिल्ली आते थे।

उत्तर— और।

(ख) माँ ने बचपन में ही घोषित कर दिया था कि लड़का हाथ से गया।

उत्तर— कि।

(ग) वे रिश्ता बनाते थे तो तोड़ते नहीं थे।

उत्तर— तो।

(घ) उनके मुख से सांत्वना के जादू भरे दो शब्द सुनना एक ऐसी रोशनी से भर देता था जो किसी गहरी तपस्या से जन्मती है।

उत्तर— जो।

(ङ) पिता और भाइयों के लिए बहुत लगाव मन में नहीं था लेकिन वो माँ की स्मृति में अक्सर डूब जाते।

उत्तर— और, लेकिन।

प्रश्न 64. **हिन्दी अपना उचित स्थान प्राप्त करने के लिए संघर्ष कर रही है—इस विषय पर अपने विचार व्यक्त कीजिए।**

अथवा

यदि हिन्दी को अपना उचित स्थान नहीं मिला तो क्या परिणाम होगा?

उत्तर— हिन्दी जन-मानस की भाषा है। हिन्दी ही समस्त राष्ट्र को एकता के सूत्र में पिरोने की क्षमता रखती है। हिन्दी ही सांस्कृतिक धरोहर को सहेजकर आने वाली पीढ़ियों तक पहुँचा सकती है। हिन्दी भारत को उसके प्राचीन गौरव का स्मरण दिलाने वाली संजीवनी है।

यदि हिन्दी को उसका उचित स्थान एवं सम्मान नहीं मिला तो वह दिन दूर नहीं जब राष्ट्र मृतप्राय: होकर कालान्तर में अपनी सम्प्रभुता खो देगा।

प्रश्न 65. **हिन्दी को राष्ट्रभाषा बनाने के मार्ग में आने वाली बाधाओं के निवारण के उपायों पर प्रकाश डालिए।**

उत्तर— हिन्दी को राष्ट्रभाषा बनाने के लिए सरकार एवं समाज दोनों स्तर पर काम करना होगा। सरकार को चाहिए कि वह अपनी तुष्टिकरण की नीति को त्यागकर सच्ची भावना एवं ईमानदारी के साथ हिन्दी को बढ़ावा दे। हिन्दी के पोषक इसके शब्द-भण्डार एवं व्यवहार को जनप्रिय बनाने का कार्य करें। हिन्दी भाषा के शब्द-भण्डार एवं साहित्य को

सम्पन्न बनाना, दफ्तरों एवं रोजगारों में हिन्दी को वरीयता देना, प्रशासनिक कार्य में इसका प्रयोग करना आदि अनेक उपाय हैं, जिनसे हिन्दी को राष्ट्रभाषा का वास्तविक सम्मान मिल सकता है।

प्रश्न 66. **'मानवीय करुणा की दिव्य चमक' लेखक सर्वेश्वर दयाल सक्सेना द्वारा लिखित एक संस्मरण है। हिन्दी की विधा संस्मरण के विषय में क्या जानते हैं?**

उत्तर— स्मृति के आधार पर अपने परिचित व्यक्ति, वस्तु या घटना का कलात्मक गद्य में किया गया अंकन संस्मरण कहलाता है। संस्मरण में किसी महान् व्यक्ति के प्रत्यक्ष संसर्ग को यथार्थ के सहारे स्मृति के आधार पर अंकित किया जाता है।

प्रश्न 67. **फ़ादर कामिल बुल्के का संक्षिप्त परिचय दीजिए।**

उत्तर— फ़ादर कामिल बुल्के का जन्म बेल्जियम (यूरोप) के रेम्सचैपल शहर में हुआ था। इंजीनियरिंग के अन्तिम वर्ष में वे अपनी जन्मभूमि को छोड़कर भारत आ गए। यहाँ आकर उन्होंने एम. ए. तक शिक्षा ग्रहण करने के बाद हिन्दी विषय में पीएच.डी. की। उनके शोध कार्य का विषय 'रामकथा: उत्पत्ति और विकास' था। वे रांची में हिन्दी और संस्कृत विभाग के विभागाध्यक्ष रहे। 1974 में उन्हें पद्मभूषण से सम्मानित किया गया। 18 अगस्त, 1982 को सुबह दस बजे दिल्ली में उनका निधन हो गया।

प्रश्न 68. **'रेम्सचैपल' किसकी भूमि कही जाती है? यह कहाँ पर स्थित है?**

उत्तर— रेम्सचैपल गिरजों, पादरियों, धर्मगुरुओं और संतों की भूमि कही जाती है। यह यूरोप के बेल्जियम में स्थित है।

प्रश्न 69. **पाठ के आधार पर फ़ादर बुल्के की चारित्रिक विशेषताओं पर प्रकाश डालिए।**

अथवा

'मानवीय करुणा की दिव्य चमक' पाठ के आधार पर फ़ादर बुल्के का चरित्र-चित्रण कीजिए।

उत्तर— फ़ादर कामिल बुल्के एक चमकते हुए रत्न के समान थे। वे गरिमामय एवं करुणामय व्यक्तित्व के धनी थे। वात्सल्य तो उनकी आँखों में तैरता रहता था। अपने प्रियजनों के प्रति स्नेह का व्यवहार करते थे। उनका स्वभाव शान्त था। उन्हें क्रोध कभी नहीं आता था, केवल हिन्दी को राष्ट्रभाषा के रूप में देखने के लिए उसकी उपेक्षा पर उन्हें झुँझलाहट होती थी। उनकी उपस्थिति देवदारु के वृक्ष के समान थी। उनका व्यक्तित्व भीषण तपन को शीतलता में बदलने की क्षमता रखता था।

प्रश्न 70. **क्या फ़ादर कामिल बुल्के के जीवन को अनुकरणीय कहा जा सकता है?**

अथवा

फ़ादर के व्यक्तित्व को अनुकरणीय कैसे माना जा सकता है?

अथवा

फ़ादर बुल्के के जीवन का अनुकरण करना कहाँ तक उचित है?—अपने विचार व्यक्त कीजिए।

उत्तर— फ़ादर बुल्के का जीवन पूर्णत: अनुकरणीय है। उनके हृदय में बसने वाली दया, करुणा, ममता तथा अपनत्व उन्हें सम्मान का पात्र बनाते हैं। लेखक भी उस दिव्य-ज्योति के समक्ष नतमस्तक था। समाज में ऐसे महान् लोग सदैव अनुकरणीय रहे हैं। इनके गुणों का अनुकरण करके देश को अच्छे नागरिक मिल सकते हैं।

प्रश्न 71. **फ़ादर बुल्के के भारत-प्रेम को तर्क सहित सिद्ध कीजिए।**

अथवा

फ़ादर का भारत के लिए स्वाभाविक लगाव था—स्पष्ट कीजिए।

अथवा

फ़ादर कामिल बुल्के के भारत प्रेम पर प्रकाश डालिए।

उत्तर— संन्यास लेते समय फ़ादर द्वारा भारत जाने की शर्त रखने से यह बात स्पष्ट होती है कि उन्हें भारत से बहुत लगाव था। जहाँ लगाव होता है वहाँ प्रेम की उत्पत्ति स्वत: ही हो जाती है। फ़ादर बुल्के का भारत से लगाव स्वाभाविक ही था। संन्यासी हो जाने की भावना मन में आ जाने के बाद प्रभु की इच्छा मानकर ही उन्होंने भारत आने का निर्णय लिया। इंजीनियरिंग की पढ़ाई को अन्तिम वर्ष में छोड़कर भारत आकर अपनी शिक्षा पूर्ण करना भी उनके भारत-प्रेम को दर्शाता है।

प्रश्न 72. **लेखक के अनुसार फ़ादर को ज़हरबाद से क्यों नहीं मरना चाहिए था?**

अथवा

फ़ादर बुल्के की मृत्यु का क्या कारण था? ज़हरबाद से उनकी मृत्यु होने पर लेखक दु:खी क्यों था?

अथवा

ज़हरबाद क्या है? लेखक को किस बात का दु:ख था?

उत्तर— ज़हरबाद एक असाध्य ज़हरीला फोड़ा होता है, जिसे गैंग्रीन भी कहा जाता है। ज़हरबाद के कारण ही फ़ादर बुल्के की मृत्यु हुई। फ़ादर शान्त स्वभाव के वात्सल्यपूर्ण हृदय के स्वामी थे। वे सदैव स्नेह बाँटते रहते थे। विदेशी होकर भी देश में पूरी तरह रच-बस गये थे। सबके ऊपर सदैव उनके आशीष की छाया रहती थी। लेखक के अनुसार ऐसे करुणामय इंसान की मौत भयंकर यातना देने वाले ज़हरबाद रोग से तड़प-तड़प कर नहीं होनी चाहिए थी। इसी बात से

लेखक दु:खी था। उसे लगता था कि अच्छे कर्म करने वाले की मृत्यु इतनी दर्दनाक कैसे हो सकती है।

प्रश्न 73. फ़ादर कामिल बुल्के भारत के प्रति अपने लगाव के बारे में क्या कहते थे?

उत्तर— फ़ादर कामिल बुल्के से पूछा गया, वे भारत ही आना क्यों चाहते थे? तो उन्होंने बताया कि बस मन में यही था, ऐसा लगता है कि उनके मन में भारत के प्रति स्वाभाविक लगाव था, इसे चाहें तो पूर्वजन्मों का संस्कार कह सकते हैं।

प्रश्न 74. फ़ादर का अन्तिम संस्कार किसके द्वारा व किस विधि से हुआ तथा उस समय फ़ादर पास्कल ने क्या कहा?

उत्तर— फ़ादर कामिल बुल्के का अन्तिम संस्कार राँची के फ़ादर पास्कल तोयना के द्वारा मसीही विधि से हुआ। उन्होंने हिन्दी में मसीही विधि से प्रार्थना की। सेंट जेवियर्स के रेक्टर फ़ादर पास्कल ने उनके जीवन और कर्म पर श्रद्धांजलि अर्पित करते हुए कहा कि 'फ़ादर बुल्के धरती में जा रहे हैं। इस धरती से ऐसे रत्न और पैदा हों।'

प्रश्न 75. 'मानवीय करुणा की दिव्य चमक' नामक पाठ के शीर्षक की सार्थकता स्पष्ट कीजिए।

उत्तर— 'मानवीय करुणा की दिव्य चमक' एक संस्मरण है। संस्मरण स्मृतियों पर आधारित होता है तथा स्मृतियों की विश्वसनीयता ही उसे महत्त्वपूर्ण बनाती है। सर्वेश्वर दयाल सक्सेना द्वारा फ़ादर कामिल बुल्के पर लिखा गया यह संस्मरण की कसौटी पर खरा उतरता है। फ़ादर की चारित्रिक विशेषताओं को देखते हुए वास्तव में ही उनको 'मानवीय करुणा की दिव्य चमक' कहा जा सकता है। अत: यह शीर्षक पूर्णत: सार्थक है।

प्रश्न 76. क्या फ़ादर बुल्के को भारत का रत्न कहा जा सकता है?

अथवा

विदेशी होकर भी फ़ादर बुल्के देश के रत्न थे—सिद्ध कीजिए।

उत्तर— फ़ादर बुल्के भारत के लिए पूर्णत: समर्पित थे। विदेशी होकर भी उनका दिल भारत के लिए ही धड़कता था, उन्होंने स्वयं भारत को ही अपना देश माना। उन्होंने हिन्दी व हिन्दुस्तान दोनों के विकास व सम्मान के लिए आजीवन संघर्ष किया। उन्होंने यहाँ की मूल संस्कृति को समझा, जाना तथा उसका अनुसरण किया। उन्होंने भारत तथा भारतवासियों से प्रेम किया। भाषा को समृद्ध करने के लिए जूझते रहे। उनके इन सब चारित्रिक विशेषताओं को देखते हुए निश्चय ही उन्हें भारत-रत्न की संज्ञा दी जा सकती है। वे वास्तव में ही रत्न थे, जो जीवन भर अपने प्रकाश से सबको प्रकाशित करते रहे। वे वास्तव में ही पवित्र ज्योति के समान जगमगाते रत्न थे।

प्रश्न 77. लेखक और फ़ादर बुल्के के बीच आत्मीय सम्बन्ध थे—सिद्ध कीजिए।

अथवा

फ़ादर बुल्के के साथ लेखक सर्वेश्वर दयाल सक्सेना की घनिष्ठता पर प्रकाश डालिए।

उत्तर— लेखक और फ़ादर बुल्के के बीच आत्मीय सम्बन्ध थे, इसकी स्पष्ट झलक इस संस्मरण में दिखाई देती है। लेखक के पुत्र का अन्नप्राशन संस्कार फ़ादर बुल्के ने किया, जबकि भारतीय रीति के अनुसार घर का बड़ा सदस्य ही इस संस्कार को करता है। लेखक की पत्नी व पुत्र की मृत्यु के समय फ़ादर द्वारा सांत्वना देना भी उनकी घनिष्ठता का परिचायक है। दिल्ली आने पर लेखक से हर हाल में मिलना भी दोनों के जुड़ाव को स्पष्ट करता है। लेखक फ़ादर के साथ गहरी आत्मीयता रखता था। वह उनके अन्तिम संस्कार में भी उनके साथ था। फ़ादर की ज़हरबाद से मृत्यु पर अत्यन्त दु:खी होना भी उनके आत्मीय सम्बन्धों का ही सूचक है।

प्रश्न 78. फ़ादर के अन्तिम संस्कार के समय कौन-कौन उपस्थित था? उनकी यह उपस्थिति क्या दर्शाती है?

उत्तर— फ़ादर के अन्तिम संस्कार के समय कुछ पादरी, डॉ. रघुवंश और उनका बेटा, राजेश्वर सिंह, जैनेन्द्र कुमार, विजयेन्द्र स्नातक, अजित कुमार, डॉ. निर्मला जैन, डॉ. सत्यप्रकाश, मसीही समुदाय के लोग बड़ी संख्या में तथा अन्य लोग उपस्थित थे। इन सबकी उपस्थिति यह दर्शाती है कि फ़ादर में सबके प्रति लगाव, समर्पण एवं त्याग था। उन्होंने सबके मन में अपने लिए जगह बना ली थी।

प्रश्न 79. ''मानवीय करुणा की दिव्य चमक'' पाठ के अनुसार बताइए कि 'फ़ादर की स्मृति' किसी यज्ञ की पवित्र आग की लौ की तरह कैसे और क्यों आजीवन बनी रहेगी? स्पष्ट कीजिए।

उत्तर— जिस प्रकार यज्ञ की अग्नि पवित्र होती है तथा उसके ताप में उष्णता होती है, उसी प्रकार फ़ादर को याद करना शरीर तथा मन में ऊष्मा, उत्साह तथा पवित्र भाव भर देता है। अत: फ़ादर की स्मृति किसी यज्ञ की पवित्र आग और उसकी लौ की तरह आजीवन बनी रहेगी।

प्रश्न 80. 'मैं उस पवित्र ज्योति की याद में श्रद्धानत हूँ'—लेखक किस पवित्र ज्योति की याद में श्रद्धानत है और क्यों?

उत्तर— लेखक फ़ादर बुल्के रूपी पवित्र ज्योति की याद में श्रद्धानत है क्योंकि फ़ादर बुल्के जीवन भर देश व देशवासियों के प्रति समर्पित रहे। सबके ऊपर अमृत रूपी स्नेह की वर्षा करते रहे। हिन्दी को राष्ट्रभाषा के रूप में देखने के लिए संघर्षशील रहे। उनका जीवन त्याग, समर्पण, करुणा एवं वात्सल्य से परिपूर्ण था।

प्रश्न 81. फ़ादर बुल्के की माँ ने बचपन में ही उनके विषय में क्या घोषित कर दिया था तथा उस घोषणा का क्या परिणाम हुआ?

उत्तर— फ़ादर बुल्के की माँ ने बचपन में ही यह घोषित कर दिया था कि 'लड़का हाथ से गया।' इस घोषणा का यह परिणाम हुआ

कि फ़ादर ने सचमुच इंजीनियरिंग के अन्तिम वर्ष में पढ़ाई छोड़कर भारत आने व संन्यास लेने का फैसला कर लिया।

प्रश्न 82. फ़ादर के परिवार के सदस्यों के विषय में संक्षेप में बताइए।

उत्तर— फ़ादर का भरा-पूरा परिवार था। उनके परिवार में दो भाई, एक बहन, माँ, पिता सभी थे। उन्हें अपने पिता और भाइयों की अपेक्षा माँ से अधिक लगाव था। उनके पिता व्यवसायी थे। एक भाई पादरी था और दूसरा काम करता था। उसका परिवार भी था। बहन सख्त स्वभाव की और जिद्दी थी, उसने शादी भी बहुत देर से की थी।

प्रश्न 83. फ़ादर को किसकी शादी की चिन्ता व्यक्त करते देखा गया था? क्यों?

उत्तर— फ़ादर को अपनी बहन की शादी की चिन्ता व्यक्त करते देखा गया था, क्योंकि उनकी बहन सख्त और जिद्दी स्वभाव की थी।

प्रश्न 84. फ़ादर बुल्के के विषय में लेखक का क्या मानना है?

उत्तर— फ़ादर बुल्के के विषय में लेखक का यह मानना है कि जब तक रामकथा है तब तक इस विदेशी-भारतीय संन्यासी को याद किया जायेगा तथा उन्हें हिन्दी भाषा और बोलियों के अगाध प्रेम का उदाहरण माना जायेगा।

प्रश्न 85. 'जहाँ धरती की गोद में सुलाने के लिए कब्र अवाक् मुँह खोले लेटी थी।'—पंक्ति का आशय स्पष्ट कीजिए।

उत्तर— इतने सच्चे इंसान, करुणामयी, स्नेही, सबके सहयोगी, आत्मीयता से परिपूर्ण, शान्त स्वभाव से सबका दिल जीतने वाले इस इंसान की मृत्यु ज़हरबाद से कैसे हो सकती है? यह देखकर कब्र भी मुँह खोले अवाक् लेटी हुई थी। उसको भी फ़ादर की मौत पर विश्वास नहीं हो रहा था।

प्रश्न 86. फ़ादर बुल्के की मृत्यु से लेखक आहत क्यों था?

उत्तर— फ़ादर करुणा और वात्सल्य की प्रतिमूर्ति थे। फ़ादर और लेखक के बीच अत्यंत आत्मीय संबंध थे। उनकी मृत्यु ज़हरबाद से हुई। लेखक आहत था कि ऐसे विनम्र, मधुर, त्यागी, आस्थावान व्यक्ति का अंत इतना पीड़ादायक क्यों हुआ? जबकि उनका पूरा जीवन दूसरों को प्यार, अपनत्व और ममता का अमृत बाँटते बीता था।

प्रश्न 87. फ़ादर बुल्के ने भारत में रहते हुए हिन्दी के उत्थान के लिए क्या कार्य किए?

उत्तर— 'फ़ादर बुल्के' एक विदेशी होते हुए उनका हिन्दी प्रेम देखते ही बनता था, उनमें हिन्दी के प्रति हिन्दी वालों से कहीं ज्यादा गहरा प्रेम दिखा। उन्होंने राम कथा और रामचरित मानस को बौद्धिक जीवन दिया। उनके प्रयासों के कारण विश्वविद्यालय ने अपने नियमों में बदलाव किया जिससे भविष्य में हिन्दी में भी थीसिस लिखी जाने लगी। उन्हें कतई स्वीकार नहीं था कि हिन्दी की अभिव्यक्ति में दूसरी भाषाओं के शब्द इस्तेमाल किए जाएँ। अत: यह सही है जो हिन्दी से सरोकार रखते हैं फ़ादर बुल्के उनके लिए एक आदर्श व्यक्ति हैं।

प्रश्न 88. फ़ादर बुल्के को हिन्दी के बारे में क्या चिंता थी?

उत्तर— फ़ादर बुल्के की चिंता हिंदी को राष्ट्रभाषा के रूप में देखने की थी। हिंदी वालों के द्वारा हिंदी की उपेक्षा पर उन्हें बहुत दु:ख होता था। हर मंच से वे अपनी यह तकलीफ बयान करते।

प्रश्न 89. लेखक ने फ़ादर कामिल बुल्के की याद को यज्ञ की पवित्र अग्नि क्यों कहा है?

उत्तर— जिस प्रकार यज्ञ की पवित्र अग्नि अपने चारों ओर के वातावरण को शुद्ध पवित्र करके महका देती है और लम्बे समय तक वह पवित्रता और शुद्धता बनी रहती है, ठीक उसी प्रकार फ़ादर बुल्के भी अपने स्नेह और ममता की छाँव से सबको सराबोर कर देते थे।

❐❐

माता का अँचल

लेखक–शिवपूजन सहाय

ग्रामीण संस्कृति के पुरोधा शिवपूजन सहाय का जन्म बिहार के भोजपुर जिले में उनवाँस नामक गाँव में सन् 1893 में हुआ। उनके बचपन का नाम भोलानाथ था। दसवीं तक शिक्षा प्राप्त करने के बाद उन्होंने बनारस जाकर अदालत में नौकरी की। उन्होंने हिन्दी विषय में अध्यापन कार्य भी किया। असहयोग आन्दोलन से प्रभावित होकर उन्होंने सरकारी नौकरी छोड़ दी। वे हिन्दी की प्रतिष्ठित पत्रिका 'मतवाला' के संपादक-मंडल में भी थे। उन्होंने **बालक, माधुरी, जागरण** और **हिमालय** जैसी अनेक प्रसिद्ध पत्रिकाओं का संपादन भी किया। सन् 1963 में उनका निधन हो गया।

रचनाएँ–शिवपूजन सहाय प्रमुख रूप से गद्य की विधाओं में ही लिखते थे। उनकी सम्पूर्ण रचनाएँ शिवपूजन रचनावली के चार खण्डों में प्रकाशित हैं। **ग्राम सुधार, स्मृतिशेष, वे दिन वे लोग और देहाती दुनिया** आदि उनकी प्रमुख गद्य-कृतियाँ हैं।

साहित्यिक विशेषताएँ–शिवपूजन सहाय आधुनिक हिन्दी साहित्य में प्रमुख साहित्यकारों में से एक हैं। उनकी रचनाओं में समाज की सामाजिक-राजनीतिक समस्याओं तथा सामाजिक विडंबनाओं का यथार्थ चित्रण मिलता है। उन्होंने नारी में चेतना जाग्रत करने का अभूतपूर्व प्रयास किया। सामाजिक कुरीतियों तथा शोषण के विरुद्ध आवाज़ उठाई।

सहाय जी के साहित्य में ग्राम्य-संस्कृति का एक अनूठा चित्रण देखने को मिलता है। इनके साहित्य में सरल एवं सरस खड़ी बोली का प्रयोग हुआ है। उर्दू, फारसी, अंग्रेजी, तद्भव तथा तत्सम शब्दों का प्रयोग प्रचुरता से हुआ है। वर्णनात्मक, चित्रात्मक एवं विवरणात्मक शैलियों का प्रयोग भावपूर्ण ढंग से किया है। भाषा को रोचक तथा प्रवाहयुक्त बनाने के लिए सुंदर मुहावरों एवं लोकोक्तियों का प्रयोग किया है। शिवपूजन सहाय हिन्दी के महान् लेखक, लोकप्रिय तथा सम्मानित व्यक्ति थे। हिन्दी साहित्य के क्षेत्र में उनके अपूर्व योगदान को हमेशा याद किया जाएगा।

सारांश–'माता का अँचल' लेखक शिवपूजन सहाय द्वारा लिखित उपन्यास 'देहाती दुनिया' का एक अंश है। संकलित अंश में ग्रामीण अँचल के बालकों का खेल, उनका कौतूहल, माँ की ममता तथा पिता के दुलार के साथ अनेक लोकगीतों को सम्मिलित किया गया है।

इसमें बताया गया है कि ग्रामीण समाज में युवा मौज-मस्ती करते हैं तथा बुजुर्ग लोग कठिनाई से जीवन बिताते हैं। इस पाठ में लेखक ने अपने बचपन के विषय में बताया है।

लेखक के पिता सुबह जल्दी उठने के बाद दैनिक क्रियाकलापों से निवृत्त होकर पूजा करने बैठ जाते थे। लेखक का अपनी माता की अपेक्षा अपने पिता से अधिक जुड़ाव था। अत: पिताजी लेखक को भी अपने साथ नहलाकर पूजा पर बिठा लेते थे। तिलक लगाने की जिद करने पर वे लेखक के चौड़े ललाट पर त्रिपुंड बना देते थे। लेखक स्वयं को बम भोला के समान सुंदर समझने लगता था। जब उनके पिताजी रामायण का पाठ करते तब लेखक बगल में बैठकर स्वयं को आइने में निहारते रहते। पिता द्वारा देख लेने पर लजाते हुए मुस्कराकर आइना नीचे रख देते थे। उनकी इन हरकतों पर पिताजी भी मुस्करा पड़ते थे। लेखक का असली नाम 'तारकेश्वरनाथ' था, परंतु पिता जी उनको भोलानाथ कहकर पुकारते थे। लेखक अपनी माँ को 'मइयाँ' तथा पिता को 'बाबूजी' कहकर पुकारते थे।

पिताजी पूजा-पाठ में विश्वास रखते थे। वे 'रामनामा बही' पर हजार राम-नाम लिखकर पोथी के साथ रखते थे। वे राम नाम लिखे काग़ज़ के टुकड़ों में आटे की गोलियाँ लपेटकर गंगा नदी पर जाकर मछलियों को खिलाते थे। लेखक उनके कंधे पर बैठकर जाते थे। लौटते में पिताजी उन्हें झुके हुए पेड़ों की डालियों पर झूला झुलाते थे। लेखक का मनोबल बढ़ाने के लिए पिताजी उनके साथ कुश्ती भी लड़ते थे तथा जानबूझकर हार भी जाते थे। वे उनके साथ वात्सल्य भरी क्रियाएँ करते थे। घर लौटकर साथ में ही खाना खाते। पिताजी उन्हें अपने हाथों से खाना खिलाते थे। पेट भर जाने के बाद, उनकी माँ भी उन्हें बहलाकर भोजन करा देती थीं। उनका मानना था कि जब वह बड़े-बड़े निवाले खाएगा, तभी दुनिया में अपने लिए जगह बना पाएगा।

खाना खाकर लेखक उछलते-कूदते अपना काठ का घोड़ा लेकर बाहर खेलने चले जाते थे। कभी-कभी माँ उनको पकड़कर बालों में सरसों का तेल डालकर उबटन करने के बाद नज़र का टीका लगाकर चोटी गूँथतीं और उनमें फूलदार फुँदना बाँधकर रंगीन कुर्ता-पजामा पहनाकर तैयार कर देती थीं। उसमें लेखक स्वयं को 'कन्हैया' के समान सुंदर महसूस करता था। बच्चों के साथ खेलते हुए उन्हें बहुत आनंद मिलता था। वे उनके साथ तरह-तरह के खेल खेलते थे। पिताजी भी उनका उत्साह बढ़ाते रहते थे। उनके खेलों में मिठाई की दुकान लगाना, घरौंदा बनाना, दूल्हा-दुल्हन का विवाह रचाना, खेती करना आदि अनेक तरह के नाटक सम्मिलित थे। खेल के साथ-साथ उनका झुण्ड अनेक तरह की शरारतें भी करता था। ददरी के मेले में जाने वाले झुण्ड को देखकर, वे कूद-कूदकर लोकगीत गाकर चिल्लाने लगते थे। दूल्हे के आगे जाती हुई पर्दे वाली पालकी को देखकर चिल्लाने लगते थे। इसी कारण एक बूढ़े वर ने लेखक की बाल-टोली को खँदेड़ते हुए ढेलों से मारा था।

आँधी आने पर वे आम के बाग की ओर दौड़ पड़ते और चुन-चुनकर आम खाते थे। एक बार आँधी आने के बाद मौसम खराब हो गया। बालकवृंद ने पेड़ के तने से चिपककर जैसे-तैसे समय काटा। बाग में बिच्छू दिखाई देने लगे। डरकर सब घर की ओर भागने लगे।

बीच में मूसन तिवारी मिल गए, जिनको कम दिखाई देता था। अत: बच्चे उन्हें चिढ़ाने लगे। मूसन तिवारी ने उन्हें बुरी तरह खदेड़ा। सब घर की ओर भागे। मूसन तिवारी ने पाठशाला जाकर सबकी शिकायत की, लेखक को पकड़कर दण्ड दिया गया। पिताजी ने गुरुजी से विनती करके उन्हें बचा लिया। रास्ते में बच्चों के झुंड को देखकर लेखक रोना-धोना भूलकर पिताजी की गोद से उतरकर बाल-मण्डली में शामिल हो गए तथा लोकगीत की पंक्ति का सुर अलापने लगे। खेत में दाना चुगने वाली चिड़ियों के झुंड के पीछे भागे, पर एक भी चिड़िया को न पकड़ सके तब फिर से लेखक गाने लगे—

राम जी की चिरई, राम जी का खेत,

खा लो चिरई, भर-भर पेट।

उनकी शैतानियों को देखकर गाँव के लोग हँस रहे थे तथा लड़के और बंदरों को समान बता रहे थे। एक बार सभी मित्र शरारत में चूहे के बिल में पानी उलीचने लगे अचानक उस बिल में से साँप निकल आया। साँप को सामने देखकर सब डर गए। गिरते-पड़ते बेतहाशा घर की ओर भागे। किसी के दाँत टूटे तो किसी के सिर में चोट लग गई। लेखक लहूलुहान हो गए तथा उनके पैर काँटों से छलनी हो गए। वे दौड़ते हुए माँ के पास आ गए। उनकी हालत देखकर माँ रो पड़ी। हल्दी पीसकर घावों पर लगाई तथा उनको स्नेह से सहलाया। डर तथा दर्द से लेखक का बुरा हाल था। रोंगटे खड़े हो गए थे। आँखें खुल नहीं रही थीं। होंठ काँप रहे थे। ऐसी दशा देखकर लेखक की माँ बड़े लाड़ से उन्हें गले लगा रही थीं।

उसी समय बाबू जी भी दौड़कर आ गए थे। उन्होंने उन्हें अपनी गोद में लेने की कोशिश की, परंतु लेखक माँ के अँचल की प्रेम व शान्ति भरी छाया को छोड़कर पिताजी की गोद में नहीं जाना चाहते थे।

शब्द-सम्पदा

अँचल = गोद। **मृदंग** = एक प्रकार का वाद्य यंत्र। **खरचे** = खर्च। **तड़के** = बहुत सवेरे, उषाकाल में। **निबट-नहाकर** = दैनिक क्रियाओं के बाद। **लिलार** = मस्तक, माथा, ललाट। **अंग लगना** = साथ रहना। **भभूत** = पूजन सामग्री की राख। **दिक** = जिद। **खुलती** = जँचती। **जटाएँ** = लंबे बाल। **नाता** = रिश्ता। **त्रिपुंड** = तीन आड़ी या अर्द्धचन्द्राकार रेखाओं से बना हुआ तिलक। **झुँझलाकर** = चिड़कर, खीझकर। **आइना** = शीशा। **निहारना** = देखना। **लजाकर** = शर्माकर, शर्म से भरकर। **पोथी** = पूजा की पतली किताब। **विराजमान** = उपस्थित, बैठे हुए। **चारा** = खाना। **शिथिल** = ढीले, पस्त। **पछाड़ना** = हराना। **उतान पड़ना** = पीठ के बल लेटना, चित्त होना। **चूमना** = चुंबन लेना। **चौका** = रसोई। **फूल** = एक धातु। **गोरस** = गाय का दूध। **भात** = चावल। **सानकर** = मिलाकर। **हठ** = जिद। **कौर** = टुकड़ा। **अफर जाना** = भरपेट भोजन करना। **ढंग** = तरीका। **ठौर** = स्थान, मौका, अवसर। **मरदुए** = मर्द, पुरुष। **महतारी** = माँ, माता। **चट करना** = खत्म कर देना। **चुल्लू** = जितना एक हाथ में समा सके। **कड़वा तेल** = सरसों का तेल। **नाभी** = नाभि, पेट का मध्य भाग, तुण्डी। **बोथना** = सराबोर कर देना, अधिक मात्रा में लगाना। **बाट जोहना** = प्रतीक्षा करना। **बिगड़ खड़े होना** = अत्यन्त क्रोधित

होना। **हमजोली** = साथी, सखा, मित्र। **दल** = झुंड, समूह। **सरकंडा** = एक तरह की घास। **चंदोआ** = छोटा शामियाना। **खोंचा** = ढाँचा। **ठीकरा** = मिट्टी का टुकड़ा। **बटखरे** = तौलने के लिये कुछ निश्चित मान या तोल का पत्थर। **घरौंदा** = घर, रहने का स्थान। **दातुन** = नीम की लकड़ी। **किवाड़** = दरवाजे। **आचमनी** = आचमन के काम आने वाला चम्मच। **पिसान** = पिसी हुई वस्तु। **ज्योनार** = दावत, भोज। **पंगत** = पंक्ति। **पाँत** = पंक्ति। **जीमने** = भोजन करने। **तंबूरा** = एक तरह का वाद्य यंत्र। **अमोला** = आम का उगता हुआ पौधा। **कुल्हिए** = मिट्टी से बना लोटा। **कलसा** = कलश। **ओहार** = परदा, परदे के लिए डाला गया कपड़ा। **उधारकर** = खोलकर, हटाकर। **राय** = सहमति। **मूँज** = एक प्रकार की नुकीली घास। **गराड़ी** = गरारी। **चुक्कड़** = कुएँ से पानी खींचने का नाटक करने के लिए रस्सी में बाँधा गया कोई बर्तन जो बाल्टी का काम करे। **मोट** = पुर, चरसा, चमड़े का डोल जिससे कुँए से पानी निकाला जाता है। **हल-जुआठा** = हल का जुआ। **कियारी** = क्यारी। **कसोरे** = मिट्टी से बना छिछला कटोरा। **पटाए** = सींच कर तैयार किए। **ओसाना** = हवा में उड़ाकर दाने से भूसे को अलग करना। **भई** = हुई, हो गई। **बटोही** = राही, पथिक। **ठिठककर** = अचानक रुककर। **राशि** = फसल, धान। **ओहारदार** = पर्दा डली हुई, पर्देवाली। **रहरी** = अरहर। **मेहरी** = पत्नी, घरवाली। **कनिया** = दुल्हन। **खसूट-खब्बीस** = अजीब-सा चिड़चिड़े स्वभाव वाला। **घोड़-मुँहा** = घोड़े के समान मुँह वाला। **चाबते** = चबाते, खाते। **घुले-घुले** = पके हुए। **पट पड़ना** = भयावह मौसम होना, मौसम बहुत खराब होना। **छितराई** = बिखेर दी। **बरखा** = वर्षा। **बिलाई** = विलुप्त हो गई, गायब हो गई। **उधरे** = उधर ही। **अँठई** = कुत्ते के शरीर में चिपके रहने वाले छोटे कीड़े। **ढीठ** = बेशर्म। **सूझता** = दिखाई देता। **बेतहाशा** = तीव्र गति से। **खदेड़ा** = भगाया। **तर करना** = गीला कर देना। **चिरौरी** = विनती। **खाइब** = खाएँगे। **खेलब** = खेलेंगे। **अलापना** = सुर में गाना। **मकई** = मक्का। **चिरई** = चिड़िया, पक्षी। **पराई** = दूसरे की। **पीर** = दर्द। **औंधा** = उल्टा। **अंटाचित** = आड़ा-तिरछा। **लहूलुहान** = खून से लथपथ। **ओसारे** = बरामदे। **अमनिया** = साफ करना, बीनना। **अधीर होना** = धैर्य खोना। **संकट** = मुसीबत। **थोपना** = अधिक मात्रा में लगाना। **कुहराम** = हाय-तौबा। **लुके** = छिपे। **रोंगटे** = रोएँ। **निहारना** = देखना। **लाड़** = प्यार। **झट** = जल्दी से, तुरन्त। **चँदोवे** = सुख-चैन।

बहुविकल्पीय प्रश्न

1. माता का अँचल पाठ के लेखक का नाम क्या है?

(क) शिवपूजन सहाय   (ख) रामवृक्ष बेनीपुरी

(ग) मन्नू भंडारी   (घ) यशपाल

उत्तर: (क) शिवपूजन सहाय

2. माता के अँचल पाठ में कब का घटनाक्रम अंकित है?

(क) उन्नीस सौ तीस के दशक का

(ख) उन्नीस सौ चालीस के दशक का

(ग) उन्नीस सौ पचास के दशक का

(घ) उन्नीस सौ बीस के दशक का

उत्तर: (घ) उन्नीस सौ बीस के दशक का

3. तड़के का क्या अर्थ होता है?

(क) मध्य रात्रि   (ख) संध्याकाल

(ग) प्रभात/सवेरा   (घ) इनमें से कोई भी नहीं

उत्तर: (ग) प्रभात/सवेरा

4. 'त्रिपुंड' का क्या अर्थ होता है?

(क) तीन पिंडी

(ख) तेरह पिंडी

(ग) एक प्रकार का तिलक जिसमें ललाट पर तीन आड़ी या अर्द्धचंद्राकार रेखाएँ बनाई जाती हैं।

(घ) इनमें से कोई भी नहीं

उत्तर: (ग) एक प्रकार का तिलक जिसमें ललाट पर तीन आड़ी या अर्द्धचंद्राकार रेखाएँ बनाई जाती हैं।

5. तारकेश्वर नाथ के बचपन में कैसे बाल थे?

(क) छोटे-छोटे   (ख) लंबी लंबी जटायें

(ग) बाल ही नहीं थे।   (घ) इनमें से कोई भी नहीं

उत्तर: (ख) लंबी लंबी जटायें

6. भोलानाथ बचपन में क्या-क्या खेल खेला करते थे?

(क) मिठाई की दुकान लगाना

(ख) घरौंदा बनाना

(ग) बारात का जुलूस निकालना

(घ) उपर्युक्त सभी

उत्तर: (घ) उपर्युक्त सभी

7. भोलानाथ की टोली में बड़ा बदमाश कौन था?

(क) भोलानाथ   (ख) मूसन तिवारी

(ग) बैजू   (घ) राधा

उत्तर: (ग) बैजू

8. दो लड़के बैल बनकर क्या खींचते थे?

(क) मोट   (ख) हल

(ग) एक-दूसरे को   (घ) बैलगाड़ी

उत्तर: (क) मोट खींचते थे।

9. माता का अँचल किसका अंश है?

(क) रामायण का

(ख) महाभारत का

(ग) गीता का

(घ) देहाती दुनिया नामक उपन्यास का

उत्तर: (घ) देहाती दुनिया नामक उपन्यास का

10. लेखक के पिता मछलियों को क्या खिलाते थे?

(क) आटे की गोलियाँ   (ख) चावल के दाने

(ग) गेहूँ के दाने   (घ) इनमें से कोई भी नहीं

उत्तर: (क) आटे की गोलियाँ

11. लेखक की माँ उन्हें तोता मैना कहकर क्या खिलाती थीं?

(क) दूध-भात   (ख) दही-भात

(ग) दाल-भात   (घ) रोटी-सब्जी

उत्तर: (ख) दही-भात

12. बटोही कुछ देर ठिठक कर क्या करने लगते थे?

(क) बच्चों की पाठशाला देखने लगते थे।

(ख) बच्चों को खेतों की तरफ जाते देखने लगते थे।

(ग) बच्चों को पूजा-पाठ करते देखने लगते थे।

(घ) बच्चों का तमाशा देखने लगते थे।

उत्तर: (घ) बच्चों का तमाशा देखने लगते थे।

13. मृदंग कब बजती है?

(क) जब माता का संग हो

(ख) जब पिता का संग हो

(ग) जब लड़कियों का संग हो

(घ) जब लड़कों का संग हो

उत्तर: (घ) जब लड़कों का संग हो

14. आँधी के कुछ देर निकल जाने पर बच्चे क्या करते थे?

(क) पहाड़ की ओर दौड़ पड़ते थे।

(ख) घर की ओर दौड़ पड़ते थे।

(ग) नदी की ओर दौड़ पड़ते थे।

(घ) बाग की ओर दौड़ पड़ते थे।

उत्तर: (घ) बाग की ओर दौड़ पड़ते थे।

15. बच्चे कौन से मेले में जाते थे?

(क) शिवजी के मेले में   (ख) ददरी के मेले में

(ग) गणेश जी के मेले में (घ) इनमें से कोई भी नहीं

उत्तर: (ख) ददरी के मेले में

16. लेखक चबूतरे पर बैठकर क्या किया करते थे?

(क) मौज-मस्ती   (ख) नहाना-धोना

(ग) तमाशे व नाटक   (घ) इनमें से कोई भी नहीं

उत्तर: (ग) तमाशे व नाटक

17. लेखक मिठाई की दुकान में पूरियाँ किसकी बनाते थे?

(क) पत्तों की   (ख) कागज की

(ग) कपड़े की   (घ) मिट्टी की

उत्तर: (क) पत्तों की

18. बच्चों को बूढ़े वर ने किससे मारा?

(क) डंडे से   (ख) बेलन से

(ग) लोहे की छड़ से   (घ) ढेलों से

उत्तर: (घ) ढेलों से

19. टीले पर जाकर बच्चों ने क्या किया?

(क) साँप के बिल में पानी डाला

(ख) चूहों के बिल में पानी डाला

(ग) चींटियों के बिल में पानी डाला

(घ) नेवले के बिल में पानी डाला

उत्तर: (ख) चूहों के बिल में पानी डाला

20. गोरस शब्द का क्या अर्थ होता है?

(क) गोबर

(ख) गाय के दूध से बने पदार्थ

(ग) बकरी के दूध से बने पदार्थ

(घ) इनमें से कोई भी नहीं

उत्तर: (ख) गाय के दूध से बने पदार्थ

21. बारात के जुलूस में किसकी पालकी बनती थी?
(क) टूटी चूहेदानी की (ख) बर्तन की
(ग) लकड़ी की (घ) बनावटी
उत्तर: (क) टूटी चूहेदानी की

22. 'मेघ' शब्द का पर्यायवाची है—
(क) बादल (ख) जलद
(ग) पयोद (घ) उपर्युक्त सभी
उत्तर: (घ) उपर्युक्त सभी

23. शिवपूजन सहाय ने किस पत्रिका का संपादन किया था?
(क) देहाती दुनिया (ख) हिमालय
(ग) माधुरी (घ) (ख) व (ग) दोनों
उत्तर: (घ) (ख) व (ग) दोनों

24. शिवपूजन सहायक का भोजपुर के किस गाँव में हुआ था?
(क) उनवास (ख) बिरारी
(ग) रामपुर (घ) अछनेरा
उत्तर: (क) उनवास

25. माता का अँचल पाठ किसके जीवन पर आधारित है?
(क) भोलानाथ के (ख) तारकेश्वर नाथ के
(ग) शिवपूजन सहाय के (घ) (क) व (ख) दोनों
उत्तर: (घ) (क) व (ख) दोनों

26. भोलानाथ किसको देखकर सिसकना भूल जाते थे?
(क) अपने बाबूजी को (ख) अपनी माताजी को
(ग) अपनी बुआजी को (घ) अपने साथियों को
उत्तर: (घ) अपने साथियों को

27. 'लिलार' शब्द का अर्थ है—
(क) मस्तक (ख) गाल
(ग) सिर (घ) हाथ
उत्तर: (क) मस्तक

28. भोलानाथ को कौन-सी शरारत महँगी पड़ी?
(क) चूहों के बिल में पानी डालना
(ख) गिल्ली डंडा खेलना
(ग) बारातियों को चिढ़ाना
(घ) स्कूल से भाग जाना
उत्तर: (क) चूहों के बिल में पानी डालना

29. विपदा के समय बालक माता के ही पास शरण लेता है क्योंकि........ ।
(क) माता सहनशील होती है
(ख) माता बच्चे की सहायता करती है
(ग) माता का अँचल प्यार और शांति देने वाला होता है
(घ) माता बच्चे को गलती पर नहीं डाँटती है
उत्तर: (ग) माता का अँचल प्यार और शांति देने वाला होता है

30. लेखक अपने पिताजी को क्या कहकर बुलाते थे?
(क) बबुआ (ख) बाबूजी
(ग) पापा (घ) पिताजी
उत्तर: (ख) बाबूजी

31. भोलानाथ और उसके साथी खेलते समय क्या करते थे?
(क) कहानी सुनाते थे। (ख) तुकबंदी करते थे।
(ग) झगड़ते थे। (घ) इनमें से कोई भी नहीं।
उत्तर: (ख) तुकबंदी करते थे।

32. 'माता का अँचल' पाठ का मूल भाव क्या हो सकता है?
(क) माँ बच्चों को जन्म देती और पालन-पोषण करती है।
(ख) स्वाभाविक रूप से बच्चा माँ से अधिक लगाव रखता है।
(ग) बच्चे विपदा के समय पिता के पास न जाकर माँ की शरण लेते हैं।
(घ) उपर्युक्त सभी।
उत्तर: (घ) उपर्युक्त सभी।

33. 'माता का अँचल' पाठ के आधार पर कोई और शीर्षक सुझाइए।
(क) माँ का स्नेह (ख) माँ की ममता
(ग) माता का प्रेम (घ) उपर्युक्त सभी।
उत्तर: (घ) उपर्युक्त सभी।

34. 'निहारना' का समानार्थी शब्द यह हो सकता है—
(क) नाचना (ख) नजरें नीची करना।
(ग) नज़र लगाना। (घ) देखना
उत्तर: (घ) देखना

35. 'अंटाचिट' गिरना का क्या अर्थ है?
(क) पीठ के बल गिरना। (ख) मुँह के बल गिरना।
(ग) आड़ा तिरछा गिरना (घ) चक्कर आ जाना।
उत्तर: (ग) आड़ा तिरछा गिरना

36. भोलानाथ और उसके साथी अपने घरौंदे के किवाड़ किस चीज से बनाते थे ?
(क) पेड़ के पत्तों से
(ख) दियासलाई की पेटियों से
(ग) उत्तर पुस्तिका के गत्ते से
(घ) टीन के टुकड़े से
उत्तर: (ख) दियासलाई की पेटियों से।

37. शिवपूजन सहाय ने किस जिले में नकलनवीस की नौकरी की ?
(क) इलाहाबाद (ख) बनारस
(ग) लखनऊ (घ) अयोध्या
उत्तर: (ख) बनारस

38. शिवपूजन सहाय की सम्पूर्ण रचनायें किस ग्रन्थ में प्रकाशित हैं—
(क) मेरी रचनायें (ख) ग्राम सुधार
(ग) स्मृति शेष (घ) शिवपूजन रचनावली
उत्तर: (घ) शिवपूजन रचनावली।

39. भोलानाथ और उसके साथी मूसलाधार बारिश में पेड़ की जड़ से किस प्रकार चिपक गए थे ?
(क) जैसे शरीर से जौंक चिपक जाती है
(ख) जैसे कुत्ते के कान में अठई (चिचड़ी) चिपक जाती है

(ग) जैसे चींटी गुड़ से चिपक जाती है

(घ) जैसे बिच्छू अपने शिकार पर चिपक जाता है

उत्तर: (ख) जैसे कुत्ते के कान में अठई (चिचड़ी) चिपक जाती है।

40. 'बुढ़वा बेईमान माँगे करैला का चोखा' कहकर बच्चों ने किसको चिढ़ाया था ?

(क) बूढ़े दूल्हे को   (ख) स्कूल के हेडमास्टर को

(ग) मूसन तिवारी को   (घ) गुरु जी को

उत्तर: (ग) मूसन तिवारी को।

41. मकई के खेत में किनका झुण्ड चर रहा था ?

(क) बकरियों का   (ख) भैंसों का

(ग) चिड़ियों का   (घ) भेड़ों का

उत्तर: (ग) चिड़ियों का।

42. लड़के और.......पराई पीर नहीं समझते।

(क) लंगूर   (ख) गधे

(ग) बन्दर   (घ) घोड़े

उत्तर: (ग) बन्दर।

43. जब भोलानाथ चूहे के बिल में पानी डालकर आया उस समय उसकी माँ क्या कर रही थी ?

(क) दाल बना रही थी

(ख) चावल साफ कर रही थी

(ग) सो रही थी

(घ) कढ़ाई का कार्य कर रही थी

उत्तर: (ख) चावल साफ कर रही थी।

44. माँ ने भोलानाथ के घावों पर क्या लगाया ?

(क) मरहम   (ख) नीम के पत्ते

(ग) घास का लेप   (घ) पिसी हुई हल्दी

उत्तर: (घ) पिसी हुई हल्दी।

गद्यांश पर आधारित बहुविकल्पीय प्रश्न

45. निम्नलिखित गद्यांशों को ध्यानपूर्वक पढ़कर दिए गए प्रश्नों के लिए सही विकल्प चुनिए—

'जहाँ लड़कों का संग, तहाँ बाजे मृदंग

जहाँ बुड्ढों का संग, तहाँ खर्चे का तंग'

हमारे पिता तड़के उठकर, निबट-नहाकर पूजा करने बैठ जाते थे। हम बचपन से ही उनके अंग लग गए थे। माता से केवल दूध पीने तक का नाता था। इसलिए पिता के साथ ही हम भी बाहर की बैठक में ही सोया करते। वह अपने साथ ही हमें भी उठाते और साथ ही नहला-धुलाकर पूजा पर बिठा लेते। हम भभूत का तिलक लगा देने के लिए उनसे दिक करने लगते थे। कुछ हँसकर, कुछ झुँझलाकर और कुछ डाँटकर वह हमारे चौड़े लिलार में 'त्रिपुंड' कर देते थे। हमारे लिलार में भभूत खूब

खुलती थी। सिर में लंबी-लंबी जटाएँ थीं। भभूत रमाने से हम खासे 'बम-भोला' बन जाते थे।

पिताजी हमें बड़े प्यार से 'भोलानाथ' कहकर पुकारा करते। पर असल में हमारा नाम था 'तारकेश्वरनाथ'। हम भी उनको 'बाबूजी' कहकर पुकारा करते और माता को 'मईयाँ'।

(i) जहाँ बुड्ढों का संग, तहाँ............. ।

(क) मचे हुडदंग   (ख) बाजे मृदंग

(ग) खर्चे का तंग   (घ) खेलें सब संग

उत्तर: (ग) खर्चे का तंग

(ii) लेखक का माता से केवल किसका नाता था?

(क) पढ़ने तक का   (ख) दूध पीने तक का

(ग) खेलने तक का   (घ) खाना खाने तक का

उत्तर: (ख) दूध पीने तक का

(iii) लेखक बैठक में सोया करते थे क्योंकि........... ।

(क) उन्हें माता से लगाव नहीं था।

(ख) बाबूजी से अधिक प्रेम था।

(ग) माता से डरते थे।

(घ) माता से केवल दूध पीने तक का ही नाता था।

उत्तर: (घ) माता से केवल दूध पीने तक का ही नाता था।

(iv) भभूत रमाने से लेखक बन जाते थे—

(क) भोलानाथ   (ख) बम-भोला

(ग) रामनाथ   (घ) बटुकनाथ

उत्तर: (ख) बम-भोला

(v) पिताजी बड़े प्यार से लेखक को क्या कहकर पुकारते थे?

(क) शिवपूजन   (ख) बम-भोला

(ग) भोलानाथ   (घ) जटाधारी

उत्तर: (ग) भोलानाथ

(vi) असल में लेखक का नाम..............था।

(क) महेश्वरनाथ   (ख) ओंकारेश्वरनाथ

(ग) तारकेश्वरनाथ   (घ) उपर्युक्त में से कोई नहीं

उत्तर: (ग) तारकेश्वरनाथ

46. जब बाबूजी रामायण का पाठ करते तब हम उनकी बगल में बैठे-बैठे आइने में अपना मुँह निहारा करते। जब वह हमारी ओर देखते तब हम कुछ लजाकर और मुसकराकर आइना नीचे रख देते। वह भी मुसकरा पड़ते थे।

पूजा-पाठ कर चुकने के बाद वह राम-राम लिखने लगते। अपनी एक 'रामनामा बही' पर हज़ार राम-नाम लिखकर वह उसे पाठ करने की पोथी के साथ बाँधकर रख देते। फिर पाँच सौ बार कागज के छोटे-छोटे टुकड़ों पर राम-नाम लिखकर आटे की गोलियों में लपेटते और उन गोलियों को लेकर गंगा जी की ओर चल पड़ते थे।

उस समय भी हम उनके कंधे पर विराजमान रहते थे। जब वह गंगा में एक-एक आटे की गोलियाँ फेंककर मछलियों को खिलाने लगते तब भी हम उनके कंधे पर ही बैठे-बैठे हँसा करते थे। जब वह मछलियों को चारा देकर घर की ओर लौटने लगते तब बीच रास्ते में झुके हुए पेड़ों की डालों पर हमें बिठाकर झूला झुलाते थे।

(i) जब बाबूजी रामायण का पाठ करते, तब लेखक क्या कार्य करते थे?

(क) मुसकराते थे।

(ख) नहाया करते थे।

(ग) खेला करते थे।

(घ) बाबूजी की बगल में बैठे-बैठे आइने में अपना मुँह निहारा करते थे।

उत्तर: (घ) बाबूजी की बगल में बैठे-बैठे आइने में अपना मुँह निहारा करते थे।

(ii) बाबूजी की बही का क्या नाम था?

(क) कृष्णनामा (ख) रामनामा

(ग) विष्णुनामा (घ) उपर्युक्त में से कोई नहीं

उत्तर: (ख) रामनामा

(iii) बाबूजी अपनी बही पर..........राम-नाम लिखते।

(क) दस हज़ार (ख) पाँच हज़ार

(ग) हज़ार (घ) तीन हजार

उत्तर: (ग) हज़ार

(iv) बाबूजी राम-नाम लिखे हुए कागज़ के छोटे-छोटे टुकड़ों को .... गोलियों में लपेटते।

(क) सत् की (ख) बेसन की

(ग) चावल की (घ) आटे की

उत्तर: (घ) आटे की

(v) जब बाबूजी आटे की गोलियों को मछलियों को खिलाते तब लेखक क्या करते रहते?

(क) बाबूजी के कंधे पर बैठे-बैठे हँसा करते।

(ख) बाबूजी की पीठ पर ही बैठे-बैठे हँसा करते।

(ग) बाबूजी के साथ खेला करते।

(घ) बाबूजी के साथ झूला झूलते।

उत्तर: (क) बाबूजी के कंधे पर ही बैठ-बैठे हँसा करते।

47. कभी-कभी बाबूजी हमसे कुश्ती भी लड़ते। वह शिथिल होकर हमारे बल को बढ़ावा देते और हम उनको पछाड़ देते थे। यह उतान पड़ जाते और हम उनकी छाती पर चढ़ जाते थे। जब हम उनकी लंबी-लंबी मूँछें उखाड़ने लगते तब वह हँसते-हँसते हमारे हाथों को मूँछों से छुड़ाकर उन्हें चूम लेते थे। फिर जब हमसे खट्टा और मीठा चुम्मा माँगते तब हम बारी-बारी कर अपना बायाँ और दाहिना गाल उनके मुँह की ओर फेर देते थे। बाएँ का खट्टा चुम्मा लेकर जब वह दाहिने का मीठा चुम्मा लेने लगते तब अपनी दाढ़ी या मूँछ हमारे कोमल गालों पर गड़ा देते थे। हम झुँझलाकर फिर उनकी मूँछें नोचने लग जाते थे। इस पर वह बनावटी रोना रोने लगते और हम अलग खड़े-खड़े खिल-खिलाकर हँसने लग जाते थे।

(i) बाबू लेखक से कौन-सा खेल खेलते?

(क) कबड्डी (ख) कुश्ती

(ग) क्रिकेट (घ) लुका-छिपी

उत्तर: (ख) कुश्ती

(ii) लेखक बाबूजी को पछाड़ देते थे, इसका कारण क्या था?

(क) बाबूजी कमज़ोर थे।

(ख) बाबूजी बीमार थे।

(ग) बाबूजी लड़ना नहीं चाहते थे।

(घ) बाबूजी शिथिल होकर लेखक के बल को बढ़ावा देते थे।

उत्तर: (घ) बाबूजी शिथिल होकर लेखक के बल को बढ़ावा देते थे।

(iii) जब लेखक बाबूजी की लंबी-लंबी मूँछें उखाड़ने लगते तब बाबूजी क्या करते?

(क) लेखक को डाँटते थे।

(ख) लेखक को मारते थे।

(ग) लेखक के हाथों को चूम लेते थे।

(घ) इनमें से कोई नहीं।

उत्तर: (ग) लेखक के हाथों को चूम लेते थे।

(iv) बाबूजी अपनी दाढ़ी या मूँछ लेखक के कहाँ गड़ाते थे?

(क) माथे पर (ख) गालों पर

(ग) नाक पर (घ) हाथ पर

उत्तर: (ख) गालों पर

(v) दाढ़ी या मूँछ गड़ाने पर लेखक झुँझलाकर क्या करते थे?

(क) फिर से बाबूजी की मूँछें नोचने लग जाते थे।

(ख) रोने लग जाते थे।

(ग) जोर-जोर से चिल्लाते थे।

(घ) इनमें से कोई नहीं।

उत्तर: (क) फिर से बाबूजी की मूँछें नोचने लग जाते थे।

48. उनके साथ हँसते-हँसते जब हम घर आते तब उनके साथ ही हम भी चौके पर खाने बैठते थे। वह हमें अपने ही हाथ से, फूल के एक कटोरे में गोरस और भात सानकर खिलाते थे। जब हम खाकर अफर जाते तब मइयाँ थोड़ा और खिलाने के लिए हठ करती थी। वह बाबूजी से कहने लगती—आप तो चार-चार दाने के कौर बच्चे के मुँह में देते जाते हैं; इससे वह थोड़ा खाने पर भी समझ लेता है कि हम बहुत खा गए; आप खिलाने का ढंग नहीं जानते—बच्चे को भर-मुँह कौर खिलाना चाहिए।

जब खाएगा बड़े-बड़े कौर, तब पाएगा दुनिया में ठौर। देखिए, मैं खिलाती हूँ। ''मरदुए क्या जाने कि बच्चों को कैसे खिलाना चाहिए'', और महतारी के हाथ से खाने पर बच्चों का पेट भी भरता है। यह कह वह थाली में दही-भात सानती और अलग-अलग तोता, मैना, कबूतर, हंस, मोर आदि के बनावटी नाम से कौर बनाकर यह कहते हुए खिलाती जाती कि जल्दी खा लो, नहीं तो उड़ जाएँगे, पर हम उन्हें इतनी जल्दी उड़ा जाते थे कि उड़ने का मौका ही नहीं मिलता था।

(i) बाबूजी लेखक को क्या सानकर खिलाते थे?

(क) दाल और भात (ख) रोटी और दाल

(ग) रोटी और सब्जी (घ) गोरस और भात

उत्तर: (घ) गोरस और भात

(ii) 'अफर का अर्थ है—

(क) थक जाना (ख) भर पेट से अधिक खा लेना

(ग) कम खाना (घ) इनमें से कोई नहीं

उत्तर: (ख) भर पेट से अधिक खा लेना।

(iii) जब खाएगा बड़े-बड़े कौर, तब.........।

(क) आएगा हाथों में जोर

(ख) पाएगा दुनिया में ठौर

(ग) आएगा तरक्की का दौर

(घ) कर देगा दुश्मन को ढेर

उत्तर: (ख) पाएगा दुनिया में ठौर

(iv) ''मरदुए क्या जाने कि बच्चों को कैसे खिलाना चाहिए'', माँ ने ऐसा क्यों कहा?

(क) क्योंकि पिताजी के हाथ से खाने पर बच्चों का पेट भरता है।

(ख) क्योंकि महतारी के हाथ से खाने पर बच्चों का पेट भरता है।

(ग) दूसरों के हाथ से खाने पर बच्चों का पेट भरता है।

(घ) इनमें से कोई नहीं।

उत्तर: (ख) क्योंकि महतारी के हाथ से खाने पर बच्चों का पेट भरता है।

(v) माँ किनके बनावटी नाम लेकर लेखक को खाने का कौर खिलाती थी?

(क) कुत्ता, बिल्ली, गाय, बकरी, भेड़

(ख) शेर, बाघ, चीता, सियार, हाथी

(ग) तोता, मैना, कबूतर, हंस, मोर

(घ) चिड़िया, चील, मुर्गी, तोता, मोर

उत्तर: (ग) तोता, मैना, कबूतर, हंस, मोर

49. जब हम सब बनावटी चिड़ियों को चट कर जाते थे तब बाबूजी कहने लगते—अच्छा, अब तुम 'राजा' हो, जाओ खेलो।

बस, हम उठकर उछलने-कूदने लगते थे। फिर रस्सी में बँधा हुआ काठ का घोड़ा लेकर नंग-धड़ंग बाहर गली में निकल जाते थे।

जब कभी मइयाँ हमें अचानक पकड़ पाती तब हमारे लाख छटपटाने पर भी एक चुल्लू कड़वा तेल हमारे सिर पर डाल ही देती थी। हम रोने लगते और बाबू जी उस पर बिगड़ खड़े होते; पर वह हमारे सिर में तेल बोथकर हमें उबटकर ही छोड़ती थी। फिर हमारी नाभी और लिलार में काजल की बिंदी लगाकर चोटी गूँथती और उसमें फूलदार लट्टू बाँधकर रंगीन कुरता-टोपी पहना देती थी। हम खासे 'कन्हैया' बनकर बाबूजी की गोद में सिसकते-सिसकते बाहर आते थे।

बाहर आते ही हमारी बाट जोहनेवाला बालकों का एक झुंड मिल जाता था। हम उन खेल के साथियों को देखते ही, सिसकना भूलकर, बाबूजी की गोद से उतर पड़ते और अपने हमजोलियों के दल में मिलकर तमाशे करने लग जाते थे।

(i) लेखक गली में कौन-सा खिलौना लेकर निकल पड़ते थे?

(क) इलेक्ट्रॉनिक कार

(ख) काठ की गुड़िया

(ग) गेंद और बल्ला

(घ) काठ का घोड़ा

उत्तर: (घ) काठ का घोड़ा

(ii) मइयाँ लेखक के सिर में कौन-सा तेल डाल देती थीं?

(क) नारियल का तेल

(ख) तिल का तेल

(ग) सरसों का तेल

(घ) इनमें से कोई नहीं

उत्तर: (ग) सरसों का तेल

(iii) 'बोथकर' का अर्थ है..........।

(क) खिला देना

(ख) रंग देना

(ग) सराबोर कर देना

(घ) पहना देना

उत्तर: (ग) सराबोर कर देना

(iv) मइयाँ लेखक के लिलार पर किसकी बिंदी लगाती थी?

(क) सिंदूर की बिंदी

(ख) काजल की बिंदी

(ग) हल्दी की बिंदी

(घ) इनमें से कोई नहीं

उत्तर: (ख) काजल की बिंदी

(v) लेखक किन्हें देखकर तमाशे करने लग जाते थे?

(क) हमजोलियों को

(ख) बाबूजी को

(ग) माताजी को

(घ) बटोही को

उत्तर: (क) हमजोलियों को

50. तमाशे भी ऐसे-वैसे नहीं, तरह-तरह के नाटक! चबूतरे का एक कोना ही नाटक-घर बनता था। बाबूजी जिस छोटी चौकी पर बैठकर नहाते थे, वही रंगमंच बनती। उसी पर सरकंडे के खंभों पर कागज़ का चँदोआ तानकर, मिठाइयों की दुकान लगाई जाती। उसमें चिलम के खोंचे पर कपड़े के थालों में ढेले के लड्डू, पत्तों की पूरी-कचौरियाँ, गीली मिट्टी की जलेबियाँ, फूटे घड़े के टुकड़ों के बताशे आदि मिठाइयाँ सजाई जातीं। ठीकरों के बटखरे और जस्ते के छोटे-छोटे टुकड़ों के पैसे बनते। हर्मी लोग खरीदार और हर्मी लोग दुकानदार। बाबूजी भी दो-चार गोरखपुरिए पैसे खरीद लेते थे।

(i) नाटक-घर कौन-सा कोना बनता था?

(क) कमरे का एक कोना

(ख) बरामदे का एक कोना

(ग) चबूतरे का एक कोना

(घ) गली का एक कोना

उत्तर: (ग) चबूतरे का एक कोना

(ii) मिठाई की दुकान किन-किन चीजों से लगाई जाती थी?

(क) कागज़ का चँदोआ

(ख) लकड़ी का पल्ला

(ग) सरकंडे के खंभे

(घ) (क) और (ग) दोनों

उत्तर: (घ) (क) और (ग) दोनों

(iii) तमाशे के लिए पैसे किनके बनते थे?

(क) बटखरे के

(ख) मिट्टी के

(ग) ठीकरे के

(घ) जस्ते के छोटे-छोटे टुकड़ों के

उत्तर: (घ) जस्ते के छोटे-छोटे टुकड़ों के

(iv) तमाशे में खरीददार और दुकानदार कौन-कौन होते थे?

(क) लेखक और उनके मित्र

(ख) बाबूजी

(ग) गाँववाले

(घ) माताजी

उत्तर: (क) लेखक और उनके मित्र

(v) बाबूजी भी दो-चार...............पैसे खरीद लेते थे।

(क) कानपुरिए

(ख) नागपुरिए

(ग) गोरखपुरिए

(घ) इनमें से कोई भी नहीं

उत्तर: (ग) गोरखपुरिए

51. थोड़ी देर में मिठाई की दुकान बढ़ाकर हम लोग घरौंदा बनाते थे। धूल की मेड़ दीवार बनती और तिनकों का छप्पर। दातुन के खंभे, दियासलाई की पेटियों के किवाड़, घड़े के मुँहड़े की चूल्हा-चक्की, दीए की कड़ाही और बाबूजी की पूजा वाली आचमनी कलछी बनती थी। पानी के घी, धूल के पिसान और बालू की चीनी से हम लोग ज्योनार तैयार करते थे। हर्मी लोग ज्योनार करते और हर्मी लोगों की ज्योनार बैठती थी। जब पंगत बैठ जाती थी तब बाबूजी भी धीरे-धीरे आकर, पाँत के अंत में, जीमने के लिए बैठ जाते थे। उनको बैठते देखते ही हम लोग हँसकर और घरौंदा बिगाड़कर भाग चलते थे। वह भी हँसते-हँसते लोट-पोट हो जाते और कहने लगते—फिर कब भोज होगा भोलानाथ?

(i) लेखक और उनके साथी अपने घरौंदों के किवाड़ किस चीज से बनाते थे?

(क) धूल की मेड़ से   (ख) जस्ते के छोटे-छोटे टुकड़े से

(ग) ठीकरों के बटखरे से   (घ) दियासलाई की पेटियों से

उत्तर: (घ) दियासलाई की पेटियों से

(ii) घरौंदे बनाने के लिए दीवार किससे बनाई जाती थी?

(क) दियासलाई की पेटियों से

(ख) धूल की मेड़ से

(ग) तिनकों से

(घ) दातुन के खंभे से

उत्तर: (ख) धूल की मेड़ से

(iii) 'ज्योनार' का अर्थ है.........।

(क) लपेटना और गूँथना   (ख) पानी पीना

(ग) दावत और भोज   (घ) पंगत में बैठना

उत्तर: (ग) दावत और भोज

(iv) 'ज्योनार' में चीनी किस वस्तु से तैयार होती थी?

(क) बालू से   (ख) कंकड़ से

(ग) धूल से   (घ) इनमें से कोई नहीं

उत्तर: (क) बालू से

(v) 'जीमने' का अर्थ है.........।

(क) स्नान करना   (ख) जम्हाई लेना

(ग) डकार लेना   (घ) भोजन करना

उत्तर: (घ) भोजन करना

52. कभी-कभी हम लोग बरात का भी जुलूस निकालते थे। कनस्तर का तंबूरा बजता, अमोले को घिसकर शहनाई बजायी जाती, टूटी चूहेदानी की पालकी बनती, हम समधी बनकर बकरे पर चढ़ लेते और चबूतरे के एक कोने से चलकर बरात दूसरे कोने में जाकर दरवाज़े लगती थी। वहाँ काठ की पटरियों से घिरे, गोबर से लिपे, आम और केले की टहनियों से सजाए हुए छोटे आँगन में कुल्हिए का कलसा रखा रहता था। वहीं पहुँचकर बरात फिर लौट आती थी। लौटने के समय, खटोली पर लाल ओहार डालकर, उसमें दुलहिन को चढ़ा लिया जाता था। लौट आने पर बाबूजी ज्यों ही ओहार उघारकर दुलहिन का मुख निखरने लगते, त्यों ही हम लोग हँसकर भाग जाते।

थोड़ी देर बाद फिर लड़कों की मंडली जुट जाती थी। इकट्ठा होते ही राय जमती कि खेती की जाए। बस, चबूतरे के छोर पर घिरनी गड़ जाती और उसके नीचे की गली कुआँ बन जाती थी।

मूँज की बटी हुई पतली रस्सी में एक चुक्कड़ बाँध गराड़ी पर चढ़ाकर लटका दिया जाता और दो लड़के बैल बनकर 'मोट' खींचने लग जाते। चबूतरा खेत बनता, कंकड़ बीज और ठेंगा हल-जुआठा। बड़ी मेहनत से खेत जोते-बोए और पटाए जाते। फसल तैयार होते देर न लगती और हम हाथोंहाथ फसल काट लेते थे। काटते समय गाते थे—

ऊँच-नीच में बई कियारी, जो उपजी सो भई हमारी।

(i) बारात के जुलूस में शहनाई बनाई जाती थी—

(क) प्लास्टिक की   (ख) लकड़ी की

(ग) अमोले की   (घ) सीटी की

उत्तर: (ग) अमोले की

(ii) 'ओहार' शब्द का अर्थ है—

(क) चादर   (ख) बिछौना

(ग) परदा   (घ) इनमें से कोई भी नहीं

उत्तर: (ग) परदा

(iii) लेखक और उनके साथी हँसकर भाग जाते क्योंकि.........।

(क) बाबूजी बच्चों पर नाराज हो जाते थे।

(ख) बाबूजी ओहार उघारकर दुलहिन का मुख निखरने लगते थे।

(ग) बाबूजी भी हँसने लगते थे।

(घ) दुलहिन देखने में सुंदर नहीं थी।

उत्तर: (ख) बाबूजी ओहार उघारकर दुलहिन का मुख निखरने लगते थे।

(iv) इकट्ठा होते ही बच्चों की क्या राय बनती?

(क) खेती करने की

(ख) दौड़ लगाने की

(ग) धमा-चौकड़ी करने की

(घ) बारात का जुलूस निकालने की

उत्तर: (क) खेती करने की

(v) पंक्ति पूर्ण कीजिए—ऊँच-नीच में बई कियारी,.........।

(क) जो काटे सो भई हमारी।

(ख) जो बोवे सो हुई तुम्हारी।

(ग) जो उपजी सो भई हमारी।

(घ) इनमें से कोई भी नहीं।

उत्तर: (ग) जो उपजी सो भई हमारी।

53. फसल को एक जगह रखकर उसे पैरों से रौंद डालते थे। कसोरे का सूप बनाकर ओसाते और मिट्टी के दीए के तराजू पर तौलकर राशि तैयार कर देते थे। इसी बीच बाबूजी आकर पूछ बैठते थे—इस साल की खेती कैसी रही भोलानाथ?

बस, फिर क्या, हम लोग ज्यों-का-त्यों खेत-खलिहान छोड़कर हँसते हुए भाग जाते थे। कैसी मौज की खेती थी।

ऐसे-ऐसे नाटक हम लोग बराबर खेला करते थे। बटोही भी कुछ देर ठिठककर हम लोगों के तमाशे देख लेते थे।

जब कभी हम लोग ददरी के मेले में जाने वाले आदमियों का झुंड देख पाते तब कूद-कूदकर चिल्लाने लगते थे—

चलो भाइयो ददरी, सतू पिसान की मोटरी।

अगर किसी दूल्हे के आगे-आगे जाती हुई ओहरदार पालकी देख पाते, तब खूब ज़ोर से चिल्लाने लगते थे—

रहरी में रहरी पुरान रहरी, डोला के कनिया हमार मेहरी।

इसी पर एक बार बूढ़े वर ने हम लोगों को बड़ी दूर तक खदेड़कर ढेलों से मारा था।

उस खसूट-खब्बीस की सूरत आज तक हमें याद है। न जाने किस ससुर ने वैसा जमाई ढूँढ़ निकाला था। वैसा घोड़ मुँहा आदमी हमने कभी नहीं देखा।

(i) कसोरे का अर्थ है.........।

(क) पीतल का कटोरा

(ख) तशतरी

(ग) मिट्टी का बना छिछला कटोरा

(घ) परात

उत्तर: (ग) मिट्टी का बना छिछला कटोरा

(ii) बाबूजी आकर पूछ बैठते थे—

(क) इस साल की खेती कैसी रही भोलानाथ

(ख) ज्योनार कैसा रहा भोलानाथ?

(ग) तमाशे का खेल कैसा रहा भोलानाथ?

(घ) इनमें से कोई भी नहीं?

उत्तर: (क) इस साल की खेती कैसी रही भोलानाथ?

(iii) कुछ देर ठिठककर बच्चों के तमाशे ये लोग भी देख लिया करते—

(क) बाबूजी   (ख) शहर के लोग

(ग) गाँव के लोग   (घ) बटोही

उत्तर: (घ) बटोही

(iv) बच्चे आदमियों का झुंड कहाँ देखते?

(क) सर्कस में   (ख) ददरी के मेले में

(ग) बाजार में   (घ) इनमें से कोई भी नहीं।

उत्तर: (ख) ददरी के मेले में

(v) 'रहरी' का अर्थ.........है।

(क) चना   (ख) मटर

(ग) चावल   (घ) अरहर

उत्तर: (घ) अरहर

54. आम की फसल में कभी-कभी खूब आँधी आती है। आँधी के कुछ दूर निकल जाने पर हम लोग बाग की ओर दौड़ पड़ते थे। वहाँ चुन-चुनकर घुले-घुले 'गोपी' आम चाबते थे।

एक दिन की बात है, आँधी आई और पट पड़ गई। आकाश काले बादलों से ढक गया। मेघ गरजने लगे। बिजली कौंधने और ठंडी हवा सनसनाने लगी। पेड़ झूमने और ज़मीन चूमने लगे। हम लोग चिल्ला उठे—

एक पइसा की लाई, बाज़ार में छितराई, बरखा उधरे बिलाई।

लेकिन बरखा न रुकी; और भी मूसलाधार पानी होने लगा। हम लोग पेड़ों की जड़ से धड़ से सट गए।, जैसे कुत्ते के कान में अँठई चिपक जाती है। मगर बरखा जमी नहीं, थम गई।

(i) आँधी आने पर बच्चे दौड़ पड़ते थे—

(क) घर की ओर

(ख) नदी की ओर

(ग) आम के बाग की ओर

(घ) इनमें से कोई भी नहीं

उत्तर: (ग) आम के बाग की ओर

(ii) बच्चे बाग में.........आम चबाते थे।

(क) राम   (ख) राधा

(ग) कृष्ण   (घ) गोपी

उत्तर: (घ) गोपी

(iii) एक पइसा की लाई, बाज़ार में छितराई, बरखा उधरे.........।

(क) गिराई   (ख) बिलाई

(ग) नहाई   (घ) इनमें से कोई भी नहीं

उत्तर: (ख) बिलाई

(iv) सभी बच्चे पेड़ों की जड़ से धड़ से चिपक गए क्योंकि.....।

(क) हवा तेज चलने लगी थी।

(ख) मूसलाधार पानी बरसने लगा था।

(ग) अँधेरा हो गया था।

(घ) उन्हें डर लग रहा था।

उत्तर: (ख) मूसलाधार पानी बरसने लगा था।

(v) 'अँठई' का अर्थ है.........।

(क) बिच्छू   (ख) खटमल

(ग) किलनी   (घ) इनमें से कोई भी नहीं

उत्तर: (ग) किलनी

55. बरखा बंद होते ही बाग में बहुत-से बिच्छू नज़र आए। हम लोग डरकर भाग चले। हम लोगों में बैजू बड़ा ढीठ था। संयोग की बात, बीच में मूसन तिवारी मिल गए। बेचारे बूढ़े आदमी को सूझता कम था। बैजू उनको चिढ़ाकर बोला—

बुढ़वा बेईमान माँगे करैला का चोखा।

हम लोगों ने भी, बैजू के सुर-में-सुर मिलाकर यही चिल्लाना शुरू किया। मूसन तिवारी ने बेतहाशा खदेड़ा। हम लोग तो बस अपने-अपने घर की ओर आँधी हो चले।

जब हम लोग न मिल सके तब तिवारी जी सीधे पाठशाला में चले गए। वहाँ से हमको और बैजू को पकड़ लाने के लिए चार लड़के 'गिरफ्तारी वारंट' लेकर छूटे। इधर ज्यों ही हम लोग घर पहुँचे, त्यों ही गुरुजी के सिपाही हम लोगों पर टूट पड़े। बैजू तो नौ-दो ग्यारह हो गया; हम पकड़े गए। फिर तो गुरु जी ने हमारी खूब खबर ली।

(i) बरखा बंद होते ही बाग में बहुत-से.........नज़र आए।

(क) साँप   (ख) तिलचट्टे

(ग) बिच्छू   (घ) चूहे

उत्तर: (ग) बिच्छू

(ii) सभी बच्चों में यह— बड़ा ढीठ था।

(क) भोलानाथ   (ख) मूसन तिवारी

(ग) बैजू   (घ) इनमें से कोई भी नहीं

उत्तर: (ग) बैजू

(iii) 'बुढ़वा बेईमान माँगे करैला का चोखा'.........यह पंक्ति पाठ में किसके लिए कही गयी है?

(क) बैजू के लिए   (ख) लेखक के लिए

(ग) मूसन तिवारी के लिए (घ) बाबूजी के लिए

उत्तर: (ग) मूसन तिवारी के लिए

(iv) बच्चों को ढूँढ़ते हुए तिवारी जी कहाँ चले गए?

(क) लेखक के घर (ख) पाठशाला में

(ग) बाग में (घ) इनमें से कोई भी नहीं

उत्तर: (ख) पाठशाला में

(v) 'नौ दो ग्यारह होना' मुहावरे का क्या अर्थ है?

(क) भाग जाना (ख) आश्चर्यचकित होना

(ग) घबरा जाना (घ) नाराज होना

उत्तर: (क) भाग जाना

56. बाबू जी ने यह हाल सुना। वह दौड़े हुए पाठशाला में आए। गोद में उठाकर हमें पुचकारने और फुसलाने लगे। पर हम दुलारने से चुप होने वाले लड़के नहीं थे। रोते-रोते उनका कंधा आँसुओं से तर कर दिया। वह गुरुजी की चिरौरी करके हमें घर ले चले। रास्ते में फिर हमारे साथी लड़कों का झुंड मिला। वे ज़ोर से नाचते और गाते थे—

माई पकाई गरर-गरर पूआ, हम खाइब पूआ, ना खेलब जुआ।

फिर क्या था, हमारा रोना-धोना भूल गया। हम हठ करके बाबूजी की गोद से उतर पड़े और लड़कों की मंडली में मिलकर लगे वही तान-सुर अलापने। तब तक सब लड़के सामने वाले मकई के खेत में दौड़ पड़े। उसमें चिड़ियों का झुंड चर रहा था। वे दौड़-दौड़कर उन्हें पकड़ने लगे, पर एक भी हाथ न आई। हम खेत से अलग ही खड़े होकर गा रहे थे—

राम जी की चिरई, राम जी का खेत,

खा लो चिरई, भर-भर पेट।

(i) बाबू जी लेखक को गोद में उठाकर—

(क) मारने और डाँटने लगे।

(ख) रोने लगे।

(ग) नाराज होने लगे।

(घ) पुचकारने और फुसलाने लगे।

उत्तर: (घ) पुचकारने और फुसलाने लगे।

(ii) 'चिरौरी' का अर्थ है—

(क) झगड़ा करना (ख) मारपीट करना

(ग) विनती करना (घ) इनमें से कोई भी नहीं

उत्तर: (ग) विनती करना

(iii) रास्ते में लेखक को किसका झुंड मिला?

(क) साथी लड़कों का (ख) गायों का

(ग) बकरियों का (घ) पक्षियों का

उत्तर: (क) साथी लड़कों का

(iv) लेखक रोना-धोना भूल गए क्योंकि...........।

(क) उन्हें मालपुआ खाने के लिए मिल गया था।

(ख) बाबूजी ने उन्हें गोद में उठा लिया था।

(ग) रास्ते में नाचते-गाते साथी लड़कों का झुंड मिल गया था।

(घ) इनमें से कोई भी नहीं।

उत्तर: (ग) रास्ते में नाचते-गाते साथी लड़कों का झुंड मिल गया था।

(v) सभी लड़के किस खेत में दौड़ पड़े?

(क) सरसों के (ख) मकई के

(ग) धान के (घ) गेहूँ के

उत्तर: (ख) मकई के

57. हमसे कुछ दूर बाबूजी और हमारे गाँव के कई आदमी खड़े होकर तमाशा देख रहे थे और यही कहकर हँसते थे कि 'चिड़िया की जान जाए, लड़कों का खिलौना'। सचमुच 'लड़के और बंदर पराई पीर नहीं समझते।'

एक टीले पर जाकर हम लोग चूहों के बिल से पानी उलीचने लगे।

नीचे से ऊपर पानी फेंकना था। हम सब थक गए। तब तक गणेश जी के चूहे की रक्षा के लिए शिवजी का साँप निकल आया। रोते-चिल्लाते हम लोग बेतहाशा भाग चले। कोई औंधा गिरा, कोई अंटाचिट। किसी का सिर फूटा, किसी के दाँत टूटे। सभी गिरते-पड़ते भागे। हमारी सारी देह लहूलुहान हो गई। पैरों के तलवे काँटों से छलनी हो गए।

(i) बाबूजी और गाँव के आदमी 'चिड़िया की जान जाए, लड़कों का खिलौना।' यह कहकर क्यों हँसते थे?

(क) क्योंकि बच्चे खेत में दौड़कर चिड़ियों को पकड़ रहे थे।

(ख) क्योंकि बच्चे चिड़ियों को मार रहे थे।

(ग) क्योंकि बच्चे चिड़ियों के साथ खेल रहे थे।

(घ) इनमें से कोई भी नहीं।

उत्तर: (क) क्योंकि बच्चे खेत में दौड़कर चिड़ियों को पकड़ रहे थे।

(ii) कौन पराई पीर नहीं समझते?

(क) भोलानाथ के पिता (ख) गाँव वाले

(ग) लड़के और बंदर (घ) गुरुजी

उत्तर: (ग) लड़के और बंदर

(iii) बच्चे कहाँ से पानी उलीचने लगे?

(क) साँप के बिल से (ख) चींटियों के बिल से

(ग) नेवले के बिल से (घ) चूहों के बिल से

उत्तर: (घ) चूहों के बिल से

(iv) चूहे को बचाने के लिए कौन आया?

(क) गणेश जी (ख) शंकर जी

(ग) शिवजी का साँप (घ) बाबूजी

उत्तर: (ग) शिवजी का साँप

(v) लेखक के पैरों के तलवे किससे छलनी हो गए?

(क) काँटों से (ख) बिच्छू के काटने से

(ग) तारों से (घ) इनमें से कोई भी नहीं

उत्तर: (क) काँटों से

58. हम एक सुर से दौड़े हुए आए और घर में घुस गए। उस समय बाबूजी बैठक के ओसारे में बैठकर हुक्का गुड़गुड़ा रहे थे। उन्होंने हमें बहुत पुकारा पर उनकी अनसुनी करके हम दौड़ते हुए मइयाँ के पास ही चले गए। जाकर उसी की गोद में शरण ली। 'मइयाँ' चावल अमनिया कर रही थी। हम उसी के आँचल में छिप गए। हमें डर से काँपते देखकर वह ज़ोर से रो पड़ी और

सब काम छोड़ बैठी। अधीर होकर हमारे भय का कारण पूछने लगी। कभी हमें अंग भरकर दबाती और कभी हमारे अंगों को अपने आँचल से पोंछकर हमें चूम लेती। बड़े संकट में पड़ गई।

(i) बाबूजी कहाँ बैठकर हुक्का गुड़गुड़ा रहे थे?

  (क) कमरे में   (ख) रसोई में

  (ग) बैठक में   (घ) ओसारे में

उत्तर: (घ) ओसारे में

(ii) लेखक दौड़ते हुए किसके पास चले गए?

  (क) मइयाँ के पास   (ख) बाबूजी के पास

  (ग) गुरुजी के पास   (घ) इनमें से कोई नहीं

उत्तर: (क) मइयाँ के पास

(iii) मइयाँ.........अमनिया कर रही थी।

  (क) सरसों   (ख) चावल

  (ग) गेहूँ   (घ) मटर

उत्तर: (ख) चावल

(iv) 'अमनिया' का अर्थ है—

  (क) गंदगी   (ख) अशुद्ध

  (ग) साफ/शुद्ध   (घ) इनमें से कोई नहीं

उत्तर: (ग) साफ/शुद्ध

(v) मइयाँ.........होकर लेखक के भय का कारण पूछने लगीं।

  (क) खुश   (ख) अधीर

  (ग) नाराज़   (घ) क्रोधित

उत्तर: (ख) अधीर

59. झटपट हल्दी पीसकर हमारे घावों पर थोपी गई। घर में कुहराम मच गया। हम केवल धीमे सुर से ''साँ...स...साँ'' कहते हुए मइयाँ के आँचल में लुके चले जाते थे। सारा शरीर थर-थर काँप रहा था। रोंगटे खड़े हो गए थे। हम आँखें खोलना चाहते थे; पर वे खुलती न थीं। हमारे काँपते हुए ओठों को मइयाँ बार-बार निहारकर रोती और बड़े लाड़ से हमें गले लगा लेती थी। इसी समय बाबूजी दौड़े आए। आकर झट हमें मइयाँ की गोद से अपनी गोद में लेने लगे। पर हमने मइयाँ के आँचल की-प्रेम और शांति के चँदोवे की-छाया न छोड़ी...।

(i) लेखक के घावों पर क्या पीसकर लगाया गया?

  (क) चंदन   (ख) अदरक

  (ग) हल्दी   (घ) इनमें से कोई भी नहीं

उत्तर: (ग) हल्दी

(ii) लेखक का शरीर किस प्रकार काँप रहा था?

  (क) जोर-जोर से   (ख) थर-थर

  (ग) डर-डर   (घ) इनमें से कोई भी नहीं

उत्तर: (ख) थर-थर

(iii) लेखक के काँपते हुए.........को मइयाँ बार-बार निहारकर रोती।

  (क) ओठों   (ख) गालों

  (ग) माथे   (घ) इनमें से कोई भी नहीं

उत्तर: (क) ओठों

(iv) मइयाँ लाड से लेखक को क्या करती थी?

  (क) आँचल में छिपा लेती थी।

  (ख) बाल सँवारने लगती थी।

  (ग) गले लगा लेती थी।

  (घ) लोरी सुनाती थी।

उत्तर: (ग) गले लगा लेती थी।

(v) लेखक ने मइयाँ की कौन-से चँदोवे की छाया नहीं छोड़ी?

  (क) प्रेम और शांति की   (ख) ममता और दुलार की

  (ग) लोरी और गीत की   (घ) इनमें से कोई भी नहीं

उत्तर: (क) प्रेम और शांति की

पाठ से सम्बन्धित प्रश्नोत्तर

प्रश्न 60. प्रस्तुत पाठ के आधार पर यह कहा जा सकता है कि बच्चे का अपने पिता से अधिक जुड़ाव था, फिर भी विपदा के समय वह पिता के पास न जाकर माँ की शरण लेता है। आपकी समझ से इसकी क्या वजह हो सकती है?

अथवा

भोलानाथ को अपनी माताजी से अधिक जुड़ाव अपने पिताजी से था, पर जब उस पर संकट आया तो वह पिताजी की पुकार को अनसुनी करके माता के अँचल में जा छिपा। 'माता का अँचल' पाठ के आधार पर प्रमुख कारण स्पष्ट करते हुए, माँ के महत्व पर प्रकाश डालिए।

उत्तर— माँ अपने बच्चे को नौ माह गर्भ में रखती है। उसके बाद वही उसे जन्म देती है, इसलिए बच्चा स्वाभाविक रूप से अपनी माँ से अधिक जुड़ाव रखता है। मानसिक या शारीरिक रूप से परेशानी के समय माँ का प्यार भरा स्पर्श घाव पर मरहम का कार्य करता है। यही कारण था कि लेखक का अपने पिता से अधिक जुड़ाव होने पर भी विपदा के समय वह पिता के पास न जाकर माँ की शरण लेता है।

प्रश्न 61. आपके विचार से भोलानाथ अपने साथियों को देखकर सिसकना क्यों भूल जाता है ?

उत्तर— 'बचपन' बहुत 'मासूम' होता है। बच्चे कोई भी बात अपने दिल से नहीं लगाते। वे अपने मित्रों के साथ मस्त होकर खेलते हैं। उनके खेल भी निराले होते हैं। वे अपने मित्रों के साथ सारी दुःख-तकलीफें भूल जाते हैं। भोलानाथ भी अपनी मित्र-मंडली को सामने देखकर सिसकना भूल जाता है।

प्रश्न 62. आपने देखा होगा कि भोलानाथ और उसके साथी जब-तब खेलते खाते समय किसी-न-किसी प्रकार की तुकबंदी करते हैं। आपको यदि अपने खेल आदि से जुड़ी तुकबंदी याद हो तो लिखिए।

उत्तर— अटकन-बटकन दही चटाके वर फूले बंगाले

मामा लाए सात कटोरी एक कटोरी फूटी

मामा की बहू रूठी कौन बात पर रूठी

दूध-दही बहुतेरा खाने को मुँह तेरा।

प्रश्न 63. भोलानाथ और उसके साथियों के खेल और खेलने की सामग्री आपके खेल और खेलने की सामग्री से किस प्रकार भिन्न है ?

उत्तर— भोलानाथ और उसके साथियों के खेल अत्यन्त आनंददायक थे तथा उनकी खेल-सामग्री प्राकृतिक तथा बिना खर्च वाली थी। यह कटु सत्य है कि बच्चा स्वयं के बनाए खेलों को अधिक पसंद करता है, परंतु आज का समय बदल गया है। आज न तो बच्चों के पास इतना समय है और न ही ऐसे संसाधन। आज के बच्चों के खेल तथा खेल-सामग्री दोनों ही चीज़ें बिल्कुल अलग हैं। वे साइकिल चलाना, तैरना, क्रिकेट, फुटबॉल, वॉलीबॉल, हॉकी तथा बास्केटबॉल जैसे खेल खेलना पसंद करते हैं। छोटे बच्चे डॉक्टर-डॉक्टर, टीचर-टीचर, गुड़िया-गुड्डा तथा इसी प्रकार के अन्य खेल पसंद करते हैं।

प्रश्न 64. पाठ में आए ऐसे प्रसंगों का वर्णन कीजिए, जो आपके दिल को छू गए हों।

उत्तर— पाठ के आधार पर दिल को छू जाने वाले प्रसंग—
(i) लेखक द्वारा आइने में अपना मुँह निहारना तथा पिता द्वारा देख लिए जाने पर लजाकर मुस्कराते हुए आइना नीचे रख देना, फिर पिता का मुस्करा पड़ना। (ii) पिता द्वारा लेखक को झूला झुलाना तथा उनके साथ कुश्ती खेलते हुए हार जाना। (iii) माँ का वात्सल्य से पेट भरा होने पर भी बहला-फुसलाकर लेखक को खाना खिलाना तथा उनका तेल-उबटन करके उन्हें प्यार से तैयार करना। (iv) बुरी नज़र से बचाने के लिए काला टीका लगाना। (v) पिता द्वारा बच्चा बनकर लेखक व मित्रों के साथ खेल में शामिल होना तथा चोट लग जाने पर लेखक द्वारा माँ का अँचल छोड़कर पिता की गोद में न जाना आदि प्रसंग हमारे दिल को छू गए हैं।

प्रश्न 65. इस उपन्यास अंश में तीस के दशक की ग्राम्य संस्कृति का चित्रण है। आज की ग्रामीण संस्कृति में आपको किस तरह के परिवर्तन दिखाई देते हैं ?

उत्तर— आज की ग्रामीण संस्कृति में हमें कई तरह के परिवर्तन दिखाई देते हैं। टी. वी., कम्प्यूटर और मोबाइल का प्रयोग होने के कारण ग्रामीण भी जागरूक होने लगे हैं। कुओं के स्थान पर ट्यूबवैल, सबमर्सिबल आदि से पानी का प्रबंध किया जाता है। बैलों के स्थान पर ट्रैक्टर का प्रयोग होने लगा है। घर व सड़कें पक्की हो गई हैं। खुले में शौच कम हो गया है। पढ़ाई के प्रति भी जागरूकता बढ़ी है। लड़की व लड़के के बीच भेद समाप्त होने लगा है। अब ग्रामीण लोग प्रगति के पथ पर अग्रसर हैं।

प्रश्न 66. पाठ पढ़ते-पढ़ते आपको भी अपने माता-पिता का लाड़-प्यार याद आ रहा होगा। अपनी इन भावनाओं को अंकित कीजिए।

उत्तर— माँ का हृदय वात्सल्य से भरा होता है। मेरी माँ भी मुझे बहुत प्यार करती थीं। उनके हर कार्य से ममता छलकती थी। स्नेह से खाना खिलाना, दूध पिलाना तथा बड़ों की डाँट से बचाने में उनका कोई सानी नहीं था। पिता भी बहुत प्यार करते थे, लेकिन उनका प्यार अनुशासन के पीछे छिपा रहता था। हमें पढ़ाने तथा हमारा भविष्य बनाने की जिम्मेदारी के कारण वे अनुशासन प्रिय हो गए थे, परंतु उनका स्नेहभरा हाथ हमारे ऊपर सदैव रहता था।

प्रश्न 67. यहाँ माता-पिता का बच्चे के प्रति जो वात्सल्य व्यक्त हुआ है उसे अपने शब्दों में लिखिए।

उत्तर— लेखक के पिता द्वारा लेखक को अपने साथ सुलाना, सुबह जल्दी उठाकर नहलाने के बाद पूजा पर बिठाना, उनके मस्तक पर त्रिपुंड करना, गंगा जी की ओर आने-जाने में कंधे पर बिठाए रखना तथा लौटते समय पेड़ की झुकी शाखाओं पर झूला झुलाना, उनके साथ कुश्ती खेलना तथा उसमें जानबूझकर हार जाना, उनका खट्टा-मीठा चुम्मा लेना, खेल-खेल में उनसे अपनी मूँछें नुचवाना तथा बनावटी रोना, गोरस और भात सानकर अपने हाथों से खिलाना, उनके हर खेल में बच्चे की तरह भागीदार बनकर उनका मनोबल बढ़ाना, गुरु जी से विनती करके उन्हें सजा से बचाकर घर ले आना तथा चोट लग जाने पर उसे झटपट माँ की गोदी से अपनी गोद में लेना आदि प्रसंग पिता के हृदय में भरे वात्सल्य को व्यक्त करते हैं।

लेखक द्वारा अपने पिता के साथ भरपेट भोजन कर लेने के उपरांत भी माँ का हृदय संतुष्ट नहीं होता। वह अपने हाथ से बड़े स्नेह से उनको बहला-फुसलाकर अतिरिक्त भोजन कराती है। माँ द्वारा लेखक को इस प्रकार से भोजन करवाना, उनके बालों में कड़वा तेल डालना, उबटन करना, नाभि और मस्तक पर कुदृष्टि से बचाने के लिए ढिठौना (नज़र का टीका) लगाना, चोटी गूँथकर उसमें फूलदार लट्टू बाँधना, रंगीन कुर्ता-टोपी पहनाकर सजाना-सँवारना, लेखक को साँप के डर से काँपते देखकर उसे अपने अँचल में छिपा लेना तथा धैर्य खोकर रो पड़ना, घर के सारे काम छोड़कर अधीर होकर लेखक के घावों पर हल्दी पीसकर थोपना तथा बड़े लाड़ से लेखक को गले लगाकर उनको चूमते जाना आदि प्रसंग बड़े ही मार्मिक हैं जो वात्सल्य से ओतप्रोत हैं।

प्रश्न 68. 'माता का अँचल' शीर्षक की उपयुक्तता बताते हुए कोई अन्य शीर्षक सुझाइए।

अथवा

'माता का अँचल' शीर्षक की सार्थकता स्पष्ट कीजिए।

उत्तर— 'माता का अँचल' शीर्षक एकदम सटीक एवं उपयुक्त है। बच्चा अपनी माँ से स्वाभाविक रूप से जुड़ा होता है। उसके दिल के तार माँ के दिल से अनायास ही जुड़े रहते हैं। यही वजह है कि कोई भी बच्चा सारा दिन पिता व अन्य लोगों के साथ गुज़ार लेता है, लेकिन किसी भी प्रकार का संकट आने पर वह केवल माँ के अँचल में ही शरण पाना चाहता है क्योंकि माँ के अँचल में ही प्रेम, शान्ति व सुख की छाया होती है।

लेखक भी अपना सारा समय पिता व साथियों के बीच रहकर गुजारता है, परंतु साँप को देखकर हड़बड़ाकर गिरने से घायल होने के बाद डरता हुआ वह केवल माँ के अँचल की छत्रछाया में जाकर ही सुख पाता है। उस समय वह माँ के अँचल की प्रेम-शान्ति-सुख-चैन को छोड़कर पिता की गोद में जाना भी पसंद नहीं करता। अत: 'माता का अँचल' एक सार्थक शीर्षक है।

इसका अन्य शीर्षक—'माँ की छाँव' हो सकता है।

प्रश्न 69. बच्चे माता-पिता के प्रति अपने प्रेम को कैसे अभिव्यक्त करते हैं ?

अथवा

बच्चों द्वारा माता-पिता के प्रति प्रेम की अभिव्यक्ति को स्पष्ट कीजिए।

उत्तर— बच्चे बहुत भोले और सच्चे होते हैं। वे उन्हें अपनी ओर आकर्षित करने के लिए अनेक प्रकार के क्रियाकलाप करते रहते हैं। वे कभी हँसकर, खुश होकर तथा कभी रूठकर अपना प्रेम अभिव्यक्त करते हैं। बच्चों द्वारा की गई तरह-तरह की क्रीड़ाएँ तथा लीलाएँ माता-पिता के प्रति उनके प्रेम को अभिव्यक्त करने का माध्यम बनती हैं। उनकी कोमल भावनाएँ ही उनके प्रेम की अभिव्यक्ति हैं।

प्रश्न 70. इस पाठ में बच्चों की जो दुनिया रची गई है वह आपके बचपन की दुनिया से किस तरह भिन्न है?

अथवा

पाठ में अभिव्यक्त बच्चों की दुनिया और बचपन की दुनिया का अंतर स्पष्ट कीजिए।

उत्तर— हमारे बचपन की दुनिया लेखक के बचपन की दुनिया से बिल्कुल भिन्न है। हमारे समय में साथी भी ऐसे नहीं होते जिनके साथ हम हुल्लड़ मचा सकें। सभ्यता के दायरे में रहकर ही हमें खेलना पड़ता है। आज प्राकृतिक खेल गायब हो चुके हैं। लूडो, कैरम, शतरंज, हॉकी, क्रिकेट जैसे खेल ही खेले जाते हैं। आज का समय सुरक्षा की दृष्टि से भी पहले से भिन्न है, अत: अपहरण के डर से माता-पिता दूर खेलने नहीं जाने देते। हमारे बचपन की दुनिया में शिक्षा पर विशेष ज़ोर दिया जाता है। आज के समय में परस्पर प्रेम, त्याग, मित्रता, सहनशक्ति, आत्मीयता तथा विचारों के परस्पर आदान-प्रदान का सर्वथा अभाव है।

परीक्षोपयोगी महत्वपूर्ण प्रश्नोत्तर

प्रश्न 71. पिता द्वारा लेखक को भरपेट खाना खिला देने के बाद उनकी माँ द्वारा लेखक को अतिरिक्त भोजन कराना स्वास्थ्य की दृष्टि से कहाँ तक उचित है?

उत्तर— माँ का हृदय ममता से भरा होता है। अपने हाथ से खाना खिलाए बिना वह संतुष्ट नहीं होती। उसे लगता है कि अभी बच्चे का पेट नहीं भरा। उसके अनुसार पिता बच्चे को पेटभर खाना खिलाना नहीं जानते इस वहज से वह अपने बच्चों को अतिरिक्त भोजन कराकर ही दम लेती है।

यदि स्वास्थ्य की दृष्टि से देखा जाय तो अतिरिक्त भोजन हानिकारक है। यदि भोजन पच नहीं पाएगा तो बच्चे का स्वास्थ्य प्रभावित होगा, परंतु लेखक के खेलों में इतनी भाग-दौड़ सम्मिलित थी कि उनके लिए भोजन पचाना मुश्किल नहीं था।

प्रश्न 72. लेखक अपने बचपन में अपने साथियों के साथ मिलकर चिड़िया, चूहे आदि निरीह जानवरों के साथ क्रूरता का व्यवहार करते थे। क्या निरीह प्राणियों के साथ ऐसा व्यवहार उचित है?

उत्तर— बच्चे शरारती होते हैं। वे इस बात को नहीं समझते कि उनकी ऐसी शरारतों से निरीह प्राणियों को कष्ट पहुँचता है। बस उन्हें उनके साथ खेलने और मस्ती करने में आनंद आता है। वे क्रूरता शब्द का अर्थ नहीं समझते। परन्तु अनजाने में ही सही। निरीह प्राणियों के साथ इस तरह की क्रूरता करना सर्वथा अनुचित है। हमें बच्चों को इस बात की सीख देनी चाहिए कि निरीह प्राणियों में भी प्राण होते हैं। हमारे द्वारा सताए जाने पर उन्हें बहुत कष्ट होता है। हमें ऐसा कभी नहीं करना चाहिए।

प्रश्न 73. 'जहाँ लड़कों का संग, तहाँ बाजे मृदंग' के माध्यम से लेखक क्या बताना चाहते हैं?

उत्तर— इस पंक्ति के माध्यम से लेखक यह बताना चाहते हैं कि बच्चे मस्तमौला होते हैं। उन्हें सुख-दु:ख का आभास नहीं होता। उन पर कोई जिम्मेदारी नहीं होती। वे हर हालत में खुश रहते हैं। शरारतें करना उनका जन्मसिद्ध अधिकार होता है इसलिए जहाँ बच्चे होते हैं, वहाँ खुशियों के ढोल-नगाड़े बजते रहते हैं। बच्चे निश्चिन्त होकर अपने खेलों में मस्त रहते हैं।

प्रश्न 74. 'जहाँ बुड्डों का संग, तहाँ खरचे का तंग' इस पंक्ति के माध्यम से लेखक क्या संकेत देना चाहते हैं?

उत्तर— इस पंक्ति के माध्यम से लेखक यह बताना चाहते हैं कि बूढ़ों की अपेक्षा बच्चे अपने आप में ज्यादा मस्त रहते हैं। जहाँ पर बुजुर्गों का संग होता है, वहाँ पर घर-परिवार तथा खर्चों से सम्बन्धित गंभीर मुद्दों पर चर्चाएँ चलती हैं। जहाँ बच्चों का संग होता है, वहाँ का माहौल मौज-मस्ती से भरा रहता है। बच्चों की अपेक्षा बुजुर्ग खर्च करने में कंजूस होते हैं। इसका कारण यह है कि उन पर घर-परिवार का संचालन करने की पूरी जिम्मेदारी होती है। बच्चे इस जिम्मेदारी से आज़ाद होते हैं।

प्रश्न 75. 'हम बचपन से ही उनके अंग लग गए थे।' इस कथन का आशय स्पष्ट कीजिए।

उत्तर— इस कथन का आशय यह है कि लेखक को माँ की अपेक्षा पिता से अधिक लगाव था। वे बचपन से ही अपने पिता के साथ अधिक समय व्यतीत करते थे। माता से केवल उनका नाता दूध पीने भर का था। वे बाहर बैठक में पिता के साथ ही सोते थे, उनके साथ ही उठते थे। दैनिक क्रिया से निवृत्त होकर उन्हीं के साथ पूजा करने बैठ जाते थे।

प्रश्न 76. पिता के साथ पूजा पर बैठने के बाद लेखक किस चीज के लिए ज़िद करने लगते थे? उस पर पिताजी की क्या प्रतिक्रिया होती थी?

उत्तर– पिता के साथ पूजा पर बैठने के बाद लेखक अपने मस्तक पर भभूत का तिलक लगा देने के लिए ज़िद करने लगते थे। पिता कुछ हँसकर कुछ झुँझलाकर और कुछ डाँटकर लेखक के मस्तक पर त्रिपुंड कर देते थे।

प्रश्न 77. लेखक का असली नाम क्या था? उनके पिताजी उन्हें क्या कहकर पुकारते थे? और क्यों?

उत्तर– लेखक का असली नाम 'तारकेश्वरनाथ' था। उनके पिताजी उन्हें 'भोलानाथ' कहकर पुकारते थे, क्योंकि उनकी लंबी-लंबी जटाएँ थीं। मस्तक पर भभूत का त्रिपुंड लगाने के बाद लेखक 'बम-भोला' जैसे दिखते थे।

प्रश्न 78. लेखक अपने पिताजी और माता को क्या कहकर पुकारते थे?

उत्तर– लेखक अपने पिताजी को 'बाबूजी' और माता को 'मइयाँ' कहकर पुकारते थे।

प्रश्न 79. 'माता का अँचल' पाठ के आधार पर लेखक के पिता की चारित्रिक विशेषताएँ बताइए।

अथवा

'लेखक के पिता स्वभाव से भक्त थे।' उनकी भक्ति को सिद्ध करते हुए उनके चरित्र के अन्य गुणों पर प्रकाश डालिए।

उत्तर– 'माता का अँचल' पाठ के आधार पर लेखक के पिता ईश्वर के परम भक्त, वात्सल्यमयी हृदय के स्वामी तथा बाल-गोपालों की भावनाओं को समझने वाले निष्कपट इंसान थे। परम शक्ति में उनकी परम श्रद्धा थी। दैनिक क्रियाओं से निवृत्त होने के बाद वे पूजा करने बैठ जाते थे। उनके बाद 'रामनामा बही' पर राम-नाम लिखते थे। कागज़ के छोटे-छोटे टुकड़ों पर राम-नाम लिखने के बाद उनमें आटे की गोलियों को लपेटकर गंगा नदी पर जाकर मछलियों को समर्पित करते थे। इन्हीं सब बातों से उनकी ईश्वर के प्रति अटूट भक्ति सिद्ध होती है।

वे माँ की भाँति लेखक को बड़े स्नेह से खाना खिलाते थे तथा उनके व मित्रों के साथ उनके खेलों में हर्षपूर्वक शामिल हो जाते थे।

प्रश्न 80. 'मरदुए क्या जानें कि बच्चों को कैसे खिलाना चाहिए?' इस कथन के माध्यम से किस पर व्यंग्य किया गया है?

अथवा

'मरदुए क्या जानें कि बच्चों को कैसे खिलाना चाहिए?' इस कथन में निहित व्यंग्यार्थ पर प्रकाश डालिए।

उत्तर– 'मरदुए क्या जानें बच्चों को कैसे खिलाना चाहिए।' इस पंक्ति के माध्यम से लेखक की माँ ने पुरुषों पर व्यंग्य किया है। माँ स्वाभाविक एवं भावनात्मक रूप से बच्चों के साथ जुड़ी होती है। पुरुष की तुलना में माँ का हृदय अधिक वात्सल्यमयी होता है। वह बच्चों की भावनाओं को अच्छी तरह समझती है। बच्चा भूखा रह गया है या उसका पेट भर गया है इस बात को वह भली-भाँति समझती है।

प्रश्न 81. लेखक बचपन में अपने साथियों के साथ कौन-कौनसे खेल खेलते थे? उनके पिता की उसमें क्या भूमिका होती थी?

अथवा

लेखक द्वारा बचपन में खेले गए खेलों या नाटकों के नाम बताते हुए, उसमें पिता की भूमिका को स्पष्ट कीजिए।

उत्तर– लेखक बचपन में अपने साथियों के साथ तरह-तरह के नाटक, मिठाई की दुकान, घर-घर, बारात-बारात, खेती-खेती आदि खेल बड़े ही मनोरंजक अंदाज़ में खेला करते थे। उनके नाटक इतने आकर्षक होते थे कि राहगीर भी ठिठककर उनके तमाशों को देखने लग जाते थे। उनके पिताजी बड़ी प्रसन्नता के साथ बच्चा बनकर उनके खेल में शामिल होकर उन बच्चों का मनोबल बढ़ाते थे।

प्रश्न 82. भोलानाथ संकट के समय में अपने पिता के पास न जाकर माता के पास क्यों जाता है? 'माता का अँचल' पाठ के आधार पर स्पष्ट कीजिए।

उत्तर– किसी भी संकट में बच्चा अपनी माँ को ही याद करता है। उसका हृदयस्पर्शी स्नेह बालक की हर पीड़ा हर लेता है। बच्चा अपनी माँ के साथ रहकर ही सुरक्षित अनुभव करता है। माँ उसकी भावनाओं को अच्छी तरह समझती है। माँ की ममता और आत्मीयता की कोई तुलना नहीं होती। यही कारण है कि भोलानाथ संकट के समय अपने पिता के पास न जाकर माँ के पास जाता है।

प्रश्न 83. 'बच्चे रोना-धोना, पीड़ा, आपसी झगड़े ज्यादा देर तक अपने साथ नहीं रख सकते हैं।' माता का अँचल पाठ के आधार पर इस कथन को उदाहरण सहित स्पष्ट कीजिए।

उत्तर– बच्चे रोना-धोना, पीड़ा, आपसी झगड़े ज्यादा देर तक अपने साथ नहीं रखते, यह कथन सही है। बच्चों की मानसिकता बदला लेने वाली नहीं होती, वह अपने मारने वाले दोस्त को भी कुछ समय पश्चात् दोस्ती की नज़र से देखता है। उदाहरण के तौर पर जब कभी आम की फसल के समय आँधी आती तब भोलानाथ अपने मित्रों के साथ बागों में चला जाता वहाँ उन्हें बूढ़े तिवारी जी मिल गए बैजू ने उन्हें चिढ़ाना आरंभ कर दिया इसकी शिकायत जब गुरुजी से की तो उन्होंने भोलानाथ की खूब खबर ली। परंतु जिन मित्रों के कारण भोलानाथ को गुरुजी से सजा मिली उन्हीं के साथ भोलेनाथ फिर से खेलने लग गये।

प्रश्न 84. लेखक के बचपन के नाटकों में उनकी सूक्ष्म निरीक्षण की क्षमता दृष्टिगोचर होती है। स्पष्ट कीजिए।

अथवा

लेखक व उनके साथियों के बचपन के खेलों में उनकी कौन-सी विशेषता परिलक्षित होती है?

उत्तर– लेखक एवं उसके साथी बचपन में अनेक खेल खेलते थे। उनके प्रत्येक खेल में उस खेल की बारीकी स्पष्ट रूप से दिखाई देती है। हर खेल पूरी प्रक्रिया से गुज़रता है। कोई भी चीज़ उस खेल से गायब नहीं होती। इससे उनकी सूक्ष्म निरीक्षण की क्षमता परिलक्षित होती है। स्पष्ट दिखाई देता है कि खेती हो या रसोई बनाना, मिठाई की दुकान लगाना हो या शादी-विवाह में होने वाली रस्में सभी कुछ पूरी तरह

मंचित किया जाता था। जो कि वास्तव में मनोरंजक तो था ही यथार्थ के करीब भी होता था। प्राकृतिक खेलों का मंचन अत्यन्त सुखदायक होता था।

प्रश्न 85. 'छाती पर चढ़कर बाप की मूँछें उखाड़ता हुआ छोटा बच्चा बुरा क्यों नहीं लगता।' 'माता का अँचल' पाठ के आधार पर इस तथ्य का विश्लेषण करते हुए बताइये कि पिता बच्चों का लालन-पालन कैसे करते हैं?

उत्तर— बच्चों के लालन-पालन में जितना हाथ माता का होता है, उतना हाथ पिता का भी होता है। इस पाठ में पिता, भोलानाथ को शिक्षा देते हैं। उसके साथ खेलते हैं क्योंकि यह संबंध पुत्र के व्यक्तित्व के विकास में सहायक है। प्रस्तुत वाक्य में जहाँ भोलानाथ पिता की छाती पर बैठकर मूँछें उखाड़ता है, वहीं पिता उसे चूमकर या रोने का बहाना बनाकर हटाने की कोशिश करते हैं, परन्तु पिता का वात्सल्य उसे गुस्सा नहीं होने देता। इसलिए पिता और पुत्र के बीच का लगाव सकारात्मक गुणों को विकसित करता है।

प्रश्न 86. 'माता का अँचल' पाठ के आधार पर माता द्वारा भोलानाथ को कन्हैया बनाने का शब्द-चित्र प्रस्तुत कीजिए।

उत्तर— लेखक की मैया लेखक के सिर में एक चुल्लू भर के तेल डाल देती थीं उसके बाद उबटन करने के पश्चात् नाभि और मस्तक पर कुदृष्टि से बचाने के लिए काजल की बिंदिया लगा देती थीं। फिर उनकी चोटी गूँथकर उसमें फूलदार लट्टू बाँध देती थीं। अंत में रंगीन कुर्ता-टोपी पहनाकर उन्हें सजा देती थीं। इस प्रकार भोलानाथ कन्हैया के समान सजकर स्वयं को अत्यन्त सुंदर महसूस करते थे।

प्रश्न 87. लेखक के पिताजी के साथ खड़े लोग लेखक और उनकी मित्र-मंडली का तमाशा देखकर हँसते हुए क्या कह रहे थे? उन्होंने लड़कों की बंदरों के साथ तुलना क्यों की?

उत्तर— लेखक के पिताजी के साथ खड़े लोग लेखक और उनकी मित्र-मंडली का तमाशा देखकर हँसते हुए यह कह रहे थे कि 'चिड़िया की जान जाए, लड़कों का खिलौना।' सचमुच 'लड़के और बंदर पराई पीर नहीं समझते।' लड़कों और बंदरों दोनों का स्वभाव नटखट होता है। शैतानियाँ करते समय लड़के बंदरों के समान लापरवाह होते हैं। किसी को कैसी भी हानि पहुँचे उन्हें कोई फर्क नहीं पड़ता। कभी-कभी वे ऐसी शैतानियाँ करते हैं, जिससे स्वयं की जान को भी खतरा हो सकता है। इसी कारण उन्होंने लड़कों की बंदरों के साथ तुलना की है।

प्रश्न 88. लेखक और उनके मित्रों के खेलों में से सबसे खतरनाक खेल के विषय में परिणाम सहित वर्णन कीजिए।

उत्तर— लेखक और उनके मित्रों का सबसे खतरनाक खेल टीले पर जाकर चूहों के बिल में पानी उलीचने वाला था। उस बिल में से चूहे के स्थान पर साँप निकल आया। अचानक साँप को सामने देखकर सभी बच्चे घबरा गए। रोते-चिल्लाते बेतहाशा भागने लगे। ज्यादा घबराहट में शरीर काबू में नहीं रहता। पैर कहीं के कहीं पड़ते हैं। इसी कारण भागते समय कोई औंधा

गिरा, कोई अंटाचिट। किसी का सिर फूटा किसी के दाँत टूटे। सभी गिरते-पड़ते भागे। लेखक का शरीर लहूलुहान हो गया तथा उनके पैरों के तलवे काँटों से छलनी हो गए।

प्रश्न 89. 'माता का अँचल' शिवपूजन सहाय के प्रसिद्ध उपन्यास 'देहाती दुनिया' का एक अंश है। इसके विषय में और जानकारी दीजिए।

उत्तर— 'माता का अँचल' एक संकलित अंश है, जो शिवपूजन सहाय के प्रसिद्ध उपन्यास 'देहाती-दुनिया' से लिया गया है। यह हिन्दी का पहला आंचलिक उपन्यास माना जाता है। इसे स्मरण-शिल्प में लिखित हिन्दी के प्रथम उपन्यास का दर्जा प्राप्त है। इस उपन्यास में ग्रामीण जीवन का चित्रण ग्रामीण जनों की भाषा में बड़े ही सजीव ढंग से किया गया है।

प्रश्न 90. 'माता का अँचल' पाठ के कथा-शिल्प एवं कथानक पर प्रकाश डालते हुए तत्कालीन समाज के पारिवारिक परिवेश का चित्रण कीजिए।

उत्तर— 'माता का अँचल' पाठ की शैली आत्मकथात्मक है। इसका कथा-शिल्प अत्यन्त मौलिक एवं प्रयोगधर्मी है। बालक भोलानाथ के शैशव का चरित्र-चित्रण इसके कथानक का दृष्टि बिंदु है। इसमें ग्रामीण अंचल और उसके चरित्रों का अनोखा एवं सजीव चित्रण है जो पाठक के मन को बरबस ही अपनी ओर आकर्षित कर लेता है। शहर की भागमभाग और चकाचौंध से दूर गाँव की शान्ति, शुद्धता एवं सहजता का चित्रण लेखक ने बड़ी ही ईमानदारी एवं आत्मीयता से किया है। लेखक ने बाल-मनोभावों की अभिव्यक्ति के साथ-ही-साथ तत्कालीन समाज के पारिवारिक परिवेश का अनोखा एवं वास्तविक चित्र अंकित किया है। बालकों के तमाशे को ठिठकते हुए देखना, उनके खेलों को देखकर प्रसन्नता व्यक्त करना आदि बाल-गोपालों के खेल के प्रति समाज के आकर्षण को अभिव्यक्त करता है।

प्रश्न 91. भोलानाथ के पिताजी का रामनामी गोलियाँ मछलियों को खिलाना क्या केवल धार्मिक अनुष्ठान है, या जीवों पर दया करने का मूल्य भी इसमें निहित है। 'माता का अँचल' पाठ के आधार पर तर्कसंगत उत्तर दीजिए।

उत्तर— भोलानाथ के पिताजी भगवान् के परमभक्त, परम स्नेही और भोले स्वभाव के व्यक्ति थे। वे 'रामनामा बही' पर हजार बार राम-नाम लिखा करते थे। वे कागज के छोटे-छोटे टुकड़ों पर राम-नाम लिखकर उनमें आटे की गोलियाँ लपेटते थे और गंगा की मछलियों को खिला आते थे। इसमें उनके भक्त स्वभाव का परिचय मिलता है। भोलानाथ के पिताजी द्वारा रामनामी गोलियाँ मछलियों को खिलाने में धार्मिक अनुष्ठान के साथ-साथ निस्संदेह जीवों पर दया करने का मूल्य भी निहित है। वे भक्त और अत्यंत दयालु स्वभाव के व्यक्ति थे। उनके मन में जीवों के प्रति भी अगाध प्रेम तथा दया भाव था इसलिए वह रामनामी गोलियाँ बनाकर मछलियों को खिलाते थे, ताकि उनका पेट भर सके और इसी के साथ उनका धार्मिक कार्य भी सम्पन्न होता था।

जॉर्ज पंचम की नाक

Chapter
2

लेखक–कमलेश्वर

लेखक परिचय

नई कहानी के सशक्त हस्ताक्षर कमलेश्वर का जन्म 6 जनवरी सन् 1932 को मैनपुरी (उ.प्र.) में हुआ। बचपन में ही इनके सिर से पिता का साया उठ गया। इनकी हाईस्कूल तक की शिक्षा मैनपुरी से तथा उच्च शिक्षा प्रयाग विश्वविद्यालय इलाहाबाद से हुई। पत्र-पत्रिकाओं के संपादन क्षेत्र में भी इन्होंने कुशलता का परिचय दिया। दूरदर्शन एवं आकाशवाणी पर भी इन्होंने अनेक चर्चा-परिचर्चाओं में भाग लिया। इन्होंने मुंबई जाकर अनेक फिल्मों एवं दूरदर्शन के धारावाहिकों के लिए पटकथा एवं संवाद लिखे। 27 जनवरी 2007 को दिल का दौरा पड़ने के कारण इनका देहांत हो गया।

रचनाएँ–कमलेश्वर की रचनाओं में कस्बे का आदमी, **माँस का दरिया, राजा निरबंसिया, बयान, तलाश, आधी दुनिया, खोई हुई दिशाएँ, मेरी प्रिय कहानियाँ** तथा **जिंदा मुर्दे** प्रसिद्ध कहानियाँ हैं। **समुद्र में खोया हुआ आदमी, काली आँधी, एक सड़क सत्तावन गलियाँ, वही बात, सुबह-दोपहर-शाम** और **कितने पाकिस्तान** एवं **डाक बंगला** आदि प्रसिद्ध उपन्यास हैं। **चारुलता, कमलेश्वर के बाल नाटक** एवं **अधूरी आवाज़** कमलेश्वर के प्रमुख नाटक हैं। यात्रावृत्त-**खंडित यात्राएँ, अपनी निगाह में। नई कहानी की भूमिका, मेरा पन्ना** और **समांतर सोच** आदि उनकी प्रमुख समीक्षा हैं।

साहित्यिक विशेषताएँ–सुविख्यात रचनाकार कमलेश्वर की कहानियों में आधुनिक समाज में व्याप्त घृणा, स्वार्थ, घुटन एवं आत्महत्या जैसी नकारात्मक भावनाओं का मार्मिक एवं सजीव चित्रण किया गया है। आधुनिक जीवन की विभिन्न प्रकार की विसंगतियों, कुंठाओं, बनावटीपन तथा खोखलेपन पर कुठाराघात किया गया है। इनकी भाषा में उर्दू व अंग्रेजी के साथ आंचलिक शब्दों का प्रयोग हुआ है। आत्मकथात्मक शैली तथा मुहावरों के सटीक प्रयोग से भाषा प्रवाहयुक्त बन पड़ी है।

'जॉर्ज पंचम की नाक' एक व्यंग्यात्मक निबन्ध है। इसमें सरकारी तंत्र का मजाक उड़ाया गया है। एक समय में हम इंग्लैण्ड के गुलाम थे, उसकी रानी के सम्मान के लिए भारत की जनता कैसे-कैसे पापड़ बेलती है, अपमानपूर्ण हरकतें करती है, यह दिखाना इस निबन्ध का उदेश्य है।

सारांश–इंग्लैण्ड की रानी एलिज़ाबेथ द्वितीय अपने पति के साथ भारत आने वाली थीं। सभी अखबार इन्हीं चर्चाओं से भरे रहते थे। रानी का दर्जी उनकी पोशाक को लेकर चिंतित और परेशान था। उनके फोटोग्राफर, सेक्रेटरी और जासूस सभी इस महाद्वीप का दौरा करने में लगे थे। रानी ने हिंदुस्तान से रेशमी कपड़ा मँगाकर हल्के नीले रंग का सूट बनवाया था। उस सूट में करीब चार-सौ पौंड का खर्चा आया। यह खबर भी अखबार की सुर्खी बन गई थी। रानी एलिज़ाबेथ की जन्म-पत्री तथा प्रिंस फिलिप छपे। इसके अलावा उनके नौकरों, खानसामों, अंगरक्षकों की जीवनियों से लेकर शाही महल में पलने वाले कुत्तों की तस्वीरें भी अखबारों में छपी थीं।

बहुत धूम मची हुई थी। राजधानी में तहलका मचा हुआ था। रानी के आगमन की तैयारी में हर कोई उतावला था। सड़कें धोकर साफ कर दी गई थीं। इमारतों को दुल्हनों की तरह सजाया गया था।

सभी तैयारियाँ पूरी हो गई थीं। केवल एक मुश्किल रह गई थी। सुरक्षा के कड़े इंतज़ामों के बाद भी किसी ज़माने में इंडिया गेट के सामने वाली जार्ज पंचम की लाट से उनकी नाक अचानक गायब हो गई थी। अब यही मुश्किल समस्या बनकर सामने खड़ी थी। रानी आए और जॉर्ज पंचम की मूर्ति पर नाक न हो यह विकट समस्या थी। इस समस्या के समाधान के लिए बहुत सलाह-मशवरे हुए तथा अंत में मूर्तिकार से मूर्ति पर नाक लगवाने का फैसला किया गया। मूर्तिकार अच्छा कलाकार था परंतु थोड़ा लालची था। उसने बताया कि लाट कब और कहाँ बनी थी तथा उसका पत्थर कहाँ से मँगवाया गया यह पता चलते ही नाक मूर्ति पर लग जाएगी।

यह जानने के लिए फाइलों को खोजा गया, तो कुछ पता नहीं चला। सभी हुक्कामों के चेहरों पर उदासी छा गई। एक खास कमेटी को पूरा दारोमदार सौंप दिया गया।

मूर्तिकार ने सलाह दी कि मैं हिंदुस्तान के हर पहाड़ पर जाकर ऐसा पत्थर खोजकर लाऊँगा। इस पर सभापति को बड़ा गर्व हुआ और उन्होंने इस विषय पर एक संक्षिप्त भाषण दिया, जो अखबारों में तुरंत छप गया।

मूर्तिकार हिंदुस्तान के पहाड़ी प्रदेशों तथा पत्थरों की खानों का दौरा करके लौटा, तब उसके मुख पर हताशा एवं लानत बरस रही थी। उसने बताया कि यह पत्थर विदेशी है। हिंदुस्तान में ऐसा पत्थर कही नहीं है। ऐसा सुनकर सभापति को मूर्तिकार की अक्ल पर गुस्सा आया। वे उस पर भड़कने लगे। मूर्तिकार शांत खड़ा था। अचानक उसके मन में विचार कौंधा उसने अखबार वालों को पता न चलने की शर्त पर सुझाया कि अपने देश के नेताओं की मूर्ति से नाक उतार कर उसे जॉर्ज पंचम की मूर्ति पर लगा दिया जा सकता है। यह आपकी इजाज़त से ही संभव है। सभापति ने होशियारी रखने की चेतावनी देते हुए इजाज़त दे दी।

मूर्तिकार ने दिल्ली, बंबई, गुजरात, बंगाल, बिहार, उत्तर प्रदेश, मद्रास, केरल तथा पंजाब जाकर दादाभाई नौरोजी, गोखले, शिवाजी, लोकमान्य बाल गंगाधर तिलक, जहाँगीर, गाँधीजी, सरदार वल्लभ भाई पटेल, गुरुदेव रवीन्द्रनाथ टैगोर, सुभाष चंद्र बोस, राजा राममोहन राय, चंद्रशेखर आज़ाद, मोतीलाल नेहरू, मदन मोहन मालवीय, सरदार भगत सिंह, लाला लाजपत राय तथा कॉवसजी आदि सबकी नाकें टटोलीं, परंतु सबकी नाकें बड़ी निकलीं। बात नहीं बनी। समस्या वहीं की वहीं रही।

सुनकर सभी हुक्काम हताशा से भरकर झुँझलाने लगे। मूर्तिकार ने ढाँढस बँधाते हुए बिहार सेक्रेटिएट के सामने 1942 में शहीद होने वाले

बच्चों की मूर्तियों की नाक को जॉर्ज पंचम की नाक के स्थान पर फिट करने का सुझाव दिया। परंतु उन बच्चों की नाकें भी बड़ी निकलीं।

दिल्ली में सब तैयारियाँ थीं, केवल मूर्ति पर नाक नहीं थी। सभी हुक्काम अपनी नाक बचाने की चिंता में थे। तभी मूर्तिकार के मन में एक हैरतअंगेज विचार कौंधा तथा उसने बंद दरवाज़ों के अंदर ज़िंदा नाक काटकर लगा देने की सलाह दी। चारों ओर पसरे सन्नाटे के बीच कानाफूसी के बाद मूर्तिकार को इजाज़त दे दी गई।

मसला हल होने की बात अखबारों में छप गई। ज़िंदा नाक को ताज़ा रखने के सभी इंतज़ामात कर दिए गये। नाक ज़िंदा मनुष्य की लगी है। इसकी कोई खबर जनता को नहीं थी।

अखबारों से पता चला कि जॉर्ज पंचम के ज़िंदा नाक लगाई गई है, जो कतई पत्थर की नहीं लगती। उस दिन देश में किसी तरह की कोई खुशी नहीं मनाई गई। कोई उद्घाटन तथा सार्वजनिक सभा नहीं हुई। कोई अभिनंदन व स्वागत समारोह भी नहीं हुआ। किसी का ताज़ा फोटो नहीं छपा। सब अखबार खाली थे। पता नहीं इसका क्या रहस्यमय कारण था ? नाक तो केवल एक ही चाहिए थी, वह भी मूर्ति के लिए। चारों ओर सन्नाटा था।

शब्द-सम्पदा

मय = के साथ। **पधारना** = आना। **फ़ौज-फाटा** = सेना सहित अन्य शाही कर्मचारी। **कतरन** = अखबार का कटा हुआ टुकड़ा। **खरचा** = खर्च। **कारनामे** = कार्य। **बावरची** = रसोइया। **खानसामा** = पाकशाला का प्रबंधक। **तहलका** = खलबली। **बेसाख़्ता** = स्वाभाविक रूप से। **रहमत** = दया, कृपा। **कायापलट होना** = पूरी तरह परिवर्तन। **करिश्मा** = चमत्कार। **नाज़नीनों** = कोमल अंगों वाली नारी। **शृंगार** = सजावट। **मुश्किल** = कठिनाई। **उम्मीद** = आशा। **दास्तान** = कहानी। **वक्त** = समय। **खामोश** = चुप। **बहस** = चर्चा। **पक्ष-विपक्ष** = समर्थन-विरोध। **तैनात** = नियुक्त। **मजाल** = हिम्मत। **लाट** = खंभा, मूर्ति। **अजायबघर** = प्राचीन एवं मृत वस्तुओं का संग्रहालय। **गुरिल्ला युद्ध** = छिपकर किया जाने वाला युद्ध। **हादसा** = दुर्घटना। **एकाएक** = अचानक। **सरगरमी** = हलचल, खलबली। **खैरख्वाहों** = शुभचिंतकों, भलाई चाहने वाले। **मसला** = मामला। **पेश** = हाज़िर, उपस्थित। **सहमत** = राज़ी, तैयार। **मशवरे** = सलाह। **दिमाग खरोंचना** = दिमाग पर ज़ोर डालकर सोचना। **हुक्म** = आदेश। **फौरन** = तुरंत। **हाज़िर** = उपस्थित। **लाचार** = मजबूर, विवश। **हुक्कामों** = शासकों। **बदहवास** = घबराए हुए। **लटके** = उदास। **ताका** = ध्यान से देखा। **खैर** = आखिर। **खता** = गलती। **छानबीन** = खोज, जाँच। **फाइलों का पेट चीरना** = सूक्ष्म निरीक्षण करना। **हज़म करना** = खाकर पचा लेना। **दारोमदार** = कार्यभार, पूर्ण जिम्मेदारी। **किस्म** = प्रकार। **जान में जान आना** = आशा की किरण देखकर सुकून महसूस करना। **गर्व** = अभिमान। **गर्भ** = कोख, पेट। **हताश** = निराश। **लानत** = धिक्कार का भाव। **तैश** = आवेश, जोश। **तौर-तरीके** = आचार-व्यवहार। **सहसा** = अचानक। **इजाज़त** = आज्ञा। **आँखों में चमक आना** = उम्मीद की किरण जगना। **क्षण** = पल। **बदहवासी** = घबराहट। **होशियारी** = सावधानी। **परिक्रमा** = पूरा एक चक्कर। **ढाढस** = धैर्य, हिम्मत, तसल्ली। **सेक्रेटिएट** = सचिवालय। **रोगन** = रंग। **हैरतअंगेज ख्याल** = हैरान कर देने वाला विचार।

कौंधा = अचानक आया। **राय** = सलाह। **खामोशी** = चुप्पी, शांति। **अचकचाना** = भौचक्का होना, चौंक जाना। **कानाफूसी** = कानों में बातें होना। **रवाब** = गर्द, कीचड़। **मदद** = सहायता। **हिदायत** = कड़े निर्देश। **गौर करने** = ध्यान देने। **कतई** = थोड़ी भी, जरा भी। **अभिनंदन** = स्वागत। **मानपत्र भेंट** = सम्मान हेतु पत्र भेंट करना। **चित्र** = फोटो। **बुत** = मूर्ति। **सार्वजनिक सभा** = आम लोगों की सभा। **खास दिन** = विशेष दिन। **अखबार** = समाचार पत्र।

बहुविकल्पीय प्रश्न

1. 'जॉर्ज पंचम की नाक' पाठ के रचनाकार कौन हैं?

(क) ऋतुराज   (ख) कमलराज

(ग) कमलेश्वर   (घ) प्रेमचंद

उत्तर: (ग) कमलेश्वर

2. कमलेश्वर जी किस विश्वविद्यालय से पढ़े थे?

(क) मुंबई   (ख) चेन्नई

(ग) वाराणसी   (घ) इलाहाबाद

उत्तर: (घ) इलाहाबाद

3. जॉर्ज पंचम की नाक को लेकर सरकारी तंत्र की बदहवासी उनकी किस मानसिकता को दर्शाती है?

(क) भय की मानसिकता

(ख) गुलामी की मानसिकता

(ग) उनके स्वाभिमान की मानसिकता

(घ) आज़ादी की मानसिकता

उत्तर: (ख) गुलामी की मानसिकता

4. जॉर्ज पंचम की नाक में किस पर व्यंग्य किया गया है?

(क) भारतीयों की मेहमाननवाज़ी पर

(ख) रानी पर

(ग) सरकारी तंत्र पर

(घ) इनमें से कोई भी नहीं

उत्तर: (ग) सरकारी तंत्र पर

5. किन फाइलों की छानबीन की गई?

(क) गृह मंत्रालय की

(ख) पुरातत्व विभाग की

(ग) दिल्ली नगर पालिका की

(घ) वित्तीय विभाग की

उत्तर: (ख) पुरातत्व विभाग की

6. 'जॉर्ज पंचम की नाक' यह पाठ किस शैली में लिखा गया है?

(क) हास्य   (ख) संस्मरण

(ग) डायरी   (घ) व्यंग्य

उत्तर: (घ) व्यंग्य

7. कमलेश्वर जी किस पुरस्कार से सम्मानित किए गए थे?

(क) साहित्य अकादमी   (ख) भारत रत्न

(ग) नोबेल पुरस्कार   (घ) द्रोणाचार्य पुरस्कार

उत्तर: (क) साहित्य अकादमी

8. कमलेश्वर जी की निम्न में से कौन-कौन सी रचनाएँ हैं?
   (क) खोई हुई दिशाएँ   (ख) ज़िंदा मुर्दें
   (ग) राजा निरबंसिया   (घ) उपर्युक्त सभी
उत्तर: (घ) उपर्युक्त सभी

9. जॉर्ज पंचम की खोई हुई नाक का माप किसने लिया?
   (क) सभापति ने   (ख) रानी ने
   (ग) दर्जी ने   (घ) मूर्तिकार ने
उत्तर: (घ) मूर्तिकार ने

10. जॉर्ज पंचम की किस स्थान पर स्थित लाट की नाक गायब थी?
    (क) आगरा के ताजमहल की
    (ख) दिल्ली के लाल किले की
    (ग) दिल्ली के चाँदनी चौक की
    (घ) दिल्ली के इंडिया गेट की
उत्तर: (घ) दिल्ली के इंडिया गेट की

11. इंग्लैण्ड की महारानी किसके साथ हिंदुस्तान पधारने वाली थीं?
    (क) पिता के साथ   (ख) पति के साथ
    (ग) परिवार के साथ   (घ) भाई के साथ
उत्तर: (ख) पति के साथ

12. हमारे समाज में नाक को.......का प्रतीक माना जाता है।
    (क) सुंदरता का   (ख) मान-प्रतिष्ठा का
    (ग) बुद्धिमानी का   (घ) आभूषण का
उत्तर: (ख) मान-प्रतिष्ठा का

13. रानी एलिज़ाबेथ किन-किन देश के दौरे पर थीं?
    (क) हिंदुस्तान, पाकिस्तान और नेपाल
    (ख) हिंदुस्तान, ऑस्ट्रेलिया और पाकिस्तान
    (ग) अफगानिस्तान, चीन और नेपाल
    (घ) इनमें से कोई भी नहीं
उत्तर: (क) हिंदुस्तान, पाकिस्तान और नेपाल

14. मूर्ति बनाने का आदेश मिलने पर मूर्तिकार ने क्या प्रश्न किया?
    (क) मूर्ति किसकी बनानी है?
    (ख) मूर्ति कितने दिनों में बनानी है?
    (ग) इस मूर्ति का पत्थर कहाँ से लाया गया था?
    (घ) मूर्ति कहाँ बनानी है?
उत्तर: (ग) इस मूर्ति का पत्थर कहाँ से लाया गया था?

15. मूर्तिकार की आँखों में आँसू क्यों आ गए?
    (क) अधिकारियों द्वारा अपमानित होने के कारण।
    (ख) अधिकारियों के चिंतित और उतरे हुए चेहरे देखकर।
    (ग) अधिकारियों द्वारा प्रताड़ित किए जाने पर।
    (घ) इनमें से कोई भी नहीं।
उत्तर: (ख) अधिकारियों के चिंतित और उतरे हुए चेहरे देखकर।

16. मूर्ति के खिए पत्थर की खोज के विषय में सभापति ने क्या कहा?
    (क) मैं स्वयं इसके लिए पत्थर खोज लूँगा।

   (ख) सभी लोग कामचोर हैं।
   (ग) हर चीज इस देश के गर्भ में छिपी है।
   (घ) इनमें से कोई भी नहीं।
उत्तर: (ग) हर चीज इस श्रेष्ठ के गर्भ में छिपी है।

17. हमारे देश में सन् 1942 में शहीद हुए बच्चों की मूर्तियाँ कहाँ स्थापित हैं?
    (क) हैदराबाद के म्यूजियम में
    (ख) बिहार सेक्रेटरिएट के सामने
    (ग) ताजमहल के सामने
    (घ) लाल किले के सामने
उत्तर: (ख) बिहार सेक्रेटरिएट के सामने

18. नई दिल्ली के कायापलट के प्रयत्नों में क्या नहीं हुआ?
    (क) झुग्गियों का स्थानांतरण
    (ख) सरकारी भवनों की साफ-सफाई और रंग-रोगन
    (ग) बच्चों द्वारा सांस्कृतिक कार्यक्रम की व्यवस्था
    (घ) इनमें से कोई भी नहीं
उत्तर: (ग) बच्चों द्वारा सांस्कृतिक कार्यक्रम की व्यवस्था

19. 'नई दिल्ली में सब था, सिर्फ नाक नहीं थी'.....कथन के माध्यम से लेखक क्या कहना चाहते हैं?
    (क) दिल्ली में आत्मसम्मान का अभाव था।
    (ख) अच्छे मूर्तिकारों का अभाव था।
    (ग) दिल्ली में संपन्नता का अभाव था।
    (घ) सभी कामचोर थे।
उत्तर: (क) दिल्ली में आत्मसम्मान का अभाव था।

20. मूर्तिकार ने नाक के लिए किन-किन नेताओं की मूर्तियों की नाक टटोली?
    (क) जॉर्ज पंचम के परिवार वालों की।
    (ख) गोखले, तिलक और भगत सिंह की।
    (ग) मायावती, लालू प्रसाद और बिल क्लिंटन की
    (घ) इनमें से कोई भी नहीं।
उत्तर: (ख) गोखले, तिलक और भगत सिंह की।

21. मूर्ति पर नाक लग जाने के अगले दिन अखबारों में क्या छपा?
    (क) सरकारी तंत्र का कारनामा।
    (ख) मूर्तिकार की शर्मनाक हरकत।
    (ग) नाक का मसला हल हो गया है।
    (घ) इनमें से कोई भी नहीं।
उत्तर: (ग) नाक का मसला हल हो गया है।

22. जॉर्ज पंचम की लाट पर किसी भी भारतीय नेता यहाँ तक कि भारतीय बच्चे की नाक फिट न होने की बात से लेखक किस ओर संकेत करना चाहते हैं?
    (क) जॉर्ज पंचम की विचित्र नाक की ओर।
    (ख) भारतीयों की श्रेष्ठता की ओर।
    (ग) मूर्तिकार की असमर्थता की ओर।
    (घ) इनमें से कोई भी नहीं।
उत्तर: (ख) भारतीयों की श्रेष्ठता की ओर।

23. जॉर्ज पंचम की नाक लगने वाली खबर के दिन अख़बार चुप क्यों थे?

(क) वे ज़िंदा नाक लगाने से लज्जित थे।

(ख) अन्य तैयारियों में व्यस्त थे।

(ग) उन्हें इस बात की सूचना नहीं मिली थी।

(घ) अख़बार वाले हड़ताल पर थे।

उत्तर: (क) वे ज़िंदा नाक लगाने से लज्जित थे।

24. पत्थर के विषय में जाँच करने वाले क्लर्क की छानबीन का क्या परिणाम निकला?

(क) कोई जानकारी प्राप्त नहीं हो सकी।

(ख) उसने कोई खोजबीन नहीं की।

(ग) क्लर्क ने प्रयुक्त पत्थर के बारे में बता दिया।

(घ) इनमें से कोई भी नहीं।

उत्तर: (क) कोई जानकारी प्राप्त नहीं हो सकी।

25. सभापति के तैश में आने का कारण क्या था?

(क) मूर्तिकार द्वारा नाक लगाने से इन्कार करना

(ख) मूर्तिकार द्वारा जिंदा नाक लगाने की बात करना

(ग) मूर्तिकार द्वारा पत्थर खोजने में असफल रहना

(घ) अधिकारियों की असफलता

उत्तर: (ग) मूर्तिकार द्वारा पत्थर खोजने में असफल रहना

26. 'फाइलें सब कुछ हज़म कर चुकी हैं'—यह कथन किस पर सवाल खड़े करता है? अनुचित विकल्प चुनिए।

(क) क्लर्कों की लापरवाही पर

(ख) दीमक के उचित इलाज पर

(ग) कार्यालयों की मौजूदा कार्यप्रणाली पर

(घ) इनमें से कोई भी नहीं

उत्तर: (ख) दीमक के उचित इलाज पर

27. जहाँ चाटुकारिता का भाव होता है वहाँ अपने.......का कोई महत्व नहीं होता है।

(क) रूप-रंग का (ख) सम्मान का

(ग) रुपयों का (घ) बुद्धिमानी का

उत्तर: (ख) सम्मान का

28. दिल्ली में सभी साज-सज्जा पूर्ण होने के बाद भी हुक्कामों में खलबली क्यों थी?

(क) स्वागतकर्ता तैयार नहीं थे।

(ख) तैयारियाँ संतुष्टिजनक नहीं थीं।

(ग) जॉर्ज पंचम की मूर्ति पर नाक नहीं थी।

(घ) इनमें से कोई भी नहीं।

उत्तर: (ग) जॉर्ज पंचम की मूर्ति पर नाक नहीं थी।

29. 'जॉर्ज पंचम की नाक' कहानी पत्रकारिता की सार्थकता को रेखांकित करते हुए किसके विरुद्ध आवाज उठाती है?

(क) पीत पत्रकारिता

(ख) वॉच-डॉग पत्रकारिता

(ग) व्यावसायिक पत्रकारिता

(घ) इनमें से कोई भी नहीं

उत्तर: (ग) व्यावसायिक पत्रकारिता

30. इमारतों ने किस प्रकार शृंगार किया?

(क) दुल्हनों की तरह (ख) नौटंकी वालों की तरह

(ग) महिलाओं की तरह (घ) नाज़नीनों की तरह

उत्तर: (घ) नाज़नीनों की तरह

31. 'इंग्लैंड के अखबारों की कतरनें हिंदुस्तानी अख़बार में अगले दिन चिपकी नजर आती थीं।' आशय स्पष्ट कीजिए।

(क) भारतीय अख़बार उस समय दूसरे अख़बारों की कतरनों से अखबार तैयार करते थे।

(ख) भारतीय अख़बार खबरें चुराकर छापते थे।

(ग) रानी एलिज़ाबेथ ने खबरों का प्रचार करने के लिए कहा था।

(घ) जो खबर इंग्लैण्ड के अख़बार में छपती थी अगले दिन वह खबर भारतीय अख़बारों में छप जाती थी।

उत्तर: (घ) जो खबर इंग्लैण्ड के अख़बार में छपती थी अगले दिन वह खबर भारतीय अख़बारों में छप जाती थी।

32. जॉर्ज पंचम की नाक काटने के पीछे प्रमुख कारण क्या रहा होगा?

(क) धन का लालच

(ख) जॉर्ज पंचम का अपमान करना

(ग) भारतीयों के अपमान का बदला लेना

(घ) अंग्रेजों की नाक को पसंद न करना

उत्तर: (ग) भारतीयों के अपमान का बदला लेना

33. लेखक कमलेश्वर को भारत सरकार ने किससे अलंकृत किया है?

(क) पद्म श्री (ख) पद्म विभूषण

(ग) पद्म भूषण (घ) इनमें से सभी

उत्तर: (ग) पद्म भूषण

34. जॉर्ज पंचम कौन था?

(क) अंग्रेज़ अधिकारी (ख) अंग्रेज़ जासूस

(ग) अंग्रेज़ लेखक (घ) अंग्रेज़ पत्रकार

उत्तर: (क) अंग्रेज़ अधिकारी

35. कमलेश्वर ने किस पत्रिका का संपादन किया?

(क) माधुरी (ख) सारिका

(ग) नीलिमा (घ) सुषमा

उत्तर: (ख) सारिका

36. जॉर्ज पंचम की नाक के लिए हथियारबन्द पहरेदार क्यों नियुक्त किए गए थे?

(क) जॉर्ज पंचम की नाक बहुत सुन्दर थी

(ख) कुछ लोग उसकी नाक तोड़ देना चाहते थे

(ग) वे जॉर्ज पंचम को इंग्लैंड भेजना चाहते थे

(घ) वे नाक को दोबारा बनवाना चाहते थे

उत्तर: (ख) कुछ लोग उसकी नाक तोड़ देना चाहते थे।

37. लोगों ने अँग्रेजों की लाटों को कहाँ पहुँचाया ?

(क) चिड़ियाघर में (ख) अजायबघर में

(ग) नहर में (घ) यमुना को समर्पित किया

उत्तर: (ख) अजायबघर में।

38. भारतीय अधिकारियों की परेशानी का कारण क्या था ?

(क) रानी आए और नाक न हो

(ख) रानी का स्वागत किस प्रकार करें

(ग) रानी की अगवानी कौन करे

(घ) रानी को कहाँ ठहराया जाए

उत्तर: (क) रानी आए और नाक न हो।

39. दिल्ली में फौरन हाजिर होने का हुक्म किसे दिया गया ?

(क) चित्रकार को   (ख) नाटककार को

(ग) मिस्त्री को   (घ) मूर्तिकार को

उत्तर: (घ) मूर्तिकार को।

40. फाइल किस भाषा का शब्द है?

(क) फ्रेंच   (ख) अंग्रेजी

(ग) डच   (घ) रशियन

उत्तर: (ख) अंग्रेजी

41. पहली बार दरवाजे बन्दकर मूर्तिकार ने क्या सुझाव दिया ?

(क) नेताओं की मूर्ति से नाक उखाड़कर जॉर्ज पंचम की मूर्ति पर लगाने का

(ख) नकली नाक लगाने का

(ग) प्लास्टिक की नाक लगाने का

(घ) अजायबघर में पड़ी मूर्ति की नाक इस पर लगाने का

उत्तर: (क) नेताओं की मूर्ति से नाक उखाड़कर जॉर्ज पंचम की मूर्ति पर लगाने का।

42. कमलेश्वर जी की मृत्यु का क्या कारण था?

(क) स्वाभाविक मृत्यु   (ख) दिल का दौरा

(ग) दुर्घटना में मृत्यु   (घ) इनमें से कोई नहीं

उत्तर: (ख) दिल का दौरा

43. अंत में मूर्तिकार ने कैसी नाक लगाने का सुझाव दिया ?

(क) पत्थर की नाक   (ख) जिंदा नाक

(ग) प्लास्टिक की नाक   (घ) लाख की नाक

उत्तर: (ख) जिंदा नाक।

44. कमलेश्वर जी के कहानी संग्रह का नाम क्या है?

(क) कितने पाकिस्तान   (ख) जॉर्ज पंचम की नाक

(ग) राजा निरबंसिया   (घ) जिंदा मुर्दे

उत्तर—(घ) जिंदा मुर्दे

45. गश्त लगाना का अर्थ है—

(क) पहरा देना   (ख) जासूरी करना

(ग) (क) व (ख) दोनों (घ) इनमें से कोई नहीं

उत्तर: (क) पहरा देना

गद्यांश पर आधारित बहुविकल्पीय प्रश्न

निम्नलिखित गद्यांशों को ध्यानपूर्वक पढ़कर दिए गए प्रश्नों के लिए सही विकल्प चुनिए—

46. यह बात उस समय की है जब इंग्लैंड की रानी एलिज़ाबेथ द्वितीय मय अपने पति के हिंदुस्तान पधारने वाली थीं। अखबारों में उनकी चर्चा हो रही थी। रोज़ लंदन के अखबारों से खबरें आ रही थीं कि शाही दौरे के लिए कैसी-कैसी तैयारियाँ हो रही हैं—रानी एलिज़ाबेथ का दर्जी परेशान था कि हिंदुस्तान, पाकिस्तान और नेपाल के दौरे पर रानी कब क्या पहनेंगी? उनका सेक्रेटरी और शायद जासूस भी उनके पहले ही इस महाद्वीप का तूफानी दौरा करने वाला था। आखिर कोई मज़ाक तो था नहीं। ज़माना चूँकि नया था, फ़ौज-फाटे के साथ निकलने के दिन बीत चुके थे, इसलिए फ़ोटोग्राफरों की फौज तैयार हो रही थी.......

(i) इंग्लैंड की रानी एलिज़ाबेथ...........मय अपने पति के साथ हिंदुस्तान पधारने वाली थीं।

(क) तृतीय   (ख) प्रथम

(ग) द्वितीय   (घ) इनमें से कोई भी नहीं

उत्तर: (ग) द्वितीय

(ii) रोज कहाँ के अखबारों से खबरें आ रही थीं?

(क) भारत   (ख) लंदन

(ग) अमेरिका   (घ) अफ्रीका

उत्तर: (ख) लंदन

(iii) रानी एलिज़ाबेथ के सेक्रेटरी का हिंदुस्तान दौरा करने का कारण था—

(क) कि हिंदुस्तान, पाकिस्तान और नेपाल के दौरे पर रानी के भोजन की व्यवस्था ठीक हो रही है या नहीं।

(ख) कि हिंदुस्तान, पाकिस्तान और नेपाल के दौरे पर रानी के ठहरने का इंतजाम ठीक हो रहा है या नहीं।

(ग) कि हिंदुस्तान, पाकिस्तान और नेपाल के दौरे पर रानी कब क्या पहनेंगी।

(घ) कि शाही दौरे के लिये क्या-क्या तैयारियाँ हो रही हैं।

उत्तर: (घ) कि शाही दौरे के लिये क्या-क्या तैयारियाँ हो रही हैं।

(iv) रानी एलिज़ाबेथ के कपड़ों की तैयारी के लिए कौन व्यक्ति परेशान था?

(क) दर्जी   (ख) सेक्रेटरी

(ग) प्रधानमंत्री   (घ) रसोईया

उत्तर: (क) दर्जी

(v) फ़ोटोग्राफरों की फ़ौज़ तैयार होने का कारण था—

(क) ज़माना पुराना था और व्यवस्था के लिए फ़ौज की जरूरत थी।

(ख) रानी एलिज़ाबेथ बहुत ही खूबसूरत थीं

(ग) क्योंकि फ़ोटो खींचना अनिवार्य हो गया था।

(घ) क्योंकि ज़माना नया था, फ़ौज-फाटे के साथ निकलने के दिन बीत चुके थे।

उत्तर: (घ) क्योंकि ज़माना नया था, फ़ौज-फाटे के साथ निकलने के दिन बीत चुके थे।

47. इंग्लैंड के अखबारों की कतरनें हिंदुस्तानी अखबारों में दूसरे दिन चिपकी नज़र आती थीं, कि रानी ने एक ऐसा हलके नीले रंग का सूट बनवाया है जिसका रेशमी कपड़ा हिंदुस्तान से मँगाया गया है.......कि करीब चार सौ पौंड खरचा उस सूट पर आया है।

रानी एलिज़ाबेथ की जन्मपत्री भी छपी। प्रिंस फिलिप के कारनामे छपे। और तो और, उनके नौकरों, बावरचियों, खानसामों, अंगरक्षकों की पूरी की पूरी जीवनियाँ देखने में आईं। शाही महल में रहने और पलने वाले कुत्तों तक की तस्वीरें अखबारों में छप गईं.....

बड़ी धूम थी। बड़ा शोर-शराबा था। शंख इंग्लैण्ड में बज रहा था, गूँज हिंदुस्तान में आ रही थी।

(i) कौन-से अखबारों की कतरनें हिंदुस्तानी अखबारों से चिपकी नज़र आती थीं?

(क) अमेरिका के   (ख) चीन के

(ग) इंग्लैण्ड के   (घ) भारत के

उत्तर: (ग) इंग्लैण्ड के

(ii) अखबारों में क्या नहीं छपा?

(क) रानी की जन्मपत्री

(ख) नौकरों की जीवनियाँ

(ग) रेशम के सूट की खबर

(घ) रानी के पति की तस्वीर

उत्तर: (घ) रानी के पति की तस्वीर

(iii) रानी के सूट पर कितना खर्चा आया था?

(क) सौ पौंड   (ख) चार सौ पौंड

(ग) पाँच सौ पौंड   (घ) दो सौ पौंड

उत्तर: (ख) चार सौ पौंड

(iv) किसके कारनामे अख़बारों में छपे?

(क) प्रिंस विलियम   (ख) प्रिंस चार्ल्स

(ग) प्रिंसेस डेना   (घ) प्रिंस फिलिप

उत्तर: (घ) प्रिंस फिलिप

(v) शाही महल में पलने वाले.......तक की तस्वीरें अख़बारों में छप गईं।

(क) बिल्लियों   (ख) कुत्तों

(ग) खरगोशों   (घ) गिलहरियों

उत्तर: (ख) कुत्तों

48. इन खबरों से हिंदुस्तान में सनसनी फैल रही थी। राजधानी में तहलका मचा हुआ था। जो रानी पाँच हजार रुपए का रेशमी सूट पहनकर पालम के हवाई अड्डे पर उतरेगी, उसके लिए कुछ तो होना ही चाहिए। कुछ क्या, बहुत कुछ होना चाहिए। जिसके बावरची पहले महायुद्ध में जान हथेली पर लेकर लड़ चुके हैं, उसकी शान-शौकत के क्या कहने, और वही रानी दिल्ली आ रही है.....नयी दिल्ली ने अपनी तरफ़ देखा और बेसाख्ता मुँह से निकल गया, ''वह आए हमारे घर, खुदा की रहमत....कभी हम उनको कभी अपने घर को देखते हैं।'' और देखते-देखते नयी दिल्ली का कायापलट होने लगा।

और करिश्मा तो यह था कि किसी ने किसी से नहीं कहा, किसी ने किसी को नहीं देखा और सड़कें जवान हो गईं, बुढ़ापे की धूल साफ़ हो गई। इमारतों ने नाज़नीनों की तरह शृंगार किया....

(i) कहाँ तहलका मचा हुआ था?

(क) शहर में   (ख) राजधानी में

(ग) इंग्लैंड में   (घ) इनमें से कोई नहीं

उत्तर: (ख) राजधानी में

(ii) रानी एलिज़ाबेथ किस हवाई अड्डे पर उतरने वाली थी?

(क) बाबतपुर हवाई अड्डा

(ख) वीर सावरकर हवाई अड्डा

(ग) छत्रपति शिवाजी महाराज हवाई अड्डा

(घ) पालम हवाई अड्डा

उत्तर: (घ) पालम हवाई अड्डा

(iii) ''जान हथेली पर लेना' मुहावरे का अर्थ है—

(क) मर जाना।

(ख) अपने जान की परवाह न करना।

(ग) प्राणों की आहुति देना।

(घ) इनमें से कोई भी नहीं।

उत्तर: (ख) अपने जान की परवाह न करना।

(iv) 'बेसाख्ता' का यह अर्थ है—

(क) अचानक   (ख) गलती से

(ग) स्वाभाविक रूप से   (घ) इनमें से कोई भी नहीं

उत्तर: (ग) स्वाभाविक रूप से

(v) 'वह आए हमारे घर, खुदा की रहमत.........(पंक्ति को पूर्ण कीजिए)

(क) कभी हम उनको कभी अपने घर को देखते हैं।

(ख) कभी हम खुद को तो कभी हम आप को देखते हैं।

(ग) कभी हम उनको कभी अपने बगीचे को देखते हैं।

(घ) कभी हम उनको कभी अपने पोशाक को देखते हैं।

उत्तर: (क) कभी हम उनको कभी अपने घर को देखते हैं।

49. लेकिन एक बड़ी मुश्किल पेश थी—वह थी जॉर्ज पंचम की नाक!....नयी दिल्ली में सब कुछ था, सब कुछ होता जा रहा था, सब कुछ हो जाने की उम्मीद थी पर जॉर्ज पंचम की नाक बड़ी मुसीबत थी। नयी दिल्ली में सब था....सिर्फ़ नाक नहीं थी।

इस नाक की भी एक लंबी दास्तान है। इस नाक के लिए बड़े तहलके मचे थे किसी वक्त! आंदोलन हुए थे। राजनीतिक पार्टियों ने प्रस्ताव पास किए थे। चंदा जमा किया था। कुछ नेताओं ने भाषण भी दिए थे। गरमागरम बहसें भी हुई थीं। अखबारों के पन्ने रंग गए थे। बहस इस बात पर थी कि जॉर्ज पंचम की नाक रहने दी जाए या हटा दी जाए! और जैसा कि हर राजनीतिक आंदोलन में होता है, कुछ पक्ष में थे कुछ विपक्ष में और ज़्यादातर लोग खामोश थे। खामोश रहने वालों की ताकत दोनों तरफ थी....

(i) नयी दिल्ली में जॉर्ज पंचम की नाक बड़ी.......थी।

(क) हकीकत   (ख) फजीहत

(ग) तबियत   (घ) मुसीबत

उत्तर: (घ) मुसीबत

(ii) नयी दिल्ली में सब था........। (कथन को पूर्ण कीजिए)

(क) सिर्फ कान नहीं थे।　(ख) सिर्फ आँख नहीं थी।

(ग) सिर्फ नाक नहीं थी।　(घ) सिर्फ इज़्ज़त नहीं थी।

उत्तर: (ग) सिर्फ नाक नहीं थी।

(iii) इस नाक की एक लंबी........है।

(क) कहानी　　　　(ख) फाइल

(ग) दास्तान　　　　(घ) इनमें से कोई नहीं

उत्तर: (ग) दास्तान

(iv) जॉर्ज पंचम की नाक को लेकर किस बात पर बहस छिड़ी हुई थी?

(क) जॉर्ज पंचम की नाक रहने की

(ख) जॉर्ज पंचम की नाक हटाने की

(ग) उपर्युक्त दोनों

(घ) इनमें से कोई भी नहीं

उत्तर: (ग) उपर्युक्त दोनों

(v) जॉर्ज पंचम की नाक रहने दी जाये या हटा दी जाए, इस विषय से संबंधित किनकी ताकत दोनों तरफ थी?

(क) बोलने वालों की

(ख) आंदोलन करने वालों की

(ग) खामोश रहने वालों की

(घ) बहस करने वालों की

उत्तर: (ग) खामोश रहने वालों की

50. यह आंदोलन चल रहा था। जॉर्ज पंचम की नाक के लिए हथियारबंद पहरेदार तैनात कर दिए गए थे, क्या मजाल कि कोई उनकी नाक तक पहुँच जाए। हिंदुस्तान में जगह-जगह ऐसी नाकें खड़ी थीं। और जिन तक लोगों के हाथ पहुँच गए उन्हें शानो-शौकत के साथ उतारकर अजायबघरों में पहुँचा दिया गया। कहीं-कहीं तो शाही लाटों की नाकों के लिए गुरिल्ला युद्ध होता रहा........

उसी ज़माने में यह हादसा हुआ, इंडिया गेट के सामने वाली जॉर्ज पंचम की लाट की नाक एकाएक गायब हो गई! हथियारबंद पहरेदार अपनी जगह तैनात रहे। गश्त लगती रही और लाट की नाक चली गई।

रानी आए और नाक न हो! एकाएक परेशानी बढ़ी। बड़ी सरगरमी शुरू हुई। देश के खैरख्वाहों की एक मीटिंग बुलाई गई और मसला पेश किया गया कि क्या किया जाए? वहाँ सभी सहमत थे कि अगर यह नाक नहीं है तो हमारी भी नाक नहीं रह जाएगी........

(i) सरकार ने जॉर्ज पंचम की नाक के लिए किन्हें तैनात किया?

(क) मीडिया को　　(ख) हथियारबंद पहरेदारों को

(ग) सैनिकों को　　(घ) कमेटी वालों को

उत्तर: (ख) हथियारबंद पहरेदारों को

(ii) जॉर्ज पंचम और उसके जैसी अनेक लाटों की नाकें शानो-शौकत के साथ उतारकर कहाँ पहुँचा दी गई थीं?

(क) जंगलों में　　(ख) शहरों में

(ग) अजायबघरों में　　(घ) इनमें से कोई भी नहीं

उत्तर: (ग) अजायबघरों में

(iii) शाही लाटों की नाकों के लिए क्या होता रहा है?

(क) जिहाद　　　　(ख) गुरिल्ला युद्ध

(ग) संघर्ष　　　　(घ) पहरेदारी

उत्तर: (ख) गुरिल्ला युद्ध

(iv) भारतीय अधिकारियों की परेशानी का क्या कारण था?

(क) रानी आए और नाक न हो

(ख) रानी की अगवानी कैसे की जाए

(ग) रानी को कहाँ ठहराया जाए

(घ) इनमें से कोई भी नहीं

उत्तर: (क) रानी आए और नाक न हो

(v) 'खैरख्वाहों' का अर्थ है..........।

(क) बुराई चाहने वाला　(ख) भलाई चाहने वाला

(ग) बदला लेने वाला　(घ) इनमें से कोई भी नहीं

उत्तर: (ख) भलाई चाहने वाला

51. उच्च स्तर पर मशवरे हुए, दिमाग खरोंचे गए और यह तय किया गया कि हर हालत में इस नाक का होना बहुत जरूरी है। यह तय होते ही एक मूर्तिकार को हुक्म दिया गया कि वह फ़ौरन दिल्ली में हाज़िर हो।

मूर्तिकार यों तो कलाकार था पर ज़रा पैसे से लाचार था। आते ही, उसने हुक्कामों के चेहरे देखे, अजीब परेशानी थी उन चेहरों पर, कुछ लटके, कुछ उदास और कुछ बदहवास थे। उनकी हालत देखकर लाचार कलाकार की आँखों में आँसू आ गए तभी एक आवाज़ सुनाई दी, ''मूर्तिकार! जॉर्ज पंचम की नाक लगानी है!''

मूर्तिकार ने सुना और जवाब दिया, ''नाक लग जाएगी। पर मुझे यह मालूम होना चाहिए कि यह लाट कब और कहाँ बनी थी। इस लाट के लिए पत्थर कहाँ से लाया गया था?''

(i) जॉर्ज पंचम की नाक के लिए उच्च स्तर पर.........हुए।

(क) बहस　　　　(ख) मशवरे

(ग) दिमाग खरोंचे गए　(घ) (ख) और (ग)

उत्तर: (घ) (ख) और (ग)

(ii) नाक की जरूरत तय होते ही किसे हुक्म दिया गया?

(क) चित्रकार को　　(ख) पत्रकार को

(ग) मूर्तिकार को　　(घ) लुहार को

उत्तर: (ग) मूर्तिकार को

(iii) मशवरों का क्या परिणाम निकला?

(क) जॉर्ज पंचम की कान जरूरी नहीं है।

(ख) जॉर्ज पंचम की नाक का होना जरूरी है।

(ग) रानी एलिज़ाबेथ का सूट सिलना जरूरी है।

(घ) रानी एलिज़ाबेथ के स्वास्थ्य का ध्यान रखना जरूरी है।

उत्तर: (ख) जॉर्ज पंचम की नाक का होना जरूरी है।

(iv) मूर्तिकार कैसा था?

(क) ईमानदार था।

(ख) बेईमान था।

(ग) पैसे से लाचार था।

(घ) इनमें से कोई भी नहीं।

उत्तर: (ग) पैसे से लाचार था।

(v) मूर्तिकार को काम सौंपा गया—

(क) जॉर्ज पंचम की मूर्ति को हटाने का

(ख) जॉर्ज पंचम की मूर्ति को नाक लगाने का

(ग) जॉर्ज पंचम की दूसरी मूर्ति बनाने का

(घ) इनमें से कोई भी नहीं

उत्तर: (ख) जॉर्ज पंचम की मूर्ति को नाक लगाने का

52. सब हुक्कामों ने एक-दूसरे की तरफ ताका...एक की नज़र ने दूसरे से कहा कि यह बताने की ज़िम्मेदारी तुम्हारी है। खैर, मसला हल हुआ। एक क्लर्क को फोन किया गया और इस बात की पूरी छानबीन करने का काम सौंप दिया गया।....पुरातत्व विभाग की फाइलों के पेट चीरे गए पर कुछ भी पता नहीं चला। क्लर्क ने लौटकर कमेटी के सामने काँपते हुए बयान किया, ''सर! मेरी खता माफ़ हो, फाइलें सब कुछ हज़म कर चुकी हैं।''

हुक्कामों के चेहरों पर उदासी के बादल छा गए। एक खास कमेटी बनाई गई और उसके ज़िम्मे यह काम दे दिया गया कि जैसे भी हो, यह काम होना है और इस नाक का दारोमदार आप पर है।

आखिर मूर्तिकार को फिर बुलाया गया, उसने मसला हल कर दिया। वह बोला, ''पत्थर की किस्म का ठीक पता नहीं चला तो परेशान मत होइए, मैं हिंदुस्तान के हर पहाड़ पर जाऊँगा और ऐसा ही पत्थर खोजकर लाऊँगा।'' कमेटी के सदस्यों की जान में जान आई। सभापति ने चलते-चलते गर्व से कहा, ''ऐसी क्या चीज़ है जो हिंदुस्तान में मिलती नहीं। हर चीज़ इस देश के गर्भ में छिपी है, ज़रूरत खोज करने की है। खोज करने के लिए मेहनत करनी होगी, इस मेहनत का फल हमें मिलेगा...आने वाला ज़माना खुशहाल होगा।''

यह छोटा-सा भाषण फौरन अख़बारों में छप गया।

(i) सभी हुक्कामों की नज़रों ने एक-दूसरे से यह कहा कि...... ।

(क) यह बताने की ज़िम्मेदारी तुम्हारी है।

(ख) यह हमारी ज़िम्मेदारी नहीं है।

(ग) हमें इस बात से कोई सरोकार नहीं है।

(घ) इनमें से कोई भी नहीं।

उत्तर: (क) यह बताने की ज़िम्मेदारी तुम्हारी है।

(ii) सरकार ने क्लर्क को क्या काम सौंपा?

(क) जॉर्ज पंचम की गायब हुई नाक का पता लगाना।

(ख) जॉर्ज पंचम की नाक को गायब करने वाले का पता लगाना।

(ग) मूर्तिकार को ढूँढ़ना।

(घ) जॉर्ज पंचम की नाक के लिए लाट कब और कहाँ बनी थी और लाट के लिए पत्थर कहाँ से लाया गया था।

उत्तर: (घ) जॉर्ज पंचम की नाक के लिए लाट कब और कहाँ बनी थी और लाट के लिए पत्थर कहाँ से लाया गया था।

(iii) ''सर! मेरी खता माफ़ हो, फाइलें सब कुछ...... ।'' पंक्ति को पूर्ण कीजिए।

(क) खराब हो गई हैं।   (ख) खा चुकी हैं।

(ग) हज़म कर चुकी हैं। (घ) इनमें से कोई भी नहीं।

उत्तर: (ग) हज़म कर चुकी हैं।

(iv) मूर्तिकार ने कहाँ से पत्थर खोजकर लाने की बात कही?

(क) शहरों से   (ख) इंग्लैण्ड से

(ग) भारत से   (घ) हिंदुस्तान के पहाड़ों से

उत्तर: (घ) हिंदुस्तान के पहाड़ों से

(v) किसका भाषण फ़ौरन अख़बारों में छप गया?

(क) प्रधानमंत्री का   (ख) सभापति का

(ग) मुख्यमंत्री का   (घ) इनमें से कोई नहीं

उत्तर: (ख) सभापति का

53. मूर्तिकार हिंदुस्तान के पहाड़ी प्रदेशों और पत्थरों की खानों के दौरे पर निकल पड़ा। कुछ दिन बाद वह हताश लौटा, उसके चेहरे पर लानत बरस रही थी, उसने सिर लटकाकर खबर दी, ''हिंदुस्तान का चप्पा-चप्पा खोज डाला पर इस किस्म का पत्थर कहीं नहीं मिला। यह पत्थर विदेशी है।''

सभापति ने तैश में आकर कहा, ''लानत है आपकी अक्ल पर! विदेशों की सारी चीज़ें हम अपना चुके हैं—दिल-दिमाग, तौर-तरीके और रहन-सहन, जब हिंदुस्तान में बाल डांस तक मिल जाता है तो पत्थर क्यों नहीं मिल सकता?''

मूर्तिकार चुप खड़ा था। सहसा उसकी आँखों में चमक आ गई। उसने कहा, ''एक बात मैं कहना चाहूँगा, लेकिन इस शर्त पर कि यह बात अखबार वालों तक न पहुँचे...''

(i) ''विदेशों की सारी चीज़ें हम अपना चुके हैं।'' सभापति के इस कथन का क्या तात्पर्य है?

(क) भारतीय संस्कृति ने पाश्चात्य संस्कृति को नहीं अपनाया है।

(ख) भारतीय संस्कृति ने पाश्चात्य संस्कृति को पूरी तरह अपना लिया है।

(ग) उपर्युक्त दोनों

(घ) इनमें से कोई भी नहीं।

उत्तर: (ख) भारतीय संस्कृति ने पाश्चात्य संस्कृति को पूरी तरह अपना लिया है।

(ii) मूर्तिकार ने पत्थर को......बताया।

(क) देशी   (ख) कठोर

(ग) विदेशी   (घ) दुर्लभ

उत्तर: (ग) विदेशी

(iii) 'लानत बरसना' मुहावरे का अर्थ होगा—

(क) लज्जित होना   (ख) पानी बरसना

(ग) पिटाई करना   (घ) इनमें से कोई भी नहीं

उत्तर: (क) लज्जित होना

(iv) सभापति ने तैश में आकर कहा, ''.........''।

(क) चुल्लू भर पानी में डूब मरो।

(ख) लानत है आपकी अक्ल पर।

(ग) जहन्नुम में जाओ।

(घ) इनमें से कोई भी नहीं।

उत्तर: (ख) लानत है आपकी अक्ल पर।

(v) मूर्तिकार ने क्या शर्त रखी?

(क) यह बात जनता तक नहीं पहुँचनी चाहिए।

(ख) यह बात महारानी तक न पहुँचे।

(ग) यह बात प्रधानमंत्री तक न पहुँचे।

(घ) यह बात अखबार वालों तक न पहुँचे।

उत्तर: (घ) यह बात अखबार वालों तक न पहुँचे।

54. सभापति की आँखों में भी चमक आई। चपरासी को हुक्म हुआ और कमरे के सब दरवाज़े बंद कर दिए गए। तब मूर्तिकार ने कहा, ''देश में अपने नेताओं की मूर्तियाँ भी हैं, अगर इजाज़त हो और आप लोग ठीक समझें तो...मेरा मतलब है तो....जिसकी नाक इस लाट पर ठीक बैठे, उसे उतार लाया जाए...''

सबने सबकी तरफ़ देखा। सबकी आँखों में एक क्षण की बदहवासी के बाद खुशी तैरने लगी। सभापति ने धीमे से कहा, ''लेकिन बड़ी होशियारी से।''

और मूर्तिकार फिर देश-दौरे पर निकल पड़ा। जॉर्ज पंचम की खोई हुई नाक का नाप उसके पास था। दिल्ली से वह बंबई पहुँचा। दादाभाई नौरोजी, गोखले, तिलक, शिवाजी, कॉवसजी जहाँगीर-सबकी नाकें उसने टटोलीं, नार्पी और गुजरात की ओर भागा—गाँधी जी, सरदार पटेल, विट्ठलभाई पटेल, महादेव देसाई की मूर्तियों को परखा और बंगाल की ओर चला—गुरुदेव रवींद्रनाथ, सुभाषचंद्र बोस, राजा राममोहन राय आदि को भी देखा, नाप-जोख की और बिहार की तरफ चला। बिहार होता हुआ उत्तर प्रदेश की ओर आया—चंद्रशेखर आज़ाद, बिस्मिल, मोतीलाल नेहरू, मदनमोहन मालवीय की लाटों के पास गया। घबराहट में मद्रास भी पहुँचा, सत्यमूर्ति को भी देखा और मैसूर-केरल आदि सभी प्रदेशों का दौरा करता हुआ पंजाब पहुँचा—लाला लाजपतराय और भगतसिंह की लाटों से भी सामना हुआ। आखिर दिल्ली पहुँचा और उसने अपनी मुश्किल बयान की, ''पूरे हिंदुस्तान की परिक्रमा कर आया, सब मूर्तियाँ देख आया। सबकी नाकों का नाप लिया पर जॉर्ज पंचम की इस नाक से सब बड़ी निकलीं।''

(i) चपरासी को यह हुक्म हुआ.........।

(क) कमरे की सभी खिड़कियाँ बंद कर दी जाएँ।

(ख) कमरे के सभी दरवाज़े बंद कर दिए जाएँ।

(ग) (क) और (ख)

(घ) इनमें से कोई भी नहीं

उत्तर: (ख) कमरे के सभी दरवाज़े बंद कर दिए जाएँ।

(ii) दरवाज़ा बंद होने पर मूर्तिकार ने क्या सुझाव दिया?

(क) नकली नाक लगाने का

(ख) नेताओं की मूर्ति से नाक उतारकर जॉर्ज पंचम की मूर्ति पर लगाने का

(ग) सोने की नाक लगाने का

(घ) अजायबघर में पड़ी मूर्ति की नाक लगाने का

उत्तर: (ख) नेताओं की मूर्ति से नाक उतारकर जॉर्ज पंचम की मूर्ति पर लगाने का

(iii) मूर्तिकार की बात सुनने पर सबकी आँखों में क्या भाव थे?

(क) बदहवासी के बाद खुशी तैरने लगी।

(ख) परेशानी के बाद राहत मिली।

(ग) गुस्से के बाद प्रसन्नता दिखाई दी।

(घ) इनमें से कोई भी नहीं।

उत्तर: (क) बदहवासी के बाद खुशी तैरने लगी।

(iv) मूर्तिकार बंबई, गुजरात, बंगाल, बिहार से होता हुआ किस राज्य के दौरे पर निकला?

(क) मैसूर-केरल

(ख) पंजाब

(ग) दिल्ली

(घ) उत्तर प्रदेश

उत्तर: (घ) उत्तर प्रदेश

(v) मूर्तिकार ने क्या मुश्किल बयान की?

(क) सभी नेताओं की नाक जॉर्ज पंचम की खोई हुई नाक से छोटी निकली।

(ख) सभी नेताओं की नाक जॉर्ज पंचम की खोई हुई नाक से बड़ी निकली।

(ग) सभी नेताओं की नाक जॉर्ज पंचम की खोई हुई नाक से मोटी निकली।

(घ) इनमें से कोई भी नहीं।

उत्तर: (ख) सभी नेताओं की नाक जॉर्ज पंचम की खोई हुई नाक से बड़ी निकली

55. सुनकर सब हताश हो गए और झुँझलाने लगे। मूर्तिकार ने ढाढस बँधाते हुए आगे कहा, ''सुना है कि बिहार सेक्रेटरिएट के सामने सन् बयालीस में शहीद होने वाले बच्चों की मूर्तियाँ स्थापित हैं, शायद बच्चों की नाक ही फिट बैठ जाए, यह सोचकर वहाँ भी पहुँचा पर उन बच्चों की नाकें भी इससे कहीं बड़ी बैठती हैं। अब बताइए, मैं क्या करूँ?''

....राजधानी में सब तैयारियाँ थीं। जॉर्ज पंचम की लाट को मल-मलकर नहलाया गया था। रोगन लगाया गया था। सब कुछ हो चुका था, सिर्फ़ नाक नहीं थी।

बात फिर बड़े हुक्कामों तक पहुँची। बड़ी खलबली मची—अगर जॉर्ज पंचम की नाक न लग पाई तो फिर रानी का स्वागत करने का मतलब? यह तो अपनी नाक कटाने वाली बात हुई।

(i) बिहार सेक्रेटरिएट के सामने किन बच्चों की मूर्तियाँ स्थापित हैं?

(क) सन् चालीस में शहीद होने वाले बच्चों की मूर्तियाँ

(ख) सन् छियालीस में खेल में प्रथम आने वाले बच्चों की मूर्तियाँ

(ग) सन् बयालीस में शहीद होने वाले बच्चों की मूर्तियाँ

(घ) इनमें से कोई भी नहीं

उत्तर: (ग) सन् बयालीस में शहीद होने वाले बच्चों की मूर्तियाँ

(ii) 'ढाढस बँधाना' इस मुहावरे का अर्थ है.........।

(क) दिलासा देना

(ख) चुप कराना

(ग) सम्मान देना

(घ) क्रोधित होना

उत्तर: (क) दिलासा देना

(iii) 'रोगन' का पर्यायवाची क्या है?

(क) मालिश

(ख) माँजना

(ग) पॉलिश

(घ) इनमें से कोई भी नहीं

उत्तर: (ग) पॉलिश

(iv) सब कुछ हो चुका था, सिर्फ़...........।

(क) आदर नहीं था।

(ख) इज़्ज़त नहीं थी।

(ग) नाक नहीं थी।

(घ) आँखें नहीं थी।

उत्तर: (ग) नाक नहीं थी।

(v) कौन-सी बात अपनी नाक कटानेवाली बात होगी?

(क) यदि रानी का स्वागत नहीं किया गया।

(ख) यदि रानी का सूट नहीं बन पाया।

(ग) यदि रानी के पति का स्वागत नहीं किया गया।

(घ) यदि जॉर्ज पंचम की नाक न लग पाई।

उत्तर: (घ) यदि जॉर्ज पंचम की नाक न लग पाई।

56. लेकिन मूर्तिकार पैसे से लाचार था....यानी हार मानने वाला कलाकार नहीं था। एक हैरतअंगेज़ खयाल उसके दिमाग में कौंधा और उसने पहली शर्त दोहराई। जिस कमरे में कमेटी बैठी हुई थी उसके दरवाज़े फिर बंद हुए और मूर्तिकार ने अपनी नयी योजना पेश की, ''चूँकि नाक लगना एकदम ज़रूरी है, इसलिए मेरी राय है कि चालीस करोड़ में से कोई एक ज़िंदा नाक काटकर लगा दी जाए...''

बात के साथ ही सन्नाटा छा गया। कुछ मिनटों की खामोशी के बाद सभापति ने सबकी तरफ देखा। सबको परेशान देखकर मूर्तिकार कुछ अचकचाया और धीरे से बोला, ''आप लोग क्यों घबराते हैं! यह काम मेरे ऊपर छोड़ दीजिए....नाक चुनना मेरा काम है, आपकी सिर्फ़ इजाज़त चाहिए।''

कानाफूसी हुई और मूर्तिकार को इजाज़त दे दी गई।

(i) मूर्तिकार लाचार था........ ।

(क) गरीबी से   (ख) पैसे से

(ग) (क) और (ख)   (घ) उपर्युक्त सभी

उत्तर: (ख) पैसे से

(ii) मूर्तिकार कैसा कलाकार नहीं था?

(क) डरने वाला   (ख) हार मानने वाला

(ग) बाज़ीगर   (घ) जीतनेवाला

उत्तर: (ख) हार मानने वाला

(iii) मूर्तिकार ने कौन-सी नई योजना पेश की?

(क) पत्थर की नाक लगाने की

(ख) लकड़ी की नाक लगाने की

(ग) बच्चों की नाक लगाने की

(घ) ज़िंदा नाक लगाने की

उत्तर: (घ) ज़िंदा नाक लगाने की

(iv) 'अचकचाना' का अर्थ है....... ।

(क) शर्मिंदा होना   (ख) भौंचक्का होना

(ग) लज्जित होना   (घ) इनमें से कोई भी नहीं

उत्तर: (ख) भौंचक्का होना

(v) मूर्तिकार को नाक चुनने की इजाज़त किसने दी?

(क) लेखक ने   (ख) राष्ट्रपति ने

(ग) प्रधानमंत्री ने   (घ) सभापति ने

उत्तर: (घ) सभापति ने

57. अखबारों में सिर्फ इतना छपा कि नाक का मसला हल हो गया है और राजपथ पर इंडिया गेट के पास वाली जॉर्ज पंचम की लाट के नाक लग रही है।

नाक लगने से पहले फिर हथियारबंद पहरेदारों की तैनाती हुई। मूर्ति के आस-पास का तालाब सुखाकर साफ़ किया गया। उसकी रवाब निकाली गई और ताज़ा पानी डाला गया ताकि जो ज़िंदा नाक लगाई जाने वाली थी, वह सूखने न पाए। इस बात की खबर जनता को नहीं थी। यह सब तैयारियाँ भीतर-भीतर चल रही थीं। रानी के आने का दिन नज़दीक आता जा रहा था। मूर्तिकार खुद अपने बताए हल से परेशान था। ज़िंदा नाक लाने के लिए उसने कमेटी वालों से कुछ और मदद माँगी। वह उसे दी गई। लेकिन इस हिदायत के साथ कि एक खास दिन हर हालत में नाक लग जानी चाहिए।

और वह दिन आया।

जॉर्ज पंचम के नाक लग गई।

(i) इंडिया गेट के किस स्थान पर जॉर्ज पंचम की लाट के नाक लग रही थी?

(क) राजपथ पर   (ख) राजाजी पथ पर

(ग) गाँधी मार्ग पर   (घ) शिवाजी मार्ग पर

उत्तर: (क) राजपथ पर

(ii) नाक लगने से पहले किनकी तैनाती हुई?

(क) मीडिया की

(ख) हवलदारों की

(ग) हथियारबंद पहरेदारों की

(घ) सैनिकों की

उत्तर: (ग) हथियारबंद पहरेदारों की

(iii) मूर्ति के आसपास तालाब में पानी क्यों भरा गया?

(क) ताकि कोई नाक तक पहुँच न पाए।

(ख) ताकि नाक दूर से स्पष्ट दिखाई न दे।

(ग) ताकि नाक सूखने न पाए।

(घ) ताकि उनकी पोल न खुल जाए।

उत्तर: (ग) ताकि नाक सूखने न पाए।

(iv) मूर्तिकार खुद अपने हल से परेशान क्यों था?

(क) क्योंकि जिंदा नाक लाने का प्रश्न था

(ख) क्योंकि वह अधिकारियों से डर गया था।

(ग) क्योंकि रानी के आने का दिन नज़दीक था और नाक अभी नहीं लगी थी।

(घ) इनमें से कोई भी नहीं।

उत्तर: (ग) क्योंकि रानी के आने का दिन नज़दीक था और नाक अभी नहीं लगी थी।

(v) जिंदा नाक लाने के लिए मूर्तिकार ने किनसे और मदद माँगी?

(क) सभापति से   (ख) रानी एलिज़ाबेथ से

(ग) जनता से   (घ) कमेटी वालों से

उत्तर: (घ) कमेटी वालों से

58. और वह दिन आया।

जॉर्ज पंचम के नाक लग गई।

सब अख़बारों ने खबरें छापीं कि जॉर्ज पंचम के ज़िंदा नाक लगाई गई है....यानी ऐसी नाक जो कतई पत्थर की नहीं लगती। लेकिन उस दिन के अख़बारों में एक बात गौर करने की थी। उस दिन देश में कहीं भी किसी उद्घाटन की खबर नहीं थी। किसी ने कोई फीता नहीं काटा था। कोई सार्वजनिक सभा नहीं हुई थी। कहीं भी किसी का अभिनंदन नहीं हुआ था। कोई मानपत्र भेंट करने की नौबत नहीं आई थी। किसी हवाई अड्डे

या स्टेशन पर स्वागत-समारोह नहीं हुआ था। किसी का ताज़ा चित्र नहीं छपा था।

सब अख़बार खाली थे।

पता नहीं ऐसा क्यों हुआ था?

नाक तो सिर्फ़ एक चाहिए थी और वह भी बुत के लिए

(i) सब अख़बारों ने खबरें छापी कि……।

(क) जॉर्ज पंचम की नाक गायब है।

(ख) जॉर्ज पंचम के ज़िंदा नाक लगाई गई है।

(ग) रानी एलिज़ाबेथ नहीं आ रही हैं।

(घ) भारत सरकार को ज़िंदा नाक लगाने का खामियाज़ा भुगतना पड़ेगा।

उत्तर: (ख) जॉर्ज पंचम के ज़िंदा नाक लगाई गई है।

(ii) कोई………सभा नहीं हुई थी।

(क) व्यावसायिक   (ख) पत्रकारिता

(ग) सार्वजनिक   (घ) इनमें से कोई भी नहीं

उत्तर: (ग) सार्वजनिक

(iii) 'अभिनंदन' का पर्यायवाची है—

(क) स्वागत   (ख) आवभगत

(ग) सत्कार   (घ) उपर्युक्त सभी

उत्तर: (घ) उपर्युक्त सभी

(iv) उस दिन के अखबारों में गौर करने की बात थी कि—

(क) किसी ने कोई फीता नहीं काटा था।

(ख) किसी का ताज़ा चित्र नहीं छपा था।

(ग) उस दिन देश में कहीं भी किसी उद्घाटन की खबर नहीं थी।

(घ) उपर्युक्त सभी

उत्तर: (घ) उपर्युक्त सभी

(v) नाक तो सिर्फ़ एक चाहिए थी वह भी………के लिए।

(क) जॉर्ज पंचम   (ख) रानी

(ग) बुत   (घ) इनमें से कोई भी नहीं

उत्तर: (ग) बुत

पाठ से सम्बन्धित प्रश्नोत्तर

प्रश्न 59. सरकारी तन्त्र में जॉर्ज पंचम की नाक लगाने को लेकर जो चिंता या बदहवासी दिखाई देती है वह उनकी किस मानसिकता को दर्शाती है?

उत्तर— सरकारी तन्त्र में जॉर्ज पंचम की नाक लगाने को लेकर दिखाई देने वाली चिंता या बदहवासी उनकी 'गुलाम' मानसिकता को दर्शाती है। इससे संकेत मिलता है कि वे आज भी अंग्रेजी सल्तनत के अधीन हैं। सरकारी तन्त्र को अपने देश के नेताओं, क्रांतिवीरों, आमजनों यहाँ तक कि बच्चों के मान-सम्मान की चिंता नहीं थी। वे केवल अपनी नाक बचाना चाहते थे। अपने देश व देशवासियों को महत्व न देकर जॉर्ज पंचम की नाक को इतना महत्व देना, उनकी नीच, क्रूर, स्वार्थी तथा संकुचित सोच का परिणाम है।

प्रश्न 60. रानी एलिज़ाबेथ के दरज़ी की परेशानी का क्या कारण था? उसकी परेशानी को आप किस तरह तर्कसंगत ठहराएँगे?

उत्तर— रानी एलिज़ाबेथ के दरज़ी की परेशानी का कारण रानी के द्वारा हिंदुस्तान, पाकिस्तान तथा नेपाल के दौरे पर पहनने वाली विभिन्न प्रकार की पोशाकों को तैयार करना था। उसे यह चिंता थी कि रानी की प्रत्येक पोशाक अत्यन्त आकर्षक तथा सुंदर होनी चाहिए।

हर व्यक्ति अपने कार्य को सर्वश्रेष्ठ रूप में प्रस्तुत करना चाहता है तथा प्रतिफल के रूप में प्रशंसा भी लेना चाहता है। अत: दर्जी भी रानी के प्रत्येक परिधान को बहुत खूबसूरती से बनाकर धन एवं प्रशंसा बटोरना चाहता था।

प्रश्न 61. 'और देखते ही देखते नई दिल्ली का कायापलट होने लगा'—नई दिल्ली के कायापलट के लिए क्या-क्या प्रयत्न किए गए होंगे ?

उत्तर— नई दिल्ली के कायापलट के लिए शहर की सड़कों व चौराहों को साफ करके उन्हें सजाया गया होगा। ऐतिहासिक एवं सरकारी इमारतों को रंगाई-पुताई करके दुल्हन की तरह सजा दिया गया होगा। बंद पड़े फव्वारों को मरम्मत करवाने के बाद चला दिया होगा। रानी के स्वागत के लिए सभी इंतज़ामात किए गए होंगे।

प्रश्न 62. आज की पत्रकारिता में चर्चित हस्तियों के पहनावे और खान-पान सम्बन्धी आदतों आदि के वर्णन का दौर चल पड़ा है—

(i) इस प्रकार की पत्रकारिता के बारे में आपके क्या विचार हैं?

(ii) इस तरह की पत्रकारिता आम जनता विशेषकर युवा पीढ़ी पर क्या प्रभाव डालती है?

उत्तर— (i) आज का दौर फैशन का दौर है। चर्चित हस्तियों की पोशाकें आज भी चर्चा का विषय रहता है। पत्रकारिता भी इससे अछूती नहीं है। पत्रकारिता में चर्चित हस्तियों के पहनावे और खान-पान सम्बन्धी आदतों का वर्णन स्वाभाविक है। अच्छे खान-पान व अच्छे पहनावे से आत्मविश्वास में वृद्धि होती है। आत्मविश्वास से सफलता कदम चूमने लगती है।

(ii) इस तरह की पत्रकारिता आम जनता व युवा पीढ़ी के जीवन-स्तर को सुधारने में सहायक है। इससे जागरूकता बढ़ती है तथा सामाजिक बदलाव दिखाई देता है। अच्छ खान-पान शरीर को स्वस्थ बनाता है। युवा पीढ़ी को स्वस्थ खान-पान एवं उचित फैशन की ओर अग्रसर होना चाहिए। किसी भी गलत चीज़ को स्वीकार नहीं करना चाहिए। केवल सकारात्मक चीजें अपनानी चाहिए।

प्रश्न 63. जॉर्ज पंचम की लाट की नाक को पुन: लगाने के लिए मूर्तिकार ने क्या-क्या प्रयत्न किए?

उत्तर— जॉर्ज पंचम की लाट की नाक को पुन: लगाने के लिए मूर्तिकार ने सर्वप्रथम पत्थर की किस्म व स्थान पता करने की

कोशिश की। पत्थर खोजने के लिए भारत के सभी पर्वतीय स्थानों पर जाकर खानों का दौरा किया। सफलता न मिलने पर भारत के सभी महापुरुषों व क्रांतिकारियों की मूर्तियों का निरीक्षण किया। यहाँ पर भी असफल होने पर बिहार में शहीद होने वाले बच्चों की नाक की नाप-खोज की। अंत में जॉर्ज पंचम की मूर्ति पर जिंदा व्यक्ति की नाक लगाकर अपनी जिम्मेदारी से मुक्ति प्राप्त की।

रचना और अभिव्यक्ति

प्रश्न 64. प्रस्तुत कहानी में जगह-जगह कुछ ऐसे कथन आए हैं, जो मौजूदा व्यवस्था पर करारी चोट करते हैं। उदाहरण के लिए 'फाइलें सब कुछ हज़म कर चुकी हैं।' 'सब हुक्कामों ने एक-दूसरे की तरफ ताका।' पाठ में आए ऐसे अन्य कथन छाँटकर लिखिए।

उत्तर—
(i) शंख इंग्लैंड में बज रहा था, गूँज हिन्दुस्तान में आ रही थी।

(ii) नई दिल्ली ने अपनी तरफ देखा और बेसाख्ता मुँह से निकल गया ''वह आए हमारे घर, खुदा की रहमत ······ कभी हम उनको कभी अपने घर को देखते हैं।''

(iii) और देखते-देखते नई दिल्ली का कायापलट होने लगा।

(iv) नई दिल्ली में सब था ····· सिर्फ नाक नहीं थी।

(v) गश्त लगती रही और लाट की नाक चली गई।

(vi) रानी आए और नाक न हो !

(vii) अगर यह नाक नहीं है, तो हमारी भी नाक नहीं रह जाएगी।

(viii) मूर्तिकार यों तो कलाकार था, पर ज़रा पैसे से लाचार था।

(ix) यह छोटा-सा भाषण फ़ौरन अखबारों में छप गया।

(x) लेकिन बड़ी होशियारी से।

(xi) सबकी नाकों का नाप लिया, पर जॉर्ज पंचम की इस नाक से सब बड़ी निकलीं।

(xii) जॉर्ज पंचम के नाक लग गई।

(xiii) नाक तो सिर्फ एक चाहिए थी और वह भी बुत के लिए।

प्रश्न 65. नाक मान-सम्मान व प्रतिष्ठा का द्योतक है। यह बात पूरी व्यंग्य रचना में किस तरह उभरकर आई है? लिखिए।

उत्तर— नाक को हमेशा से ही मान-सम्मान व प्रतिष्ठा का द्योतक माना जाता रहा है। इस व्यंग्य रचना में लेखक ने इसी बात पर करारी चोट की है।

भारत पर शासन करने वाले जॉर्ज पंचम की नाक का कटना उनके घोर अपमान का प्रतीक है। ऐसे संवेदनशून्य व्यक्ति की मूर्ति पर झूठी शान के लिए नाक लगाने का इंतज़ाम

करना हमारे सरकारी तन्त्र की गैर जिम्मेदार कार्यप्रणाली पर करारा व्यंग्य है। हुक्कामों के द्वारा मूर्तिकार को हमारे देश के महापुरुषों, वीरों, क्रांतिकारियों तथा 1942 में शहीद बच्चों तक की मूर्तियों पर से नाक का नाप लेने तथा फिट आने पर उसे वहाँ से निकालकर जॉर्ज पंचम की मूर्ति पर बिठा देने का आदेश देना, उनकी गुलाम मानसिकता तथा कठोर हृदय को दर्शाता है। अपनी नाक बचाने के लिए सरकारी तन्त्र का इस हद तक पहुँच जाना कि एक विदेशी व्यक्ति की नाक बचाने के लिए किसी ज़िंदा नाक को लगवा देना आम जनता की कोमल भावनाओं पर कुठाराघात है। इस प्रकार दर्जी से लेकर मूर्तिकार तक सभी पर लेखक ने अपने व्यंग्यबाणों की वर्षा की है।

प्रश्न 66. जॉर्ज पंचम की लाट पर किसी भी भारतीय नेता, यहाँ तक कि भारतीय बच्चे की नाक फिट न होने की बात से लेखक किस ओर संकेत करना चाहता है?

उत्तर— लेखक यह बताना चाहता है कि किसी भी भारतीय नेता, यहाँ तक कि भारतीय बच्चे की नाक से भी जॉर्ज पंचम की नाक छोटी है। भारतीयों व बलिदानी बच्चों की मान-मर्यादा व प्रतिष्ठा जॉर्ज पंचम से अधिक थी। हमारे देश के नेता, महापुरुष, वीर, क्रांतिकारी सबका सम्मान जॉर्ज पंचम से अधिक था।

प्रश्न 67. अखबारों ने ज़िंदा नाक लगाने की खबर को किस तरह से प्रस्तुत किया?

उत्तर— अखबारों में केवल इतना छपा कि नाक का मसला हल हो गया है और राजपथ पर इंडियागेट के पास वाली जॉर्ज पंचम की लाट के नाक लग रही है।

प्रश्न 68. "नई दिल्ली में सब था....सिर्फ नाक नहीं थी।" इस कथन के माध्यम से लेखक क्या कहना चाहता है?

उत्तर— रानी एलिज़ाबेथ के स्वागत के लिए नई दिल्ली सज-सँवर कर तैयार थी। सारे प्रबंध हो गए थे। बाकी बचा था तो केवल दिल्ली वालों की नाक की प्रतिष्ठा का सवाल। अपनी पूरी प्रतिष्ठा दाँव पर लगाकर दिल्ली सरकार भारत का दमन करने वाले जॉर्ज पंचम की नाक को लेकर परेशान थी। इस कथन के माध्यम से लेखक दिल्ली सरकार के सरकारी तन्त्र की कार्यप्रणाली पर करारी चोट करना चाहता है।

प्रश्न 69. जॉर्ज पंचम की नाक लगने वाली खबर के दिन अखबार चुप क्यों थे?

उत्तर— अखबारों में छपी इस खबर को पढ़कर कि जॉर्ज पंचम की मूर्ति पर ज़िंदा नाक लगाई गई है, सभी भारतीय हक्के-बक्के रह गए। इस बात से सबके दिल को गहरा आघात लगा। वे समझ गए कि ज़िंदा नाक निश्चित ही किसी भारतीय की होगी। एक मूर्ति की नाक बचाने के लिए भारतीय की प्रतिष्ठा व जीवन को दाँव पर लगा देना उन्हें कचोट गया। सब भौचक्के तथा ठगे-से रह गए। उन्हें अपनी प्रतिष्ठा धूमिल होती प्रतीत होने लगी। चौंकाने वाली इस खबर से हर देशवासी दुःखी एवं सन्न रह गया था। देश में कोई

उद्घाटन, स्वागत-समारोह, अभिनंदन एवं किसी भी प्रकार की सार्वजनिक सभा का आयोजन नहीं हुआ। संपादक भी हतप्रभ थे। चारों ओर अजीब-सा सन्नाटा पसरा हुआ था। इसी कारण जॉर्ज पंचम की नाक लगने वाली खबर के दिन अखबार भी चुप थे।

परीक्षोपयोगी महत्वपूर्ण प्रश्नोत्तर

प्रश्न 70. 'अतिथि देवो भवः' भारत की परम्परा रही है। इस पाठ के आधार पर इस विषय में अपने विचार व्यक्त कीजिए।

उत्तर— 'अतिथि देवो भवः' भारत की परम्परा का ही एक महत्वपूर्ण अंग है। यह कथन अटल सत्य है। भारतीयों की रग-रग में अतिथि सम्मान की भावना समाई हुई है। परंतु जब बात ऐसे अतिथि के सम्मान की आती है जिसके सम्मान के लिए हमारा दिल गवारा नहीं करता तो हम दिल से उसका सम्मान नहीं कर पाते। हम उसका सम्मान तभी कर सकते हैं जब हम अपने ज़मीर एवं आत्मसम्मान को पैरों तले रौंद दें।

इस पाठ में भी लेखक ने यही दर्शाने का प्रयास किया है तभी तो सरकारी तन्त्र ने रानी एलिज़ाबेथ के स्वागत के लिए साम-दाम-दण्ड-भेद की नीति को अपनाकर अपने आत्मसम्मान से अधिक अतिथि-सम्मान को महत्व दिया है। इससे सरकारी तन्त्र की विवशता प्रकट होती है।

प्रश्न 71. आत्मसम्मान और खोखले अतिथि-सम्मान में से आप किसे अधिक महत्व देंगे और क्यों?

उत्तर— आत्मसम्मान और खोखले अतिथि-सम्मान में से हम अपने आत्मसम्मान को अधिक महत्व देंगे क्योंकि आत्मसम्मान की रक्षा करना हमारा परम धर्म है। एक छोटा बच्चा भी आत्मसम्मान के महत्व को पूरी तरह समझता है। वह भी आत्मसम्मान को ठेस पहुँचने पर आपत्ति दर्ज करते हुए पुरज़ोर विरोध करता है। अतः आत्मसम्मान की रक्षा करना हमारा नैतिक कर्त्तव्य है।

प्रश्न 72. जॉर्ज पंचम की लाट की टूटी नाक लगाने के क्रम में पुरातत्व विभाग की फाइलों की छानबीन की जरूरत क्यों आ गई? क्या उससे समाधान संभव था? क्यों?

उत्तर— जॉर्ज पंचम की लाट की टूटी नाक लगाने के क्रम में विभिन्न प्रयास किए गए। इन प्रयासों में सरकारी फाइलों की छानबीन करना भी जरूरी समझा गया क्योंकि वह जानना चाह रहे थे कि लाट कब और कहाँ से बनी, इसको बनाने में पत्थर कहाँ से लाया गया जिससे पत्थर की पहचान कर उसी पत्थर से उसी रंग की नाक बनाई जा सके। समय कम होने की वजह से एक आसान राह को खोजा गया जिससे पूरा विवरण मिल सके। कब, कहाँ और कैसे इस लाट की शुरुआत हुई, लेकिन इतना प्रयास करने के बाद भी उन्हें सफलता नहीं मिली।

जॉर्ज पंचम की नाक का सवाल तो था ही, साथ-ही-साथ अधिकारियों व मूर्तिकार की नाक का सवाल भी था इसलिए उन्हें हर हाल में यह कार्य करना था, क्योंकि जॉर्ज पंचम की नाक के साथ उनकी नाक भी कट जाती।

प्रश्न 73. पत्रकारिता का मानव-जीवन में क्या योगदान है? स्पष्ट कीजिए।

उत्तर— पत्रकारिता लोकतन्त्र का चौथा स्तंभ है। इसका क्षेत्र व्यापक है। पत्रकारिता का मानव-जीवन में महत्वपूर्ण स्थान है। यह अपराधों पर रोक लगाने के साथ-साथ जन-समस्याओं का समाधान भी करती है। पत्रकारिता सरकार और आम जनता को जोड़ने की एक महत्वपूर्ण कड़ी है। इसी के द्वारा हमें खेल-मनोरंजन, राजनीति, व्यापार, फिल्म जगत से लेकर देश-विदेश तक की अनेक प्रकार की खबरें मिलती हैं। सरकार द्वारा लिए गए निर्णयों की विवेचना व समीक्षा करना तथा लोगों के विचारों को समग्र रूप प्रदान करना भी पत्रकारिता द्वारा ही संभव है। पत्रकारिता का मानव जीवन में महत्वपूर्ण योगदान है।

प्रश्न 74. हताशा एवं निराशा से घिरे हुए व्यक्ति को आशा की एक नन्हीं-सी किरण भी नई उम्मीद जगा देती है—पाठ के आधार पर स्पष्ट कीजिए।

उत्तर— हाँ, यह बिल्कुल सत्य है कि हताशा एवं निराशा से घिरे हुए व्यक्ति के लिए उम्मीद की एक किरण ही उसके जीवन में नया सवेरा ला देती है। उम्मीद पर ही दुनिया कायम है। 'जॉर्ज पंचम की नाक' नामक पाठ में सरकारी तन्त्र, नेता, राजनेता उनकी नाक को लेकर संकट में पड़ जाते हैं। कोई भी उपाय न सूझने पर जब वे हताश और निराश हो जाते हैं तब मूर्तिकार उनकी समस्या के समाधान के लिए उम्मीद की किरण बनकर आता है और अनेक कठिनाइयों के बावजूद समस्या का समाधान कर भी देता है। यह बात अलग है कि यह समाधान देशवासियों को रास नहीं आता परंतु वह सरकार व सरकारी तन्त्र की नाक बचाने का कार्य कर देता है।

प्रश्न 75. जॉर्ज पंचम की मूर्ति पर जिस व्यक्ति की ज़िंदा नाक को लगाया गया होगा उसकी व उसके पारिवारिक सदस्यों की कैसी दशा हो गई होगी? अपने विचार व्यक्त कीजिए।

उत्तर— यह एक दुखद घटना रही होगी। रोंगटे खड़े कर देने वाली इस घटना को पढ़ते ही पाठक सिहर-सा उठता है। जॉर्ज पंचम की मूर्ति पर जिस व्यक्ति की ज़िंदा नाक लगाई गई होगी उसकी दशा का वर्णन करना अत्यन्त कठिन है। उसका पूरा जीवन तबाह हो गया होगा। नाक कटने की असहनीय पीड़ा को झेलना कष्टदायक रहा होगा। पता नहीं उसे दर्दनाशक दवाएँ व अन्य अस्पताल से सम्बन्धित सुविधाएँ उपलब्ध करवाई गई होंगी या नहीं। वह ज़िंदा बचा भी होगा या नहीं। इन सवालों का जबाव किसी के पास नहीं था। उसकी व उसके परिजनों की मानसिक व शारीरिक स्थिति बहुत खराब रही होगी। सरकार को कोसने के सिवाय उनके पास कुछ भी नहीं बचा होगा। यह अनुचित कार्य होना ही नहीं चाहिए था।

प्रश्न 76. 'नाक को प्रतिष्ठा का प्रतीक माना जाता है।' इस संदर्भ में अपने विचार व्यक्त कीजिए।

उत्तर— वास्तव में नाक मनुष्य की प्रतिष्ठा का प्रतीक है। मनुष्य जीवन भर अपनी नाक बचाने में लगा रहता है। वह ऐसा कोई कार्य नहीं करना चाहता जिससे उनकी प्रतिष्ठा पर आँच आए। आमजन से लेकर सरकारी तन्त्र, विपक्ष में बैठे लोग, देशी-विदेशी सभी अपनी नाक को बचाने के प्रयास में लगे रहते हैं। इज्जतदार लोगों के लिए, तो अपना स्वाभिमान बचाना पापड़ बेलने के समान है। अत: मनुष्य को हमेशा ऐसे कार्य करने चाहिए, जिससे समाज में उनकी प्रतिष्ठा बढ़े, जिससे वे राष्ट्र व समाज के लिए आदर्श बन सकें।

प्रश्न 77. 'जॉर्ज पंचम की नाक' नामक कहानी में कमलेश्वर का कथाकार के साथ-ही-साथ सफल पत्रकार होने का परिचय मिलता है। स्पष्ट कीजिए।

उत्तर— कमलेश्वर एक कथाकार होने के साथ ही मँजे हुए पत्रकार भी हैं। इस कहानी के माध्यम से उन्होंने व्यावसायिक पत्रकारिता का विरोध किया है।

पत्रकारिता का कार्य किसी भी घटना को सही रूप में लोगों के सामने प्रस्तुत करना है। न कि किसी दबाव में आकर चुप बैठना। मूर्ति पर ज़िंदा नाक लगा दिए जाने पर अखबारों का चुप हो जाना उनके ऊपर किसी दबाव को दर्शाता है जो कि पत्रकारिता की सामाजिक जिम्मेदारी के विरुद्ध है। कमलेश्वर ने कहानी के माध्यम से इस बात को अच्छी तरह उभारा है। इससे उनके कथाकार होने के साथ-साथ सफल कलाकार होने का परिचय भी मिलता है।

प्रश्न 78. 'जॉर्ज पंचम की नाक' शीर्षक की सार्थकता स्पष्ट कीजिए।

उत्तर— 'जॉर्ज पंचम की नाक' नामक कहानी में आत्मसम्मान की परवाह न करने वाले संवेदना से शून्य लोगों पर करारा व्यंग्य किया गया है। सरकारी तन्त्र तथा सुरक्षा तन्त्र का जमकर उपहास उड़ाया गया है। सरकार द्वारा विदेशियों के स्वागत व भारतीयों की अवहेलना पर प्रकाश डाला गया है। शोषणकर्त्ताओं के वफादार, सरकार में छिपे लोगों, बाबुओं तथा कलाकार के रूप में लालची मूर्तिकार आदि की पोल खोली गई है। महापुरुषों, क्रान्तिकारियों, पूर्व राजनेताओं तथा शहीद बच्चों के अपमान को सामने लाया गया है। इस कहानी में लेखक ने अंग्रेजों से आज़ादी मिलने के बाद भी सत्ता से जुड़े लोगों की औपनिवेशक मानसिकता तथा विदेशी आकर्षण पर तीक्ष्ण प्रहार किया है। इस प्रकार हम कह सकते हैं कि यह शीर्षक शब्दश: सार्थक है। साथ ही अपने कथ्य में सफल यह कहानी पत्रकारिता की सार्थकता को भी रेखांकित करती है।

प्रश्न 79. 'मूर्तिकार यों तो कलाकार था पर ज़रा पैसे से लाचार था।' इस कथन के माध्यम से लेखक क्या कहना चाहता है?

अथवा

'मूर्तिकार यों तो कलाकार था, लेकिन पैसे से लाचार था।' कथन में निहित व्यंग्य को स्पष्ट कीजिए।

उत्तर— इस कथन के माध्यम से लेखक ने मूर्तिकार पर करारा व्यंग्य किया है। लेखक के अनुसार कलाकार सादा-जीवन उच्च विचार वाली भावना का अनुसरण करता है। वह निस्वार्थ भाव से कार्य करता है। वह लालची नहीं होता। अपनी कला का कुशलतापूर्वक प्रदर्शन करना ही उसकी जिंदगी का ध्येय होता है। वह अपनी कला का व्यवसायीकरण नहीं करना चाहता।

परन्तु मूर्तिकार कलाकार होते हुए भी कलाकार के गुणों से अछूता था। वह अत्यंत लालची स्वभाव का व्यक्ति था। वह हाथ में आए धन के स्रोत को गँवाना नहीं चाहता था। वह सरकारी धन का दुरुपयोग करना चाहता था। भारत के पर्वतीय स्थानों सहित पूरे भारत की सैर करके उसने सरकारी धन का दुरुपयोग भी कर लिया। इसी कारण लेखक ने ऐसा कहा है।

प्रश्न 80. जॉर्ज पंचम की मूर्ति पर लगी जिंदा नाक को सही-सलामत रखने के लिए क्या-क्या प्रयास किए गए?

उत्तर— जॉर्ज पंचम की मूर्ति पर लगी जिंदा नाक को सही-सलामत रखने के लिए मूर्ति के आस-पास का तालाब सुखाकर उसकी गर्द निकालकर उसे साफ किया गया। उसमें ताज़ा पानी भरा गया जिससे नाक को नमी मिलती रहे और वह सूखने न पाए। सुरक्षा के लिए वहाँ पर हथियारबंद पहरेदारों को तैनात किया गया।

प्रश्न 81. 'नाक' से जुड़े प्रचलित मुहावरे लिखिए।

उत्तर— नाक पर मक्खी न बैठने देना, नाक रगड़ना, नाकों चने चबाना, नाक कटना, नाक कटवाना, नाक में दम करना, नाक रखना, नाक बचाना, नाक का सवाल होना, नाक नीची होना आदि नाक से जुड़े प्रचलित मुहावरे हैं।

प्रश्न 82. इंग्लैण्ड की महारानी के हिंदुस्तान आगमन पर अखबार क्या-क्या छाप रहे थे और रानी के आने के दिन वे चुप क्यों रह गए?

उत्तर— रानी के आने से पहले अखबारों में रानी की पोशाकों के रंग, उन पर होने वाले खर्च, रानी की जन्मपत्री, प्रिंस फिलिप के कारनामे छापने के साथ ही उनके नौकर-नौकरानियों, बावर्चियों, खानसामों की जीवनियाँ यहाँ तक कि शाही महल के कुत्तों की तस्वीरें भी छापी गईं। लेकिन रानी के आगमन पर सब अखबार चुप थे। देश का आत्मसम्मान लूटने वाले की मूर्ति पर जिंदा व्यक्ति की नाक लगाए जाने की घटना अपमानजनक बात थी। शायद इसीलिए सभी अखबार चुप रहकर जॉर्ज पंचम की मूर्ति पर जिंदा नाक लगाए जाने के प्रति अपना आक्रोश प्रकट कर रहे थे।

साना-साना हाथ जोड़ि

लेखिका–मधु कांकरिया

लेखिका परिचय

प्रसिद्ध लेखिका मधु कांकरिया का जन्म सन् 1957 में कोलकाता में हुआ। इन्होंने कोलकाता विश्वविद्यालय से ही अर्थशास्त्र में एम. ए. तथा कम्प्यूटर एप्लीकेशन में डिप्लोमा किया।

प्रमुख रचनाएँ—मधु कांकरिया जी की प्रमुख रचनाओं में **पत्ताखोर** (उपन्यास), **सलाम आखिरी, खुले गगन के लाल सितारे, बीतते हुए, अन्त में ईशु** आदि प्रसिद्ध कहानी संग्रह हैं। इसके अतिरिक्त इन्होंने कई यात्रा-वृत्तान्त भी लिखे हैं। इनकी रचनाओं में विचार एवं संवेदना की नवीनता परिलक्षित होती है।

समाज में व्याप्त अनेक ज्वलन्त समस्याओं पर इन्होंने अपनी लेखनी के माध्यम से कुठाराघात किया है। महानगर की घुटन और असुरक्षा के बीच युवा वर्ग में बढ़ती नशे की आदत, लालबत्ती इलाकों की पीड़ा एवं समाज की तत्कालीन अनेक समसामयिक समस्याओं को इन्होंने अपनी रचनाओं के माध्यम से उभारा है।

इनकी भाषा सरल, सहज, प्रवाहपूर्ण तथा भावानुरूप है। इन्होंने अपनी रचनाओं में वर्णनात्मक, भावात्मक, विचारात्मक एवं चित्रात्मक शैली का प्रयोग किया है।

सारांश—'साना-साना हाथ जोड़ि' मधु कांकरिया द्वारा रचित एक यात्रा-वृत्तान्त है। इसमें उन्होंने सिक्किम की राजधानी गंगटोक तथा हिमालय की यात्रा का रोचक वर्णन किया है। इस यात्रा के दौरान भी लेखिका सामाजिक दायित्वों के प्रति सजग है। उसके हृदय में श्रमजीवी लोगों के प्रति सम्मान है।

रात के समय गंगटोक शहर के अप्रतिम सौन्दर्य को देखते समय उनको ऐसा लग रहा था जैसे आसमान उल्टा पड़ा हो तथा तारे चारों ओर बिखरकर टिम-टिमा रहे हों। गंगटोक परिश्रमी लोगों की राजधानी थी, अत: वहाँ के सुबह, शाम, दिन-रात सभी बेहद सुन्दर थे। उस अप्रतिम सौन्दर्य के सम्मोहन में खोकर अचानक उनके मुँह से नेपाली युवती से सीखी हुई प्रार्थना निकलने लगती है—'साना-साना हाथ जोड़ि, गर्दहु प्रार्थना। हाम्रो जीवन तिम्रो कौसेली' जिसका अर्थ है—छोटे-छोटे हाथ जोड़कर प्रार्थना कर रही हूँ कि मेरा समस्त जीवन अच्छाइयों के लिए समर्पित हो।

लेखिका को प्रात:काल यूमथांग के लिए निकलना था, परन्तु आँख खुलते ही वे बालकनी की ओर दौड़ी क्योंकि उन्हें बताया गया था कि मौसम साफ हो तो बालकनी से हिमालय की तीसरी, सबसे बड़ी चोटी कंचनजंघा दिखाई देती है। आसमान में बादल छाये होने के कारण लेखिका को कंचनजंघा तो नहीं दिखाई दी परन्तु विभिन्न प्रकार के इतने सारे रंग-बिरंगे फूल दिखाई दिये जो उन्हें फूलों के बाग में आ जाने जैसा महसूस करा रहे थे।

गंगटोक से यूमथांग की दूरी 149 किमी थी। ड्राइवर जितेन जो उनका गाइड भी था, उसने बताया कि रास्ते में गहरी घाटियाँ और फूलों से लदी वादियाँ मिलेंगी। लेखिका के मन में बर्फ देखने की उत्सुकता थी, परन्तु यूमथांग में बर्फ होगी या नहीं इस बात को जितेन ने रहस्य बना दिया।

रास्ते में मिली सफेद पताकाओं के विषय में नार्गे ने बताया कि किसी बुद्धिस्ट की मृत्यु हो जाने पर उसकी आत्मा की शान्ति हेतु शहर से दूर पवित्र स्थान पर 108 श्वेत पताकाएँ फहरा दी जाती हैं, जिन्हें उतारा नहीं जाता। नया काम शुरू करने के लिए रंगीन पताकाएँ फहरा दी जाती हैं।

कवी-लोंग स्टॉक में जितेन ने ऐसे पत्थर के विषय में बताया जो सिक्किम की दो स्थानीय जातियों के बीच चले लम्बे संघर्ष के बाद शान्ति-वार्ता का स्मरण चिन्ह है।

कुटिया के अन्दर घूमते चक्र के विषय में नार्गे ने उसे धर्म-चक्र बताया जिसे घुमाने से सारे पाप धुल जाते हैं। लेखिका को लगा कि सभी स्थानों पर लोगों की आस्थाएँ, विश्वास, अन्धविश्वास तथा पाप-पुण्य के विषय में समान धारणाएँ हैं।

गाड़ी ऊँचाई पर चढ़ने लगी, सुन्दर रास्ते व वादियाँ दिखाई देने लगीं। सैलानी प्रसन्न होकर गीत गाने लगे। लेखिका सम्पूर्ण परिदृश्य को अपने अन्दर समेट लेना चाहती थी, अत: खिड़की से सिर निकालकर प्राकृतिक दृश्यों का आनन्द लेने लगीं। तिस्ता नदी का सौन्दर्य चरम पर था, सेवन सिस्टर्स वॉटर फॉल के पास जीप रुकने पर लेखिका पत्थरों पर बैठकर आत्म-संगीत सुनने लगीं।

पल-पल बदलते हिमालय के रूप में कहीं हरियाली थी, कहीं हल्का पीलापन, तो कहीं पथरीली चट्टानें। कहीं चटक धूप, तो कहीं बादलों की चादरें। माया-छाया के इस अनोखे खेल में प्रकृति के कई रहस्य लेखिका के समक्ष उद्घाटित हो रहे थे।

धुँधली चादर हटते ही जन्नत के समान दुर्लभ नज़ारे दिखाई देने लगे। लेखिका को ईश्वर के निकट होने का अहसास होने लगा। उनके होंठों पर वही प्रार्थना आने लगी—साना-साना हाथ जोड़ि ....। उन्हें पत्थर तोड़ती पहाड़ी औरतें भी दिखीं जो अपने अलौकिक सौन्दर्य से बेखबर जीविकोपार्जन में लगी थीं। वे सड़क के चौड़ीकरण के लिए श्रम कर रही थीं। लेखिका दु:खी हो गई। उन्हें दु:खी देखकर जितेन बोला कि मैडम ! यह मेरे देश की आम जनता है। इन्हें तो आप कहीं भी देख लेंगी। आप पहाड़ों को देखिए, जिसके लिए पैसे खर्च करके आई हैं।

जीप आगे बढ़ने पर उन्होंने देखा ढेर सारे पहाड़ी बच्चे स्कूल से लौटते समय लिफ्ट माँग रहे हैं। जितेन ने बताया कि यहाँ स्कूल बस की कोई व्यवस्था नहीं है। आगे सँकरे एवं खतरनाक रास्ते से जीप

आगे बढ़ती रही। सूरज ढल रहा था। उसकी रोशनी चाय के बागानों पर पड़ रही थी। सिक्किमी परिधान पहने कई युवतियाँ चाय की पत्तियाँ तोड़ रहीं थीं। उनका गुदगुदाता यौवन इन्द्रधनुषी छटा बिखेर रहा था। मन्त्रमुग्ध-सी लेखिका उन्हें देखकर खुशी से चीख-सी पड़ी।

रात को छोटी-सी शान्त बस्ती लायुंग में पड़ाव था। जहाँ से वे तिस्ता नदी के किनारे एक लकड़ी के घर में ठहरे। शाम का समय था। वातावरण शान्त था। लेखिका प्रकृति की अखण्ड सम्पूर्णता को महसूस कर रही थीं। नदी के बहते पानी को अपनी अँजुलि में भरकर उन्होंने केवल एक यही प्रार्थना की कि व्यक्ति के मन की तामसिकताएँ बह जायें।

रात के समय जितेन द्वारा तेज़ धुन पर नाचने पर सभी सैलानी मस्त हो गये। पचास वर्षीय मणि के जानदार नृत्य को देखकर तो लड़कियाँ भी हार मान सकती थीं।

लायुंग की ऊँचाई समुद्रतल से 14,000 फीट होने पर भी बर्फ देखने को नहीं मिली। पता चला कि 500 फीट ऊपर स्थित 'कटाओ' में बर्फ मिल सकती है। 'कटाओ' भारत का स्विट्जरलैण्ड है। कटाओ का रास्ता खतरनाक तो था ही ऊपर से धुंध और बारिश भी थी। 'कटाओ' में बर्फ मिलने पर सब झूमने लगे। लेखिका के पास लम्बे जूते न होने के कारण वह बर्फ का भरपूर आनन्द न उठा सकी। वे सम्पूर्ण परिदृश्य को अपने भीतर खींच रही थीं। वे सोचने लगीं कि इसी आत्मविभोर कर देने वाली दिव्यता के बीच हमारे ऋषियों ने वेदों की रचना की होगी। उन्होंने कृतज्ञता से माथा नवाकर कहा—जाने कितना ऋण है, इन नदियों का हम पर। उन्हें लगा कि संसार स्वप्न-सा सुन्दर है।

थोड़ा आगे बढ़ने पर फौजी छावनियाँ दिखाई दीं। वहाँ पर लेखिका ने फौजियों से बातें कीं। उनकी तकलीफ देखकर लेखिका का मन पिघलने-सा लगा। रास्ते में जितेन ने माओवादी संघर्ष के बारे में बताया। यूमथांग की घाटी फूलों से लदी पड़ी थी मानो कि फूलों की सेज बिछी हो।

यूमथांग में एक इण्डियन लड़की को चिप्स बेचता देखकर लेखिका को अच्छा लगा। वे कश्मीर के साथ ऐसे सहज रिश्ते की कल्पना करने लगीं।

जितेन ने पहाड़ी कुत्ते तथा गुरु नानक के फुट-प्रिंट वाले पत्थर के विषय में बताया। खेदुम के बारे में उसने बताया कि यहाँ देवी-देवताओं का वास है। यहाँ पर गन्दगी फैलाने वाला मर जाता है। यहाँ के लोग पहाड़, नदी और झरने की पूजा करते हैं। वे इन्हें कभी गन्दा नहीं करते। लेखिका मन-ही-मन कह रही थीं "हाँ रास्ते अभी बन रहे हैं। नये-नये स्थानों की खोज अभी जारी है। मनुष्य की इसी असमाप्त खोज का नाम सौन्दर्य है।"

शब्द-सम्पदा

हैरान = चकित। **झालर** = लड़ी। **सन्धि-स्थल** = मिलने का स्थान। **मेहनतकश** = परिश्रमी। **सम्मोहन** = मोहित करने की भावना। **इस कदर** = इस तरह। **अतीन्द्रियता** = इन्द्रियों से परे। **उजास** = उजाला, प्रकाश। **कपाट** = दरवाजे, द्वार। **रकम-रकम** = तरह-तरह। **गहनतम** = सबसे गहरी। **बचकाने** = बच्चों जैसे। **गदराए** = भरे हुए। **जायज़ा** = अनुभव। **कतार** = पंक्ति। **श्वेत** = सफेद। **बुद्धिस्ट** = बौद्ध धर्म का अनुयायी। **सन्धि-पत्र** = समझौता-पत्र। **अवधारणाएँ** = मानसिक विचार। **लुभावनी** = मोहित करने वाली। **सुदीर्घ** = लम्बे समय तक चलने वाले। **रफ्ता-रफ्ता** = धीरे-धीरे। **परिदृश्य** = नज़ारे। **बौने** = छोटे कद के। **ओझल** = दृष्टि से दूर। **काम्य** = मन-माफिक। **विराट** = विशाल। **शिद्दत** = प्रबलता। **तीर्थाटनियों** = तीर्थ-यात्रियों। **वीरान** = सुनसान, निर्जन। **सँकरे** = संकुचित। **सघन** = घने। **भीमकाय** = विशाल आकार वाला। **परिवर्तित** = बदला हुआ। **हिचकोले** = झटके। **असीम** = असीमित। **मौन** = चुप, शान्त। **मुंडकी** = सिर। **शिखर** = चोटी। **जल-प्रपात** = झरने। **कौंध** = चमक। **पराकाष्ठा** = चरम-सीमा। **फेन** = झाग। **लम्हों** = पलों, क्षणों। **मशगूल** = व्यस्त। **रंगत** = चमक, खूबसूरती। **अभिशप्त** = शापित। **काव्यमय** = कविता से युक्त। **अनंतता** = अन्त न होने की भावना। **सरहदों** = सीमाओं। **तामसिकताओं** = कुटिलताओं, बुरी भावनाओं। **दुष्ट-वासनाएँ** = बुरी इच्छाएँ। **अनन्त** = असीमित। **नज़ारे** = दृश्य। **अद्भुत-अनूठे** = विलक्षण। **अनमनी** = बिना मन या इच्छा के। **चटक** = गहरा। **पलस्तर** = प्लास्टर। **छू-मंतर** = गायब। **चित्रलिखित-सी** = मूर्तिवत्। **अनूठे** = अनोखे, विलक्षण। **सयानी** = चतुर, समझदार। **उद्घाटन करने** = प्रकट करने। **तुली होना** = बेताब या आतुर होना। **धुंध** = बादलों का धुआँ। **जन्नत** = स्वर्ग। **नज़रों के छोर तक** = जहाँ तक नज़र पहुँच रही हो। **अनुभूति** = अहसास। **सतत्** = निरन्तर। **प्रवाहमान** = बहता हुआ। **वेग** = तीव्र गति। **मद्धिम-मद्धिम** = धीमी-धीमी, मंद गति से। **चैरवेति-चैरवेति** = चलते रहो, चलते रहो। **वजूद** = अस्तित्व। **एकात्म** = एकाकार। **तंद्रिल अवस्था** = नींद जैसी दशा। **समाधिस्थ** = समाधि में लीन। **नूपुर** = घुँघरू। **आत्मलीन** = स्वयं में लीन। **निरपेक्ष** = बिना किसी अपेक्षा के। **काया** = शरीर। **दैन्य** = दीनता, गरीबी। **जंग** = लड़ाई। **चुहलबाज़ी** = शरारत, हँसी-मजाक। **अकस्मात** = अचानक। **संजीदा** = गम्भीर। **दुस्साध्य** = कठिन। **डाइनामाइट** = एक प्रकार का विस्फोटक। **चूक** = भूल। **पाँव** = पैर। **हाथों में पड़े ठाठे** = पत्थरों पर कुदाल चलाने से हथेलियों में पड़ी गाँठें। **यातना** = कष्ट, पीड़ा। **वंचना** = वंचित होने की भावना। **गमगीन** = दुःखी, उदास। **हेयर पिन बेंट** = बालों में लगाने वाली पिन जैसा गहरा मोड़। **पड़ाव** = ठहराव। **वर्बीला** = बड़े पेट वाला। **मवेशियाँ** = पशु। **सजग** = जागरूक, चौकन्ना। **सात्विक** = पवित्र। **आभा** = चमक। **छटा** = सौन्दर्य। **असह्य** = असहनीय। **परिंदे** = पक्षी। **अनायास** = अचानक। **अक्षम्य** = क्षमा न करने योग्य। **संकल्प** = दृढ़ प्रतिज्ञा। **हलाहल** = विष, ज़हर। **संक्रमण** = संयोग। **सी लेवल** = समुद्र तल। **शर्तिया** = निश्चित रूप से। **बतियाना** = बातें करना। **गुडुप** = निगल लिया। **उम्मीद** = आशा। **आवेश** = जोश। **उत्तेजना** = आवेग। **खलास** = खत्म, समाप्त। **सिवाय** = अलावा, अतिरिक्त। **प्रतिवाद** = विरोध। **राम रोछो** = बहुत अच्छा। **गर्व** = अभिमान। **लम्हे** = क्षण। **ख्वाहिश** = तीव्र इच्छा। **टूरिस्ट स्पॉट** = भ्रमण स्थल। **विभोर** = आनन्दित। **वृत्ति** = स्वभाव। **तरावट** = नमी। **अभिभूत होना** = भावुक हो जाना। **नायाब ढंग** = अनोखे तरीके से। **संग्रह** = इकट्ठा। **ऋण** = कर्ज। **ख्याल** = विचार। **तैनात** = नियुक्त। **मीआद** = समय सीमा। **सेज** = शैय्या, बिस्तर। **विस्मय** = आश्चर्य। **असमाप्त** = जो कभी समाप्त न हो।

बहुविकल्पीय प्रश्न

1. 'साना-साना हाथ जोड़ि' पाठ की लेखिका का क्या नाम है?
(क) मधु कक्कड़ (ख) मधु कांकरिया
(ग) महादेवी वर्मा (घ) मन्नू भंडारी
उत्तर: (ख) मधु कांकरिया

2. 'साना-साना हाथ जोड़ि' यह एक........है।
(क) यात्रा वृत्तांत (ख) संस्मरण
(ग) आत्मकथा (घ) कहानी
उत्तर: (क) यात्रा वृत्तांत

3. 'गंतोक' नगर किस राज्य की राजधानी है?
(क) अरुणाचल (ख) बंगाल
(ग) सिक्किम (घ) आसाम
उत्तर: (ग) सिक्किम

4. 'कंचनजंघा' किस पर्वत की चोटी का नाम है?
(क) हिमालय पर्वत (ख) कंचन पर्वत
(ग) सुमेरू पर्वत (घ) विंध्याचल पर्वत
उत्तर: (क) हिमालय पर्वत

5. प्रकृति के विराट रूप को देखकर लेखिका को क्या प्रेरणा मिलती है?
(क) सदा काम में लगे रहना चाहिए।
(ख) चिंता नहीं करनी चाहिए।
(ग) सदा मुस्कुराते रहना चाहिए।
(घ) लक्ष्य प्राप्त करना चाहिए।
उत्तर: (ग) सदा मुस्कुराते रहना चाहिए।

6. 'साना-साना हाथ जोड़ि' का क्या अर्थ है?
(क) सने हुए हाथ जोड़ना
(ख) धीरे–धीरे हाथ जोड़ना
(ग) छोटे–छोटे हाथ जोड़कर
(घ) इनमें से कोई भी नहीं
उत्तर: (ग) छोटे–छोटे हाथ जोड़कर

7. बोकु क्या है?
(क) सिक्किम की एक भाषा
(ख) सिक्किम का एक स्थान
(ग) सिक्किमी जनजाति
(घ) सिक्किम का एक परिधान
उत्तर: (घ) सिक्किम का एक परिधान

8. सिक्किम के लोग अधिकतर किस धर्म को मानते हैं?
(क) हिंदू धर्म (ख) सिख धर्म
(ग) बौद्ध धर्म (घ) जैन धर्म
उत्तर: (ग) बौद्ध धर्म

9. पर्वतीय क्षेत्रों में बढ़ते प्रदूषण के क्या प्रभाव हो रहे हैं?
(क) कम स्नोफॉल (ख) कम बारिश
(ग) अधिक ठंडी (घ) कम खेती
उत्तर: (क) कम स्नोफॉल

10. प्रकृति जल संचय की व्यवस्था किस प्रकार करती है?
(क) सर्दियों में पर्वतों पर बर्फ़ पड़ती है।
(ख) गर्मियों में वह बर्फ़ पिघलती है।
(ग) पहाड़ों से निकलने वाली नदियाँ लोगों की प्यास बुझाती हैं।
(घ) सभी कथन सत्य हैं।
उत्तर: (घ) सभी कथन सत्य हैं।

11. कटाओ पर दुकान होने से इस सुंदर घाटी को क्या नुकसान होता?
(क) यहाँ का नैसर्गिक सौंदर्य नष्ट हो जाता।
(ख) यहाँ के लोग बाहरी वस्तुएँ खरीदने लगते।
(ग) यहाँ भू-माफियाओं का कब्जा हो जाता।
(घ) यहाँ के लोगों का जीवन अशांत हो जाता।
उत्तर: (क) यहाँ का नैसर्गिक सौंदर्य नष्ट हो जाता।

12. लेखिका ने हैरान होकर क्या देखा था?
(क) आसमान उल्टा पड़ा था।
(ख) आसमान सीधा पड़ा था।
(ग) आसमान निखर पड़ा था।
(घ) इनमें से कोई भी नहीं।
उत्तर: (क) आसमान उल्टा पड़ा था।

13. धर्म-चक्र का संबंध किस धर्म से है?
(क) जैन धर्म (ख) बौद्ध धर्म
(ग) सिख धर्म (घ) इनमें से कोई भी नहीं
उत्तर: (ख) बौद्ध धर्म

14. 'साना-साना हाथ जोड़ि' पाठ में लेखिका हिमालय के सौंदर्य के साथ वहाँ की दूसरी कौन-सी चीज़ को रेखांकित करती हैं?
(क) गरीबी (ख) अमीरी
(ग) महानता (घ) निर्बलता
उत्तर: (क) गरीबी

15. जितेन ने खेदुम को किनका निवास बताया है?
(क) बड़े व्यापारियों का (ख) देवी-देवताओं का
(ग) शापग्रस्त लोगों का (घ) इनमें से कोई भी नहीं
उत्तर: (ख) देवी-देवताओं का

16. 'गंतोक' में सुबह आँख खुलते ही लेखिका बालकनी की ओर क्यों दौड़ी?
(क) अमरनाथ गुफा देखने के लिए।
(ख) माउंट एवरेस्ट गुफा देखने के लिए।
(ग) कंचनजंघा देखने के लिए
(घ) धवलगिरी देखने के लिए
उत्तर: (ग) कंचनजंघा देखने के लिए

17. एक कुशल गाइड में कौन-कौन से गुण होते हैं, अनुचित विकल्प चुनिए।
(क) स्थल की पूर्ण जानकारी, वाकपटुता
(ख) आत्मीयता और संवेदनशीलता

(ग) व्यवसायिकता और चतुराई
(घ) इनमें से कोई भी नहीं

उत्तर: (ग) व्यावसायिकता और चतुराई

18. मधु कांकरिया का जन्म कौन से सन् में हुआ था?
(क) 1975   (ख) 1957
(ग) 1967   (घ) 1947

उत्तर: (ख) 1957

19. ढलान लेती तराई पर किसके गुच्छे रोशनी की एक झालर सी बना रहे थे?
(क) जुगनुओं की   (ख) सितारों की
(ग) फूलों की   (घ) इनमें से कोई भी नहीं

उत्तर: (ग) फूलों की

20. 'बचकाने' का क्या अर्थ है?
(क) बचकर चलना   (ख) बच्चों का खिलौना
(ग) बच्चों की बात   (घ) बच्चों की तरह

उत्तर: (घ) बच्चों की तरह

21. स्थानीय लोगों के लिए पहाड़ मुसीबत क्यों बन जाता है?
(क) क्योंकि पहाड़ पर टेढ़े-मेढ़े संकरे रास्ते होते हैं, इन रास्तों से आना-जाना बहुत ही कठिन होता है।
(ख) क्योंकि पहाड़ों पर रोजगार आदि नहीं है।
(ग) हिमालय के पर्वत बंजर हैं, जिस पर खेती नहीं हो पाती।
(घ) उपर्युक्त सभी विकल्प सही हैं।

उत्तर: (घ) उपर्युक्त सभी विकल्प सही हैं।

22. हिमपात का आनंद लेने की आशा से लेखिका कहाँ पहुँची थीं?
(क) लायुंग
(ख) खेदुम
(ग) यूमथांग
(घ) इनमें से कोई भी नहीं

उत्तर: (क) लायुंग

23. लेखिका ने 'साना-साना हाथ जोड़ि' प्रार्थना किससे सीखी?
(क) स्कूली बच्चों से   (ख) नेपाली युवती से
(ग) स्कूल की शिक्षिका से (घ) जितेन नार्गे से

उत्तर: (ख) नेपाली युवती से

24. लेखिका की आँखों से क्या ओझल होता दिखाई दे रहा था?
(क) भारी-भरकम कार्टून धोते बौने
(ख) बाज़ार-बस्तियाँ
(ग) स्वेटर-बुनती नेपाली युवतियाँ
(घ) उपर्युक्त सभी

उत्तर: (घ) उपर्युक्त सभी

25. 'हाम्रो जीवन तिम्रो कौसेली' का क्या अर्थ है?
(क) प्रार्थना करना
(ख) अच्छाइयों को समर्पित
(ग) हाथ जोड़कर
(घ) मेरा सारा जीवन अच्छाइयों को समर्पित हो।

उत्तर: (घ) मेरा सारा जीवन अच्छाइयों को समर्पित हो।

26. यूमथांग में आत्मा की शांति के लिए कौन-से झंडे लगाए जाते हैं?
(क) लाल   (ख) सफ़ेद
(ग) पीले   (घ) काले

उत्तर: (ख) सफ़ेद

27. यात्राओं से मनोरंजन के साथ-साथ किसका आदान-प्रदान होता है?
(क) संस्कृति का   (ख) संकीर्णता का
(ग) विचारों का   (घ) इनमें से कोई भी नहीं

उत्तर: (क) संस्कृति का

28. श्वेत पताकाओं पर क्या लिखे होते हैं?
(क) गाने के बोल   (ख) मंत्र
(ग) सुविचार   (घ) नारे

उत्तर: (ख) मंत्र

29. यूमथांग की फूलों से भरी घाटियों को देखकर क्या प्रतीत होता है?
(क) जैसे कि फूलों की सेज रखी हो।
(ख) जैसे कि फूलों की चादर बिछी हो।
(ग) जैसे कि फूलों का मंडप सजा हो।
(घ) इनमें से कोई भी नहीं।

उत्तर: (ख) जैसे कि फूलों की चादर बिछी हो।

30. प्रकृति के विराट रूप को देखकर लेखिका को कैसी अनुभूति हुई?
(क) वे मौन, किसी ऋषि की तरह शांत थीं।
(ख) सारे परिदृश्य को वे अपने भीतर समेट लेना चाहती थीं।
(ग) वे रोमांचित और पुलकित थीं।
(घ) उपर्युक्त सभी।

उत्तर: (घ) उपर्युक्त सभी।

31. आज की पीढ़ी द्वारा प्रकृति के साथ किस तरह का खिलवाड़ किया जा रहा है। इसे रोकने में आपकी क्या भूमिका होनी चाहिए?
(क) पॉलीथीन, अवशिष्ट पदार्थों तथा नालियों के गंदे पानी को नदियों में डालना चाहिए।
(ख) यथासंभव वृक्षारोपण करना और दूसरों को वृक्षारोपण के लिए प्रेरित करना चाहिए।
(ग) वर्तमान में खड़े वृक्षों को न काटें और न काटने दें।
(घ) (ख) और (ग) दोनों

उत्तर: (घ) (ख) और (ग) दोनों

32. लेखिका ने किस चलायमान सौंदर्य को जीवन का आनंद कहा है—
(क) निरंतरता की अनुभूति कराने वाले पर्वत, झरने, फूल, घाटियाँ और वादियों के दुर्लभ नज़ारों को।
(ख) निरंतर प्रवाहमान झरने, वेगवती तिस्ता नदी, उठती धुंध ऊपर मँडराते आवारा बादल, हवा में हिलते प्रियुता और रूडोडेंड्रो के फूलों को

(ग) वहाँ की गरीबी और कठिन परिश्रम को

(घ) (क) और (ख) दोनों

उत्तर: (घ) (क) और (ख) दोनों

33. 'जाने कितना ऋण है हम पर इन नदियों का' लेखिका ने ऐसा क्यों कहा है—इन नदियों का ऋण चुकाने के लिए आप क्या-क्या करना चाहेंगे? (अनुचित विकल्प चुनिए)

(क) इनकी सफ़ाई पर ध्यान देना चाहिए तथा इनके किनारे गंदगी नहीं फैलानी चाहिए।

(ख) इनमें न जानवरों को नहलाना चाहिए और न कपड़े या बर्तन धोना चाहिए।

(ग) अशुद्ध नालों एवं फैक्ट्रियों का पानी इनमें मिलने देना चाहिए।

(घ) इनमें से कोई भी नहीं।

उत्तर: (ग) अशुद्ध नालों एवं फैक्ट्रियों का पानी इनमें मिलने देना चाहिए।

34. 'कटाओ पर किसी दुकान का न होना वरदान है।' ऐसा क्यों कहा गया है?

(क) क्योंकि वहाँ बहुत बर्फ पड़ती है।

(ख) क्योंकि इससे वहाँ प्रदूषण नहीं बढ़ता है।

(ग) क्योंकि वहाँ तापमान में वृद्धि होती है।

(घ) उपर्युक्त सभी

उत्तर: (ख) क्योंकि इससे वहाँ प्रदूषण नहीं बढ़ता है।

35. निम्न में से कौनसा मधु कांकरिया लिखित उपन्यास है—

(क) अंत में ईशु   (ख) पत्ताखोर

(ग) बहती गंगा   (घ) सुचिताच

उत्तर: (ख) पत्ताखोर

36. जितेन ने, खेदुम को, किनका निवास बताया है ?

(क) देवी-देवताओं का   (ख) बड़े व्यापारियों का

(ग) असुरों का   (घ) शापग्रस्त लोगों का

उत्तर: (क) देवी-देवताओं का।

गद्यांश पर आधारित बहुविकल्पीय प्रश्न

निम्नलिखित गद्यांशों को ध्यानपूर्वक पढ़कर दिए गए प्रश्नों के लिए सही विकल्प चुनिए—

37. मैंने हैरान होकर देखा—आसमान जैसे उलटा पड़ा था और सारे तारे बिखरकर नीचे टिमटिमा रहे थे। दूर...ढलान लेती तराई पर सितारों के गुच्छे रोशनियों की एक झालर-सी बना रहे थे। क्या था वह? वह रात में जगमगाता गैंगटॉक शहर था—इतिहास और वर्तमान के संधि-स्थल पर खड़ा मेहनतकश बादशाहों का वह एक ऐसा शहर था जिसका सब कुछ सुंदर था—सुबह, शाम, रात।

और वह रहस्यमयी सितारों भरी रात मुझमें सम्मोहन जगा रही थी, कुछ इस कदर कि उन जादू भरे क्षणों में मेरा सब कुछ स्थगित था, अर्थहीन था...मैं, मेरी चेतना, मेरा आस-पास। मेरे भीतर-बाहर सिर्फ़ शून्य था और थी अर्तींद्रियता' में डूबी रोशनी की वह जादुई झालर।

(i) इस पाठ में लेखिका ने किस स्थल की यात्रा का वर्णन किया है?

(क) गैंगटॉक से लेकर हिमालय तक की यात्रा का

(ख) चंडीगढ़ से लेकर कराची तक की यात्रा का

(ग) लेह-लद्दाख तक की यात्रा का

(घ) इनमें से कोई भी नहीं

उत्तर: (क) गैंगटॉक से लेकर हिमालय तक की यात्रा का

(ii) गैंगटॉक शहर देखकर लेखिका को क्या लगा?

(क) बहुत गंदा शहर है।

(ख) सारे तारे नीचे बिखरकर टिमटिमा रहे हैं।

(ग) यहाँ के लोग अंधविश्वासी हैं।

(घ) यहाँ का भोजन अच्छा नहीं है।

उत्तर: (ख) सारे तारे नीचे बिखरकर टिमटिमा रहे हैं।

(iii) अर्तींद्रियता'' का क्या अर्थ है?

(क) इंद्र के पास   (ख) इंद्र के लिए

(ग) इंद्रियों से परे   (घ) इंद्रियों के लिए

उत्तर: (ग) इंद्रियों से परे

(iv) गैंगटॉक को मेहनतकश बादशाहों का शहर क्यों कहा जाता है?

(क) क्योंकि वहाँ का बादशाह मेहनती होता है।

(ख) क्योंकि वहाँ के लोग मेहनत करते हैं।

(ग) यह गैंगटॉक का दूसरा नाम है।

(घ) इनमें से कोई भी नहीं

उत्तर: (ख) क्योंकि वहाँ के लोग मेहनत करते हैं।

(v) 'सम्मोहन' का अर्थ है—

(क) सम्मान देना   (ख) शामिल करना

(ग) समकक्ष बताना   (घ) मोहित या वश में करना

उत्तर: (घ) मोहित करना

38. सुबह हमें यूमथांग के लिए निकल पड़ना था, पर आँख खुलते ही मैं बालकनी की तरफ भागी। यहाँ के लोगों ने बताया था कि यदि मौसम साफ हो तो बालकनी से भी कंचनजंघा दिखाई देती है। हिमालय की तीसरी सबसे बड़ी चोटी कंचनजंघा! पर मौसम अच्छा होने के बावजूद आसमान हलके-हलके बादलों से ढका था, पिछले वर्ष की ही तरह इस बार भी बादलों के कपाट ठाकुर जी के कपाट की तरह बंद ही रहे। कंचनजंघा न दिखनी थी, न दिखी। पर सामने ही रकम-रकम के रंग-बिरंगे इतने सारे फूल दिखाई पड़े कि लगा फूलों के बाग में आ गई हूँ। बहरहाल...गैंगटॉक से 149 किलोमीटर की दूरी पर यूमथांग था। ''यूमथांग यानी घाटियाँ...सारे रास्ते हिमालय की गहनतम घाटियाँ और फूलों से लदी वादियाँ मिलेंगी आपको'' ड्राइवर-कम-गाइड जितेन नार्गे मुझे बता रहा था। ''क्या वहाँ बर्फ मिलेगी?'' मैं बचकाने उत्साह से पूछने लगती हूँ।

(i) सुबह होते ही लेखिका को कहाँ के लिए निकलना था?

(क) यूमथांग   (ख) सिक्किम

(ग) गैंगटॉक   (घ) इनमें से कोई भी नहीं

उत्तर: (क) यूमथांग

(ii) साफ मौसम में बालकनी से क्या दिखाई देता था?

(क) हरियाली से भरी घाटी

(ख) सुंदर बौद्ध मठ

(ग) कंचनजंघा की चोटी

(घ) फूलों से भरी वादियाँ

उत्तर: (ग) कंचनजंघा की चोटी

(iii) यूमथांग गैंगटॉक से कितनी दूर था?

(क) 150 किलोमीटर   (ख) 149 किलोमीटर

(ग) 136 किलोमीटर   (घ) 194 किलोमीटर

उत्तर: (ख) 149 किलोमीटर

(iv) लेखिका के ड्राइवर का नाम क्या था?

(क) जितेंद्र कुमार   (ख) जतिन पाल

(ग) जितेन कपूर   (घ) जितेन नार्गे

उत्तर: (घ) जितेन नार्गे

(v) 'रकम-रकम' का अर्थ है—

(क) रुपया-पैसा   (ख) तरह-तरह के

(ग) धन-सम्पत्ति   (घ) इनमें से कोई भी नहीं

उत्तर: (ख) तरह-तरह के

39. जगह-जगह गदराए पाईन और धूपी के खूबसूरत नुकीले पेड़ों का जायज़ा लेते हुए हम पहाड़ी रास्तों पर आगे बढ़ने लगे कि एक जगह दिखाई दीं...एक कतार में लगी सफ़ेद-सफ़ेद बौद्ध पताकाएँ। किसी ध्वज की तरह लहराती...शांति और अहिंसा की प्रतीक ये पताकाएँ जिन पर मंत्र लिखे हुए थे। नार्गे ने बताया—यहाँ बुद्ध की बड़ी मान्यता है। जब भी किसी बुद्धिस्ट की मृत्यु होती है, उसकी आत्मा की शांति के लिए शहर से दूर किसी भी पवित्र स्थान पर एक सौ आठ श्वेत पताकाएँ फहरा दी जाती हैं। नहीं, इन्हें उतारा नहीं जाता है, ये धीरे-धीरे अपने आप ही नष्ट हो जाती हैं। कई बार किसी नए कार्य की शुरुआत में भी ये पताकाएँ लगा दी जाती हैं पर वे रंगीन होती हैं। नार्गे बोलता जा रहा था और मेरी नज़र उसकी जीप में लगी दलाई लामा की तस्वीर पर टिकी हुई थी। कई दुकानों पर भी मैंने दलाई लामा की ऐसी ही तस्वीर देखी थी।

(i) पाईन और धूपी के पेड़ ऐसे थे.....।

(क) खूबसूरत और नुकीले (ख) लंबे और सीधे

(ग) सुंदर और गोल   (घ) इनमें से कोई भी नहीं

उत्तर: (क) खूबसूरत और नुकीले

(ii) यूमथांग के रास्ते में लगी श्वेत पताकाएँ किसका प्रतीक थीं?

(क) धर्म और शोक का   (ख) खुशहाली का

(ग) शांति और अहिंसा का (घ) इनमें से कोई भी नहीं

उत्तर: (ग) शांति और अहिंसा का

(iii) किसी बुद्धिस्ट की मृत्यु पर एक सौ आठ पताकाएँ फहराने का कारण क्या था?

(क) उनकी खुशी के लिए।

(ख) उनकी संतुष्टि के लिए

(ग) उनके परिवार की खुशी के लिए।

(घ) उनकी आत्मा की शांति के लिए।

उत्तर: (घ) उनकी आत्मा की शांति के लिए।

(iv) रंगीन पताकाएँ कब फहराई जाती हैं?

(क) नए कार्य की शुरुआत पर

(ख) विवाह आदि के अवसर पर

(ग) युद्ध में विजय प्राप्त करने पर

(घ) त्यौहार आदि पर

उत्तर: (क) नए कार्य की शुरुआत पर

(v) लेखिका की नज़र ...... की तस्वीर पर टिकी थी।

(क) दलाई लामा   (ख) गौतम बुद्ध

(ग) महात्मा गाँधी   (घ) इनमें से कोई भी नहीं

उत्तर: (क) दलाई लामा

40. हिचकोले खाती हमारी जीप थोड़ी और आगे बढ़ी। अपनी लुभावनी हँसी बिखेरते हुए जितेन बताने लगा...इस जगह का नाम है कवी-लोंग स्टॉक। यहाँ 'गाइड' फिल्म की शूटिंग हुई थी। तिब्बत के चीस-खे बम्सन ने लेपचाओं के शोमेन से कुंजतेक के साथ संधि-पत्र पर यहीं हस्ताक्षर किए थे। एक पत्थर यहाँ स्मारक के रूप में भी है। (लेपचा और भुटिया सिक्किम की इन दोनों स्थानीय जातियों के बीच चले सुदीर्घ झगड़ों के बाद शांति वार्ता का शुरुआती स्थल।)

उन्हीं रास्तों पर मैंने देखा—एक कुटिया के भीतर घूमता चक्र। यह क्या? नार्गे कहने लगा..."मैडम यह धर्म चक्र है। प्रेयर व्हील। इसको घुमाने से सारे पाप धुल जाते हैं।''

''क्या?'' चाहे मैदान हो या पहाड़, तमाम वैज्ञानिक प्रगतियों के बावजूद इस देश की आत्मा एक जैसी। लोगों की आस्थाएँ, विश्वास, अंधविश्वास,पाप-पुण्य की अवधारणाएँ और कल्पनाएँ एक जैसी।

(i) अपनी...... हँसी बिखेरते हुए जितेन बताने लगा।

(क) खूबसूरत   (ख) मनमोहक

(ग) ठहाकेदार   (घ) लुभावनी

उत्तर: (घ) लुभावनी

(ii) 'गाइड' फिल्म की शूटिंग कहाँ हुई थी?

(क) यूमथांग   (ख) कवी-लोंग स्टॉक में

(ग) लायुंग में   (घ) इनमें से कोई भी नहीं

उत्तर: (ख) कवी-लोंग स्टॉक में

(iii) 'धर्म-चक्र' घुमाने से क्या होता है?

(क) सारे तनाव दूर होते हैं।

(ख) सारे पाप धुल जाते हैं।

(ग) सही समय मालूम पड़ता है।

(घ) लोगों की जीत होती है।

उत्तर: (ख) सारे पाप धुल जाते हैं।

(iv) 'धर्म-चक्र' कहाँ घूम रहा था?

(क) मंदिर में   (ख) मठ में

(ग) कुटिया में   (घ) इनमें से कोई भी नहीं

उत्तर: (ग) कुटिया में

(v) लोगों की आस्थाएँ, विश्वास, अंधविश्वास,......की अवधारणाएँ और कल्पनाएँ एक जैसी।

(क) पाप-पुण्य   (ख) सुख-दुःख

(ग) लाभ-हानि   (घ) इनमें से कोई भी नहीं

उत्तर: (क) पाप-पुण्य

41. 'रफ़्ता-रफ़्ता' हम ऊँचाई की ओर बढ़ने लगे। बाज़ार, लोग और बस्तियाँ पीछे छूटने लगे। अब परिदृश्य से चलते-चलते स्वेटर बुनती नेपाली युवतियाँ और पीठ पर भारी-भरकम कार्टून ढोते बौने से दिखते बहादुर नेपाली ओझल हो रहे थे। अब नीचे देखने पर घाटियों में ताश के घरों की तरह पेड़-पौधों के बीच छोटे-छोटे घर दिखाई दे रहे थे। हिमालय भी अब छोटी-छोटी पहाड़ियों के रूप में नहीं वरन् अपने विराट रूप एवं वैभव के साथ सामने आने वाला था। न जाने कितने दर्शकों, यात्रियों और तीर्थाटानियों का काम्य हिमालय। पल-पल परिवर्तित हिमालय! और देखते-देखते रास्ते वीरान, सँकरे और जलेबी की तरह घुमावदार होने लगे थे। हिमालय बड़ा होते-होते विशालकाय होने लगा। घटाएँ गहराती-गहराती पाताल नापने लगीं। वादियाँ चौड़ी होने लगीं। बीच-बीच में करिश्मे की तरह रंग-बिरंगे फूल शिद्दत से मुसकराने लगे। उन भीमकाय पर्वतों के बीच और घाटियों के ऊपर बने संकरे कच्चे-पक्के रास्तों से गुजरते यूँ लग रहा था जैसे हम किसी सघन हरियाली वाली गुफा के बीच हिचकोले खाते निकल रहे हों।

(i) 'रफ़्ता-रफ़्ता' का अर्थ है...... ।

(क) जल्दी-जल्दी   (ख) धीरे-धीरे

(ग) रुक-रुककर   (घ) इनमें से कोई भी नहीं

उत्तर: (ख) धीरे-धीरे

(ii) घाटी में नीचे देखने पर छोटे-छोटे घर इस तरह दिखाई दे रहे थे—

(क) ताश के घरों की तरह (ख) इग्लू की तरह

(ग) कुटिया जैसे   (घ) महल जैसे

उत्तर: (क) ताश के घरों की तरह

(iii) देखते-देखते रास्ते.........घुमावदार होने लगे थे इस तरह।

(क) साँप की तरह   (ख) इमरती की तरह

(ग) जलेबी की तरह   (घ) इनमें से कोई भी नहीं

उत्तर: (ग) जलेबी की तरह

(iv) 'शिद्दत' का अर्थ होता है—

(क) कठिनता से   (ख) प्रबलता से

(ग) तीव्रता से   (घ) (ख) और (ग) दोनों

उत्तर: (घ) (ख) और (ग) दोनों

(v) घटाएँ गहराती-गहराती क्या नापने लगीं?

(क) आसमान   (ख) ज़मीन

(ग) पाताल   (घ) स्वर्ग

उत्तर: (ग) पाताल

42. इस बिखरी असीम सुंदरता का मन पर यह प्रभाव पड़ा कि सभी सैलानी झूम-झूमकर गाने लगे—''सुहाना सफ़र और ये मौसम हँसी...।''

पर मैं मौन थी। किसी ऋषि की तरह शांत थी। मैं चाहती थी कि इस सारे परिदृश्य को अपने भीतर भर लूँ। पर मेरे भीतर

कुछ बूँद-बूँद पिघलने लगा था। जीप की खिड़की से मुंडकी निकाल-निकाल मैं कभी आसमान को छूते पर्वतों के शिखर देखती तो कभी ऊपर से दूध की धार की तरह झर-झर गिरते जल प्रपातों को। तो कभी नीचे चिकने-चिकने गुलाबी पत्थरों के बीच इठला-इठला कर बहती, चाँदी की तरह कौंध मारती बनी-ठनी तिस्ता नदी को। सिलीगुड़ी से ही हमारे साथ थी यह तिस्ता नदी। पर यहाँ उसका सौंदर्य पराकाष्ठा पर था। इतनी खूबसूरत नदी मैंने पहली बार देखी थी। मैं रोमांचित थी। पुलकित थी। चिड़िया के पंखों की तरह हलकी थी।

(i) सभी सैलानी झूम-झूमकर यह गीत गाने लगे—

(क) सुहानी रात ढल चुकी।

(ख) सुहाना सफ़र और ये मौसम हसीं।

(ग) मौसम मस्ताना, रास्ता अनजाना।

(घ) आज मौसम बड़ा बेईमान है।

उत्तर: (ख) सुहाना सफ़र और ये मौसम हसीं।

(ii) लेखिका किस प्रकार शांत थीं?

(क) ऋषि की तरह   (ख) देवी की तरह

(ग) मूर्ति की तरह   (घ) इनमें से कोई भी नहीं

उत्तर: (क) ऋषि की तरह

(iii) असीम बिखरी सुन्दरता को देखकर लेखिका ऋषि की तरह शांत क्यों थीं?

(क) वह खतरनाक रास्तों को देखकर भयभीत थीं।

(ख) वह सारे दृश्य को अपने भीतर समा लेना चाहती थीं।

(ग) वह लौटकर घर जाने के विषय में सोच रही थीं।

(घ) इनमें से कोई भी नहीं।

उत्तर: (ख) वह सारे दृश्य को अपने भीतर समा लेना चाहती थीं।

(iv) 'मुंडकी' का क्या अर्थ है?

(क) धड़   (ख) मस्तक

(ग) बाल   (घ) सिर

उत्तर: (घ) सिर

(v) जल-प्रपात किस प्रकार नज़र आ रहे थे?

(क) दूध की धार की तरह (ख) बर्फ की तरह

(ग) रंगीन फव्वारे की तरह (घ) इनमें से कोई भी नहीं

उत्तर: (ग) रंगीन फव्वारे की तरह

43. ''मेरे नगपति मेरे विशाल''—मैंने हिमालय को सलामी देनी चाही कि तभी जीप एक जगह रुकी....खूब ऊँचाई से पूरे वेग के साथ ऊपर शिखरों के भी शिखर से गिरता फेन उगलता झरना। इसका नाम था—'सेवन सिस्टर्स वॉटर फॉल।' फ़्लैश चमकने लगे। सभी सैलानी इन खूबसूरत लम्हों की रंगत को कैमरे में कैद करने में मशगूल थे।

आदिम युग की किसी अभिशप्त राजकुमारी-सी मैं भी नीचे बिखरे भारी-भरकम पत्थरों पर बैठ झरने के संगीत के साथ ही आत्मा का संगीत सुनने लगी। थोड़ी देर बाद ही बहती जलधारा में पाँव डुबोया तो भीतर तक भीग गई। मन काव्यमय हो उठा। सत्य और सौंदर्य को छूने लगा।

(i) ''मेरे नगपति मेरे विशाल'' लेखिका ने किस पर्वत के लिए कहा है?

(क) अरावली पर्वत   (ख) सतपुड़ा पर्वत

(ग) हिमालय पर्वत   (घ) नीलगिरी

उत्तर: (ग) हिमालय पर्वत

(ii) यूमथांग जाते समय लेखिका ने किस वॉटरफॉल का जिक्र किया है?

(क) जोग वॉटरफॉल   (ख) केम्पटी वॉटरफॉल

(ग) जोगिनी वॉटरफॉल   (घ) सेवन सिस्टर्स वॉटरफॉल

उत्तर: (घ) सेवन सिस्टर्स वॉटरफॉल

(iii) 'मशगूल' का अर्थ है—

(क) खाली   (ख) व्यस्त

(ग) मेहनती   (घ) इनमें से कोई भी नहीं

उत्तर: (ख) व्यस्त

(iv) 'अभिशप्त' का अर्थ है—

(क) शापित   (ख) वरदान

(ग) अभियुक्त   (घ) (क) और (ख)

उत्तर: (घ) (क) और (ख)

(v) तिस्ता की जलधारा में पैर डुबोने पर लेखिका को क्या महसूस हुआ?

(क) मन काव्यमय हो उठा (ख) मन संगीतमय हो उठा

(ग) मन तरंगित हो उठा   (घ) इनमें से कोई भी नहीं

उत्तर: (क) मन काव्यमय हो उठा

44. जीवन की अनंतता का प्रतीक वह झरना...उन अद्भुत-अनूठे क्षणों में मुझमें जीवन की शक्ति का अहसास हो रहा था। इस कदर प्रतीत हुआ कि जैसे मैं स्वयं भी देश और काल की सरहदों से दूर बहती धारा बन बहने लगी हूँ। भीतर की सारी तामसिकताएँ और दुष्ट वासनाएँ इस निर्मल धारा में बह गईं। मन हुआ कि अनंत समय तक ऐसे ही बहती रहूँ...सुनती रहूँ इस झरने की पुकार को। पर जितेन मुझे ठेलने लगा...आगे इससे भी सुंदर नज़ारे मिलेंगे।

अनमनी-सी मैं उठी। थोड़ी देर बाद ही फिर वही नज़ारे-आँखों और आत्मा को सुख देने वाले। कहीं चटक हरे रंग का मोटा कालीन ओढ़े तो कहीं हलका पीलापन लिए, तो कहीं पलस्तर उखड़ी दीवार की तरह पथरीला और देखते ही देखते परिदृश्य से सब छू-मंतर जैसे किसी ने जादू की छड़ी घुमा दी हो। सब पर बादलों की एक मोटी चादर। सब कुछ बादलमय।

चित्रलिखित-सी मैं 'माया' और 'छाया' के इस अनूठे खेल को भर-भर आँखों देखती जा रही थी। प्रकृति जैसे मुझे सयानी बनाने के लिए जीवन रहस्यों का उद्घाटन करने पर तुली हुई थी।

धीरे-धीरे धुंध की चादर थोड़ी छँटी। अब वहाँ पहाड़ नहीं, दो विपरीत दिशाओं से आते छाया-पहाड़ थे और थोड़ी देर बाद ही वे छाया-पहाड़ अपने श्रेष्ठतम रूप में मेरे सामने थे। जीप थोड़ी देर के लिए रुकवा दी गई थी। मैंने गर्दन घुमाई।...सब ओर जैसे जन्नत बिखरी पड़ी थी। नज़रों के छोर तक खूबसूरती ही

खूबसूरती। अपने को निरंतर दे देने की अनुभूति कराते पर्वत, झरने, फूलों, घाटियों और वादियों के दुर्लभ नज़ारे! वहीं कहीं लिखा था.....'थिंक ग्रीन।'

(i) उन अद्भुत-अनूठे क्षणों में मुझमें.......अहसास हो रहा था।

(क) असीम शक्ति का   (ख) बेहतरीन शक्ति का

(ग) जीवन की शक्ति का (घ) इनमें से कोई भी नहीं

उत्तर: (ग) जीवन की शक्ति का

(ii) निर्मल धारा में बह गईं—

(क) क्रोध और लालच

(ख) घृणा और जलन

(ग) अहंकार और मोह

(घ) तामसिकताएँ और दुष्ट वासनाएँ

उत्तर: (घ) तामसिकताएँ और दुष्ट वासनाएँ

(iii) 'तामसिकता' का अर्थ है—

(क) रहमदिल

(ख) तमोगुण से युक्त, कुटिल

(ग) रजोगुण से युक्त, सज्जन

(घ) इनमें से कोई भी नहीं

उत्तर: (ख) तमोगुण से युक्त, कुटिल

(iv) चित्रलिखित-सी मैं '.......' और '.........' के इस अनूठे खेल को भर-भर आँखों देखती जा रही थी।

(क) माया, छाया   (ख) माया, काया

(ग) छाया, साया   (घ) साया, काया

उत्तर: (क) माया, छाया

(v) प्रकृति लेखिका को क्या बनाने के लिए जीवन रहस्यों का उद्घाटन करने पर तुली हुई थी?

(क) बुद्धिमान बनाने के लिए

(ख) सयानी बनाने के लिए

(ग) सुंदर बनाने के लिए

(घ) इनमें से कोई भी नहीं

उत्तर: (ख) सयानी बनाने के लिए

45. आश्चर्य! पलभर में ब्रह्मांड में कितना कुछ घटित हो रहा था। सतत प्रवाहमान झरने, नीचे वेग से बहती तिस्ता नदी। सामने उठती धुंध। ऊपर मैंडराते आवारा बादल। मद्धिम-मद्धिम हवा में हिलोरे लेते प्रियुता और रूडोडेंड्रो के फूल। सब अपनी-अपनी लय तान और प्रवाह में बहते हुए। चैरवेति-चैरवेति। और समय के इसी सतत प्रवाह में तिनके-सा बहता हमारा वजूद।

पहली बार अहसास हुआ...जीवन का आनंद है यही चलायमान सौंदर्य।

सम्पूर्णता के उन क्षणों में मन इस बिखरे सौंदर्य से इस कदर एकात्म हो रहा था कि भीतर-बाहर की रेखा मिट गई थी, आत्मा की सारी खिड़कियाँ खुलने लगी थीं....मैं सचमुच ईश्वर के निकट थी। सुबह सीखी प्रार्थना फिर होठों को छूने लगी थी...साना-साना हाथ जोड़.....कि तभी वह अतींद्रिय संसार खंड-खंड हो गया! वह महाभाव सूखी टहनी-सा टूट गया। दरअसल मंत्रमुग्ध-सी मैं तंद्रिल अवस्था में ही थोड़ी दूर

तक निकल आई थी कि अचानक पाँवों पर ब्रेक सी लगी... समाधिस्थ भाव में नृत्य करती किसी आत्मलीन नृत्यांगना के नूपुर अचानक टूट गए हों। मैंने देखा इस अद्वितीय सौंदर्य से निरपेक्ष कुछ पहाड़ी औरतें पत्थरों पर बैठीं पत्थर तोड़ रही थीं। गुँथे आटे-सी कोमल काया पर हाथों में कुदाल और हथौड़े! कईयों की पीठ पर बँधी डोको (बड़ी टोकरी) में उनके बच्चे भी बँधे हुए थे। कुछ कुदाल को भरपूर ताकत के साथ ज़मीन पर मार रही थीं।

(i) क्या दृश्य देखकर लेखिका के मन से सौंदर्य की छटा छिटक गई?

   (क) भयानक दुर्घटना देखकर

   (ख) भूख से बिलखते बच्चे देखकर

   (ग) पत्थर तोड़ती पहाड़ी औरतों को देखकर

   (घ) इनमें से कोई नहीं

उत्तर: (ग) पत्थर तोड़ती पहाड़ी औरतों को देखकर

(ii) लायुंग से यूमथांग के रास्ते में लेखिका को कौन-से फूल देखने को मिले?

   (क) लिली और लोटस के

   (ख) डहेलिया और लिली के

   (ग) चैरी ब्लासम और ट्यूलिप के

   (घ) प्रियुता और रुडोडेंड्रो

उत्तर: (घ) प्रियुता और रुडोडेंड्रो

(iii) 'चैरवेति-चैरवेति' का अर्थ है.......

   (क) निरंतर, लगातार   (ख) चलते रहो–चलते रहो

   (ग) उदासीन और दुखी   (घ) इनमें से कोई भी नहीं

उत्तर: (ख) चलते रहो–चलते रहो

(iv) पहली बार अहसास हुआ....जीवन का आनंद है......। (पंक्ति पूर्ण कीजिए।)

   (क) यही चलायमान सौंदर्य

   (ख) संघर्ष से पलायन

   (ग) आराम करना

   (घ) कठिन परिश्रम

उत्तर: (क) यही चलायमान सौंदर्य

(v) पत्थर तोड़ती पहाड़ी औरतों की काया को लेखिका ने किसके जैसी कोमल कहा है?

   (क) रुई जैसी   (ख) पँखों जैसी

   (ग) कपड़ों-सी   (घ) आटे-सी

उत्तर: (घ) आटे-सी

46. इतने स्वर्गीय सौंदर्य, नदी, फूलों, वादियों और झरनों के बीच भूख, मौत, दैन्य और जिंदा रहने की यह जंग! मातृत्व और श्रम साधना साथ-साथ। वहीं पर खड़े बी.आर.ओ. (बोर्ड रोड आर्गेनाइजेशन) के एक कर्मचारी से पूछ मैंने, "यह क्या हो रहा है? उसने चुहलबाजी के अंदाज में बताया जिन रास्तों से गुज़रते हुए आप हिम-शिखरों से टक्कर लेने जा रही हैं उन्हीं रास्तों को ये पहाड़िनें चौड़ा बना रही हैं।"

"बड़ा खतरनाक कार्य होगा यह" मेरे मुँह से अकस्मात निकला। वह संजीदा हो गया। कहने लगा, पिछले महीने तो एक की जान भी चली गई थी। बड़ा दुसाध्य कार्य है पहाड़ों पर रास्ता बनाना। पहले डाइनामाइट से चट्टानों को उड़ा दिया जाता है। फिर बड़े-बड़े पत्थरों को तोड़-मोड़कर एक आकार के छोटे-छोटे पत्थरों में बदला जाता है, फिर बड़े-से जाले में उन्हें लंबी पट्टी की तरह बिठाकर कटे रास्तों पर बाड़े की तरह लगाया जाता है। ज़रा-सी चूक और सीधा पाताल प्रवेश!

और तभी मुझे ध्यान आया....इन्हीं रास्तों पर एक जगह सिक्किम सरकार का बोर्ड लगा था जिस पर बड़े-बड़े अक्षरों में लिखा था, "एवर वंडर्ड हू डिफाइड डेथ टू बिल्ड दीज रोड्स।" (आप ताज्जुब करेंगे पर इन रास्तों को बनाने में लोगों ने मौत को झुठलाया है।)

(i) पाठ में पहाड़ी औरतों के किस गुण को लेखिका ने उजागर किया है?

   (क) प्रेम और मातृत्व

   (ख) मातृत्व और संवेदना

   (ग) मातृत्व और श्रम-साधना

   (घ) संवेदना और श्रम-साधना

उत्तर: (ग) मातृत्व और श्रम-साधना

(ii) पहाड़िने कौन-सा कार्य कर रही थीं?

   (क) रास्ते साफ़ करने का कार्य

   (ख) रास्तों को चौड़ा बनाने का कार्य

   (ग) फूलों की माला बनाने का कार्य

   (घ) इनमें से कोई भी नहीं

उत्तर: (ख) रास्तों को चौड़ा बनाने का कार्य

(iii) बड़ा....कार्य है पहाड़ों पर रास्ता बनाना।

   (क) दुसाध्य   (ख) सहज

   (ग) मनोरंजक   (घ) आनंददायक

उत्तर: (क) दुसाध्य

(iv) चट्टानों को पहले किससे उड़ाया जाता है?

   (क) बम से   (ख) बंदूक से

   (ग) तोप से   (घ) डायनामाइट से

उत्तर: (घ) डायनामाइट से

(v) रास्तों पर कौनसी सरकार का बोर्ड लगा था?

   (क) सिक्किम   (ख) जम्मू और कश्मीर

   (ग) यूमथांग   (घ) इनमें से कोई भी नहीं

उत्तर: (क) सिक्किम

47. एकाएक मेरा मानसिक चैनल बदला। मन पीछे घूम गया। इसी प्रकार एक बार पलामू और गुमला के जंगलों में देखा था....पीठ पर बच्चे को कपड़े से बाँधकर पत्तों की तलाश में वन-वन डोलती आदिवासी युवतियाँ। उन आदिवासी युवतियों के फूले हुए पाँव और इन पत्थर तोड़ती पहाड़िनों के हाथों में पड़े ठाठे, एक ही कहानी कह रहे थे कि आम जिंदगियों की कहानी हर जगह एक-सी है कि सारी मलाई एक तरफ; सारे आँसू, अभाव, यातना और वंचना एक तरफ।

और तभी मेरी सहयात्री मणि और जितेन मुझे खोजते−खोजते वहाँ तक आ गए थे। मुझे गमगीन देख जितेन कहने लगा, ''मैडम, ये मेरे देश की आम जनता है, इन्हें तो आप कहीं भी देख लेंगी...आप इन्हें नहीं, पहाड़ों की सुंदरता को देखिए.... जिसके लिए आप इतने पैसे खर्च करके आई हैं।''

'यह देश की आम जनता ही नहीं, जीवन का प्रति संतुलन भी है। ये 'वेस्ट एट रिपेईंग' हैं। कितना कम लेकर ये समाज को कितना अधिक वापस लौटा देती हैं', मन ही मन सोचा मैंने। हम वापस जीप की ओर मुड़ने लगे कि तभी मैंने देखा−वे श्रम−सुंदरियाँ किसी बात पर इस कदर खिलखिलाकर हँस पड़ी थीं कि जीवन लहरा उठा था और वह सारा खंडहर ताजमहल बन गया था।

(i) लेखिका ने किस जंगल में पत्ते तलाशते हुए युवतियाँ देखीं थीं?

(क) पलाश के जंगलों में

(ख) सतपुड़ा के जंगलों में

(ग) गिर के जंगलों में

(घ) पलामू और गुमला के जंगलों में

उत्तर: (घ) पलामू और गुमला के जंगलों में

(ii) 'ठठे' का क्या अर्थ है?

(क) निशान

(ख) पेट का बढ़ना

(ग) हाथ में पड़ने वाली गांठें

(घ) (क) और (ग) दोनों

उत्तर: (घ) (क) और (ग) दोनों

(iii) पहाड़ तोड़ती औरतों के हाथों की गांठें कौन−सी कहानी कह रही थीं?

(क) आम जिंदगियों की कहानी हर जगह एक−सी है।

(ख) आम जिंदगियों की कहानी अलग−अलग है।

(ग) आम जिंदगियों की कहानी रुचिकर है।

(घ) इनमें से कोई भी नहीं।

उत्तर: (क) आम जिंदगियों की कहानी हर जगह एक−सी है।

(iv) लेखिका के कौन−से सहयात्री उन्हें खोजते हुए यूमथांग तक आए?

(क) मणि

(ख) जितेन

(ग) उपर्युक्त दोनों

(घ) इनमें से कोई भी नहीं

उत्तर: (ग) उपर्युक्त दोनों

(v) श्रम सुंदरियों की खिलखिलाहट को सुनकर लेखिका को कैसा अनुभव हुआ?

(क) चिड़ियाँ चहक उठी हों।

(ख) मानो कल−कल झरने बह रहे हों।

(ग) सारा खंडहर ताजमहल बन गया था।

(घ) इनमें से कोई भी नहीं।

उत्तर: (ग) सारा खंडहर ताजमहल बन गया था।

48. हम लगातार ऊँचाइयों पर चढ़ते जा रहे थे। जितेन बता रहा था, अब हम हर मोड़ पर हेयर पिन बेंट लेंगे और तेज़ी से ऊँचाई पर चढ़ते जाएँगे। हेयर पिन बेंट के ठीक पहले एक पड़ाव पर देखा सात−आठ वर्ष की उम्र के ढेर सारे पहाड़ी बच्चे स्कूल से लौट रहे थे और हमसे लिफ्ट माँग रहे थे। जितेन ने बताया हर दिन तीन−साढ़े तीन किलोमीटर की पहाड़ी चढ़ाई चढ़कर ये बच्चे स्कूल जाते हैं।

''क्या स्कूली बस नहीं?''

मणि के पूछने पर जितेन हँस पड़ा, ''मैडम यह मैदानी नहीं पहाड़ी इलाका है। मैदान की तरह यहाँ कोई भी आपको चिकना वर्बीला नहीं मिलेगा। यहाँ जीवन कठोर है। नीचे तराई में ले−देकर एक ही स्कूल है। दूर−दूर से बच्चे उसी स्कूल में जाते हैं। और सिर्फ पढ़ते ही नहीं हैं, इनमें से अधिकांश बच्चे शाम के समय अपनी माँओं के साथ मवेशियों को चराते हैं, पानी भरते हैं, जंगल से लकड़ियों के भारी−भारी गट्ठर ढोते हैं। खुद मैंने भी ढोए थे।''

खतरा अब धीरे−धीरे बढ़ने लगा था। रास्ते और भी सँकरे होते जा रहे थे। कई बार लगता जैसे रास्तों को इंच टेप से नापकर एक जीप जितना ही चौड़ा बनाया गया कि ज़रा भी संतुलन बिगड़े, इंच भर भी जीप इधर−उधर खिसके तो हम सीधे घाटियों में! इन रास्तों पर जगह−जगह लिखी चेतावनियाँ भी हमें खतरों के प्रति सजग कर रही थीं। सामने ही लिखा था−'धीरे चलाएँ, घर में बच्चे आपका इंतजार कर रहे हैं।' थोड़ा और आगे बढ़े कि फिर एक चेतावनी−'वी केयर, मैन इटर अराउंड।' पर हमें नरभक्षी जानवर नहीं, दूध देने वाले याक दिखे...काले−काले ढेर सारे याक। पहाड़ों पर गिरती बर्फ से प्राकृतिक ढंग से रक्षा करने वाले घने−घने बालों वाले याक।

(i) 'वर्बीला' का अर्थ है—

(क) दुबला−पतला

(ख) बढ़े हुए पेटवाला

(ग) अस्वस्थ

(घ) इनमें से कोई भी नहीं

उत्तर: (ख) बढ़े हुए पेटवाला

(ii) पहाड़ी बच्चे कितने किलोमीटर पहाड़ी चढ़कर स्कूल जाते हैं?

(क) तीन साढ़े तीन किलोमीटर

(ख) चार साढ़े चार किलोमीटर

(ग) पाँच साढ़े पाँच किलोमीटर

(घ) दो से ढाई किलोमीटर

उत्तर: (क) तीन साढ़े तीन किलोमीटर

(iii) पहाड़ी बच्चे अपनी माँओं के साथ क्या कार्य करते हैं?

(क) पानी भरते हैं।

(ख) मवेशियों को चराते हैं

(ग) जंगल से लकड़ियों के भारी−भारी गट्ठर ढोते हैं।

(घ) उपर्युक्त सभी।

उत्तर: (घ) उपर्युक्त सभी।

(iv) यूमथांग के रास्ते में लेखिका को कौनसे जानवर दिखे?

(क) नरभक्षी जानवर

(ख) पालतू जानवर

(ग) याक

(घ) इनमें से कोई नहीं

उत्तर: (ग) याक

(v) पहाड़ी पर दिखने वाले याक की क्या विशेषता थी?

(क) वे काले-काले थे।

(ख) उनके शरीर पर घने-घने बाल थे।

(ग) वे दूध देते थे।

(घ) उपर्युक्त सभी

उत्तर: (घ) उपर्युक्त सभी

49. सूरज ढलने लगा था। हमने देखा कुछ पहाड़ी औरतें गायों को चराकर वापस लौट रही थीं। कुछ के सिर पर लकड़ियों के भारी-भरकम गट्ठर थे। ऊपर आसमान फिर धुंध और बादलों से घिरा हुआ था। उतरती संध्या में जीप अब चाय के बागानों से गुज़र रही थी कि फिर एक दृश्य ने मुझे खींचा...नीचे चाय के हरे-भरे बागानों में कई युवतियाँ बोकु पहने (सिक्किमी परिधान) चाय की पत्तियाँ तोड़ रही थीं। नदी की तरह उफ़ान लेता उनका यौवन और श्रम से दमकता गुलाबी चेहरा। एक युवती ने चटक लाल रंग का बोकु पहन रखा था। सघन हरियाली के बीच चटक लाल रंग डूबते सूरज की स्वर्णिम और सात्विक आभा में कुछ इस कदर इंद्रधनुषी छटा बिखेर रहा था कि मंत्रमुग्ध-सी मैं चीख पड़ी थी!....इतना अधिक सौंदर्य मेरे लिए असह्य था।

यूमथांग पहुँचने के लिए हमें रात भर लायुंग में पड़ाव लेना था। गगनचुंबी पहाड़ों के तल में साँस लेती एक नन्हीं-सी शांत बस्ती लायुंग। सारी दौड़-धूप से दूर ज़िंदगी जहाँ निश्चिंत सो रही थी।

उसी लायुंग में हम ठहरे थे। तिस्ता नदी के तीर पर बसे लकड़ी के एक छोटे-से घर में। मुँह-हाथ धोकर मैं तुरंत ही तिस्ता नदी के किनारे बिखरे पत्थरों पर बैठ गई थी। सामने बहुत ऊपर से बहता झरना नीचे कल-कल बहती तिस्ता में मिल रहा था। मद्धिम-मद्धिम हवा बह रही थी। पेड़-पौधे झूम रहे थे। गहरे बादलों की परत ने चाँद को ढक रखा था।....बाहर परिंदें और लोग अपने घरों को लौट रहे थे। वातावरण में अद्भुत शांति थी। मंदिर की घंटियों-सी...घुँघरुओं की रुनझुनाहट-सी। आँखें अनायास भर आईं। ज्ञान का नन्हा-सा बोधिसत्व जैसे भीतर उगने लगा...वहीं सुख शांति और सुकून है जहाँ अखंडित संपूर्णता है—पेड़, पौधे, पशु, और आदमी-सब अपनी-अपनी लय, ताल और गति में हैं। हमारी पीढ़ी ने प्रकृति की इस लय, ताल और गति से खिलवाड़ कर अक्षम्य अपराध किया है। हिमालय अब मेरे लिए कविता ही नहीं, दर्शन बन गया था।

(i) 'मद्धिम-मद्धिम' का क्या अर्थ है?

(क) जल्दी-जल्दी   (ख) तेज़

(ग) सुरीली   (घ) धीमी

उत्तर: (घ) धीमी

(ii) चाय के बागानों से गुज़रती लेखिका क्या देखकर चीख पड़ीं?

(क) खेत के बीच लंबा साँप

(ख) बागानों की सुंदरता

(ग) युवतियों के आकर्षक परिधान

(घ) युवतियों का अप्रतिम सौंदर्य

उत्तर: (घ) युवतियों का अप्रतिम सौंदर्य

(iii) हमारी पीढ़ी ने प्रकृति की इस लय, ताल और गति से खिलवाड़ कर.....अपराध किया है।

(क) घोर   (ख) अक्षम्य

(ग) बड़ा   (घ) इनमें से कोई भी नहीं

उत्तर: (ख) अक्षम्य

(iv) यूमथांग पहुँचने के लिए लेखिका को कहाँ पड़ाव लेना था?

(क) गैंगटॉक में   (ख) यूमथांग में

(ग) लायुंग में   (घ) चाय के बागानों में

उत्तर: (ग) लायुंग में

(v) हिमालय लेखिका के लिए क्या बन गया था?

(क) दर्शन   (ख) कविता

(ग) उपर्युक्त दोनों   (घ) इनमें से कोई नहीं

उत्तर: (ग) उपर्युक्त दोनों

50. अँधेरा होने के पहले ही किसी प्रकार डगमगाती शिलाओं और पत्थरों से होकर तिस्ता नदी की धार तक पहुँची। बहते पानी को अपनी अंजुलि में भरा तो अतीत भीतर धड़कने लगा....स्मृति में कौंधा ...हमारे यहाँ जल को हाथ में लेकर संकल्प किया जाता है...क्या संकल्प करूँ? पर मैं संकल्प की स्थिति में नहीं थी.. भीतर थी एक प्रार्थना...एक कमज़ोर व्यक्ति की प्रार्थना...भीतर का सारा हलाहल, सारी तामसिकताएँ बह जाएँ...इसी बहती धारा में! रात धीरे-धीरे गहराने लगी। हिमालय ने काला कंबल ओढ़ लिया था। जितेन ने लकड़ी के बने खिलौने से उस छोटे से गेस्ट हाऊस में गाने की तेज़ धुन पर जब अपने संगी-साथियों के साथ नाचना शुरू किया तो देखते-देखते एक आदिम रात्रि की महक से परियों की कहानी-सी मोहक वह रात महक उठी। मस्ती और मादकता का ऐसा संक्रमण हुआ कि एक-एक कर हम सभी सैलानी गोल-गोल घेरा बनाकर नाचने लगे। मेरी पचास वर्षीय सहेली मणि ने कुमारियों को भी मात करते हुए वो जानदार नृत्य प्रस्तुत किया कि हम सब अवाक् उसे ही देखते रह गए। कितना आनंद भरा था उसके भीतर! कहाँ से आता था इतना आनंद ?

लायुंग की सुबह! बेहद शांत और सुरम्य। तिस्ता नदी की शांत धारा के समान ही कल-कल कर बहती हुई। अधिकतर लोगों की जीविका का साधन पहाड़ी आलू, धान की खेती और दारू का व्यापार। सुबह मैं अकेले ही टहलने निकल गई थी। मैंने उम्मीद की थी कि यहाँ मुझे बर्फ मिलेगी पर अप्रैल के शुरुआती महीने में यहाँ बर्फ़ का एक कतरा भी नहीं था। यद्यपि हम सी लेवल से 14000 फीट की ऊँचाई पर थे। मैं बर्फ़ देखने के लिए बैचेन थी....हम मैदानों से आए लोगों के लिए बर्फ़ से ढके पहाड़ किसी जन्नत से कम नहीं होते।

(i) लायुंग की सुबह कैसी थी?

(क) बेहत शांत और सुरम्य

(ख) प्रकाश से युक्त

(ग) सम्मोहित करने वाली

(घ) सीलन से भरी

उत्तर: (ग) सम्मोहित करने वाली

(ii) लायुंग में लेखिका किस नदी के किनारे ठहरी थीं?

(क) ब्रह्मपुत्र नदी   (ख) काली नदी

(ग) सियांग नदी   (घ) तिस्ता नदी

उत्तर: (घ) तिस्ता नदी

(iii) लायुंग समुद्रतल से कितनी ऊँचाई पर है?

(क) 10000 फीट   (ख) 12000 फीट

(ग) 14000 फीट   (घ) 11000 फीट

उत्तर: (ग) 14000 फीट

(iv) सिक्किम में अधिकतर लोगों की जीविका का साधन क्या है?

(क) पहाड़ी आलू की खेती

(ख) धान की खेती

(ग) दारू का व्यापार

(घ) उपर्युक्त सभी

उत्तर: (घ) उपर्युक्त सभी

(v) 'संक्रमण' का अर्थ है—

(क) फैलना   (ख) आगे बढ़ना

(ग) परिवर्तन   (घ) उपर्युक्त सभी

उत्तर: (घ) उपर्युक्त सभी

51. वहीं पर घूमते हुए एक सिक्किमी नवयुवक ने मुझे बताया कि प्रदूषण के चलते स्नो-फॉल लगातार कम होती जा रही है पर यदि मैं 'कटाओ' चली जाऊँ तो मुझे वहाँ शर्तिया बर्फ मिल जाएगी....कटाओ यानी भारत का स्विट्ज़रलैंड! कटाओ जो कि अभी तक टूरिस्ट स्पॉट नहीं बनने के कारण सुर्खियों में नहीं आया था, और अपने प्राकृतिक स्वरूप में था। कटाओ जो लायुंग से 500 फीट ऊँचाई पर था और करीब दो घंटे का सफ़र था। वह नवयुवक मुझसे बतिया रहा था और उसकी घरवाली अपने छोटे से लकड़ी के घर के बाहर हमें उत्सुकतापूर्वक देख रही थी कि तभी गाय ने आकर बाहर थैले में रखा उसका महुआ गुडुप कर लिया था। मीठी झिड़कियाँ देकर उसने गाय को भगा दिया था।

उम्मीद, आवेश और उत्तेजना के साथ अब हमारा सफ़र कटाओ की ओर। कटाओ का रास्ता और खतरनाक था और उस पर धुंध और बारिश। जितेन लगभग अंदाज़ से गाड़ी चला रहा था। पहाड़, पेड़, आकाश, घाटियाँ सब पर बादलों की परत सब कुछ बादलमय। बादलों को चीरकर निकलती हमारी जीप। खतरनाक रास्तों के अहसास ने हमें मौन कर दिया था और उस पर बारिश। एक चूक और सब खलास....साँस रोके हम धुंध और फिसलन भरे रास्ते पर सँभल-सँभलकर आगे बढ़ती जीप को देख रहे थे। हमारी साँस लेने की आवाज़ों के सिवाय आस-पास जीवन का कोई पता नहीं था। फिर नज़र पड़ी बड़े-बड़े शब्दों में लिखी एक चेतावनी पर...'इफ यू आर मैरिड, डाइवोर्स स्पीड।' थोड़ी ही दूर आगे बढ़े कि फिर एक चेतावनी—'दुर्घटना से देर भली, सावधानी से मौत टली।'

करीब आधे रास्ते बाद धुंध छँटी और साथ ही सृष्टि और हमारे बीच फैला सन्नाटा भी हटा। नार्गे उत्साहित होकर कहने लगा,

"कटाओ हिंदुस्तान का स्विट्ज़रलैंड है।'' मेरी सहेली मणि स्विट्ज़रलैंड घूम आई थी, उसने तुरंत प्रतिवाद किया—''नहीं स्विट्ज़रलैंड भी इतनी ऊँचाई पर नहीं है और न ही इतना सुंदर।''

(i) लेखिका ने भारत का स्विट्ज़रलैंड किसे कहा है?

(क) लायुंग को   (ख) यूमथांग को

(ग) कटाओ को   (घ) इनमें से कोई नहीं

उत्तर: (ग) कटाओ को

(ii) कटाओ से लायुंग की ऊँचाई कितनी है?

(क) 500 फीट   (ख) 300 फीट

(ग) 600 फीट   (घ) 5000 फीट

उत्तर: (क) 500 फीट

(iii) लायुंग से कटाओ के रास्ते में लिखी गई चेतावनी; दुर्घटना से देर भली, ...से मौत टली।

(क) सतर्कता   (ख) लापरवाही

(ग) सावधानी   (घ) सुरक्षा

उत्तर: (ग) सावधानी

(iv) 'सुर्खियों' का क्या अर्थ है?

(क) रास्ते में आना   (ख) बहकावे में आना

(ग) नज़रों में आना   (घ) चर्चा में आना

उत्तर: (घ) चर्चा में आना

(v) लायुंग से कटाओ जाते समय लेखिका का ड्राइवर जीप धीरे-धीरे क्यों चला रहा था?

(क) क्योंकि रास्ते खतरनाक थे।

(ख) बारिश हो रही थी।

(ग) धुंध और फिसलन भरा रास्ता था।

(घ) उपर्युक्त सभी

उत्तर: (घ) उपर्युक्त सभी

52. हम कटाओ के करीब आ रहे थे क्योंकि दूर से ही बर्फ़ से ढके पहाड़ दिखने लगे थे। पास में जो पर्वत थे वे आधे हरे-काले दिख रहे थे। लग रहा था जैसे किसी ने इन पहाड़ों पर पाउडर छिड़क दिया हो। कहीं पाउडर बची रह गई हो और कहीं वह धूप में बह गई हो। नार्गे ने उत्तेजित होकर कहा—''देखिए एकदम ताज़ा बर्फ़ है, लगता है रात में गिरी है यह बर्फ़।'' थोड़ा और आगे बढ़ने पर अब हमें पूरी तरह बर्फ़ से ढके पहाड़ दिख रहे थे। साबुन के झाग की तरह सब ओर गिरी हुई बर्फ़। मैं जीप की खिड़की से मुंडी निकाल-निकाल दूर-दूर तक देख रही थी...चाँदी से चमकते पहाड़!

एकाएक जितेन ने पूछा, ''कैसा लग रहा है?''

मैंने जवाब दिया—''राम रोछ्यो''

वह उछल पड़ा—''अरे, यह नेपाली बोली कहाँ से सीखी?'' अपनी भाषा के गर्व से उसकी आँखें चमक उठीं, चेहरा इतराने लगा। और तभी किसी चमत्कार की तरह हल्की-हल्की बर्फ़, एकदम महीन-महीन मोती की तरह गिरने लगी।

''तिम्रो माया सैंधै मलाई सताउँछ'', (तुम्हारा प्यार मुझे सदैव रुलाता है।) चहुँ ओर बिखरी यह बर्फ़ीली सुंदरता जितेन के मन पर भी थाप लगाने लगी थी। प्रेम की झील में तैरते हुए झूम-झूम गाने लगा था वह।

हम सभी सैलानी अब जीप से उतर कर बर्फ़ पर कूदने लगे थे। यहाँ बर्फ़ सर्वाधिक थी। घुटनों तक नरम-नरम बर्फ़। ऊपर आसमान और बर्फ़ से ढके पहाड़ एक हो रहे थे। कई सैलानी बर्फ़ पर लेटकर हर लम्हे की रंगत को कैमरे में कैद करने में लगे थे।

(i) कटाओ के पास के पहाड़ों को देखकर लेखिका को क्या लगा?

(क) कि जैसे किसी ने नमक छिड़क दिया हो।

(ख) कि जैसे किसी ने पाउडर छिड़क दिया हो।

(ग) कि जैसे किसी ने चाँदी फैला दी हो

(घ) इनमें से कोई भी नहीं

उत्तर: (ख) कि जैसे किसी ने पाउडर छिड़क दिया हो।

(ii) 'राम रोछो' का क्या अर्थ है?

(क) राम रक्षा करें।　　(ख) सब राममय है।

(ग) अच्छा है।　　(घ) हमारा है।

उत्तर: (ग) अच्छा है।

(iii) 'राम रोछो' किस भाषा का शब्द है?

(क) गढ़वाली बोली　　(ख) मैथिली बोली

(ग) नेपाली बोली　　(घ) अवधी बोली

उत्तर: (ग) नेपाली बोली

(iv) 'तिम्रो माया सैंधै मलाई सताउँछ' का अर्थ क्या है?

(क) तुम्हारी माया तुम ही जानो।

(ख) तुम्हारा प्यार मायामय है।

(ग) तुम्हारा प्रेम सच्चा है।

(घ) तुम्हारा प्यार मुझे सदैव रुलाता है।

उत्तर: (घ) तुम्हारा प्यार मुझे सदैव रुलाता है।

(v) 'जितेन के मन पर क्या थाप लगाने लगी थी?

(क) बर्फ़ीली सुंदरता　　(ख) प्रकृति का सौंदर्य

(ग) प्रकृति का वैभव　　(घ) इनमें से कोई भी नहीं

उत्तर: (क) बर्फ़ीली सुंदरता

53. मेरे पाँव झन-झन करने लगे थे। पर मन वृंदावन हो रहा था। भीतर जैसे देवता जाग गए थे। ख्वाहिश हुई कि मैं भी बर्फ़ पर लेटकर इस बर्फ़ीली जन्नत को जी भर देखूँ। पर मेरे पास बर्फ़ पर पहनने वाले लंबे-लंबे जूते नहीं थे। मैंने चाहा कि किराए पर ले लूँ पर कटाओ, यूमथांग और झांगू लेक की तरह टूरिस्ट स्पॉट नहीं था, इस कारण यहाँ झांगू की तरह दुनिया भर की तो क्या एक भी दुकान नहीं थी। खैर....

दनादन फ़ोटो खिंचवाने की बजाय मैं उस सारे परिदृश्य को अपने भीतर लगातार खींच रही थी जिससे महानगर के डार्क रूम में इसे फिर-फिर देख सकूँ। सम्पूर्णता के उन क्षणों में यह हिमशिखर मुझे मेरे आध्यात्मिक अतीत से जोड़ रहे थे।

शायद ऐसी ही विभोर कर देने वाली दिव्यता के बीच हमारे ऋषि-मुनियों ने वेदों की रचना की होगी। जीवन सत्यों को खोजा होगा। 'सर्वे भवंतु सुखिनः' का महामंत्र पाया होगा। अंतिम संपूर्णता का प्रतीक वह सौंदर्य ऐसा कि बड़ा से बड़ा अपराधी भी इसे देख ले तो क्षणों के लिए ही सही 'करुणा का अवतार' बुद्ध बन जाए।

और तभी दिमाग में कौंधा कि मिल्टन ने ईव की सुंदरता का वर्णन करते हुए लिखा था कि शैतान भी उसे देखकर ठगा-सा रह जाता था और दूसरों का अमंगल करने की वृत्ति भूल जाता था। मैंने मणि से पूछा—''क्या उसने पढ़ी है मिल्टन की वह कविता?''

पर मणि उस समय किसी दूसरे ही सवाल से जूझ रही थी। वह एकाएक दार्शनिकों की तरह कहने लगी, ''ये हिमशिखर जल स्तंभ हैं, पूरे एशिया के। देखो, प्रकृति भी किस नायाब ढंग से सारा इंतज़ाम करती है। सर्दियों में बर्फ़ के रूप में जल संग्रह कर लेती है और गर्मियों में पानी के लिए जब त्राहि-त्राहि मचती है तो ये ही बर्फ़ शिलाएँ पिघल-पिघल जलधारा बन हमारे सूखे कंठों को तरावट पहुँचाती हैं। कितनी अद्भुत व्यवस्था है जल संचय की।''

मणि ने अभिभूत हो माथा नवाया—''जाने कितना ऋण है हम पर इन नदियों का, हिम शिखरों का।'' 'संसार कितना सुंदर।' स्वप्न जगाते उन लम्हों में मैंने सोचा। पर तभी उदासी की एक झीनी-सी परत मुझ पर छा गई। उड़ते बादलों की तरह पत्थर तोड़ती उन पहाड़ियों का खयाल आ गया।

(i) 'मन वृंदावन होना' का क्या अर्थ है?

(क) ब्रजवासी होना

(ख) वृंदावन की सैर करना

(ग) अत्यधिक प्रसन्न हो जाना

(घ) वृंदावन में मन बस जाना

उत्तर: (ग) अत्यधिक प्रसन्न हो जाना

(ii) लेखिका के पास बर्फ़ पर पहनने वाली क्या वस्तु नहीं थी?

(क) ओवर कोट　　(ख) ऊनी कपड़े

(ग) लंबे-लंबे जूते　　(घ) कश्मीरी शॉल

उत्तर: (ग) लंबे-लंबे जूते

(iii) कटाओ में एक भी दुकान न होने का क्या कारण था?

(क) क्योंकि वहाँ के लोग बहुत गरीब थे।

(ख) क्योंकि वह टूरिस्ट स्पॉट नहीं था।

(ग) क्योंकि वहाँ पर बर्फ़ बहुत पड़ती थी।

(घ) इनमें से कोई भी नहीं

उत्तर: (ख) क्योंकि वह टूरिस्ट स्पॉट नहीं था।

(iv) मणि ने किसे अद्भुत व्यवस्था बताया?

(क) प्रकृति के जल संचय को

(ख) प्रकृति की सुंदरता को

(ग) पहाड़ियों की कर्मठता को

(घ) पहाड़ियों की सुंदरता को

उत्तर: (क) प्रकृति के जल संचय को

(v) मणि ने...........हो माथा नवाया।

   (क) प्रसन्न   (ख) मंत्रमुग्ध

   (ग) चकित   (घ) अभिभूत

उत्तर: (घ) अभिभूत

54. आत्मा की अनंत परतों को छीलता हुआ हमारा यह सफ़र थोड़ा और आगे बढ़ा कि तभी देखा—इक्की-दुक्की फ़ौजी छावनियाँ। ध्यान आया यह बॉर्डर एरिया है। थोड़ी दूरी पर ही चीन की सीमा है। एक फ़ौजी से मैंने कहा—''इतनी कड़कड़ाती ठंड में (उस समय तापमान माइनस 15 डिग्री सेल्सियस था) आप लोगों को बहुत तकलीफ़ होती होगी।'' वह हँस दिया—एक उदास हँसी, ''आप चैन की नींद सो सकें, इसीलिए तो हम यहाँ पहरा दे रहे हैं।''

'फेरी भेटुला' (फिर मिलेंगे) कहते हुए जितेन ने जीप चालू कर दी। थोड़ी देर बाद ही फिर दिखी एक फ़ौजी छावनी जिस पर लिखा था—'वी गिव अवर टुडे फॉर योर टुमारो।'

मन उदास हो गया। भीतर कुछ पिघलने लगा। महानगर में रहते हुए कभी ध्यान ही नहीं आया कि जिन बर्फ़ीले इलाकों में वैसाख के महीने में भी पाँच मिनट में ही हम ठिठुरने लगे थे, हमारे ये जवान पौष और माघ में भी जबकि सिवाय पेट्रोल के सब कुछ जम जाता है, तैनात रहते हैं। और जिन सँकरे घुमावदार और खतरनाक रास्तों से गुज़रने भर में हमारे प्राण काँप उठते हैं उन रास्तों को बनाने में जाने कितनों के जीवन अपनी मीआद के पूर्व ही खत्म हो गए हैं। मेरे लिए यह यात्रा सचमुच ही एक खोज यात्रा थी। पूरा सफ़र चेतना और अंतरात्मा में हलचल मचाने वाला था। बहरहाल...अब हम लायुंग वापस लौटकर फिर यूमथांग की ओर। जितेन कुछ दिन पूर्व ही नेपाल से ताज़ा-ताज़ा आया था।

यूमथांग की घाटियों में एक नया आकर्षण और जुड़ गया था ...ढेरों-ढेर प्रियुता और रूडोडेंड्रो के फूल। जितेन बताने लगा, ''बस पंद्रह दिनों में ही देखिएगा पूरी घाटी फूलों से इस कदर भर जाएगी कि लगेगा फूलों की सेज रखी हो।''

यहाँ रास्ते अपेक्षाकृत चौड़े थे, इस कारण खतरों का अहसास कम था। इन घाटियों में कई बंदर भी दिखे। कुछ अकेले तो कुछ अपने बाल-बच्चों के साथ।

(i) कटाओ के सफ़र में आगे बढ़ने पर लेखिका ने क्या देखा?

   (क) बर्फ़ीली पहाड़ियाँ   (ख) फूलों की घाटियाँ

   (ग) फ़ौजी छावनियाँ   (घ) इनमें से कोई भी नहीं

उत्तर: (ग) फ़ौजी छावनियाँ

(ii) 'फेरी भेटुला' का क्या अर्थ है?

   (क) कल मिलेंगे   (ख) परसों मिलेंगे

   (ग) फिर मिलेंगे   (घ) फेरीवाले से मिलेंगे।

उत्तर: (ग) फिर मिलेंगे

(iii) लेखिका के उदास होने का कारण था—

   (क) बर्फ़ीली चोटियों पर तैनात फौजियों को देखकर

   (ख) खतरनाक पहाड़ियों पर रास्ता बनाने वालों के बारे में सोचकर।

   (ग) इनमें से कोई भी नहीं

   (घ) (क) और (ख) दोनों

उत्तर: (घ) (क) और (ख) दोनों

(iv) यूमथांग में खतरे का अहसास कम क्यों लग रहा था?

   (क) क्योंकि वहाँ पर फौजी तैनात थे।

   (ख) क्योंकि वहाँ ठंड कम थी।

   (ग) क्योंकि वहाँ के रास्ते चौड़े थे।

   (घ) इनमें से कोई भी नहीं।

उत्तर: (ग) क्योंकि वहाँ के रास्ते चौड़े थे।

(v) 'मीआद' का क्या अर्थ है?

   (क) याद करना   (ख) समय सीमा

   (ग) वक्त   (घ) (ख) और (ग) दोनों

उत्तर: (घ) (ख) और (ग) दोनों

55. बहरहाल....घाटियों, वादियों, पहाड़ों और बादलों की आँख-मिचौली दिखाती, पहाड़ी कबूतरों को उड़ाती हमारी जीप जब यूमथांग पहुँची तो हम थोड़े निराश हुए। बर्फ से ढके कटाओ के हिम-शिखरों को देखने के बाद यूमथांग थोड़ा फीका लगा और यह भी अहसास हुआ कि मंज़िल से कहीं ज्यादा रोमांचक होता है मंज़िल तक का सफ़र।

बहरहाल यूमथांग में चिप्स बेचती एक सिक्किमी युवती से मैंने पूछ—''क्या तुम सिक्किमी हो?''

''नहीं मैं इंडियन हूँ,'' उसने जवाब दिया।

सुनकर बहुत अच्छा लगा। सिक्किम के लोग भारत में मिलकर बहुत खुश हैं। जब सिक्किम स्वतंत्र रजवाड़ा था तब टूरिस्ट उद्योग इतना नहीं फला-फूला था। हर एक सिक्किमी भारतीय आबोहवा में इस कदर घुलमिल गया है कि लगता ही नहीं, कभी सिक्किम भारत में नहीं था।

जीप में बैठने को हुए कि एक पहाड़ी कुत्ते ने रास्ता काट दिया। मणि ने बताया, ''ये पहाड़ी कुत्ते हैं। ये भौंकते नहीं हैं। ये सिर्फ चाँदनी रात में ही भौंकते हैं।''

''क्या?'' विस्मय और अविश्वास से मैं उसे सुनती रही। क्या समुद्र की तरह कुत्तों पर भी पूर्णिमा की चाँदनी कामनाओं का ज्वार-भाटा जगाती है! खैर...।

(i) लेखिका ने जब एक सिक्किमी युवती से पूछा ''क्या तुम सिक्किमी हो?'' तो उसने क्या जवाब दिया?

   (क) हाँ मैं सिक्किमी हूँ।   (ख) नहीं मैं इंडियन हूँ।

   (ग) मैं बंगाली हूँ।   (घ) मैं नेपाली हूँ।

उत्तर: (ख) नहीं मैं इंडियन हूँ।

(ii) लेखिका को क्या देखने के बाद यूमथांग फीका लगा?

   (क) कटाओ के हिमशिखरों को

   (ख) लायुंग के हिमशिखरों को

   (ग) सिक्किम के हिमशिखरों को

   (घ) इनमें से कोई भी नहीं

उत्तर: (क) कटाओ के हिमशिखरों को

(iii) मंज़िल से कहीं ज्यादा रोमांचक होता है—

   (क) मंज़िल तक का सफ़र

   (ख) मंज़िल तक पहुँचने के लिए परिश्रम करना

(ग) सफ़र का आनंद लेना

(घ) सफ़र से परेशान होना

उत्तर: (क) मंज़िल तक का सफ़र

(iv) सिक्किमी युवती क्या बेच रही थी?

(क) फल (ख) फूल

(ग) चिप्स (घ) कपड़े

उत्तर: (ग) चिप्स

(v) पहाड़ी कुत्तों के विषय में मणि ने क्या बताया?

(क) ये नरभक्षी एवं खूँखार हैं।

(ख) ये सिर्फ़ चाँदनी रात में भौंकते हैं।

(ग) ये बर्फ़ में ही रहते हैं।

(घ) इनमें से कोई भी नहीं।

उत्तर: (ख) ये सिर्फ़ चाँदनी रात में भौंकते हैं।

56. लौटती यात्रा में जीप में भी जितेन हमें रकम-रकम की जानकारियाँ देता रहा ''मैडम, यहाँ एक पत्थर है जिस पर गुरुनानक के फुट प्रिंट हैं। कहते हैं यहाँ गुरुनानक की थाली से थोड़े से चावल छिटक कर बाहर गिर गए थे। जिस जगह चावल छिटक कर गिरे थे, वहाँ चावल की खेती होती है।'' करीब तीन-चार किलोमीटर बाद ही उसने फिर उँगली दिखाई, ''मैडम इसे खेदुम कहते हैं। यह पूरा लगभग एक किलोमीटर का एरिया है। यहाँ देवी-देवताओं का निवास है, यहाँ जो गंदगी फैलाएगा, वह मर जाएगा।''

''तुम लोग पहाड़ों पर गंदगी नहीं फैलाते... ?''

उसने जीभ निकालते हुए कहा—''नहीं मैडम, पहाड़, नदी, झरने...हम इनकी पूजा करते हैं, इन्हें गंदा करेंगे तो हम मर जाएँगे।''

''तभी गैंगटॉक इतना सुंदर है'', मैंने कहा।

''गैंगटॉक नहीं मैडम गंतोक कहिए। इसका असली नाम गंतोक है। गंतोक का मतलब है पहाड़...।''

मैं कुछ पूछती कि वह फिर चालू हो गया, ''मैडम यूमथांग भी पहले टूरिस्ट स्पॉट नहीं था। यह तो सिक्किम जब भारत में मिला उसके भी कई वर्षों बाद भारतीय आर्मी के कप्तान शेखर दत्ता के दिमाग में आया कि यहाँ सिर्फ़ फौजियों को रखकर क्या होगा, घाटियों के बीच रास्ते निकालकर इसे टूरिस्ट स्पॉट बनाया जा सकता है। आप देखिए, अभी भी रास्ते बन रहे हैं।''

'हाँ, रास्ते अभी भी बन ही रहे हैं। नए-नए स्थानों की खोज अभी भी जारी है। शायद मनुष्य की इसी असमाप्त खोज का नाम सौंदर्य है'...मन-ही-मन में कहती हूँ।

जीप आगे बढ़ने लगती है।

(i) सिक्किम के भारत में मिलने के बाद किसकी सोच ने उसे टूरिस्ट स्पॉट बनाया?

(क) मनमोहन सिंह की (ख) जवाहरलाल नेहरू की

(ग) प्रणव मुखर्जी की (घ) कप्तान शेखर दत्ता की

उत्तर: (घ) कप्तान शेखर दत्ता की

(ii) जितेन ने देवी-देवताओं वाली जगह का क्या नाम बताया?

(क) खेदुम (ख) यूमथांग

(ग) कटाओ (घ) लायुंग

उत्तर: (क) खेदुम

(iii) 'गैंगटोक' का असली नाम क्या है?

(क) लायुंग (ख) यूमथांग

(ग) गंतोक (घ) सिक्किम

उत्तर: (ग) गंतोक

(iv) 'गंतोक' का क्या मतलब है?

(क) जलाशय (ख) चोटी

(ग) पहाड़ (घ) पठार

उत्तर: (ग) पहाड़

(v) नए-नए........की खोज़ अभी भी जारी है।

(क) पहाड़ों (ख) नदियों

(ग) झरनों (घ) स्थानों

उत्तर: (घ) स्थानों

पाठ से सम्बन्धित प्रश्नोत्तर

प्रश्न 57. झिलमिलाते सितारों की रोशनी में नहाया गंगटोक लेखिका को किस तरह सम्मोहित कर रहा था?

उत्तर— झिलमिलाते सितारों की रोशनी में नहाया गंगटोक का रहस्यमयी सौन्दर्य लेखिका को जादुई रूप से सम्मोहित कर रहा था। उन्हें सब कुछ ठहरा हुआ एवं अर्थहीन-सा महसूस हो रहा था। उन्हें अपने भीतर-बाहर शून्य-सा अनुभव हो रहा था।

प्रश्न 58. गंगटोक को 'मेहनतकश बादशाहों का शहर' क्यों कहा गया?

उत्तर— 'मेहनतकश' का अर्थ है—कड़ी मेहनत करने वाले। 'बादशाह' का अर्थ है—मन की मर्जी के मालिक। गंगटोक एक पहाड़ी क्षेत्र है। यहाँ स्त्री, पुरुष, बच्चे व युवतियाँ सभी कठिन परिस्थितियों में पूरी मेहनत से परिश्रम में लगे रहते हैं। स्त्रियाँ अपने शिशु को पीठ पर लादकर काम करती हैं। बच्चे स्कूल के लौटने के बाद मवेशी चराते हैं, पानी भरते हैं तथा लकड़ियों के भारी-भारी गट्ठर ढोते हैं। गंगटोक में सभी लोग मेहनतकश होते हैं। इसीलिए गंगटोक को 'मेहनतकश बादशाहों का शहर' कहा गया है।

प्रश्न 59. कभी श्वेत तो कभी रंगीन पताकाओं का फहराना किन अलग-अलग अवसरों की ओर संकेत करता है?

उत्तर— श्वेत पताकाएँ 'शोक' से युक्त अवसर की ओर संकेत करती हैं। जब किसी बुद्धिस्ट की मृत्यु हो जाती है तो उसकी आत्मा की शान्ति के लिए शहर से दूर किसी पवित्र स्थान पर 108 श्वेत पताकाएँ फहरा दी जाती हैं। इन्हें उतारा नहीं जाता। ये धीरे-धीरे अपने आप ही नष्ट हो जाती हैं। रंगीन पताकाएँ नये कार्य के शुरुआत की ओर संकेत करती हैं। ये मांगलिक कार्यों का प्रतीक हैं। शुभ कार्यों के प्रारम्भ में ही ये पताकाएँ लगा दी जाती हैं।

प्रश्न 60. जितेन नार्गे ने लेखिका को सिक्किम की प्रकृति, वहाँ की भौगोलिक स्थिति एवं जनजीवन के बारे में क्या महत्वपूर्ण जानकारियाँ दीं? लिखिए।

उत्तर— जितेन नार्गे ने लेखिका को सिक्किम की प्रकृति, वहाँ की भौगोलिक स्थिति एवं जनजीवन के विषय में महत्वपूर्ण जानकारियाँ देते हुए बताया कि हिमालय की गहनतम घाटियों एवं सौन्दर्यशाली फूलों से लदी वादियों में जन्नत के दर्शन होते हैं। सिक्किम चीन की सीमा से सटा है। यहाँ बौद्ध धर्म के अनुयायी हैं। नार्गे के कुटिया के भीतर घूमते धर्म-चक्र के विषय में भी बताया। पहाड़ी इलाके तथा वहाँ के स्कूल व पैदल लौटते बच्चों के विषय में बताया। हिन्दुस्तान के स्विट्जरलैण्ड—कटाओ के विषय में बताते समय नार्गे अत्यन्त उत्साहित था। उसने लेखिका को पहाड़ों पर गन्दगी न करने तथा सिक्किम टूरिस्ट स्पॉट बनने के विषय में जानकारी दी।

प्रश्न 61. कवी-लोंग में घूमते हुए चक्र को देखकर लेखिका को पूरे भारत की आत्मा एक-सी क्यों दिखाई दी?

उत्तर— कवी-लोंग में घूमते हुए धर्म चक्र के विषय में जब नार्गे से पता चला कि इसको घुमाने से सारे पाप धुल जाते हैं। ऐसा सुनकर लेखिका को पवित्र गंगा का स्मरण हो गया। उन्हें लगा कि चाहे पहाड़ी इलाका हो या मैदानी, तमाम वैज्ञानिक प्रगतियों के बावजूद पूरे भारत की आत्मा एक-सी है। सभी स्थानों पर लोगों की आस्थाएँ, विश्वास, अंधविश्वास, पाप-पुण्य की आवश्यकताएँ एवं कल्पनाएँ सब एक जैसी हैं।

प्रश्न 62. जितेन नार्गे की गाइड की भूमिका के बारे में विचार करते हुए लिखिए कि एक कुशल गाइड में क्या गुण होते हैं?

उत्तर— जितेन नार्गे में कुशल गाइड के सभी गुण विद्यमान हैं। सबसे बड़ा गुण उसका यह है कि वह ड्राइवर-कम-गाइड ज्यादा है। वह आवश्यकता पड़ने पर ड्राइवर की भूमिका बड़ी आसानी से निभा सकता है।

एक कुशल गाइड को अपने क्षेत्र की भौगोलिक स्थिति की जानकारी के साथ-साथ महत्वपूर्ण व ऐतिहासिक स्थानों तथा उससे जुड़े रोचक प्रसंगों की बारीक जानकारियाँ होनी चाहिए। कुशल गाइड में सहनशीलता होनी चाहिए। उसे गीत-संगीत में भी रुचि होनी चाहिए। जिससे वह पर्यटकों का मनोरंजन कर सके। कुशल गाइड में मानवीय संवेदनाओं को समझने की शक्ति एवं वाक्चातुर्य होने का गुण भी होना चाहिए। उसमें अपनत्व की भावना होनी चाहिए। एक कुशल गाइड का मृदुभाषी होना भी अत्यन्त आवश्यक है।

प्रश्न 63. इस यात्रा वृत्तान्त में लेखिका ने हिमालय के जिन-जिन रूपों का चित्र खींचा है, उन्हें अपने शब्दों में लिखिए।

उत्तर— इस यात्रा वृत्तान्त में लेखिका ने हिमालय के पल-पल बदलते विराट रूप, ऊँचाई पर चढ़ते समय विशाल से विशालकाय होते हिमालय के विचित्र रूप, पर्वत की गहराती घाटियाँ एवं सौन्दर्य की पराकाष्ठा से युक्त फूलों से लदी सुन्दर वादियों के रूपों का चित्र खींचा है। सफेद दूधिया फेन उगलते निरन्तर प्रवाहित झरने, बलखाती तिस्ता नदी, चारों

ओर बिखरा प्राकृतिक सौन्दर्य लेखिका के मन को मोह लेता है। लेखिका को हिमालय कहीं चटक हरा, कहीं पीलापन लिये तो कहीं पथरीला नजर आता है। बादलों एवं हिमालय का पल-पल बदलता रूप लेखिका को रोमांच से भर रहा था।

प्रश्न 64. प्रकृति के उस अनन्त और विराट स्वरूप को देखकर लेखिका को कैसी अनुभूति होती है?

उत्तर— प्रकृति के उस अनन्त और विराट स्वरूप को देखकर लेखिका रोमांचित हो जाती हैं। प्रकृति के अप्रतिम सौन्दर्य को देखकर वे ठगी-सी रह जाती हैं। उन्हें लगता है कि परोपकार में ही जीवन की सार्थकता निहित है। झरनों की भाँति गतिशीलता तथा फूलों की भाँति मुस्कराते हुए, महक लुटाने में ही जीवन का सच्चा आनन्द है। बहते झरने को देखकर उन्हें सुखद अनुभूति हो रही है।

प्रश्न 65. प्राकृतिक सौन्दर्य के अलौकिक आनन्द में डूबी लेखिका को कौन-कौन से दृश्य झकझोर गये?

उत्तर— प्राकृतिक सौन्दर्य के अलौकिक आनन्द में डूबी लेखिका को पत्थर तोड़ती अद्वितीय सौन्दर्य से युक्त पहाड़ी औरतों का दृश्य झकझोर गया। उन्हें लगा कि स्वर्गिक सौन्दर्य, नदी, फूलों, वादियों और सुन्दर झरनों के बीच भूख, मौत, दीनता और ज़िन्दा रहने की यह जंग जारी है। स्त्रियाँ किस प्रकार मातृत्व एवं श्रम साधना जैसी विपरीत जिम्मेदारियों का निर्वहन साथ-साथ कर रही हैं। इसी विचार ने लेखिका को हिलाकर रख दिया।

प्रश्न 66. सैलानियों को प्रकृति की अलौकिक छटा का अनुभव करवाने में किन-किन लोगों का योगदान होता है, उल्लेख करें।

उत्तर— सैलानियों को प्रकृति की अलौकिक छटा का अनुभव करवाने में ट्रेवल एजेन्सी, ड्राइवर, गाइड, कंडक्टर, होटल कर्मचारी, अलग-अलग तरह के दुकानदार तथा फोटोग्राफर आदि लोगों का योगदान रहता है।

ये सैलानियों को अपना भरपूर योगदान देकर प्रकृति की अलौकिक छटा का अनुभव कराकर उनकी यात्रा को सफल बनाते हैं तथा अपने अच्छे व्यवहार की स्मृतियाँ उनके मन-मस्तिष्क में छोड़ देते हैं।

प्रश्न 67. "कितना कम लेकर ये समाज को कितना अधिक वापस लौटा देती है।" इस कथन के आधार पर स्पष्ट करें कि आम जनता की देश की आर्थिक प्रगति में क्या भूमिका है?

अथवा

'साना-साना हाथ जोड़ि' पाठ में प्रदूषण के कारण हिमपात में कमी पर चिंता व्यक्त की गई है। प्रदूषण के और कौन-कौन से दुष्परिणाम सामने आये हैं? हमें इसकी रोकथाम के लिए क्या करना चाहिए?

उत्तर— आम जनता देश की आर्थिक प्रगति में महत्वपूर्ण भूमिका निभाती है। लेखिका का यह कथन पर्वतीय श्रमिक महिलाओं

के विषय में है, जो विपरीत एवं कठिन परिस्थितियों में कठोर परिश्रम करती हैं। वे मातृत्व एवं श्रम-साधना जैसी कठिन जिम्मेदारियों को साथ-साथ निभाती हैं। ऐसा करके वे बहुत कम मज़दूरी में अधिक परिश्रम करती हैं। उनका यह श्रमदान देश की प्रगति में आर्थिक रूप से सहायक होता है। आम जनता के अन्तर्गत श्रमिक वर्ग, डॉक्टर, लेखक आदि सभी लोग आते हैं। ये सभी लोग समाज से अपनी सेवा के बदले जितना धन लेते हैं, सेवा के रूप में उससे अधिक लौटा देते हैं।

प्रश्न 68. आज की पीढ़ी द्वारा प्रकृति के साथ किस तरह का खिलवाड़ किया जा रहा है? इसे रोकने में आपकी क्या भूमिका होनी चाहिए?

अथवा

प्रकृति के साथ क्या-क्या खिलवाड़ हो रहे हैं ? इसे रोकने के उपाय बताइये।

अथवा

'कितना कम लेकर ये समाज को कितना अधिक वापस लौटा देती है।' 'साना-साना हाथ जोड़ि·····' पाठ के इस कथन में निहित जीवन मूल्यों को स्पष्ट कीजिए और बताइये कि देश की प्रगति में नागरिक की क्या भूमिका है?

उत्तर— आज का मानव प्रकृति का दोहन कर रहा है। प्रकृति ईश्वर द्वारा प्रदत्त निःशुल्क उपहार है। प्रकृति का दोहन करने से प्राकृतिक सन्तुलन बिगड़ जाता है जिसके फलस्वरूप अनेक प्रकार की प्राकृतिक विपदाएँ हमें काल का ग्रास बना सकती हैं।

आज पेड़ों को अधिक मात्रा में काटकर वहाँ पर इमारतें व कॉलोनियाँ बनाई जा रही हैं। वातावरण प्रदूषणयुक्त होता जा रहा है। नदियों में गन्दे नालों को छोड़ा जा रहा है। पहाड़ी स्थलों को विहार-स्थल बनाकर वहाँ के प्राकृतिक सौन्दर्य के साथ छेड़छाड़ हो रही है। चारों ओर गन्दगी का साम्राज्य फैला हुआ है। ग्लोबल वॉर्मिंग से तापमान में निरन्तर वृद्धि होने के कारण पर्वत अपने प्राकृतिक सौन्दर्य को खोते जा रहे हैं।

प्रकृति के साथ होने वाले खिलवाड़ को रोकने के लिए हमें प्रकृति की देखभाल करनी चाहिए। अधिक मात्रा में पेड़ लगायें, जिससे प्रकृति का सन्तुलन न बिगड़े। कृषि-योग्य भूमि का दुरुपयोग करने से बचें तथा किसी भी प्रकार के प्रदूषण को न फैलने दें।

प्रश्न 69. प्रदूषण के कारण बर्फबारी में कमी का जिक्र किया गया है। प्रदूषण के कौन-कौन से दुष्परिणाम सामने आये हैं? लिखें।

अथवा

प्रदूषण से होने वाले दुष्परिणामों का उल्लेख कीजिए।

उत्तर— प्रदूषण एक गम्भीर समस्या है। इससे प्राकृतिक सन्तुलन बिगड़ने के साथ-साथ मानव-जीवन भी गम्भीर रूप से प्रभावित हो रहा है। खान-पान, आहार-विहार सभी जगह प्रदूषण का बोलबाला है। जल प्रदूषण, मृदा प्रदूषण, ध्वनि प्रदूषण तथा वायु प्रदूषण आदि सभी प्रदूषण अपने चरम पर हैं। इनसे मनुष्य में साँस लेने की समस्या, फेफड़ों का संक्रमण, हृदय रोग, शुगर, रक्तचाप सम्बन्धी बीमारियाँ तथा बहरापन आदि अनेक प्रकार के दुष्परिणाम सामने आये हैं। यदि हम शीघ्र जागरूक नहीं हुए तो हमारे सामने विनाशकारी परिस्थितियाँ अपना 'फन' उठाये खड़ी होंगी।

प्रश्न 70. " 'कटाओ' पर किसी भी दुकान का न होना उसके लिए वरदान है।" इस कथन के पक्ष में अपनी राय व्यक्त कीजिए।

उत्तर— 'कटाओ' अप्रतिम सौन्दर्य से युक्त प्राकृतिक स्थान है। इसे भारत का स्विट्जरलैण्ड कहा जाता है। 'कटाओ' पर किसी भी दुकान का न होना उसके लिए वरदान ही कहा जायेगा। यदि वहाँ दुकानें खोल दी जायेंगी तो वहाँ की नैसर्गिक सुन्दरता प्रभावित होगी। लोगों की भीड़ बढ़ेगी तथा गन्दगी एवं प्रदूषण भी बढ़ जायेगा।

प्रश्न 71. प्रकृति ने जल-संचय की व्यवस्था किस प्रकार की है?

उत्तर— प्रकृति नायाब तरीके से जल-संचय की व्यवस्था करती है। सम्पूर्ण एशिया के हिमशिखर जलस्तम्भ हैं। प्रकृति सर्दियों में हिम के रूप में जल-संग्रह कर लेती है। गर्मियों में जब पानी के लिए त्राहि-त्राहि मचती है, तो यही बर्फ शिलाएँ पिघलकर जलधारा बन कर हमारे सूखे कण्ठों की प्यास बुझाती है। प्रकृति के पास जल-संचय की अद्भुत व्यवस्था है।

प्रश्न 72. देश की सीमा पर बैठे फौजी किस तरह की कठिनाइयों से जूझते हैं ? उनके प्रति हमारा क्या उत्तरदायित्व होना चाहिए?

उत्तर— देश की सीमा पर बैठे फौजी अनेक तरह की कठिनाइयों से जूझते हैं। ये फौजी पूस और माघ की कड़कड़ाती सर्दी, जिसमें पेट्रोल के अलावा सब कुछ जम जाता है, पूरी सतर्कता से तैनात रहते हैं। बर्फीले क्षेत्रों में तैनात फौजियों को भयंकर बर्फीली हवाओं एवं तूफानों का सामना करना पड़ता है। राजस्थान में रेगिस्तानी सीमाओं पर तैनात फौजियों को प्रचण्ड लू एवं गर्म हवाओं का सामना करना पड़ता है। हमारा दायित्व है कि हम देश की सीमाओं के रक्षक फौजियों को सम्मान की दृष्टि से देखें। उनके परिवारों को किसी भी प्रकार की कमी न होने दें। उनके बच्चों को स्नेह दें तथा उनकी उचित शिक्षा-व्यवस्था पर ध्यान दें।

प्रश्न 73. "आप चैन की नींद सो सकें, इसीलिए तो हम यहाँ पहरा दे रहे हैं"—एक फौजी के इस कथन पर जीवन मूल्यों की दृष्टि से चर्चा कीजिए।

उत्तर— "आप चैन की नींद सो सकें, इसीलिए तो हम यहाँ पहरा दे रहे हैं।" .... देश की सीमा पर बैठे फौजी कड़कड़ाती ठण्ड में, जब वहाँ का तापमान–15 डिग्री सेल्सियस पर हो जाता है, पौष और माघ के महीने में पेट्रोल को छोड़कर सब कुछ जम जाता है, उस समय भी ये फौजी जी-जान से रक्षा में लगे रहते हैं। वहाँ का मौसम और परिस्थितियाँ

विषम होती हैं। हमें देश की सीमाओं की रक्षा करने वाले सैनिकों के प्रति कृतज्ञ होना चाहिए, क्योंकि वह ऐसी उक्त परिस्थितियों में रहते हैं, जिससे हम अपने घरों में चैन की नींद सो सकें तथा देश की एकता एवं शान्ति को कोई भंग न कर सके। अगर ये लोग न हों, तो आपराधिक तत्वों को बढ़ावा मिल जायेगा। जिसके परिणामस्वरूप हमारा प्रत्येक क्षण भययुक्त होगा।

परीक्षोपयोगी महत्वपूर्ण प्रश्नोत्तर

प्रश्न 74. 'घुमक्कड़ी प्रवृत्ति' को लेकर अपने विचार व्यक्त कीजिए।

अथवा

क्या एक घुमक्कड़ प्रवृत्ति का व्यक्ति सामाजिक दायित्व के निर्वहन में पूर्ण योगदान देने की क्षमता रखता है? अपने विचार प्रस्तुत कीजिए।

उत्तर— घुमक्कड़ी प्रवृत्ति मनुष्य को विचारशीलता प्रदान करती है। घुमक्कड़ व्यक्ति आत्मकेन्द्रित न रहकर एक पूर्ण सामाजिक प्राणी बन जाता है। घूमते समय उसे अनेक प्रकार के अनुभवों से गुज़रना पड़ता है। लोगों के साथ सामंजस्य बनाकर चलना पड़ता है। उसके अन्दर अलग-अलग संस्कृतियों को आत्मसात करने का गुण आ जाता है। सामाजिक दायित्वों के प्रति भी वह पहले से अधिक जागरूक हो जाता है। उसकी संकीर्ण विचारधाराएँ समाप्त हो जाती हैं। घूमने की आदत से मनोरंजन तो होता ही है, साथ-ही-साथ हमारी यात्रा ज्ञानवर्धक भी साबित होती है।

प्रश्न 75. यात्राएँ विभिन्न संस्कृतियों से परिचित होने का अच्छा माध्यम हैं। 'साना-साना हाथ जोड़ि' यात्रा वृत्तान्त के आधार पर इस कथन की समीक्षा कीजिए।

उत्तर— इतिहास गवाह है कि सभी यात्राएँ संस्कृतियों से परिचित होने का अच्छा माध्यम रही हैं। पाठ के आधार पर भी यह बात स्पष्ट होती है। व्यक्ति अपने देश-शहर से कितना भी प्रेम क्यों न करता हो, जब वह सैलानी बनकर दूसरे स्थानों पर जाता है वह अपनी माटी को कुछ समय के लिए भूल जाता है। नई जगह के प्राकृतिक सौन्दर्य, पल-पल बदलता दृश्य फूलों से लदी वादियाँ एक साधारण व्यक्ति को कवि बनने पर मजबूर कर देती हैं या गाना गाने के रूप में या कुछ नया सृजन करने पर मजबूर कर देती है।

संस्कृतियों का आदान-प्रदान इसकी अहम भूमिका निभाते हैं। चाहे वह पहनावा, खान-पान व वहाँ की सांस्कृतिक छटा हो लेखिका की 50 वर्षीय सहेली मणि पर इसका प्रभाव देखने को मिला। गैस्ट हाउस के नाच-गाने में ऐसा नृत्य किया कि वहाँ सब स्तब्ध रह गए। यहीं पर पता चलता है कि सैलानियों में संस्कृति का कितना प्रभाव पड़ता है। यही इस पाठ की विशेषता है।

प्रश्न 76. 'साना-साना हाथ जोड़ि, गर्देहु प्रार्थना। हाम्रो जीवन तिम्रो कौसेली' से क्या तात्पर्य है ?

उत्तर— यह एक प्रार्थना है, जो प्रातःकाल के समय लेखिका ने नेपाली युवती से सीखी थी। इसका अर्थ है—छोटे-छोटे हाथ जोड़कर प्रार्थना कर रही हूँ कि मेरा सारा जीवन अच्छाइयों को समर्पित हो।

प्रश्न 77. आँख खुलते ही लेखिका बालकनी की तरफ क्यों भागी?

उत्तर— लेखिका को गंगटोक के लोगों ने बताया था कि मौसम साफ होने पर बालकनी से कंचनजंघा की पहाड़ियाँ दिखाई देती हैं। हिमालय की तीसरी सबसे बड़ी चोटी कंचनजंघा को देखने के लिए वह उत्साहित हो गई, इसीलिए आँख खुलते ही वह बालकनी की तरफ भागी।

प्रश्न 78. जितेन नार्गे ने 'कवी-लोंग स्टॉक' के विषय में लेखिका को क्या बताया?

उत्तर— जितेन नार्गे ने बताया कि यहाँ पर 'गाइड' फिल्म की शूटिंग हुई थी। लेपचा और भूटिया सिक्किम की इन दोनों स्थानीय जातियों के बीच लम्बे समय तक चलने वाले झगड़ों के बाद शान्ति वार्ता का शुरुआती स्थल भी यही है।

प्रश्न 79. जिस समय सभी सैलानी प्रकृति के असीम सौन्दर्य से प्रसन्न होकर झूमकर गा रहे थे, उस समय लेखिका मौन क्यों थीं?

उत्तर— उस समय लेखिका मौन थीं वह किसी ऋषि की तरह शान्त थीं। ऐसा करके वे प्रकृति की सम्पूर्ण सुन्दरता, सारे परिदृश्य को अपने अन्दर समेट लेना चाहती थीं। वे जीप की खिड़की से सिर बाहर निकालकर आसमान छूते पर्वतों, दूध की धार की तरह झर-झर झरते झरनों तथा सौन्दर्य की पराकाष्ठा से युक्त तिस्ता नदी को देखकर पुलकित एवं रोमांचित हो रही थीं। ''मेरे नगपति मेरे विशाल'' कहकर हिमालय को सलामी देना चाह रही थीं।

प्रश्न 80. कहाँ पहुँचकर लेखिका का मन काव्यमय हो उठा? झरने के पास पत्थरों पर बैठकर वे कैसा अनुभव करने लगीं?

उत्तर— 'सेवन सिस्टर्स वॉटर फॉल' पर पहुँचकर लेखिका का मन काव्यमय हो उठा। वे स्वयं को आदिम युग की किसी अभिशप्त राजकुमारी-सा महसूस करते हुए पत्थरों पर बैठकर झरने के संगीत के साथ अपनी आत्मा का संगीत सुनने लगीं। उनका मन सत्य एवं सौन्दर्य को छूने लगा। उन अद्भुत-अनूठे क्षणों में उन्हें जीवन की शक्ति का एहसास हो रहा था।

प्रश्न 81. 'बोर्ड रोड आर्गेनाइजेशन' का कर्मचारी अचानक से संजीदा क्यों हो गया? पहाड़ों पर सड़कें किस प्रकार बनाई जाती हैं?

उत्तर— पहाड़ी रास्तों के चौड़ीकरण के खतरों को बताते हुए कर्मचारी संजीदा हो गया। पहाड़ों पर सड़क या रास्ता बनाना दुसाध्य कार्य है। पहले डाइनामाइट से चट्टानों को उड़ाया जाता है। फिर बड़े-बड़े पत्थरों को तोड़-तोड़कर एक आकार के छोटे-छोटे पत्थरों में बदला जाता है, उसके बाद बड़े-से जाले में उन्हें लम्बी पट्टी की तरह बिठाकर कटे रास्तों पर बाड़े की तरह लगा दिया जाता है। ज़रा-सी चूक होने पर किसी की मृत्यु भी हो सकती है।

प्रश्न 82. श्रम-सुन्दरियों का खिलखिलाकर हँस पड़ना क्या सन्देश देता है?

उत्तर— श्रम-सुन्दरियों का खिलखिलाकर हँस पड़ना हमें हर परिस्थिति में खुश रहने का सन्देश देता है। इसमें हमें विपरीत परिस्थितियों में भी साहस तथा धैर्य से कार्य करने की सीख मिलती है।

प्रश्न 83. 'कटाओ' का सौन्दर्य वर्णन कीजिए।

उत्तर— 'कटाओ' बहुत सुन्दर पहाड़ी स्थान है। वहाँ पर एकदम ताज़ा एवं कोमल बर्फ़ पड़ी थी। सभी पहाड़, घाटियाँ बर्फ़ से लदे पड़े थे। जीवन की अन्तिम सम्पूर्णता का प्रतीक सौन्दर्य सबके मन को आनन्दित करने वाला था। सम्पूर्णता के उन क्षणों में लेखिका का मन पुलकित हो रहा था तथा उन्नत हिमशिखर आध्यात्मिक अतीत से जोड़ रहे थे। उन्हें लग रहा था कि शायद ऐसी ही विभोर कर देने वाली दिव्यता के बीच हमारे ऋषि-मुनियों ने वेदों की रचना की होगी तथा जीवन-सत्यों को खोजा होगा। 'सर्वे भवन्तु सुखिन:' का महामन्त्र भी ऐसे ही किसी वैभवशाली स्थान पर पाया गया होगा।

प्रश्न 84. चाय-बागान के दृश्यों को देखते समय लेखिका के खुशी से चीख पड़ने का क्या कारण था?

उत्तर— चाय के हरे-हरे बागानों में कई युवतियाँ बोकु पहने चाय की पत्तियाँ तोड़ने में मशगूल थीं। उनका यौवन नदी की तरह उफ़ान ले रहा था तथा उनका गुलाबी चेहरा परिश्रम करने से दमक रहा था। एक युवती चटक लाल रंग का बोकु पहने हुए थी। सघन हरियाली के बीच चटक लाल रंग डूबते सूरज की स्वर्णिम एवं सात्विक आभा में कुछ इस तरह इंद्रधनुषी छटा बिखेर रहा था, जिसको देखकर मन्त्रमुग्ध-सी लेखिका खुशी से चीख पड़ी थीं।

प्रश्न 85. "जाने कितना ऋण है हम पर इन नदियों का, हिम शिखरों का।" मणि के इस कथन की तथ्यात्मक विवेचना कीजिए।

उत्तर— मणि जीवनदात्री नदियों एवं प्राण-प्रदाता हिम-शिखरों के प्रति नतमस्तक है। हिम-शिखर जलधारा के रूप में प्रवाहित होकर जन-मानस की प्यास बुझाते हैं। नदियाँ सिंचाई का माध्यम बनती हैं। हमें इनके प्रति कृतज्ञता व्यक्त करनी चाहिए।

प्रश्न 86. लौटती यात्रा के समय जितेन ने 'गुरुनानक फुट प्रिंट एवं खेदुम के विषय में क्या बताया?

उत्तर— जितेन ने बताया कि यहाँ एक पत्थर पर गुरुनानक के फुट प्रिंट हैं। कहते हैं कि यहाँ गुरुनानक की थाली से थोड़े से चावल छिटककर बाहर गिर गये थे, वहाँ चावल की खेती होती है।

खेदुम के विषय में जितेन ने बताया कि 'खेदुम' लगभग एक किलोमीटर क्षेत्र में फैला हुआ है। यहाँ पर देवी-देवताओं का निवास है, यहाँ जो गन्दगी फैलाएगा, वह मर जायेगा।

प्रश्न 87. 'मेरे लिए यह यात्रा एक खोज यात्रा थी–'लेखिका के इस कथन की विवेचनात्मक समीक्षा कीजिए।

उत्तर— खोज यात्रा के अन्तर्गत अपरिचित स्थलों तथा टापुओं आदि की खोजों को सम्मिलित किया जाता है, परन्तु लेखिका के लिए गंगटोक से कटाओ तक की यात्रा एक खोज यात्रा के समान ही थी, क्योंकि इस यात्रा ने उनके मानस पटल को कई प्रकार से प्रभावित किया था। इस यात्रा में लेखिका ने सुखद अनुभूति के अतिरिक्त पहाड़ी क्षेत्र में लोगों विशेषकर औरतों एवं बच्चों को जीविका के लिए संघर्ष करते देखा था, फौजियों को भीषण हाड़ कैंपा देने वाली ठण्ड में भी देश की रक्षा में तैनात देखकर लेखिका के भीतर कुछ पिघलने-सा लगा था। पहाड़ी रास्तों को बनाने में कुर्बान होने वाले अनगिनत लोगों के विषय में सोचकर उनकी अन्तरात्मा में हलचल सी मच गई थी। इसी व्यथित चेतना से प्रभावित होकर लेखिका ने कहा कि 'मेरे लिए यह यात्रा सचमुच ही एक खोज यात्रा थी।'

प्रश्न 88. 'पर्वतीय क्षेत्र के लोगों की प्रकृति के प्रति आस्था, पर्यावरण-संरक्षण का सन्देश देती है।' आप इससे कहाँ तक सहमत हैं?

उत्तर— हम इस कथन से पूर्णत: सहमत हैं। जितेन के अनुसार प्रकृति में देवी-देवताओं का निवास होता है। यदि वे उस पवित्र स्थान पर गन्दगी फैलायेंगे तो मर जायेंगे। उनका यह विश्वास वास्तव में ही लोगों को पर्यावरण संरक्षण का सन्देश देता है। इसी आस्था के कारण लोग यहाँ गन्दगी नहीं फैलाते, अत: वहाँ पर प्रदूषणरहित परिवेश रहता है। फलस्वरूप पर्वत, झीलें, झरने, नदियाँ तथा वहाँ की आबोहवा निर्मल, पवित्र एवं शुद्ध रहती है। ऐसे पवित्र एवं प्राकृतिक स्थान लोगों को संजीवनी प्रदान करके उन्हें जीवन-जीने की प्रेरणा देते हैं।

प्रश्न 89. पलामू और गुमला के जंगलों में पत्तों की तलाश में डोलती आदिवासी युवतियों तथा यूमथांग की पहाड़ियों में लेखिका को कौन-सी समानता नज़र आई?

उत्तर— लेखिका ने दोनों ही क्षेत्र की युवतियों व औरतों को गदराये यौवन से युक्त एवं जीविका के लिए संघर्षरत देखा। अत्यन्त परिश्रम से उनके पैरों व हाथों में ठाठें थीं। दोनों ही पीठ पर बच्चों को बाँधकर श्रम-साधना एवं मातृत्व को एक साथ निभा रही थीं।

प्रश्न 90. 'सेवन सिस्टर्स' वाटर फॉल को देख लेखिका ने अपनी भावनाओं को कैसे अभिव्यक्त किया है? 'साना-साना हाथ जोड़ि' पाठ के आधार पर लिखिए।

उत्तर— खूब ऊँचाई से गिरते 'सेवन सिस्टर्स' वाटर फॉल को देखकर लेखिका मंत्रमुग्ध हो गई। नीचे बिखरे भारी-भरकम पत्थरों पर बैठकर जैसे आत्मा का संगीत सुनने लगीं। झरना उसे जीवन की अनंतता का प्रतीक लगा। अपने मन की सारी मानसिक वृत्तियाँ लेखिका को उस निर्मल जल धारा में बह जाती-सी प्रतीत हुईं। उनका वहाँ से उठने का मन भी नहीं किया।

खण्ड 'ख'

लेखन

अनुच्छेद लेखन

किसी एक विषय पर संयमित, सटीक तथा संक्षिप्त भाषा में उस विषय के सन्दर्भ में सभी बिंदुओं को लिखित रूप में स्पष्ट कर देना ही अनुच्छेद लेखन है। इसमें लेखक एक विषय पर एक ही अनुच्छेद में सीमित शब्दों का प्रयोग कर अपने विचारों को व्यक्त करता है। अनुच्छेद लेखन में लेखक के लेखन कौशल की परख होती है। विषय वस्तु को विस्तार से वर्णन करना सुगम होता है पर विषद विषय के सभी पक्षों को कम शब्दों और एक अनुच्छेद में वर्णन करना ही कौशल है। किसी विषय पर अनुच्छेद लेखन से पहले निम्न तथ्यों को ध्यान में रखना आवश्यक है—

(क) अनुच्छेद में व्यक्त विचार विषय से ही सम्बन्धित होने चाहिए।

(ख) भावों की अभिव्यक्ति में स्वाभाविकता होनी चाहिए।

(ग) अनुच्छेद में व्यक्त विचार तथ्यपरक होने चाहिए।

(घ) अनुच्छेद लेखन में कठिन शब्दों का प्रयोग कम-से-कम करना चाहिए।

(ङ) अनुच्छेद लेखन में व्यक्त विचार परस्पर सुसम्बद्ध होने चाहिए।

(च) अनुच्छेद में व्यक्त विचारों में आदि, मध्य और अन्त का होना अनिवार्य है।

अभ्यास हेतु संकेत बिन्दुओं के आधार पर अनुच्छेद लेखन के उदाहरण—

1. समय का सदुपयोग/का वर्षा जब कृषि सुखाने?

संकेत बिन्दु—• समय के सदुपयोग के लाभ, • विद्यार्थी जीवन में समय पालन की उपयोगिता, • समय का दुरुपयोग करने के दुष्परिणाम, • निष्कर्ष।

समय अमूल्य है। सृष्टि का निर्माता और विनाशक समय, सदैव गतिमान रहता है। किसी ने सत्य कहा है कि 'समय और लहरें किसी की प्रतीक्षा नहीं करते। समय के महत्त्व को समझकर उसका सदुपयोग करने वाले व्यक्ति जीवन के प्रत्येक क्षेत्र में सफलता प्राप्त करते हैं। उनके जीवन में निश्चिंतता आ जाती है। ऐसे महापुरुषों का अनुसरण सम्पूर्ण विश्व करता है। विद्यार्थी जीवन में समय के सदुपयोग हेतु कार्यों की प्राथमिकता के आधार पर समय का बुद्धिमत्ता से विभाजन कर उसका कड़ाई से पालन करना चाहिए। साथ ही विश्राम, खेलकूद एवं मनोरंजन के लिए भी समय निकालना चाहिए। समय का दुरुपयोग करने वाला व्यक्ति प्रगति की दौड़ में पिछड़ जाता है। समय बीत जाने पर कार्य करने का कोई लाभ नहीं होता, कहा भी गया है—

'का वर्षा जब कृषि सुखाने, समय चूकि पुनि का पछताने'

अत: जीवन के प्रत्येक क्षण का सदुपयोग करना चाहिए।

2. इण्टरनेट एवं संचार क्रान्ति

संकेत बिन्दु—• परिभाषा एवं इतिहास, • उपयोग के क्षेत्र और लाभ, • अत्यधिक उपयोग से हानियाँ, • निष्कर्ष।

इण्टरनेट (अंतरजलि) संचार माध्यमों के क्षेत्र में क्रान्ति के रूप में उभर कर आया है। वास्तव में यह तार रहित ग्लोबल कम्प्यूटर नेटवर्क है जो विश्व की कम्प्यूटर प्रणाली को आपस में जोड़कर विभिन्न सूचनाएँ और अन्य सुविधाएँ प्रदान करता है। भारत में सर्वप्रथम 15 अगस्त, 1995 को विदेश संचार निगम द्वारा इसका प्रारम्भ हुआ। इण्टरनेट द्वारा सर्च इंजन की सहायता से हम जानकारी प्राप्त करने के साथ-साथ ऑनलाइन टिकट बुकिंग, बैंकिंग, पढ़ाई, मनोरंजन, मित्र बनाना, पत्र भेजना आदि कई कार्य कर सकते हैं। परंतु इण्टरनेट के बढ़ते प्रयोग से विद्यार्थियों का बहुत समय बर्बाद होता है। इससे कम्प्यूटर में वायरस का खतरा बढ़ जाता है। कुछ लोग हमारी गोपनीय जानकारी प्राप्त करके हमें नुकसान पहुँचा सकते हैं। अत: हमें इस सुविधा का प्रयोग नियन्त्रित एवं सकारात्मक रूप से करना चाहिए।

3. साक्षरता अभियान/सर्व शिक्षा अभियान

संकेत बिन्दु—• साक्षरता का महत्त्व, • साक्षरता अभियान का लक्ष्य एवं प्राप्ति के उपाय, • निष्कर्ष।

साक्षरता अभियान का लक्ष्य सभी भारतीयों को साक्षर बनाना है। भारत का एकमात्र केरल राज्य पूर्णत: साक्षर है। शिक्षाविहीन व्यक्ति सींग और पूँछ रहित पशु के समान होता है। शिक्षा, ज्ञान का विकास करके हमें परिवेश, स्वच्छता और स्वास्थ्य के प्रति सजग बनाती है। शिक्षा मनुष्यों को संस्कारवान बनाने के साथ ही अधिकारों और कर्तव्यों के प्रति जागरूक करने, गरीबी, लिंग अनुपात सुधारने तथा भ्रष्टाचार और आतंकवाद को समाप्त करने में भी समर्थ है। साक्षरता अभियान के अंतर्गत विद्यालयी शिक्षा में गुणात्मक सुधार के साथ-साथ 15 से 35 वर्ष की उम्र के और प्रौढ़ निरक्षरों को साक्षर बनाने का भी लक्ष्य है। यह कार्य केवल सरकारी स्तर पर नहीं किया जा सकता। इसके लिए स्वयंसेवी संस्थाओं को भी आगे आना होगा। शिक्षित और साक्षर लोग ही मिलकर प्रजातंत्र को सफल बनाएँगे और स्वर्णिम भारत का निर्माण करेंगे।

4. आधुनिक समाज में नारी की स्थिति/आधुनिक भारतीय नारी

संकेत बिन्दु—• नारी का योगदान, • समाज का दायित्व, • नारी का कर्तव्य।

नारी सदैव से एक विकसित एवं समृद्ध समाज के निर्माण में महत्त्वपूर्ण भूमिका निभाती आ रही है। समय के साथ नारी की स्थिति में भी परिवर्तन आया है। आधुनिक नारी घर की चहारदीवारी से बाहर

निकलकर साहित्य, सेना, पुलिस, चिकित्सा, व्यापार, विज्ञान, अंतरिक्ष अनुसंधान, पर्वतारोहण, फिल्म जगत् आदि जीवन के प्रत्येक क्षेत्र में अपना परचम लहरा रही है। वह अपने कर्तव्यों और अधिकारों के प्रति भी सजग है। अब महिलाएँ घर सँभालने के साथ-साथ परिवार को आर्थिक सुरक्षा भी प्रदान करती हैं। समाज का यह कर्तव्य है कि वह नारी को पूर्ण सम्मान और सुरक्षा प्रदान कर उनके महत्त्व को रेखांकित करे। नारी को भी स्वतंत्रता का अनुचित लाभ न उठाते हुए अपनी मर्यादा का पालन करते हुए अपनी गरिमा को बनाए रखना होगा। तभी एक स्वस्थ समाज की कल्पना साकार होगी।

5. युवाओं का विदेश के प्रति बढ़ता मोह/विदेशी आकर्षण और युवा/प्रतिभा पलायन

संकेत बिन्दु— • प्रतिभा पलायन के कारण, • समस्या के समाधान के उपाय, • निष्कर्ष।

किसी भी देश की युवा शक्ति देश के विकास और प्रगति का मुख्य आधार होती है। किन्तु समय परिवर्तन के साथ युवाओं की सोच बदल रही है। आत्मनिर्भर बनने के बाद एक सुविधा सम्पन्न जीवन जीने की अभिलाषा से आज युवक विदेशों के प्रति आकर्षित हो रहे हैं। विदेशों का स्वतन्त्र वातावरण और उच्चस्तरीय जीवन-शैली के कारण विदेश जाने वाले विद्यार्थियों की संख्या भी तेज़ी से बढ़ रही है। भारत में बढ़ती बेरोज़गारी और विदेशों में रोजगार, शिक्षा और अनुसंधान के नए अवसर प्राप्त होना भी इसका एक प्रमुख कारण है। इस प्रतिभा पलायन को रोकने के लिए हमें बचपन से ही शिशुओं में देश प्रेम की भावना और राष्ट्र की जड़ों से जोड़ने वाले नैतिक मूल्य विकसित करने होंगे। साथ ही अपने देश में रोजगार और शैक्षिक अनुसंधान के अवसर उपलब्ध कराने होंगे। युवाओं को उचित वातावरण में काम करने के अवसर प्रदान करने होंगे। युवाओं को भी विदेशी मोह को त्याग कर अपनी प्रतिभा का प्रयोग देश हित में करने का अपना नैतिक उत्तरदायित्व समझना होगा।

6. स्वास्थ्य और व्यायाम अथवा छात्र जीवन में योग का महत्त्व

संकेत बिन्दु— • व्यायाम के प्रकार, • व्यायाम के लाभ, • विद्यार्थियों के लिए महत्त्व, • निष्कर्ष।

स्वस्थ शरीर में ही स्वस्थ मस्तिष्क का निवास होता है। कहा भी गया है—'पहला सुख नीरोगी काया।' शरीर को स्वस्थ रखने का एकमात्र उपाय है, नियमित व्यायाम करना। व्यक्तिगत व्यायाम में योगासन और प्राणायाम प्रमुख हैं। इसके अतिरिक्त प्रात: भ्रमण, तैराकी, खेलकूद, दण्ड-बैठक, भागदौड़ आदि भी व्यायाम के अंतर्गत आते हैं। इससे शरीर में रक्त का संचार ठीक होता है, शक्ति और स्फूर्ति आती है, मुख पर कांति झलकने लगती है व शरीर सुडौल, सुगठित और सुंदर बन जाता है। योग विद्यार्थियों के लिए विशेष महत्त्व रखता है। इससे एकाग्रता बढ़ती है तथा मन पर सकारात्मक प्रभाव पड़ता है। आजकल विद्यालयों में योगाभ्यास को शारीरिक शिक्षा के अंतर्गत सम्मिलित किया गया है। स्वस्थ रहने के लिए हमें उचित समय, उचित मात्रा में अपनी आयु और क्षमता के अनुरूप योगाभ्यास और व्यायाम को जीवन का अनिवार्य अंग बना लेना चाहिए।

7. आज की माँग-संयुक्त परिवार अथवा वर्तमान परिप्रेक्ष्य में संयुक्त परिवार की आवश्यकता

संकेत बिन्दु— • संयुक्त परिवार का अर्थ, • परिवार का रूप, • लाभ, • एकल परिवार व्यवस्था की कमियाँ, • निष्कर्ष।

एक अविभाजित परिवार जिसमें एक से अधिक पीढ़ियों के लोग एक ही घर में मिल-जुलकर साथ रहते हैं, संयुक्त परिवार कहलाता है। इस परिवार में घर का वयोवृद्ध व्यक्ति (सामान्यत: पुरुष) मुखिया के रूप में परिवार के सभी सदस्यों के कार्यों का विभाजन, उत्पादन और उपयोग की व्यवस्था करता है। संयुक्त परिवार के सदस्य आर्थिक रूप से सुरक्षित रहते हैं। कोई भी विपदा आने पर सब मिलकर उसका सामना करते हैं। आज औद्योगिक क्रांति के फलस्वरूप एकल परिवारों की स्थापना और संयुक्त परिवारों का तेजी से होता विघटन चिंता का विषय बन गया है। धनोपार्जन में व्यस्त माता-पिता के बच्चे अकेले रहकर बुरी आदतों और मानसिक रोगों का शिकार हो रहे हैं तथा पति-पत्नी अहं का टकराव होने से अवसादग्रस्त हो रहे हैं। दूसरी ओर वृद्धों को भी उचित संरक्षण प्राप्त नहीं हो रहा। इस स्थिति को सुधारने के लिए हमारी संस्कृति की अनमोल परम्परा, हमारे संयुक्त परिवार, आज की माँग हैं।

8. भारत की पहचान—विविधता में एकता अथवा भारत की सांस्कृतिक धरोहर—अनेकता में एकता

संकेत बिन्दु— • विविधता में एकता का उदाहरण, • वर्तमान स्थिति, • निष्कर्ष।

भारत सांस्कृतिक रूप से समृद्ध देश है। विविधता में एकता इसकी अखण्ड पहचान है। यहाँ विभिन्न भाषाएँ बोलने वाले विभिन्न जाति और धर्मों को मानने वाले लोग प्रेम, भाईचारे और सद्भाव से मिल-जुलकर रहते हैं। सब एक-दूसरे के धर्म का आदर करते हैं। देश का हर प्रांत भौगोलिक, सामाजिक, वेशभूषा, रहन-सहन, पर्व, रीति-रिवाज़ और सांस्कृतिक दृष्टि से अलग होते हुए भी एकता के सूत्र में बँधा है। जब भी देश पर कोई संकट आया, तो सबने एकजुट होकर उसका सामना किया। मातृभूमि की रक्षा के लिए अनेक वीरों ने जाति-धर्म का भेद भुलाकर अपने प्राणों का सहर्ष उत्सर्ग कर दिया। लेकिन वर्तमान में कुछ स्वार्थी लोगों द्वारा भारत में धर्म और जातिगत वैमनस्य फैलाकर साम्प्रदायिक सद्भाव को नष्ट करने का प्रयास किया जा रहा है। हमें एकजुट होकर अपनी एकता का परिचय देना होगा।

9. हिन्दी : राष्ट्रभाषा या राजभाषा? अथवा भारत में हिन्दी की वर्तमान स्थिति

संकेत बिन्दु— • हिन्दी की स्थिति, • राजभाषा के रूप में स्वीकृति, • निष्कर्ष।

राष्ट्रभाषा सम्पूर्ण राष्ट्र को एकता के सूत्र में बाँधती है। भारत विविधता का देश है यहाँ हर राज्य की अलग संस्कृति, बोली और भाषा है, किन्तु फिर भी हिन्दी सर्वाधिक बोली जाने वाली सम्पर्क भाषा है। राष्ट्रपिता महात्मा गाँधी ने हिन्दी को राष्ट्रभाषा बनाए जाने का समर्थन करते हुए इसे जनमानस की भाषा कहा था। किन्तु अत्यंत दुखद है कि

स्वतन्त्रता प्राप्ति के इतने वर्षों बाद भी हिन्दी क्षुद्र राजनीतिक, क्षेत्रीय एवं साम्प्रदायिक विवादों में पड़कर राष्ट्रभाषा के रूप में अपना उचित स्थान प्राप्त नहीं कर पाई है। 14 सितम्बर, 1949 को संविधान सभा ने हिन्दी को राजभाषा अर्थात् सरकारी कामकाज की भाषा के रूप में स्वीकृत किया। इसीलिए प्रतिवर्ष इस दिन को 'हिन्दी दिवस' के रूप में मनाया जाता है। राष्ट्रहित को ध्यान में रखते हुए हमें अपने सभी कार्यों में हिन्दी भाषा का अधिक-से-अधिक प्रयोग कर हिन्दी को गौरवपूर्ण स्थान दिलाना चाहिए।

10. महानगरीय जीवन : वरदान या अभिशाप

संकेत बिन्दु— • महानगर की परिभाषा, • महानगरों की सुविधाएँ, • विषमताएँ, • निष्कर्ष।

महानगरों से तात्पर्य लाखों की आबादी वाले नगरों से है। हमारे भारतवर्ष में दिल्ली, मुंबई, कोलकाता तथा चेन्नई को महानगरों की संज्ञा दी गई है। यहाँ के गतिशील जीवन, भौतिक-सुख-सुविधाओं और चकाचौंध से आकर्षित होकर आजीविका प्राप्ति हेतु ग्रामीण अंचलों से प्रतिवर्ष हजारों लोग शहरों और महानगरों की ओर पलायन कर रहे हैं। शिक्षा, व्यवसाय, रोज़गार, खेलकूद, मनोरंजन और चिकित्सा की दृष्टि से भी यहाँ उत्तम साधन उपलब्ध हैं। जनसंख्या से अब महानगरों का जीवन संघर्षमय हो गया है। जीवन की भागदौड़ में लोग अपने पड़ोसी को भी नहीं जानते। आवास की समस्या के साथ ही जल एवं वायु प्रदूषण तथा अपराधों में भी वृद्धि हुई है। इस समस्या के समाधान के लिए सरकार को गाँवों में रोज़गार उपलब्ध करवा के लोगों का शहरों की ओर पलायन रोकना होगा।

11. अनुच्छेद 370 और 35 ए पर भारत की वर्तमान स्थिति

संकेत बिन्दु— • अनुच्छेद 370 और 35 ए का प्रारूप, • लागू करने का उद्देश्य, • परिणाम, • वर्तमान स्थिति, • निष्कर्ष।

17 अक्टूबर, 1949 को भारतीय संविधान के अनुच्छेद 370 एक अस्थायी प्रावधान के अनुसार, संसद को जम्मू-कश्मीर के बारे में रक्षा, विदेश मामले और संचार के विषय में कानून बनाने का अधिकार तो था, लेकिन सभी अन्य विषय से सम्बन्धित कानून को लागू करवाने के लिए केन्द्र को राज्य सरकार की मंजूरी चाहिए थी। 35 ए राज्य विधान मण्डल को स्थायी निवासी परिभाषित करने का अधिकार देता था। जम्मू-कश्मीर को स्वायत्तता प्रदान करने के लिए जोड़ा गया यह विधेयक अपने उद्देश्य में विफल रहा। इसी के कारण भारत को कुछ पड़ोसी राष्ट्रों से सुरक्षा सम्बन्धी जटिल चुनौतियों और कश्मीर को उग्रवाद, आतंकवाद और हिंसा का बहुत लम्बे समय तक सामना करना पड़ा। वर्तमान में भारत सरकार द्वारा अनुच्छेद 370 और 35 ए को हटाकर जम्मू-कश्मीर और लद्दाख दो अलग-अलग केन्द्रशासित प्रदेश बना दिये गये हैं। अब अनुच्छेद 370 का केवल खण्ड-1 लागू रहेगा जिसके अनुसार राष्ट्रपति किसी भी बदलाव का आदेश जारी कर सकते हैं।

12. एक नजर : नागरिकता संशोधन बिल

संकेत बिन्दु— • नागरिकता संशोधन बिल का प्रारूप, • अधिनियम का उद्देश्य, • निष्कर्ष।

नागरिकता संशोधन बिल भारतीय राष्ट्रपति द्वारा 12 दिसम्बर, 2019 को मंजूरी दिए जाने के बाद संसद के दोनों सदनों से पारित होकर 10 जनवरी, 2020 से पूरे देश में प्रभावी हो गया। इस अधिनियम द्वारा मुस्लिम बाहुल्य राष्ट्रों के हिन्दू, सिख, बौद्ध, पारसी और ईसाई समुदायों के उन उत्पीड़ित अप्रवासियों को लाभ मिलने की आशा है जिन्हें नागरिकता के लिए आवेदन करने से पूर्व ग्यारह वर्ष तक भारत में रहना अनिवार्य था। अब इस अवधि को पाँच वर्ष कर दिया गया है। इस अधिनियम के उद्देश्यों में यह स्पष्ट लिखा है कि 1 दिसम्बर, 2014 से पहले भारत में प्रवेश कर लेने वाले शरणार्थियों के लिए विशेष वैधानिक व्यवस्था की आवश्यकता है। यह अधिनियम संविधान की छठी सूची में शामिल त्रिपुरा, असम, मेघालय और मिजोरम के आदिवासी क्षेत्रों तथा अरुणाचल प्रदेश और नागालैण्ड पर लागू नहीं होगा। इस अधिनियम का विरोध प्रकट किया गया किन्तु उच्चतम न्यायालय ने सीएए पर अंतरिम रोक सम्बन्धी कोई आदेश जारी नहीं किया है।

13. सौर ऊर्जा : ईंधन का प्रमुख विकल्प अथवा ईंधन संरक्षण आज की आवश्यकता

संकेत बिन्दु— • परिभाषा, • सौर ऊर्जा के उपयोग के क्षेत्र, • लाभ, • कुछ कमियाँ, • निष्कर्ष।

सूर्य की वह ऊर्जा जिसे हम सोलर पैनलों के माध्यम से एकत्रित कर विद्युत् उत्पन्न करके कई उपकरण चला सकते हैं, सौर ऊर्जा कहलाती है। कभी समाप्त न होने वाला ईंधन का यह स्रोत सुरक्षित और प्रदूषणरहित है। दैनिक जीवन में हम सोलर गैस, सोलर कुकर, सोलर गीज़र, सोलर जेनरेटर और सौर संचालित वाहनों का प्रयोग करके बिजली बचा सकते हैं। किन्तु अभी इसके लिए कुछ चुनौतियाँ भी हैं। सोलर पैनल लगवाने के लिए अधिक पूँजी का निवेश करना पड़ता है, हालांकि सरकार द्वारा भी आर्थिक सहायता दी जाती है। खराब मौसम, बारिश और ठण्डे स्थानों में पैनल कम ऊर्जा एकत्रित कर पाते हैं। भारत में सौर ऊर्जा संरक्षण की अच्छी संभावनाएँ हैं। अत: हमें इसका समुचित उपयोग करके विद्युत् उत्पादन में काम आने वाले पानी और कोयला जैसे बहुमूल्य संसाधनों को बचाना होगा।

14. सफलता की कुंजी-परिश्रम

संकेत बिन्दु— • भूमिका, • सफलता का महत्व, • परिश्रम का महत्व, • आलस सबसे बड़ा अवगुण, • उपसंहार।

जीवन में सफल होना अनेक साधनों पर निर्भर करता है। सफल जीवन के सभी साधनों में सर्वाधिक महत्वपूर्ण परिश्रम है। परिश्रम का मानव जीवन में बहुत बड़ा महत्व है। जीवन के लिए यह किसी आभूषण से कम नहीं है। इसे अपनाने वाले व्यक्ति का जीवन सफलताओं का पर्याय बन जाता है। परिश्रम 'कामधेनु' के समान होता है, जिसके आगे कोई इच्छ अधूरी नहीं रहती। परिश्रमी व्यक्ति मार्ग में आई बाधाओं से हार नहीं मानता, बल्कि उनका सामना करते हुए परिश्रमी स्वभाव से उन पर जीत हासिल करता है, ऐसा व्यक्ति अपने जीवन के एक-एक पल का आनन्द उठाता है, उसके इस गुण से उस समाज में मान-सम्मान प्राप्त होता है। इसके विपरीत एक अकर्मण्य/आलसी व्यक्ति अपने इसी दुर्गुण के कारण सदैव सफलता के लिए तरसता रहता है, उसका जीवन कष्टों से परिपूर्ण होता है और सफलता के अभाव में वह अपने जीवन में

छोटी-छोटी सुविधाओं के लिए तरस जाता है। समाज में ऐसे व्यक्ति को कोई आदर नहीं देता। चींटी, मधुमक्खी जैसे लघु जीव भी मनुष्य को परिश्रमी बनने की प्रेरणा देते हैं। संसार के सफल व्यक्तियों के उदाहरण देखिए, उनकी सफलता का मूलमन्त्र यही 'परिश्रम' है। इस कारण यदि व्यक्ति को अपने जीवन के एक-एक पल का आनन्द उठाना है, तो उसे परिश्रम से मुँह नहीं मोड़ना चाहिए क्योंकि कहा भी गया है—सकल पदारथ हैं जग माहीं। कर्महीन नर पावत नाहीं।

15. समाज में बढ़ती अराजकता

<table><tr><td>**संकेत बिन्दु**— • भूमिका, • अराजकता के कारण, • अराजकता के प्रकार, • समाधान, • उपसंहार।</td></tr></table>

मनुष्य एक सामाजिक प्राणी है। समाज का उत्थान या पतन उसमें रहने वाले मनुष्यों की प्रवृत्ति पर निर्भर करता है। वर्तमान समाज में अराजकता अपने चरम पर व्याप्त है। समाज में व्याप्त अराजकता का प्रमुख कारण है मनुष्य की स्वार्थ-लोलुपता एवं असन्तोष की प्रवृत्ति। ऐसे व्यक्ति बुराइयों में लिप्त होते हैं तथा समाज को दूषित करते हैं। इन्हीं व्यक्तियों से समाज में अराजकता का विस्तार होता है। आधुनिक समाज में अराजकता अनेक रूपों में विद्यमान है। समाज में व्याप्त चोरी, डकैती, लूटखसोट, हत्याएँ, महिलाओं से छेड़छाड़, रिश्वतखोरी आदि सभी अराजकता के ही रूप हैं। अराजकता को दूर करना यदि असम्भव नहीं है तो कठिन अवश्य है पर सभी लोगों के सामूहिक प्रयास से इसे समाप्त किया जा सकता है। किसी एक व्यक्ति विशेष या वर्ग से नहीं अपितु समाज के समस्त वर्गों के लोगों को उसका विरोध करना होगा। हमें उन्हें रोकने के नये उपाय खोजने होंगे तथा कानून के नियमों को और भी अधिक सख्त बनाना होगा ताकि इनसे भली–भाँति निपटा जा सके। सभी असामाजिक तत्वों का सामाजिक रूप से बहिष्कार भी इस दिशा में एक उत्तम उपाय बन सकता है। हमारे इस प्रयास में समाचार-पत्र एवं पत्रिकाएँ, चलचित्र, दूरदर्शन एवं संचार के अन्य माध्यम भी प्रमुख भूमिका निभा सकते हैं। तब वह दिन दूर नहीं जब हम एक सुसंस्कृत, उन्नत एवं गौरवशाली समाज का गठन कर सकेंगे।

16. भारतीय किसान और कृषि

<table><tr><td>**संकेत बिन्दु**— • भूमिका, • किसानों का महत्व, • किसानों की बदहाली, • समस्याओं का समाधान, • उपसंहार।</td></tr></table>

भारतीय किसान भारतवासियों के लिए अन्नदाता हैं, उनके-पालक हैं। वह धरती की छाती को फाड़कर, हल चलाकर अन्न उपजाता है किन्तु उसके परिश्रम का फल व्यापारी लूट ले जाता है। भारत में कृषि और किसानों की हालत दिनों-दिन बदतर होती जा रही है। जिसके कारण अनेक किसान आत्महत्या तक करने पर मजबूर होते जा रहे हैं। भारत में बहुत-से ऐसे लघु उद्योग हैं जिसे किसान आसानी से कर सकते हैं। इसके लिए सरकार को जागरूक होना चाहिए। कभी खराब बीजों की वजह, कभी फसलों की कम कीमत, कभी खराब मौसम और कभी सरकार की गलत नीतियों की दोहरी मार से किसानों की बुरी दुर्दशा हो जाती है। किसानों की दुर्दशा को ध्यान में रखते हुए सरकार को किसानों के कर्ज माफ कर देने चाहिए तथा किसानों के लिए सरकार को लघु उद्योग लगाने की व्यवस्था करनी चाहिए। साथ ही कृषि को व्यावहारिक बनाने के लिए अनुबन्ध कृषि को एक विकल्प के रूप में अपनाने पर जोर देना चाहिए ताकि, किसानों के जीवन को सही दिशा दी जा

सके। भारतीय किसान बड़े परिश्रमी हैं। वह गर्मी-सर्दी तथा वर्षा की परवाह किये बिना ही अपने कार्य में जुटे रहते हैं। जेठ की दोपहरी, वर्षा ऋतु की उमड़ती-घुमड़ती काली मेघ-मालाएँ तथा शीत ऋतु की हाड़ कँपा देने वाली वायु उसे अपने कर्तव्य से रोक नहीं पाती। अभाव और विवशता के बीच ही वह जन्म लेता है तथा इसी दशा में मृत्यु को प्राप्त हो जाता है। धन्य हैं, अन्नदाता भारतीय किसान।

17. मेरे जीवन का लक्ष्य

<table><tr><td>**संकेत बिन्दु**— • भूमिका, • अनगिनत विकल्प, • मेरा लक्ष्य, • प्राप्त करने के उपाय, • उपसंहार।</td></tr></table>

'पूर्व चलने के बटोही, बाट की पहचान कर ले—हरिवंशराय बच्चन। जो व्यक्ति अपने लक्ष्य का निर्धारण सोच-समझ कर करता है। वह अपने लक्ष्य को अवश्य प्राप्त करता है। अर्जुन को जैसे चिड़िया की आँख ही दिख रही थी क्योंकि वही उनका लक्ष्य था। सारी इन्द्रियाँ एकाग्रचित्त करके जब उन्होंने बाण चलाया तो वे लक्ष्य बेधने में सफल हुए। जीवन का लक्ष्य बहुत सोच-समझकर प्रारम्भ से ही तय करना चाहिए तभी सफलता प्राप्त होती है। जो बार-बार अपना लक्ष्य बदलते रहते हैं, वे अवश्य ही असफल हो जाते हैं। मधुशाला में बच्चनजी कहते हैं, 'राह पकड़ तू एक चला चल पा जायेगा मधुशाला।' हर व्यक्ति के सामने अनगिनत लक्ष्य रहते हैं। कोई डॉक्टर बनना चाहता है, कोई इंजीनियर, कोई शिक्षक बनना चाहता है, तो कोई फ़ौजी अफसर। व्यक्ति यदि प्रारम्भ से ही अपना लक्ष्य निर्धारित कर ले तो एकाग्रचित होकर उस लक्ष्य की प्राप्ति हेतु प्रयत्नशील हो जाता है और अन्तत: अपना लक्ष्य पा लेता है। मैंने अपने जीवन का लक्ष्य शिक्षक बनना निर्धारित किया है। शिक्षक बनकर मैं देश की भावी पीढ़ी का मार्गदर्शन कर सकूँगा और उनका चारित्रिक विकास कर देश को अच्छा नागरिक देकर देश सेवा में योगदान दे सकूँगा। इससे औरों के समान मुझे भी आत्मसन्तोष तथा गर्व प्राप्त होगा।

18. आधुनिक युग की महिलाएँ

<table><tr><td>**संकेत बिन्दु**— • जीवन शैली, • महिलाओं की समस्या, • कामकाजी महिलाओं की समस्या, • सहयोग की अपेक्षा, • उपसंहार।</td></tr></table>

'यत्र नार्यस्तु पूज्यन्ते रमन्ते तत्र देवता:।' भारत में प्राचीनकाल से ही यह परम्परा रही है कि यहाँ महिलाओं को समाज में विशिष्ट आदर एवं सम्मान दिया जाता है। यहाँ उनकी सुरक्षा व सम्मान का खास ध्यान रखा जाता है। भारतीय संस्कृति में महिलाओं को देवी का दर्जा दिया जाता है। अगर हम इक्कीसवीं सदी की बात करें तो महिलाएँ हर कार्यक्षेत्र में पुरुषों के साथ कंधे-से-कंधा मिलाकर काम कर रही हैं, चाहे वह राजनीति, बैंक, विद्यालय, खेल, पुलिस, रक्षा क्षेत्र, खुद का कारोबार हो या आसमान में उड़ने की अभिलाषा हो। लेकिन भारत के महानगरों में अब महिलाएँ पूर्णरूप से सुरक्षित भी नहीं हैं। बेशक हम उनको एक देवी का दर्जा देते हैं लेकिन दूसरी ओर उनके साथ वहशीपन करते हुए हिचकिचाते भी नहीं। आज महिलाओं के संरक्षण हेतु केन्द्र और राज्य सरकारों ने कानून बनाकर उनकी सुरक्षा के व्यापक उपाय किये हैं। महिलाओं को अत्याचार से बचाने के लिए प्रत्येक राज्य में महिला आयोग गठित किये गये हैं। अशिक्षित महिलाएँ स्वयं के लिए आवाज उठाने में पूरी तरह से समर्थ नहीं हो पातीं, उन्हें शिक्षित करना

व आत्मनिर्भर बनाना भी आवश्यक है। आज के समय भी महिलाएँ आकाश को छू रही हैं पर उनका प्रतिशत बहुत ही कम है। हम सबको मिलकर इस प्रतिशत को बढ़ाने के लिए प्रयास करना होगा तभी समाज का विकास सम्भव हो सकेगा।

19. पर्यावरण संकट—प्लास्टिक के दुष्प्रभाव

संकेत बिन्दु— • भूमिका, • प्लास्टिक की आवश्यकता, • प्लास्टिक के उपयोग से हानि, • प्लास्टिक से पर्यावरण को हानि, • उपसंहार।

प्लास्टिक एक रासायनिक पदार्थ है जिसे मिट्टी सैकड़ों वर्षों में भी गला नहीं पाती है। यह जहाँ कहीं भी मिट्टी या पानी के आस-पास होता है उस जगह को अनुर्वर बना देता है। वर्तमान में जहाँ एक ओर प्लास्टिक के प्रयोग ने जिन्दगी सुविधाजनक बनाई है वहीं दूसरी ओर उस सुविधा ने पर्यावरण की दृष्टि से कितनी बड़ी मुश्किलें पैदा कर दी हैं इसका अनुमान लगाना भी सम्भव नहीं है। प्लास्टिक-कचरा पर्यावरण के लिए गम्भीर संकट बन चुका है। प्लास्टिक-कचरे को रिसाइकिल करना सुगम नहीं होता है। पर्यावरण की दृष्टि से जहाँ बेहतर तकनीक वाली रि-साइकिलिंग इकाइयाँ नहीं लगी होती हैं वहीं रि-साइकिलिंग के दौरान पैदा होने वाले विषैले धुएँ से वायु प्रदूषण फैलता है। प्लास्टिक का कचरा नालियों और सीवेज व्यवस्था को बिगाड़ता है। नदियों में भी इनकी वजह से बहाव पर असर पड़ता है। पानी के दूषित होने से मछलियों और अन्य जलचरों की मौत तक हो जाती है। नदियों के जरिए यह कचरा समुद्र में भी पहुँच कर जल प्रदूषण फैला रहा है। कूड़े में पड़ी प्लास्टिक थैलियों को खाकर आवारा पशुओं की बड़ी तादाद में मौतें हो रही हैं। प्लास्टिक-कचरे के पर्यावरण से बचने के लिए जनमानस को जागरूक किया जाना चाहिए। इसके लिए जन-आन्दोलन चलाया जाना अब अति आवश्यक जान पड़ता है। आजकल व्यापारी जन अपने व्यापार को बढ़ावा देने के लिए बेधड़क प्लास्टिक का प्रयोग कर रहे हैं अत: उन्हें भी इस सन्दर्भ में जागरूक और सावधान करने की आवश्यकता है। यदि सब परस्पर निश्चय कर लें तो प्लास्टिक का प्रयोग सुगमता से निषेध हो सकता है।

20. आत्मविश्वास : एक दिव्य गुण

संकेत बिन्दु— • भूमिका, • आत्मविश्वास का अर्थ, • आत्मविश्वास का महत्व, • सबसे बड़ा गुण, • उपसंहार।

आत्मविश्वास मनुष्य के लिए एक ऐसा दिव्य गुण है जिस पर वह आरूढ़ हो देवत्व को प्राप्त कर सकता है। 'आत्मविश्वास' शब्द दो शब्दों 'आत्म और विश्वास' से बना है जिसका अर्थ है स्वयं पर किया गया भरोसा अर्थात् अपनी शक्ति तथा सामर्थ्य पर किया गया विश्वास। अत: इनमें कोई दो मत नहीं कि आत्मविश्वास एक दिव्य गुण है तथा इसके द्वारा बड़े-से-बड़े संकट का सामना करके व्यक्ति प्रतिकूल परिस्थितियों को भी अपने अनुकूल बना लेता है। आत्मविश्वास व्यक्ति को आशावादी बनाता है, जिससे उसके अन्दर धैर्य, त्याग, आत्मबल, सहिष्णुता आदि गुणों का समावेश हो जाता है तथा जिसमें यदि कभी उसके जीवन में संकट के पल आते भी हैं, तो उसके आत्मविश्वास के समक्ष नतमस्तक हो जाते हैं। बछेन्द्री पाल के आत्मविश्वास ने उन्हें एवरेस्ट की चोटी पर पहुँचाया है, तो सचिन के आत्मविश्वास ने उन्हें 'क्रिकेट-जगत' का देवता बनाया है। इतिहास के पन्नों में लिखे

स्वर्णिम नामों में चमक होती है आत्मविश्वास की। व्यक्ति को यदि जीवन के आसमान पर प्रखर सूर्य बनकर चमकना हो, तो उसे स्वयं की शक्ति को पहचानकर स्वयं पर भरोसा रखना चाहिए क्योंकि इस दिव्य गुण के सहारे उसका तेजस्वी बनना निश्चित है। सत्य ही कहा है 'मन के हारे हार है, मन के जीते जीत।''

21. समाचार पत्र : संचार का सुलभ तन्त्र

संकेत बिन्दु— • भूमिका, • समाचार की उपयोगिता, • समाचार पत्र की आवश्यकता, • सुलभ साधन, • उपसंहार।

आज भी प्राय: हर शिक्षित भारतीय घरों में सुबह-सुबह चाय के साथ-साथ समाचार पत्र की बेचैनी से प्रतीक्षा रहती है। समाचार पत्र मानव की प्रगति का इतिहास दिखाने वाला संचार का सबसे सस्ता, विश्वसनीय और अति महत्वपूर्ण साधन है। इसका इतिहास बहुत पुराना है। यह संचार के एक देश में बैठे लोगों को दूसरे देशों से जोड़ता है। वर्तमान में संचार के क्षेत्र में वैज्ञानिकों ने अदभुत सफलताएँ अर्जित की हैं, परन्तु समाचार-पत्र का महत्व आज भी उसी रूप में विद्यमान है। कम्प्यूटर के आविष्कार के बाद इस क्षेत्र में प्रतिदिन नये आयाम स्थापित हो रहे हैं। समाचार-पत्रों की प्रिंटिंग हो या खबरों का आदान-प्रदान हो अब घण्टों का काम मिनटों में हो रहा है। समाचार पत्र केवल खबरों का आदान-प्रदान ही नहीं करता अपितु इसके द्वारा विविध प्रकार के ज्ञान का संचार भी होता है। अनेक प्रतियोगिताओं की तैयारी में इससे बहुत ही सहायता मिलती है। समाचार पत्रों का नियमित अध्ययन करने से भाषा ज्ञान भी पूर्ण होता है। अब तो संसार की सभी प्रमुख भाषाओं में समाचार पत्रों का प्रकाशन होने लगा है। लोग जब तक सुबह समाचार पत्र के मुख पृष्ठ का अवलोकन नहीं कर लेते हैं तब तक घर से निकलना मुनासिब नहीं समझते हैं। समाचार-पत्रों में प्रकाशित सूचनाएँ सबसे विश्वस्त होती हैं। इस समाचार-पत्र का महत्व सार्वकालिक है।

22. शिक्षा का क्षेत्र

संकेत बिन्दु— • भूमिका, • शिक्षा की आवश्यकता, • शिक्षा की व्यापकता, • शिक्षा का व्यापक क्षेत्र, • उपसंहार।

अपनी व्यापकता के बाद भी आज बदलते समय में शिक्षा का क्षेत्र सिमटता जा रहा है। आज की शिक्षा पुस्तकीय ज्ञान, विचार तक ही सिमट कर रह गई है जबकि मनुष्य के जीवन की आवश्यकताएँ, अपेक्षाएँ पुस्तकीय ज्ञान से कहीं अधिक हैं। यह अत्यन्त दु:ख का विषय है कि अब शिक्षा का अर्थ सिर्फ परीक्षा पास करना रह गया है। डिग्री प्राप्त करने हेतु दी गई परीक्षा में उत्तीर्ण होने के लिए पुस्तकीय ज्ञान अनिवार्य है जबकि हम यह जानते हैं कि पुस्तकीय ज्ञान सीमित क्षेत्र और सीमित समय के लिए ही होता है। जीवन के अन्य क्षेत्रों में सफल होने के लिए पुस्तकीय ज्ञान नहीं बल्कि व्यावहारिक ज्ञान का होना आवश्यक है। अत: पुस्तकीय ज्ञान के अतिरिक्त विद्यार्थियों को स्वास्थ्य, संस्कार, संस्कृति एवं रोजगारपरक शिक्षा भी दी जानी चाहिए जो उसे आत्मनिर्भर और व्यवहारकुशल नागरिक भी बना सके। भविष्य में इस तथ्य पर गहराई से विचार कर शिक्षा के स्वरूप को और अधिक विस्तृत और उपयोगी बनाये जाने की आवश्यकता पर बल दिया जाना चाहिए। पुस्तकीय ज्ञान तक सिमटी शिक्षा पुस्तकों के साथ छूटते ही हम भूल जाते हैं। मस्तिष्क में सदैव के लिए बैठ जाने वाली व्यावहारिक शिक्षा में हमें जीवन के प्रत्येक उतार-चढ़ाव में सहायता

करती है। अत: हमें पुस्तकों से बाहर निकल कर अपने आस-पास की दुनिया, देश-विदेश की जानकारी, सामाजिक समस्याओं और समाधानों की जानकारी, सद्भावना, समरसता, परोपकार आदि के गुणों को भी अपनाना चाहिए जिससे हमारा और समाज का वास्तविक विकास हो सकेगा और हम विश्व की प्रगति में अपना सहयोग दे सकेंगे और 'या शिक्षा सा विमुक्तये' की सूक्ति चरितार्थ हो सकेगी।

23. सत्संगति का महत्त्व

> **संकेत बिन्दु**— • भूमिका, • सत्संगति का अर्थ, • सत्संगति की आवश्यकता, • सत्संगति का लाभ, • उपसंहार।

'संसर्गजा दोषगुणा: भवन्ति'—संसर्ग से ही दोष और गुण उत्पन्न होते हैं। 'सत्संगति' शब्द दो शब्दों से मिलकर बना है—'सत्' और संगति अर्थात् अच्छी संगति। सत्पुरुषों के साथ निवास। जिनके विचार अच्छी दिशा की ओर ले जायें सत्संगति कहलाती है। मनुष्य जिस वातावरण में अपना अधिक समय व्यतीत करता है उसका प्रभाव उस पर अनिवार्य रूप से पड़ता है। मनुष्य ही नहीं पशुओं एवं वनस्पतियों पर भी इसका असर होता है। माँसाहारी पशु को यदि शाकाहारी प्राणी के साथ रखा जाये तो उसकी आदतों में स्वयं ही परिवर्तन हो जायेगा। यही नहीं मनुष्य को भी यदि अधिक समय तक मानव से दूर पशु-संगति में रखा जाये तो वह भी शनै:-शनै: मनुष्य-स्वभाव छोड़कर पशु-प्रवृत्ति को ही अपना लेगा। सत्संगति के अनेक लाभ हैं। सत्संगति मनुष्य को सन्मार्ग की ओर अग्रसर करती है। सत्संगति व्यक्ति को उच्च सामाजिक स्तर प्रदान करती है। विकास के लिए सुमार्ग की ओर प्रेरित करती है। बड़ी-से-बड़ी कठिनाइयों का सफलतापूर्वक सामना करने की शक्ति प्रदान करती है और सबसे बढ़कर व्यक्ति को स्वाभिमान प्रदान करती है। सत्संगति के प्रभाव से पापी पुण्यात्मा और दुराचारी सदाचारी हो जाते हैं। अंगुलिमाल ने महात्मा बुद्ध की संगति में आने से हत्या, लूटपाट के कार्य को छोड़कर सदाचार के मार्ग को अपनाया। संतों के प्रभाव से आत्मा के मलिन भाव दूर हो जाते हैं तथा वह निर्मल बन जाता है। सत्संगति एक प्राणवायु है जिसके संसर्ग मात्र से मनुष्य सदाचरण का पालक बन जाता है। 'सठ सुधरहिं सत्संगति पाई। पारस परस कुधातु सुहाई'—तुलसीदास की इस पंक्ति से सत्संगति का महत्व स्वत: सिद्ध हो जाता है।

24. व्यायाम का महत्त्व

> **संकेत बिन्दु**— • भूमिका, • व्यायाम का महत्त्व, • व्यायाम के विविध रूप, • व्यायाम से लाभ, • उपसंहार।

शरीरमाघं खलु धर्मसाधनम् अर्थात् शरीर ही सभी धर्मों (कर्तव्यों को पूरा करने का एकमात्र साधन है, अत: शरीर को स्वस्थ रखना अति आवश्यक है। स्वस्थ शरीर में ही स्वस्थ मस्तिष्क का निवास है। शरीर को चिकित्सा के बिना ही स्वस्थ रखने के लिए व्यायाम सबसे उत्तम साधन है। मानव शरीर एक मशीन की तरह है। जिस प्रकार एक मशीन को काम में न लाने पर वह ठप पड़ जाती है, उसी तरह यदि शरीर का भी उचित संचालन न किया जाये तो उसमें कई तरह के विकार आने लगते हैं। व्यायाम शरीर के संचालन का एक अच्छा तरीका है। यह शरीर को उचित दशा और दिशा में रखने में सहायता करता है। व्यायाम के लिए अनेक प्रकार के आसनों की व्यवस्था की गई है। कुछ लोग दौड़ लगाते हैं तो कुछ दण्ड-बैठक करते हैं। बच्चे खेल-कूद कर अपना व्यायाम करते हैं। बुजुर्ग सुबह-शाम तेज़ चाल से टहलकर अपना व्यायाम करते हैं। नवयुवकों में व्यायाम-शालाओं में जाकर व्यायाम करने की प्रवृत्ति पाई जाती है। व्यायाम चाहे किसी भी प्रकार का हो, इससे बहुत लाभ होता है। शरीर में ताज़गी आती है तथा यह सुगठित बन जाता है। व्यायाम करने के लिए सुबह का समय सबसे उत्तम होता है। प्रात:काल में सूर्योदय से पूर्व जगकर व्यायाम करने से तन तथा मन दोनों स्वस्थ तथा नियन्त्रित रहता है। सुबह की वायु स्वच्छ व स्वास्थ्य के लिए लाभकारी होती है। अत: प्रत्येक को व्यायाम के प्रति कटिबद्ध होकर बीमारियों से शरीर को दूर रखना चाहिए।

25. कोरोना वायरस

> **संकेत बिन्दु**— • कोरोना संक्रमण, • बचाव के उपाय, • लॉकडाउन के सकारात्मक प्रभाव। • उपसंहार

दिसंबर 2019 में चीन के वुहान से शुरू हुआ कोविड-19 या कोरोना वायरस अत्यंत सूक्ष्म किन्तु घातक वायरस है। इस वायरस ने विश्व के अनेक देशों में लाखों लोगों को अकाल मृत्यु का शिकार बना दिया है। कोरोना के प्रारम्भिक लक्षण हैं—सर्दी, जुकाम, बुखार, नाक बहना, गले में खराश और बाद में साँस लेने में तकलीफ होना। गंभीर स्थिति में इससे किडनी फेल तथा मृत्यु भी हो जाती है। इससे बचाव के लिए आवश्यक है कि हम बार-बार साबुन से हाथ धोएँ, अनावश्यक रूप से घर से न निकलें, सामाजिक दूरी का पालन और मास्क का उपयोग करें तथा स्वयं संक्रमित होने पर अन्य लोगों से दूरी बनाकर रखें। कोरोना के संक्रमण को तेजी से फैलने से रोकने हेतु सरकार द्वारा समय-समय पर लॉकडाउन घोषित किया गया। सभी सार्वजनिक स्थल; होटल, सिनेमाघर आदि बंद कर दिए गए। सभी शिक्षण संस्थाएँ बंद करके विद्यार्थियों को ऑनलाइन शिक्षण सुविधा प्रदान की जा रही है। वर्तमान समय में भारत के साथ-साथ अन्य कई देशों ने भी कोरोना वायरस के लिए टीका (वैक्सीन) बना लिया है तथा समस्त नागरिकों को उपलब्ध कराई जा रही है। कोरोना वायरस संक्रमण को फैलने से रोकने के लिए वैक्सीन की निर्देशानुसार खुराक लेना आवश्यक है; साथ ही विश्व स्वास्थ्य संगठन के निर्देशों का पालन करें, स्वस्थ आहार लें, व्यायाम करें तथा अफवाहों से बचें।

अभ्यास-प्रश्न

दिए गए संकेत-बिन्दुओं के आधार पर अनुच्छेद लिखें—

1. कम्प्यूटर : आज की आवश्यकता

   * प्रस्तावना * विश्व की तीसरी आँख * कम्प्यूटर का आविष्कार * संरचना * कम्प्यूटर के लाभ एवं हानियाँ * उपसंहार

2. भारतीय गाँव और नगर
* नगर और गाँव की तुलना * गाँव के सुख * गाँव के दु:ख * नगरों के सुख * नगरों के दु:ख * निष्कर्ष

3. लड़का-लड़की एक समान, दोनों से ही घर की शान
* लड़का-लड़की दोनों ईश्वर की देन * प्रकृति का संतुलन आवश्यक * आज का पुरुष प्रधान समाज * पुरुषों को अधिक स्वतन्त्रता * स्त्रियों को हीन दृष्टि से देखा जाना

4. समय का महत्त्व
* समय कभी नहीं ठहरता * समय का सदुपयोग कैसे * समय के दुरुपयोग के परिणाम * समय का सदुपयोग करने वालों के कुछ उदाहरण * सफलता समय की दासी है।

5. आज की बचत कल का सुख
* भूमिका * बचत का अर्थ और महत्त्व * बूँद-बूँद से घड़ा भरता है * बचत के लिए उपाय * उपसंहार।

6. मेरा प्रिय खेल
* भूमिका * खेल और स्वास्थ्य * खेल प्रिय क्यों है * निष्कर्ष

....
....
....
....
....
....
....
....
....

7. पर्यटन एवं दर्शनीय स्थल
   * पर्यटन का अर्थ * विकास का सूत्रधार * पर्यटन—एक उद्योग * पर्यटन के लाभ * पर्यटन—एक शौक।

....
....
....
....
....
....
....
....
....
....

8. मेरी प्रिय पुस्तक
   * प्रस्तावना * पुस्तक का नाम और लेखक * विषय * पुस्तक का आधार * प्रिय होने का कारण * पुस्तक के सम्बन्ध में सम्मतियाँ।

....
....
....

....
....
....
....
....
....
....
....
....

अभ्यास हेतु अन्य अनुच्छेद

1. मेरे सपनों का भारत
2. इक्कीसवीं सदी का भारत
3. सहशिक्षा
4. आँखों देखी किसी घटना का वर्णन
5. साँच बराबर तप नहीं
6. मन के हारे हार है, मन के जीते जीत
7. प्रातःकालीन व्यायाम/सैर
8. इंटरनेट की दुनिया
9. महँगाई की समस्या
10. भारत की सांस्कृतिक एकता
11. भारत और भारत के पड़ोसी देश
12. नये युग का भारत
13. फैशन और विद्यार्थी
14. आज की शिक्षा प्रणाली
15. पुस्तकालय
16. मेरी सर्वाधिक प्रिय ऋतु
17. राजनीति और भ्रष्टाचार
18. साँच को आँच नहीं
19. गुरु-शिष्य सम्बन्ध
20. आधुनिक संसाधन वरदान या अभिशाप

❏❏

पत्र लेखन

पत्र-लेखन एक महत्त्वपूर्ण कला है। यह कला जन-सामान्य के जीवन से सम्बन्धित है। यद्यपि आज संचार के कई साधन उपलब्ध हैं, परन्तु पत्र-लेखन का अपना अलग ही महत्त्व है। आज भी सरकारी कामकाज के लिए पत्र लिखने की आवश्यकता होती है।

पत्र दो प्रकार के होते हैं—

औपचारिक पत्र	अनौपचारिक पत्र
औपचारिक पत्र उन व्यक्तियों को लिखे जाते हैं जिनसे हमारा कोई व्यक्तिगत परिचय नहीं होता। इसमें तथ्यों और सूचनाओं को अधिक महत्त्व दिया जाता है। यह पत्र नियमों में बँधे होते हैं। इसके अन्तर्गत आवेदन-पत्र, शिकायती-पत्र, सम्पादक को पत्र, व्यावसायिक पत्र तथा अन्य सरकारी कार्यालयों आदि के पत्र आते हैं।	जिन व्यक्तियों से हमारा निजी सम्बन्ध होता है, उन्हें अनौपचारिक पत्र लिखे जाते हैं। ऐसे पत्र परिवार के सदस्यों, मित्रों, सगे-सम्बन्धियों आदि को लिखे जाते हैं।

पत्र लिखने में निम्नलिखित मुख्य बिन्दुओं पर ध्यान देना अनिवार्य है—

☞ पत्र की भाषा सरल, सटीक तथा सुलझी हुई होनी चाहिए।

☞ पत्र लिखने वाले का नाम, पता सब कुछ साफ अक्षरों में लिखा जाना चाहिए।

☞ संबोधन के लिए उचित सम्मानजनक शब्दों का प्रयोग होना चाहिए।

☞ बड़ों को सम्बोधित करते समय आदरणीय, पूजनीय इत्यादि शब्दों का प्रयोग करना चाहिए।

☞ व्यापारिक पत्र, प्रार्थना-पत्र, शिकायत-पत्र इत्यादि में महोदय, महोदया, माननीय एवं माननीया शब्दों का प्रयोग करना चाहिए।

☞ यदि ज्ञात हो तो पिन कोड अवश्य लिखना चाहिए।

पत्रों का आरम्भ और समापन

1. अनौपचारिक पत्र

सम्बन्ध	सम्बोधन	अभिवादन	समापन
माता-पिता, दादा-दादी, बड़े भाई-बहन, आचार्य, शिक्षक, मित्र, सखी, छोटा भाई/बहन	पूज्य, पूज्या, आदरणीय, प्रिय मित्र, सुहृदय प्रिय	सादर चरण स्पर्श, सादर प्रमाण, नमस्ते, सुभाशीष, स्नेह	आपका प्रिय पुत्र, पौत्र, स्नेहाभिलाषी, कृपाकांक्षी, तुम्हारा अभिन्न मित्र, तुम्हारा अग्रज, शुभेच्छु

2. औपचारिक पत्र

सम्बन्ध	सम्बोधन	समापन
प्रधानाचार्य/प्रधानाचार्या, डाकपाल, जलबोर्ड अधिकारी, विद्युत् अधिकारी	मान्यवर, श्रीमान, महोदय, महोदया आदि।	आपका आज्ञाकारी शिष्य, भवदीय, विनीत, प्रार्थी आदि।

औपचारिक पत्र चार प्रकार के होते हैं—

1. आवेदन पत्र

2. व्यावसायिक पत्र

3. सरकारी पत्र

4. अव्यावसायिक संस्थाओं के साथ पत्राचार

1. आवेदन पत्र—आवेदन पत्रों के माध्यम से उच्चाधिकारी को आवेदक अपनी दशा सूचित करता है साथ ही किसी प्रकार की मदद के लिए प्रार्थना करता है। इन पत्रों की निम्नलिखित विशेषताएँ हैं—

➡ विनम्रता व शिष्टता का प्रदर्शन करना चाहिए।

➡ अनावश्यक विचार पर ध्यान न देते हुए अपनी बात संक्षेप में करनी चाहिए।

➡ पूर्णता का विशेष ध्यान रखा जाना चाहिए। कोई भी महत्वपूर्ण बात छूटनी नहीं चाहिए।

➡ आवेदन पत्र तथ्यों पर आधारित होने चाहिए।

2. व्यावसायिक पत्र—व्यापारियों को सामान की खरीद के लिए लिखे जाने वाले पत्र व्यावसायिक पत्र कहलाते हैं। विभिन्न व्यावसायिक संगठनों के बीच होने वाला पत्र व्यवहार इसी वर्ग में आता है। व्यावसायिक संस्थान अपने ग्राहकों की शिकायतें दूर करने, अपने नए माल की जानकारी आदि देने के लिए व्यावसायिक पत्रों का प्रयोग करते हैं। जैसे—

➡ उपभोक्ता

➡ व्यापारिक संस्थान

➡ बैंक, बीमा कम्पनी

➡ सरकारी कार्यालय अथवा गैर-सरकारी कार्यालय

व्यावसायिक पत्रों की विशेषताएँ—

➡ स्पष्टता

➡ पूर्णता

➡ संक्षिप्तता

➡ सद्भावना

➡ शिष्टता

➡ प्रभावोत्पादकता

3. सरकारी पत्र—सरकारी पत्रों को शासकीय पत्राचार भी कहते हैं। सरकारी पत्राचार निम्न विभागों व व्यक्तियों के मध्य होता है—

➡ विभिन्न सरकारी विभाग

➡ सरकार व विभिन्न संस्थाएँ

➡ सरकार तथा सरकार के बाहर के लोगों के मध्य

4. अव्यावसायिक संस्थाओं के मध्य पत्राचार—वे सभी संस्थाएँ जो व्यावसायिक कार्यों में संलग्न नहीं हैं। उनके द्वारा भेजे जाने वाले पत्र या उनके द्वारा किसी व्यक्ति को लिखे जाने वाले पत्र इस वर्ग में आते हैं। धार्मिक, साहित्यिक तथा आध्यात्मिक क्रियाकलापों से सम्बन्धित अनेक संस्थाएँ जैसे—सनातन धर्म समाज, आर्यसमाज, हिन्दी-साहित्य सम्मेलन, पतंजलि योग पीठ, भारतीय हिन्दी परिषद् आदि इसी वर्ग में आते हैं। इस प्रकार की स्वैच्छिक संस्थाओं के पत्राचार को संस्थागत पत्राचार भी कहा जाता है।

1. औपचारिक पत्र

आवेदन पत्र

1. अपने विद्यालय के प्रधानाचार्य को स्थानांतरण प्रमाण-पत्र के लिए आवेदन-पत्र लिखिए।

सेवा में,

श्रीमान प्रधानाचार्य

डी. ए. वी. विद्यालय

सेक्टर-14

रोहिणी, नई दिल्ली

दिनांक—24 अक्टूबर, 20XX

विषय—स्थानांतरण प्रमाण-पत्र हेतु

महोदय,

सविनय निवेदन है कि मैं आपके विद्यालय में कक्षा दसवीं 'अ' का छात्र हूँ। मेरे पिताजी का स्थानांतरण आगरा हो गया है। हमारा समस्त परिवार अब आगरा ही जा रहा है। मैं भी अपने परिवार के साथ आगरा जा रहा हूँ और वहीं से अपनी आगे की पढ़ाई करूँगा। वहाँ नए विद्यालय में प्रवेश लेने के लिए मुझे विद्यालय से स्थानांतरण पत्र की आवश्यकता है। अत: आपसे अनुरोध है कि आप मुझे स्थानांतरण पत्र, संलग्न चरित्र प्रमाण-पत्र शीघ्रातिशीघ्र जारी करने की कृपा करें।

धन्यवाद

आपका आज्ञाकारी छात्र

नीरज सलूजा

कक्षा—दसवीं 'अ'

अनुक्रमांक—5

आवेदन पत्र

2. प्रधानाचार्य को कक्षा में किए गए अनुचित व्यवहार के लिए क्षमा-याचना प्रार्थना पत्र लिखिए।

सेवा में,

श्रीमान प्रधानाचार्य महोदय

रा. उ. मा. विद्यालय

पश्चिम विहार, नई दिल्ली

दिनांक: 13 जून, 20XX

विषय—अनुचित व्यवहार के लिए क्षमा-याचना हेतु

महोदय,

सविनय निवेदन यह है कि मैं आपके विद्यालय में दसवीं कक्षा का छात्र हूँ। मैंने अपनी कक्षा के दो सहपाठियों के साथ मिलकर शरारत की एवं कमरे का फर्नीचर तोड़ डाला। इन दोनों सहपाठियों के साथ मिलकर मेरी अक्ल पर पर्दा पड़ गया था। मुझे ऐसा नहीं करना चाहिए था। अब मैं बहुत पछता रहा हूँ। कक्षा अध्यापिका जी ने मुझसे 500 रुपये दण्ड (जुर्माना) स्वरूप माँगी हैं। मेरे पिताजी एक गरीब आदमी हैं। वह यह दण्ड राशि नहीं दे पाएँगे। मैं आपसे प्रार्थना करता हूँ कि मुझे इस बार क्षमा कर दिया जाए। मैं वादा करता हूँ कि मैं दोबारा कोई गलत काम नहीं करूँगा। मुझे एक अवसर प्रदान करने का कष्ट करें। आपकी अति कृपा होगी।

धन्यवाद

आपका आज्ञाकारी शिष्य

सुभाष गुप्ता

कक्षा—दसवीं 'बी' (ब)

शिकायती/सुझाव पत्र

3. चोरी की रिपोर्ट के लिए थाना प्रभारी को पत्र लिखिए।

सेवा में,

श्रीमान थाना-प्रभारी जी

थाना पहाड़गंज, नई दिल्ली

दिनांक—25 दिसम्बर, 20XX

विषय—चोरी की रिपोर्ट लिखवाने के लिए थाना-अधिकारी को पत्र।

मान्यवर,

सविनय निवेदन है कि गत रात हमारे पड़ोस में श्री मोहनलाल मक्कड़ के घर में चोरी हो गई है। वे किसी विवाह समारोह में सम्मिलित होने के लिए जम्मू गए हुए थे, इस अवसर का लाभ उठाते हुए चोरों ने उनके घर को निशाना बनाया एवं घर का ताला तोड़कर कीमती सामान ले गए। प्रात:काल उनके घर का दरवाजा टूटा हुआ था एवं घर का सारा सामान बिखरा पड़ा था। उनके घर में किसी असामाजिक तत्व द्वारा और हानि न हो, इसके लिए हम आपका ध्यान इस ओर आकर्षित कर रहे हैं। अत: आपसे अनुरोध है कि घटनास्थल का निरीक्षण करके उचित कार्यवाही करें।

धन्यवाद

भवदीय

मंत्री

मोहल्ला सुधार कमेटी

4. पुस्तकालय में हिंदी के प्रसिद्ध लेखकों की पुस्तकें मँगवाने के लिए प्राचार्य को एक प्रार्थना-पत्र लगभग 80-100 शब्दों में लिखिए।

प्राचार्य,

अ ब स विद्यालय

आगरा विस्तार

उत्तर प्रदेश

दिनांक—27-XX-20XX

विषय—पुस्तकें मँगवाने हेतु प्रार्थना-पत्र।

महोदय,

मैं आपके विद्यालय में कक्षा दस का छात्र हूँ। हमारे विद्यालय में प्रत्येक कक्षा का एक कालांश पुस्तकालय का होता है। हम सभी पुस्तकालय जाते हैं, लेकिन पुस्तकालय में पुस्तकों की बहुत कमी है, विशेष कर हिन्दी की।

हमारे पुस्तकालय में हिन्दी के प्रसिद्ध लेखकों की पुस्तकों की कमी है। हम हिन्दी साहित्य के प्रसिद्ध लेखकों की जीवनी पढ़ना चाहते हैं, कुछ कक्षाओं में लेखकों की जीवनी को विषय के तौर पर पढ़ाया भी जाता है। परन्तु हिन्दी को बढ़ावा देने के लिए इन प्रसिद्ध लेखकों की पुस्तकें मँगवाना जरूरी हो गया है।

हम सभी आप से अनुरोध करते हैं कि हिन्दी के प्रसिद्ध लेखकों की पुस्तकें जल्द-से-जल्द मँगवाने का आदेश दें जिससे हम जल्द लाभ उठा सकें।

सधन्यवाद

प्रार्थी,

सभी विद्यार्थी

5. मोहल्ले की सफाई के लिए नगर निगम के स्वास्थ्य अधिकारी को पत्र लिखिए।

सेवा में,

श्रीमान स्वास्थ्य अधिकारी

दिल्ली नगर निगम

अशोक नगर, नई दिल्ली

दिनांक—25 फरवरी, 20XX

विषय—मोहल्ले की सफाई के सम्बन्ध में पत्र।

महोदय,

इस पत्र के माध्यम से मैं आपका ध्यान अपने क्षेत्र अशोक नगर की ओर आकर्षित कराना चाहता हूँ। इस क्षेत्र से कई पत्र आपके विभाग में भेजे जा चुके हैं, परन्तु शायद सम्बन्धित अधिकारियों ने उन्हें बिना पढ़े ही रद्दी की टोकरी में डाल दिया। इस क्षेत्र में सफाई कर्मचारी अपने कर्त्तव्य का पालन नहीं कर रहे हैं। स्थान-स्थान पर कूड़े के ढेर लगे हैं। पन्द्रह दिन से सफाई कर्मचारी नहीं आए हैं। मोहल्ले का वातावरण दूषित हो गया है। चारों ओर मच्छर व मक्खियों का साम्राज्य पनप रहा है, दुर्गन्ध से उठना-बैठना, खाना-पीना सब दुश्वार हो गया है। सड़कों पर नालियों का पानी आ रहा है, जिससे आने-जाने में भी अब असुविधा हो रही है। यदि अब सफाई न हुई तो महामारी फैलने की आशंका है। अत: आपसे प्रार्थना है कि यहाँ जल्द-से-जल्द सफाई कर्मचारी भेजने का प्रबन्ध करें, इसके लिए हम सदा आपके आभारी रहेंगे।

भवदीय

डी. एन. शर्मा (मंत्री)

अशोक नगर, नई दिल्ली

6. निकटस्थ डाकघर को पत्र लिखकर सूचित कीजिए कि पहली जून से 30 जून तक आपकी डाक डाकघर में ही सँभाली जाए, क्योंकि उन दिनों आप घर पर नहीं होंगे।

सेवा में,

डाक अधीक्षक

'पावरा' डाकघर

जोधपुर

दिनांक—25 मई, 20XX

विषय—डाकपाल को सूचना हेतु पत्र।

महोदय

प्रार्थना है कि मैं 65 लक्ष्मीनगर, पावरा 'बी' रोड का निवासी हूँ। मैं अपने परिवार के साथ शहर से बाहर 1 जून से 30 जून तक के लिए जा रहा हूँ/रही हूँ। अत: आपसे अनुरोध है कि उक्त दिनों में यदि कोई भी हमारी डाक आपके डाकघर में आए तो उसे वहीं सुरक्षित रखने का कष्ट करें। मैं वापस आकर स्वयं अपनी डाक ले लूँगा। आपका अति आभार रहेगा।

धन्यवाद।

कमलेश कुमार

65 लक्ष्मीनगर, पावरा 'बी' रोड, जोधपुर

नौकरी के लिए आवेदन पत्र

7. अपनी योग्यताओं का विवरण देते हुए प्राथमिक शिक्षक के पद के लिए अपने जिले के शिक्षा-अधिकारी को आवेदन-पत्र लिखिए।

सेवा में,

जिला शिक्षा अधिकारी

उदयपुर, (राज.)

दिनांक—2 अप्रैल 20XX

विषय—प्राथमिक शिक्षक के पद के लिए आवेदन-पत्र।

मान्यवर,

रोजगार समाचार 'दिनांक 16/4/20XX के माध्यम से यह ज्ञात हुआ कि आपके अधीन प्राथमिक शिक्षकों के कुछ स्थान रिक्त हैं तथा उनके लिए आवेदन-पत्र आमन्त्रित किए गए हैं। मैं भी इसी पद के लिए अपना आवेदन-पत्र आपकी सेवा में प्रस्तुत कर रही हूँ। मेरी शैक्षणिक योग्यताएँ, अनुभव तथा अन्य विवरण निम्नलिखित हैं—

मैंने उदयपुर विश्वविद्यालय से स्नातक की उपाधि द्वितीय श्रेणी में उत्तीर्ण की है।

मैंने राजस्थान माध्यमिक शिक्षा बोर्ड से 1997 में इण्टरमीडिएट की परीक्षा भी द्वितीय श्रेणी में उत्तीर्ण की है।

मैंने राजस्थान माध्यमिक शिक्षा बोर्ड से ही वर्ष 1995 में हाईस्कूल की परीक्षा प्रथम श्रेणी में उत्तीर्ण की है।

मैंने राजकीय शिक्षक प्रशिक्षण केन्द्र उदयपुर (राज.) से बेसिक टीचर कोर्स वर्ष 2002 में सफलतापूर्वक पूरा किया है। STC परीक्षा में भी मैंने अच्छे अंक प्राप्त किए।

मैं जुलाई 2008 से डी. ए. वी. हायर सैकेण्डरी स्कूल, उदयपुर में प्राथमिक शिक्षिका के पद पर कार्यरत हूँ।

मैंने अपने विद्यार्थी जीवन में सांस्कृतिक कार्यक्रमों में भाग लेकर कई पुरस्कार भी प्राप्त किए हैं। मैं 36 वर्षीय स्वस्थ महिला हूँ।

आशा है कि आप मुझे सेवा का एक अवसर अवश्य प्रदान करेंगे। मैं आपको विश्वास दिलाती हूँ कि मैं चयन किये जाने के पश्चात् अपने कर्तव्यों का पूर्ण निष्ठा के साथ पालन करूँगी। आवेदन पत्र के साथ प्रमाण-पत्रों के प्रतिरूप संलग्न हैं।

धन्यवाद

प्रार्थी

अनीता कुमारी

आवेदन पत्र

8. विद्यालय में एक संगीत-सम्मेलन करने की अनुमति देने हेतु अपने प्रधानाचार्य से अनुरोध कीजिए।

सेवा में,

प्रधानाचार्य

सर्वोदय बाल विद्यालय

जनकपुरी, दिल्ली

दिनांक—8 अप्रैल, 20XX

विषय—संगीत सम्मेलन करने की अनुमति हेतु।

महोदय,

सविनय निवेदन है कि हम 14 सितम्बर को हिन्दी दिवस के अवसर पर एक संगीत सम्मेलन का आयोजन करना चाहते हैं। इसमें विद्यार्थी एवं अध्यापक-अध्यापिकाएँ अपनी-अपनी प्रतिभा का प्रदर्शन करेंगे। इस अवसर पर अन्य ख्याति प्राप्त संगीतकारों को भी आमन्त्रित किया जाएगा।

कृपया आप हमें अनुमति प्रदान करें कि हम अपने संगीत सम्मेलन के लिए संगीतकारों को आमन्त्रित करें।

इस संगीत सम्मेलन में विद्यालय के संगीत के शिक्षक एवं शिक्षिका भी अपना पूर्ण सहयोग प्रदान करेंगे।

धन्यवाद

आपका आज्ञाकारी शिष्य

राजीव

विद्यालय छात्र प्रमुख

सम्पादक को पत्र

9. विद्यालयों में योग-शिक्षा का महत्त्व बताते हुए किसी समाचार-पत्र के सम्पादक को पत्र लिखिए।

सेवा में,

सम्पादक महोदय

दैनिक जागरण

सेक्टर 20

नोएडा, गौतमबुद्ध नगर

दिनांक—1 मार्च 20XX

विषय—योग-शिक्षा के महत्त्व हेतु।

महोदय,

जन-जन की आवाज, जन-जन तक पहुँचाने के लिए कटिबद्ध आपके समाचार पत्र के माध्यम से मैं विद्यालय में योग-शिक्षा के महत्त्व को बताना चाहती हूँ।

योग शिक्षा के माध्यम से विद्यार्थी स्वास्थ्य के प्रति जागरूक होंगे। योग शिक्षा उनके स्वास्थ्य के लिए लाभप्रद है।

योग के माध्यम से वे अपने शरीर की नकारात्मक ऊर्जा बाहर निकाल सकते हैं। जिससे सकारात्मक ऊर्जा को ग्रहण कर, वह स्वयं को ऊर्जावान महसूस कर सकते हैं। योग के द्वारा कई लाइलाज बीमारियों को भी जड़ से समाप्त किया जा सकता है। यह हमारे स्वास्थ्य के लिए जीवनदायिनी औषधि की भाँति है। आपसे अनुरोध है कि आप अपने समाचार-पत्र के माध्यम से पाठकों को योग-शिक्षा ग्रहण करने के लिए आग्रह करें।

सधन्यवाद

भवदीया

नीतू

आगरा

10. स्वरचित कविता प्रकाशन करवाने के लिए अनुरोध करते हुए किसी समाचार-पत्र के संपादक को पत्र लगभग 80-100 शब्दों में लिखिए।

सेवा में,

संपादक

हिंदुस्तान टाइम्स

नई दिल्ली

विषय—स्वरचित कविता प्रकाशित करवाने हेतु।

महोदय,

आपके लोकप्रिय समाचार पत्र की साप्ताहिक पत्रिका में नवोदित रचनाकारों की रचनाएँ पढ़ने का सुअवसर प्राप्त हुआ। कुछ रचनाएँ बहुत प्रभावी और प्रेरणादायक थीं। मेरी भी अभिरुचि कविता लेखन में रही है। बाल कविताओं के साथ-साथ समसामयिक विषयों पर मैंने कई कविताएँ लिखी हैं। अपने काव्य संग्रह में से पर्यावरण-संरक्षण पर लिखी एक कविता मैं इस पत्र के साथ संलग्न कर रही हूँ। आपसे अनुरोध है कि अपने समाचार-पत्र में मेरी रचना को स्थान देकर कृतार्थ करें।

धन्यवाद सहित

निवेदिका

अ ब स

म. सं. 320, पॉकेट-ए, सेक्टर-3

रोहिणी, नई दिल्ली

दिनांक—22-02-20XX

शिकायती पत्र

11. अपने क्षेत्र में जल-भराव की समस्या की ओर ध्यान आकृष्ट कराते हुए स्वास्थ्य अधिकारी को एक पत्र लिखिए।

सेवा में,

स्वास्थ्य अधिकारी

आगरा नगर निगम

आगरा

दिनांक—2 अगस्त, 20XX

विषय—जलभराव की समस्या हेतु।

महोदय,

मैं लोहामंडी क्षेत्र की निवासी हूँ तथा आपका ध्यान अपने क्षेत्र में जलभराव से हो रही समस्याओं की ओर आकर्षित कराना चाहती हूँ। वर्षा ऋतु के पश्चात् जगह-जगह सड़कों पर जलभराव हो गया जिसके कारण मच्छरों का प्रकोप बढ़ गया है साथ ही आने-जाने वालों की गाड़ियाँ पानी चले जाने के कारण खराब हो जाती हैं तथा वे दुर्घटना के शिकार हो जाते हैं। जलभराव से संपूर्ण क्षेत्र में दुर्गंध फैल रही है। ऐसा नहीं है कि हमारे क्षेत्र में सफाई कर्मचारी नहीं आते अपितु वे नियमित रूप से अपने कर्तव्यों का निर्वाहन नहीं करते तथा वे उस जलभराव की समस्या का समाधान नहीं करते हैं। कई बार मौखिक रूप से क्षेत्रीय सफाई निरीक्षक से भी कहा गया तथा लिखित रूप में भी इसकी सूचना दी, परन्तु किसी के कान पर जूँ तक नहीं रेंगी। वर्षा के पानी का भराव गंदी नालियों और सफाई न होने के कारण पूरे क्षेत्र में मलेरिया के फैलने की भी सम्भावना बढ़ गई है। यह चिंता का विषय है।

अत: आपसे अनुरोध है कि लोहामण्डी क्षेत्र के निवासियों की इस समस्या के समाधान के लिए संबंधित अधिकारियों तथा कर्मचारियों को उचित निर्देश देने की कृपा करें। जिससे कि पूरा क्षेत्र इस जलभराव की समस्या से बच सके।

मुझे आशा है कि आप हमारे क्षेत्र की सफाई करवाने के लिए तुरंत आवश्यक कार्यवाही करेंगे।

भवदीया

अ ब स

12. किसी महिला के साथ बस में हुए अभद्र व्यवहार को रोकने में बस कंडक्टर के साहस और कर्तव्यपरायणता की प्रशंसा करते हुए परिवहन विभाग के प्रबंधक को पत्र लिखिए।

सेवा में,

प्रबंधक,

दिल्ली परिवहन विभाग

दिल्ली—110001

दिनांक—10 जनवरी, 20XX

विषय—बस कंडक्टर के प्रशंसनीय व्यवहार हेतु।

महोदय,

इस पत्र द्वारा मैं आपको आपकी बस के एक कंडक्टर के प्रशंसनीय व्यवहार से अवगत करा रहा हूँ। मैं विकासपुरी का निवासी हूँ तथा प्रतिदिन 860 नं. की रूट बस से गाँधीनगर जाता हूँ। गत 20 अप्रैल की बात है, मैं गाँधीनगर से 860 नं. की बस से सायंकाल लगभग 7.00 बजे अपने घर लौट रहा था कि मोतीनगर के बस स्टॉप से कुछ मनचले बस में चढ़ गए। उन्होंने बस में बैठी एक महिला यात्री के साथ छेड़खानी तथा अभद्र व्यवहार किया। बस कंडक्टर ने साहस के साथ उन युवकों का सामना किया और बहादुरी से उन्हें धर-दबोचा। यात्रियों के सहयोग से बस कंडक्टर उन युवकों को पुलिस स्टेशन में ले गया। जहाँ पुलिस अधिकारी ने बस कंडक्टर के साहस एवं कर्त्तव्यपरायणता के प्रशंसनीय व्यवहार की सराहना की।

अत: आपसे आग्रह है कि आप कंडक्टर श्री रामप्रकाश को उनके साहस और प्रशंसनीय व्यवहार के लिए सम्मानित करें, जिसके परिणामस्वरूप अन्य कर्मचारी को भी प्रेरणा मिल सके।

धन्यवाद,

भवदीय

अशोक कुमार

13. बिजली विभाग के अधिकारी को बिजली बिल की शिकायत करते हुए लगभग 80-100 शब्दों में पत्र लिखिए।

सेवा में,

विद्युत् अधिकारी,

विद्युत् प्रदाय संस्थान

नेहरू ग्राम, रायपुर

देहरादून

दिनांक—22-4-20XX

विषय—बिजली के बिल में गड़बड़ी की शिकायत हेतु।

महोदय,

निवेदन है कि हम नेहरू ग्राम रायपुर क्षेत्र के निवासी बिजली बिल में हो रही गड़बड़ियों से बहुत परेशान हैं। हमारे क्षेत्र के मीटर रीडर मनचाही रीडिंग भर कर भेज देते हैं। जिस कारण हमारे बिजली के बिल आवश्यकता से अधिक आते हैं। कई बार शिकायत करने के बाद भी आपके विभाग की ओर से इस दिशा में कोई कदम नहीं उठाया गया। पिछले महीने मैं अवकाश पर अपने गाँव गया हुआ था। मेरा घर बंद था। फिर भी मेरा बिजली का बिल ₹ 3,000 आया है। यह समस्या क्षेत्र के प्रायः सभी निवासियों की है।

आशा है आप इस दिशा में उचित कदम उठाते हुए हमारी समस्या का निदान करने की कृपा करेंगे।

धन्यवाद सहित

भवदीय

अ ब स

अध्यक्ष

मोहल्ला सुधार समिति

नेहरू ग्राम, रायपुर

देहरादून

14. आप अंतर्विद्यालयी क्रिकेट के लिए अपने विद्यालय की टीम के कप्तान चुने गए हैं। इस आशय की सूचना देते हुए अपने पिताजी को लगभग 80-100 शब्दों में पत्र लिखिए।

छात्रावास

प्रभात मॉडल स्कूल

लखनऊ

दिनांक—22-02-20XX

आदरणीय पिताजी,

सादर प्रणाम, आशा है आप सकुशल होंगे। आदरणीय माताजी तथा मुकुल भी प्रसन्न होंगे।

पिताजी मुझे आपको बताते हुए अत्यंत हर्ष का अनुभव हो रहा है कि इस वर्ष अंतर्विद्यालयी क्रिकेट प्रतियोगिता में भाग लेने के लिए अपने विद्यालय की ओर से मेरा चयन टीम के कप्तान के रूप में हुआ है। निश्चय ही यह एक बहुत बड़ी जिम्मेदारी है और इसके लिए निरंतर अभ्यास एवं परिश्रम की आवश्यकता है। मेरा लक्ष्य प्रतियोगिता में

स्वर्णपदक प्राप्त करना है जिसके लिए मुझे आपके आशीर्वाद की आकांक्षा है। आशा है सदैव की भाँति आप अपना आशीर्वाद मुझे देंगे। आदरणीय माताजी को चरण स्पर्श एवं प्रिय मुकुल को स्नेह आशीर्वाद कहिएगा।

आपका पुत्र

अ ब स।

आवेदन पत्र

15. अपनी योग्यता तथा खेलों में रुचि का परिचय देते हुए अपने विद्यालय के प्रधानाचार्य महोदय को विद्यालय के वार्षिकोत्सव के अवसर पर आयोजित खेलों में भाग लेने की अनुमति के लिए प्रार्थना-पत्र लिखिए।

सेवा में,

श्रीमती प्रधानाचार्या जी

दयानन्द बाल मन्दिर

गाजियाबाद

दिनांक—5 नवम्बर 20XX

विषय—वार्षिकोत्सव में आयोजित खेलकूद में भाग लेने हेतु पत्र।

महोदया,

सविनय निवेदन यह है कि मैं आपके विद्यालय की दसवीं की छात्रा हूँ। आज ही कक्षाध्यापिका से वार्षिकोत्सव में खेलकूद प्रतियोगिता के आयोजन के विषय में सुना। जैसा आपको विदित है कि इस बार राष्ट्रीय व स्कूली स्तर पर आयोजित कई प्रतियोगिताओं में मैंने भाग लिया है व पुरस्कार भी जीते हैं। मेरा आपसे यही निवेदन है कि मुझे आप विद्यालय की इन प्रतियोगिताओं में खेलने की अनुमति प्रदान करें। आपकी अति कृपा होगी।

सधन्यवाद,

आपकी आज्ञाकारी शिष्या

क ख ग

कक्षा दसवीं (अ)

संपादक को पत्र

16. नई दिल्ली मेट्रो स्टेशन की जाँच मशीन पर एक यात्री के भूलवश छूटे एक लाख बीस हजार रुपए को मेट्रो पुलिस ने उसे लौटा दिया। इस समाचार को पढ़कर जो विचार आपके मन में आते हैं, उन्हें किसी समाचार-पत्र के संपादक को पत्र के रूप में लिखिए।

सेवा में,

संपादक महोदय

दैनिक हिन्दुस्तान

नई दिल्ली।

दिनांक—5 अक्टूबर, 20XX

विषय—खोए हुए रुपये प्राप्त होने पर पत्र।

महोदय,

मैं आपको पत्र द्वारा यह अवगत कराना चाहती हूँ कि नई दिल्ली मेट्रो स्टेशन की जाँच मशीन पर एक यात्री के भूलवश एक लाख बीस हजार रुपये छूट गए। मैं मेट्रो स्टेशन पर ही खड़ी सब देख रही थी। मेट्रो पुलिस ने उस व्यक्ति को बुलाकर उसके रुपये वापस किए तथा उस यात्री ने पुलिस वालों को धन्यवाद दिया। वर्तमान में ईमानदार व्यक्ति कहाँ हैं ? क्योंकि इतनी बड़ी रकम खोने के पश्चात् पुन: प्राप्त करना एक आश्चर्य की बात है। इनाम के रूप में उस व्यक्ति ने पुलिस वालों को कुछ देना चाहा, तो उन्होंने इंकार कर दिया तथा यह कहा कि यह तो हमारा कर्तव्य था। ऐसे व्यक्तियों को सम्मानित करना चाहिए। जो अपने कर्त्तव्य को ईमानदारी से निभाते हैं।

धन्यवाद

भवदीया

अनामिका

17. **सार्वजनिक स्थलों पर बढ़ते हुए धूम्रपान तथा उसके कारण होने वाले संभावित रोगों की ओर संकेत करते हुए किसी दैनिक समाचार पत्र के संपादक को 80-100 शब्दों में पत्र लिखिए।**

सेवा में,

संपादक

नवभारत टाइम्स

आगरा विभाग

आगरा कैन्ट

उत्तर प्रदेश

दिनांक—27-XX-20XX

विषय—''सार्वजनिक स्थलों पर धूम्रपान''

महोदय,

मैं आगरा निवासी आपके लोकप्रिय समाचार पत्र का ध्यान एक गंभीर समस्या की ओर आकर्षित कराना चाहता हूँ।

सरकार द्वारा बनाये गये पर्यावरण सुरक्षा संबंधी नियमों को ताक परखकर लोग लापरवाही का प्रदर्शन करते हुए अपने तथा औरों के स्वास्थ्य से खिलवाड़ कर रहे हैं।

लगभग सभी सार्वजनिक स्थलों पर धूम्रपान की समस्या बढ़ती जा रही है।

मेरा आपसे अनुरोध है कि जगह-जगह जागरूकता कार्यक्रम पुलिस की सहायता से चलाये जाएँ जिससे लोग प्रभावित होंगे, दूसरा न मानने वालों से भारी जुर्माना वसूला जाए। जिससे वह दुबारा यह गलती न करें। केवल होडिंग व बैनर लगाने से काम नहीं चलेगा। वातावरण में विभिन्न रोगों के उत्पन्न होने से सभी को खतरा होता है।

सभी सार्वजनिक स्थलों पर बहुत जरूरी है तो अलग से स्थान बनाए जाएँ जहाँ वातावरण को शुद्ध करने के उपकरण लगे हों।

इस प्रकार के छोटे-छोटे प्रयासों से बढ़ते प्रदूषण को रोका जा सकता है। मेरा आपसे अनुरोध है कि मेरे विचार को प्रकाशित करके संबंधित विभाग को जागरूक करें।

सधन्यवाद

प्रार्थी

आम नागरिक

18. **किसी बस-कंडक्टर की कर्तव्यनिष्ठा की सराहना करते हुए परिवहन विभाग के अध्यक्ष को पत्र लिखिए।**

सेवा में,

महाप्रबंधक

दिल्ली परिवहन निगम

काले खाँ, नई दिल्ली।

दिनांक—28 मई, 20XX

विषय—बस कंडक्टर की कर्तव्यनिष्ठा की सराहना हेतु पत्र।

महोदय,

मैं इस पत्र के माध्यम से आपका ध्यान आपके विभाग के एक साहसी तथा कर्तव्यनिष्ठ कर्मचारी बस कंडक्टर के व्यवहार की ओर आकर्षित कराना चाहता हूँ तथा आशा करता हूँ कि आप उस कर्मचारी को उचित पुरस्कार देकर सबके सामने सम्मानित करें। मैं दिनांक 18 मई को जनकपुरी से 336 रूट की बस नं. DL-JP-9762 में प्रात:काल 9.00 बजे चढ़ा। बस में बहुत भीड़ होने के कारण मैं अन्दर नहीं आ पाया। बस थोड़ी ही दूर पहुँची थी कि दो-तीन आदमी पीछे से चढ़े और तभी एक महिला की चैन तोड़कर चलती गाड़ी से कूद गए। महिला ने शोर मचाया। कंडक्टर श्री अमर किशोर ने बस रुकवाई और उसके पीछे भाग गया। उस व्यक्ति ने चाकू दिखाया, पर इसका अमर किशोर पर कोई प्रभाव नहीं पड़ा और उसने बहादुरी से उस आदमी को धर दबोचा एवं पुलिस के हवाले कर दिया। उस महिला की सोने की चैन सही सलामत वापस मिल गई। उस महिला ने उसे कुछ रुपये देने चाहे, तो उसने धन्यवाद बोलकर लौटा दिए। ऐसे कर्तव्यनिष्ठ एवं साहसी कर्मचारी बहुत कम देखने को मिलते हैं, जो अपनी जान जोखिम में डालकर दूसरों की सहायता करते हैं। अत: आपसे निवेदन है कि आप श्री अमर किशोर जिनका बैच नं. 96230 है, को सम्मानित करके अन्य कर्मचारियों के समक्ष उदाहरण प्रस्तुत करें।

भवदीय,

अनूप

314, जनकपुरी, नई दिल्ली।

19. **नगर में बढ़ती भीड़-भाड़ के कारण परिवहन की जटिल समस्या के हल के लिए सड़कों को और अधिक चौड़ा किए जाने की आवश्यकता पर बल देते हुए अपने राज्य के मुख्यमंत्री को लगभग 80-100 शब्दों में पत्र लिखिए।**

सेवा में,

माननीय मुख्यमंत्री

उत्तराखण्ड सरकार

देहरादून

महोदय,

सविनय निवेदन है कि देहरादून नगर, मसूरी जैसे पर्वतीय स्थल तथा हरिद्वार और ऋषिकेश जैसे तीर्थस्थलों के निकट होने के कारण सदा से

ही पर्यटकों के लिए आकर्षण का केंद्र रहा है। उत्तराखण्ड की राजधानी बनने के बाद से देहरादून नगर राजनैतिक गतिविधियों का केंद्र भी बन गया है। ऐसे में यहाँ के नागरिकों को नगर में बढ़ती भीड़-भाड़ के कारण परिवहन की जटिल समस्या का रोज सामना करना पड़ रहा है। सड़कों पर बढ़ती वाहनों की संख्या तथा अनियंत्रित चालन के कारण आए दिन दुर्घटनाएँ होती रहती हैं। किसी भी चौराहे को पैदल पार करना कठिन हो जाता है। परिवहन की समस्या के हल के लिए सड़कों को और अधिक चौड़ा किए जाने की आवश्यकता है। अत: मेरा आपसे अनुरोध है कि आप अपने अधीनस्थ अधिकारियों को आदेशित करें कि वे शीघ्रातिशीघ्र नगर के प्रमुख मार्गों के चौड़ीकरण के साथ-साथ सड़कों की उचित मरम्मत कराने की व्यवस्था करें।

सधन्यवाद

भवदीय

अ ब स

दिनांक—22-02-20XX

सुझाव पत्र

20. विद्यालय में दसवीं और बारहवीं कक्षा के अच्छे परिणामों पर प्रधानाचार्य को पत्र लिखकर सुझाइए कि उन्हें और अच्छा कैसे बनाया जा सकता है।

सेवा में,

प्रधानाचार्य जी

राजकीय माध्यमिक विद्यालय,

नेहरू मार्ग,

नई दिल्ली।

दिनांक—8 अक्टूबर, 20XX

विषय—अच्छे परिणाम हेतु सुझाव-पत्र।

महोदय,

विनम्र निवेदन है कि हमारा विद्यालय अपने क्षेत्र के विशेष विद्यालयों में गिना जाता है, शिक्षा का और अधिक विस्तार करने के लिए हमें हमारे विद्यालय में परिश्रमी एवं योग्य शिक्षकों को नियुक्त करना चाहिए जिससे शिक्षा व्यवस्था और अच्छी, सुव्यवस्थित एवं नियमित रूप से हो सके। जिससे कक्षा दसवीं एवं बारहवीं के परिणाम अच्छे आ सकेंगे तथा शिक्षकों द्वारा उन्हें नया मार्गदर्शन प्राप्त होगा जिसके कारण हमारे विद्यालय को ख्याति प्राप्त होगी। हमारा उद्देश्य विद्यार्थियों को उचित शिक्षा मुहैया करवाना है।

धन्यवाद

आपका आज्ञाकारी शिष्य

विनोद शर्मा

21. यातायात के नियमों के उल्लंघन करने वालों के विरुद्ध कड़ी कार्यवाई करने तथा दो अन्य सुझाव देते हुए यातायात पुलिस आयुक्त को लगभग 80-100 शब्दों में पत्र लिखिए।

सेवा में,

पुलिस आयुक्त

आगरा मंडल

आगरा

दिनांक—27-XX-20XX

विषय—यातायात के नियमों के उल्लंघन हेतु।

मैं आगरा विस्तार का निवासी हूँ। हमारे क्षेत्र में लगातार यातायात के नियमों का उल्लंघन हो रहा है। ऐसा लगता है कि कोई नियम ही नहीं है।

बिना हैलमेट के स्कूटर चलाना, दो के स्थान पर चार-चार लोगों को बिठाना, लाल बत्ती होते हुए भी नहीं रुकना। यातायात पुलिस मूक दर्शक बनी रहती है।

इतनी ज्यादा दुर्घटनाएँ हो रही हैं कि कोई बचाने वाला नहीं है।

कहाँ सो रही है हमारी यातायात पुलिस अगर यही हालात रहे तो हमारा क्षेत्र दुर्घटनाओं की श्रेणी में प्रथम होगा।

मेरा मानना है कि यदि पुलिस चाहे तो यह समस्या जल्द ही दूर हो सकती है, बिना स्वार्थ के चालान काटे जाएँ, प्यार व सख्ती दोनों से काम लिया जा सकता है। सतर्कता जरूरी है तो यह पुलिस कर सकती है।

यदि विभाग में पुलिसकर्मियों की कमी है, तो कॉलेज के युवाओं को अपने साथ जोड़ सकते हैं। इससे लोगों पर प्रभाव भी पड़ेगा और युवाओं में सही राह पर चलने का जोश भी आएगा। यातायात जागरूक सप्ताह शुरू करने से भी इस दशा में बहुत बदलाव आएगा।

आशा है इस दिशा में मेरे सुझाव व आपकी जागरूकता एवं कर्तव्यपरायणता से हम सब इस क्षेत्र में सुधार ला पाएँगे।

प्रार्थी

कुमार के

शिकायती पत्र

22. प्लास्टिक की चीजों से हो रही हानि के बारे में किसी समाचार पत्र के सम्पादक को पत्र लिखकर अपने सुझाव दीजिए।

सेवा में,

दैनिक हिन्दुस्तान

कानपुर

दिनांक—8 अगस्त, 20XX

विषय—प्लास्टिक की चीजों से हो रही हानि हेतु।

महोदय,

मैं आपके प्रतिष्ठित समाचार पत्र के माध्यम से समाज तथा सरकार का ध्यान प्लास्टिक की चीजों से हो रही हानि की तरफ आकर्षित कराना चाहता हूँ। आशा है कि आप मेरे विचारों को अपने समाचार-पत्र में स्थान देंगे ताकि इससे देश के नागरिक जागरूक हो जाएँ। प्लास्टिक की थैलियों का प्रयोग लोगों द्वारा धड़ल्ले से हो रहा है। थैलियाँ सस्ती, मजबूत, हल्की एवं सर्वसुलभ होने के कारण लोगों के बीच प्रयोग के

लिए सर्वाधिक प्रसिद्ध हैं। इन थैलियों का प्रभाव है कि लोग घर से थैले ले जाना, आवश्यक नहीं समझते हैं। जहाँ ये थैलियाँ खाद्य पदार्थों को दूषित करती हैं तो वहीं ये प्राकृतिक वातावरण के लिए अनुपयुक्त होती हैं। ये मिट्टी में रहकर नष्ट नहीं होती हैं एवं मृदा को भी प्रदूषित करती हैं। इन्हें जलाने से जहरीला धुआँ निकलता है जो मनुष्य और पर्यावरण दोनों के लिए बेहद हानिकारक होता है। नष्ट न होने के कारण ये थैलियाँ नालियों तथा नालों में पानी के बहाव को कम करती हैं। ये थैलियाँ जानवरों के लिए भी जानलेवा साबित होती हैं। इनके प्रयोग एवं क्रय-विक्रय पर कानूनी रोक लगाने की आवश्यकता है।

अतः आपसे प्रार्थना है कि आप अपने समाचार पत्र में इस पत्र को स्थान देने का कष्ट करें। जिससे लोगों में प्लास्टिक से होने वाली हानियों के प्रति जागरूकता बढ़ेगी।

धन्यवाद।

भवदीय

अंजलि,

122, जयपुर हाउस,

आगरा

---

23. इलेक्ट्रोनिक एवं प्रिंट मीडिया द्वारा आपने किसानों की स्थिति के बारे में बहुत कुछ सुना, देखा और पढ़ा होगा। एक सुदृढ़ कृषि व्यवस्था के लिए आप अपने सुझाव देते हुए अखबार के सम्पादक को पत्र लिखिए।

सेवा में,

संपादक महोदय

अमर उजाला

आगरा

26 अक्टूबर, 20XX

महोदय,

मैं आपके समाचार-पत्र के माध्यम से एक सुदृढ़ कृषि व्यवस्था हेतु अपने सुझाव देना चाहती हूँ जो खेतों में किसानों के लिए महत्वपूर्ण सिद्ध हो सकते हैं।

भारत एक कृषि-प्रधान देश है। भारत की कृषि व्यवस्था तथा अर्थव्यवस्था की रीढ़ कहा जाने वाला किसान ही आज सुखी नहीं है। कभी जल-प्लावन तथा कभी सूखे की मार झेलने वाला किसान शोषण का शिकार होकर आत्महत्या करने पर उतारू हो जाता है। यह भारत के लिए बड़े दुर्भाग्य की बात है। सरकार को किसानों को ऐसे संकटों से बचाने के स्थायी उपाय करने चाहिए। उनको सस्ता ऋण दिया जाये। पुराने ऋण को माफ किया जाये तथा उनकी फसलों का बीमा कराया जाये, जिससे आपातकाल में उन्हें कुछ मदद मिल सके। किसानों से भी मेरा अनुरोध है कि वे नये संसाधनों के द्वारा खेती करके अधिक-से-अधिक अन्न उगाकर देश को समृद्ध करने में अपना योगदान दें, जिससे वास्तव में अपना भारत महान् कहलाये।

आपसे विनम्र अनुरोध है कि इन सुझावों को समाचार-पत्र में स्थान दें।

भवदीय

दृष्टि कुलश्रेष्ठ

आगरा

अनौपचारिक पत्र का प्रारूप

48, पालिका बाजार

कोलकाता

दिनांक—12 सितम्बर, 20XX

आदरणीय भाई साहब,

सादर प्रणाम !

कल शाम की डाक से आपका पत्र मिला। हम लोग यहाँ सकुशल हैं। आशा है कि आप भी कुशलपूर्वक होंगे। मेरी पढ़ाई ठीक चल रही है। आज मैं ....

आदरणीया भाभीजी को मेरा प्रणाम तथा मेघा को स्नेह !

आपका रवि

क ख ग

अनौपचारिक पत्रों के प्रकार

अनौपचारिक पत्रों को व्यक्तिगत पत्र भी कहा जाता है। इनके निम्नलिखित प्रकार हो सकते हैं—

- शुभकामना पत्र
- बधाई पत्र
- आभार प्रदर्शन पत्र या धन्यवाद पत्र
- निमन्त्रण पत्र
- निवेदन या प्रार्थना पत्र
- अनुमति पत्र
- क्षमायाचना एवं आश्वासन पत्र
- संवेदना/सांत्वना/सहानुभूति पत्र
- सुझाव/सलाह पत्र
- नाराजगी तथा खेद पत्र
- सूचना, वर्णन आदि पत्र।

उपर्युक्त सभी प्रकारों के पत्रों के नमूने नीचे दिए जा रहे हैं।

2. अनौपचारिक पत्र
सुझाव पत्र/सलाह पत्र

1. आधुनिक संचार साधनों की जानकारी देते हुए मित्र को पत्र लिखिए।

परीक्षा भवन

नई दिल्ली

7 सितम्बर, 20XX

प्रिय सखी सुहाना,

कल तुम्हारा पत्र मिला। तुम स्वस्थ एवं प्रसन्न हो यह जानकार बहुत प्रसन्नता हुई। मैं यहाँ सकुशल हूँ। पत्र के माध्यम से मैं तुम्हें आज के दौर में नए संचार साधनों की जानकारी दे रही हूँ। सुहाना, तुम्हें तो पता ही है कि हम अब 21वीं सदी में हैं और इस सदी में नित नए आविष्कार हो रहे हैं। तुम्हें तो पता ही होगा पहले लोग अपने संदेशों को कबूतरों के माध्यम से भेजते थे पर अब यह संचार की गति में इतनी गति आ गई कि अब इनका स्थान डाकघरों, टेलीफोनों एवं मोबाइल फोन ने ले लिया है। कम्प्यूटर और इंटरनेट ने संचार साधनों को नई दिशा दी है। इन संचार साधनों द्वारा हमारी जानकारी भी बढ़ रही है, परन्तु फिर भी हमें इन साधनों का सोच-समझकर प्रयोग करना चाहिए। इंटरनेट से लाभ होने के साथ-साथ हानियाँ भी उतनी ही हैं इसलिए इन साधनों के प्रयोग के समय विशेषकर बच्चों पर सख्त निगरानी बरतनी चाहिए। अपने माता-पिता को मेरा प्रणाम और सुजल को स्नेह कहना। शेष अगले पत्र में।

तुम्हारी मित्र

निशा

2. अपने छोटे भाई को पत्र लिखिए जिसमें उसे व्यायाम का महत्त्व बताया गया हो।

परीक्षा भवन

नई दिल्ली

दिनांक—26 अक्टूबर, 20XX

प्रिय राजा,

चिरंजीवी भव।

कल पिताजी का पत्र आया था। उन्होंने तुम्हारे स्वास्थ्य के बारे में लिखा था कि तुम कुछ दिनों से अस्वस्थ हो। परीक्षा में भी तुम्हारे अंक कम आए हैं।

देखो राजा, स्वास्थ्य के बिना इस संसार में कुछ नहीं है। अंग्रेजी में एक कहावत है—

If wealth is lost nothing is lost,

If heatlh is lost something is lost,

If character is lost everything is lost.

स्वस्थ व्यक्ति ही संसार के सभी सुखों का भोग कर सकता है। परन्तु अस्वस्थ व्यक्ति के लिए सब कुछ बेकार है। स्वस्थ शरीर में स्वस्थ मस्तिष्क का विकास होता है। सभी काम चुस्ती-फुर्ती से हो सकते हैं। अस्वस्थता भी एक अभिशाप है। शरीर को शक्ति सम्पन्न बनाने के लिए तुम्हें व्यायाम का सहारा लेना होगा। व्यायाम करने से शरीर के अंग पुष्ट होते हैं। सहनशक्ति में वृद्धि होती है। रक्त का संचार ठीक प्रकार से होता है। यदि तुम नियम से व्यायाम करोगे तो कभी बीमार नहीं पड़ोगे।

अगले पत्र में अपनी दिनचर्या अवश्य लिखना। मेरे पत्र पर भी अमल करना न भूलना। माताजी व पिताजी को प्रणाम।

तुम्हारा भाई

साहिल

3. वाद-विवाद प्रतियोगिता में प्रथम आने की सूचना देते हुए माताजी को पत्र लिखिए।

दयानंद छात्रावास,

रोहतक, हरियाणा।

दिनांक—10 अगस्त, 20...

पूज्य माताजी,

सादर चरण स्पर्श।

मैं स्वयं कुशल रहकर आशा करता हूँ कि आप भी सकुशल होंगी। मैं ईश्वर से भी यही कामना करता हूँ। माताजी, इस पत्र के माध्यम से मैं आपको एक अच्छी बात बताना चाहता हूँ। पिछले सप्ताह हमारे विद्यालय में वाद-विवाद प्रतियोगिता आयोजित की गई थी, जिसका विषय था 'नारी शिक्षा की आवश्यकता'। 'जोनल –लेवल' पर आए बीस प्रतियोगियों के बीच मैंने इसके समर्थन में अपना पक्ष रखा। मेरे तर्कों और वाक्-कौशल के आधार पर मुझे प्रथम स्थान दिया गया। मेरी इस सफलता में आपका अमूल्य योगदान है।

पूज्य पिताजी एवं आपको पुन: चरण स्पर्श तथा शैली को स्नेह।

आपका प्रिय पुत्र

संयोग।

4. वाद-विवाद प्रतियोगिता में पहली बार भाग लेने तथा पुरस्कार पाने का अनुभव बताते हुए अपने मित्र को लगभग 80-100 शब्दों में पत्र लिखिए।

मकान संख्या-12

साकेत कॉलोनी

नई दिल्ली

दिनांक: 11-02-20XX

प्रिय मित्र आशीष,

सप्रेम नमस्कार।

आशा है कि तुम कुशलपूर्वक होंगे। मैं भी यहाँ सानंद हूँ। जैसा कि तुम्हें पता है कि मैंने इस वर्ष नए विद्यालय में प्रवेश लिया है। यहाँ शिक्षण के साथ-साथ पाठ्य सहगामी गतिविधियाँ भी होती हैं। मैंने भी पहली बार हिंदी वाद-विवाद प्रतियोगिता में भाग लिया था। यद्यपि मैंने इसके लिए बहुत परिश्रम और अभ्यास किया था, किंतु मंच पर जाने से पूर्व मुझे बहुत घबराहट हो रही थी। तुम्हें यह जानकार खुशी होगी कि इस प्रतियोगिता में मुझे प्रथम स्थान प्राप्त हुआ है। प्राचार्य महोदय से प्रथम पुरस्कार प्राप्त करते समय मेरी खुशी का ठिकाना न रहा। मेरे माता-पिता को भी मेरी इस उपलब्धि पर बहुत खुशी हुई।

तुम भी अपने विद्यालय की गतिविधियों के विषय में मुझे लिखना। अपने माता-पिता को मेरा सादर प्रणाम और छोटी बहन को सस्नेह आशीर्वाद कहना।

तुम्हारा मित्र

अ ब स

शुभकामना पत्र

5. अपने मित्र को पत्र लिखिए, जिसमें विदेश जाने पर मंगलकामना का वर्णन हो।

परीक्षा भवन

नई दिल्ली

दिनांक—4 जनवरी, 20XX

प्रिय नीरज

सस्नेह नमस्ते,

अभी-अभी तुम्हारा पत्र प्राप्त हुआ। यह जानकर अत्यंत प्रसन्नता हुई कि तुम्हें इंग्लैण्ड में इन्जीनियरिंग के लिए चुन लिया गया है। मित्र ! उन्नति का अवसर मिलना आसान नहीं होता, ये सब तुम्हारे परिश्रम का ही फल है। अब इस सुनहरे अवसर का लाभ उठाकर आगे बढ़ो, सफलता तुम्हारे कदम चूमेगी।

मित्र ! तुम्हारे प्रगतिशील कदम आगे ही बढ़ते रहे, यह मेरी शुभकामना है। मुझसे दूर जा रहे हो, इसका दुःख भी है, परन्तु प्रसन्नता इस बात की है कि लौटकर योग्य बनकर आओगे। यहाँ हम साथ-साथ पढ़ते थे, लेकिन अब दूरी काफी बढ़ जाएगी। पत्र द्वारा हमेशा सम्पर्क बनाए रखना। तुम्हारी विदेश यात्रा मंगलमय हो।

माताजी एवं पिताजी को प्रणाम, अनुराधा को प्यार देना।

तुम्हारा अभिन्न मित्र

श्याम

बधाई पत्र

6. अपनी दादी की चित्र-प्रदर्शनी पर अपनी प्रतिक्रिया लिखते हुए बधाई-पत्र लिखिए।

67-ए, मोहन नगर

नई दिल्ली

दिनांक—8 अगस्त, 20XX

पूज्यनीय दादी जी,

सादर चरण स्पर्श।

आशा करती हूँ कि आप कुशलता से होंगी। आपके द्वारा जो प्रदर्शनी लगाई गई थी, वो मुझे बहुत पसन्द आई है। आपने जिन चित्रों का प्रयोग प्रदर्शनी में किया था वे बहुत ही आकर्षक एवं मनमोहक थे। दर्शकों द्वारा उनकी बहुत प्रशंसा की गयी थी। परिवार के सभी सदस्यों द्वारा भी उसकी सराहना की गई।

सभी लोगों ने आपकी प्रदर्शनी के सफल आयोजन के लिए आपको बधाई दी है। साथ ही ईश्वर से प्रार्थना करते हैं कि ऐसे ही आपका भविष्य और उज्ज्वल हो।

आपको तथा अन्य सभी को मेरा सादर चरण स्पर्श।

आपकी प्यारी पोती

अनिता

7. आपकी बड़ी बहन को चिकित्सा महाविद्यालय में प्रवेश प्राप्त हो गया है। इस सफलता के लिए बधाई-पत्र लगभग 80-100 शब्दों में लिखिए।

आगरा कैंट

उत्तर प्रदेश

दिनांक—27-XX-20XX

प्रिय दीदी,

दीदी यहाँ पर सब ठीक है, आशा करती हूँ कि तुम भी कुशल होगी। दीदी मैं अपनी भावना को व्यक्त नहीं कर सकती। इतनी खुशी है कि तुम्हारा प्रवेश इस नामी (प्रतिष्ठित) महाविद्यालय में हो गया है।

दीदी मैं छोटी हूँ, ज्यादा जानकारी तो नहीं, लेकिन पापा ने मुझे सब कुछ बताया।

इस महाविद्यालय से डॉ. बनकर बाहर निकलना, हमारे परिवार के लिए गर्व की बात है।

चिकित्सक बनना वैसे भी समाज व देश की सेवा करने जैसा है और तुम जैसी प्रतिभाशाली चिकित्सक की तो हमारे देश में बहुत जरूरत है। हम सपरिवार ईश्वर से कामना करते हैं कि तुम अपना कोर्स पूरा करके परिवार व देश का नाम रोशन करोगी, हम सबको आपकी सफलता का इन्तजार रहेगा।

आपकी बहन

अ ब स

सूचना/वर्णन पत्र

8. हाल में देखे हुए किसी नाटक की समीक्षा करते हुए अपने मित्र को पत्र लिखिए।

आदर्श नगर

जयपुर

दिनांक—2 सितम्बर, 20XX

प्रिय मित्र,

कैसे हो ? आशा करता हूँ कि कुशलतापूर्वक होगे। मैं भी अच्छ हूँ। बहुत दिनों से तुम्हारे कोई समाचार प्राप्त नहीं हुए।

मैंने अभी हाल ही में कन्या भ्रूण हत्या पर आधारित एक नाटक देखा, जिसकी कहानी मेरे हृदय को अन्दर तक झकझोर गई कि कैसे संकीर्ण मानसिकता वाले व्यक्ति एक कन्या का जन्म होना अभिशाप मानते हैं। उसके दुनिया में आने से पूर्व ही उसकी हत्या कर देते हैं। अगर सभी इस प्रकार करने लग जायेंगे तो लड़का-लड़की का अनुपात बिगड़ जाएगा। यदि ऐसा हुआ तो आने वाले समय में विवाह के लिए लड़कियों की संख्या कम होगी बजाय लड़कों के। वे लोग ये कैसे भूल जाते हैं, कि हमें जन्म देने वाली भी एक स्त्री है। मुझे इस तरह की सोच रखने वालों पर बहुत तरस आता है, साथ ही गुस्सा भी बहुत आता है। हमें अपने आस-पास कन्या भ्रूण हत्या जैसे जघन्य कुकृत्यों को रोकना होगा तथा उनकी इस सोच को भी बदलना होगा कि बेटे के बराबर आजकल बेटियाँ भी हैं। उनको बताना होगा कि प्रत्येक क्षेत्र में बेटी बेटे से आगे हैं। अंकल, आँटी को मेरा प्रणाम कहना।

तुम्हारा प्रिय मित्र

निखिल

9. अपने विद्यालय में हुए संगीत समारोह पर टिप्पणी करते हुए माँ को पत्र लिखिए।

परीक्षा भवन

सेंट जॉन्स स्कूल

आगरा

दिनांक—15 अगस्त, 20XX

आदरणीय माता जी,

सादर प्रणाम,

मैं पिछले कई दिनों से स्कूल के संगीत समारोह की तैयारी में व्यस्त थी। इस कारण आपको पत्र न लिख सकी। संगीत समारोह के लिए विद्यालय को अच्छी तरह सजाया गया। समारोह विद्यालय प्रांगण में हुआ। इस अवसर पर प्रसिद्ध संगीतकार ए. आर. रहमान जी मुख्य अतिथि बने। वे जैसे ही विद्यालय के प्रवेश द्वार पर आए उन पर फूलों की वर्षा होने लगी तथा विद्यालय प्राचार्या ने उनका माल्यार्पण कर स्वागत किया। हमारे विद्यालय की छात्राओं द्वारा सरस्वती वंदना प्रस्तुत की गई। इसके पश्चात् एक के बाद एक सांस्कृतिक कार्यक्रमों की झाँकियाँ प्रस्तुत की गईं। राजस्थानी नृत्य एवं गीत ने तो आगंतुकों को मन्त्र-मुग्ध कर दिया। कार्यक्रम के अन्त में विद्यालय प्राचार्या ने उपस्थित मुख्य अतिथि एवं उपस्थित अभिभावकों को सहर्ष धन्यवाद दिया। साथ ही बच्चों के उज्ज्वल भविष्य की कामना भी की। सबको शुभाशीष रहे इसकी कामना करती हूँ कहकर कार्यक्रम का समापन किया।

मेरी पढ़ाई ठीक चल रही है। मीनाक्षी को स्नेह आपका और पिताजी का स्वास्थ्य ठीक ही होगा। उनको मेरा प्रणाम कहना।

आपकी पुत्री

शालिनी

बधाई पत्र

10. पी. वी. सिंधु को पत्र लिखकर रियो ओलंपिक में उसके शानदार खेल के लिए बधाई दीजिए और उनके खेल के बारे में अपनी राय लिखिए।

58/19

अलकापुरी

दिल्ली

दिनांक—8 अगस्त, 20XX

प्रिय पी. वी. सिंधु

सस्नेह नमस्कार,

कल आपका टी. वी. पर प्रदर्शन देखा। उसे देखकर मुझे बहुत गर्व हुआ। आपने ओलम्पिक में रजत पदक प्राप्त करके भारत का नाम रोशन किया है। आपकी यह सफलता प्रशंसा के योग्य है। ओलम्पिक में रजत पदक पाना बड़े सम्मान की बात है।

यह देखकर मुझे बहुत गर्व महसूस हो रहा है कि आपने अपने माता-पिता का ही नहीं अपितु पूरे देश का नाम विश्व में रोशन किया है। आप बहुत अच्छी खिलाड़ी हैं।

आपके परिश्रम एवं प्रतिभा को देखकर मुझे पूर्ण विश्वास हो गया है कि आप एक-न-एक दिन स्वर्ण पदक भी प्राप्त करेंगी। ईश्वर से प्रार्थना है कि आप भविष्य में इसी प्रकार की सफलता प्राप्त कर जीवन के पथ पर आगे बढ़ती जाए। अंत में मेरी ओर से एक बार पुन: आपको इस सफलता के लिए हार्दिक बधाई।

आपकी प्रशंसिका

अ–ब–स

सुझाव/सलाह पत्र

11. अपनी बहन को पत्र लिखकर योगासन करने के लिए प्रेरित कीजिए।

बी/24, गौतम नगर

नई दिल्ली

दिनांक—11 मार्च, 20XX

प्रिय बहन,

सस्नेह।

अभी-अभी मुझे पिताजी का पत्र प्राप्त हुआ, उससे घर के समाचार ज्ञात हुए। साथ ही यह पता चला कि तुम्हारा स्वास्थ्य ठीक नहीं है। अपने स्वास्थ्य का ध्यान रखा करो। ये तो तुमको पता ही है कि पहला सुख निरोगी काया। इसके लिए तुमको नियमित रूप से योगासन करना चाहिए। भागदौड़ की जिंदगी में सभी बहुत व्यस्त हो गए हैं, उनको अपने स्वास्थ्य का भी ध्यान नहीं रहता। जो व्यक्ति अपने शरीर की उपेक्षा करता है। वह जल्दी ही बूढ़ा हो जाता है। इसलिए तुमको मैं यही सलाह दूँगा कि तुम नियमित रूप से योग करो जिससे तुम्हारा शरीर चुस्त एवं फुर्तीला हो जाएगा। इससे तुम्हारे शरीर में बीमारियों से लड़ने की क्षमता बढ़ जाएगी। स्वयं को हर वक्त तरो-ताजा महसूस करोगी। साथ ही कोई बीमारी तुमको छू भी नहीं पायेगी।

आशा करता हूँ कि तुम मेरी सलाह को मानोगी तथा उसका अपने जीवन में पालन करोगी। मुझे पूर्ण विश्वास है कि तुम पूर्णत: स्वस्थ हो जाओगी।

तुम्हारा भाई

रवि

12. आपके छोटे भाई/बहन ने एक आवासीय विद्यालय में एक मास पूर्व ही प्रवेश लिया है। उसको मित्रों के चुनाव में सावधानी बरतने के लिए समझाते हुए 80-100 शब्दों में एक पत्र लिखिए।

प्रेषक

क ख ग नगर

मध्य प्रदेश

दिनांक—27-XX-20XX

प्रिय अनुज,

तुम कैसे हो? ईश्वर से तुम्हारी स्वास्थ्य व सुखद भविष्य की कामना करते हैं।

प्रिय पिताजी ने तुम्हारे सुनहरे भविष्य के लिए इस आवासीय विद्यालय में प्रवेश दिलाया है।

आशा करता हूँ कि तुम जल्दी ही इस माहौल में ढल जाओगे।

एक महत्त्वपूर्ण बात बताना चाहता हूँ कि विद्यार्थी जीवन में अकेले नहीं जिया जा सकता है। प्रिय दोस्त, इसका महत्त्वपूर्ण हिस्सा है। दोस्त जीवन का अहम् हिस्सा है लेकिन उसे चुनने के लिए बहुत सावधानियाँ रखनी होंगी।

तुमको भी दोस्त बनाने से पहले उसे पूरी तरह परख लेना होगा तभी उसे अपना मित्र बनाना।

उसके साथ समय बिताना, उसे समझने की कोशिश करना, अपनी बात भी पूरी बताना तभी मेल हो पाएगा।

जीवन में यह सब समझाना जरूरी है। यहाँ सब ठीक है तुम अपना ध्यान रखना।

तुम्हारा

अग्रज

क्षमायाचना व आश्वासन पत्र

13. आपकी अपने प्रिय मित्र से किसी बात पर अनबन हो गई थी, किन्तु अब आपको अपनी गलती का एहसास हो गया है। अतः उसे मनाने के लिए पत्र लिखिए।

5, अलकापुरी

लखनऊ (यू. पी.)

दिनांक—20 मार्च, 20XX

प्रिय मित्र सुरेश,

सप्रेम नमस्कार !

मैं यहाँ अपने परिवार के साथ सकुशल हूँ और आशा करती हूँ कि तुम भी अपने परिवारीजन के साथ कुशलतापूर्वक होंगे। आप मेरे यहाँ वैवाहिक कार्यक्रम में नहीं आ पाए। इसके लिए मैंने आपसे अपशब्द कह दिए थे। किन्तु थोड़ी देर पश्चात् मैंने इस बात पर विचार किया कि हो सकता है कि इसके पीछे कोई-न-कोई कारण रहा होगा, जिससे आप सभी न आ सके। मुझे मेरी गलती का एहसास हो गया है। इस गलती के लिए आप सभी को क्षमा कर देंगे, ऐसी मेरी आशा है।

चाचाजी एवं चाचीजी को सादर नमस्ते तथा छोटी को स्नेह।

आपकी मित्र

नेहा

14. अनजाने में हुई भूल के लिए क्षमा माँगते हुए पिताजी को पत्र लिखिए।

51/214, गाँधीनगर

कोलकाता

दिनांक—10 फरवरी, 20XX

आदरणीय पिताजी,

सादर प्रणाम !

मुझे आपको यह बताते हुए बहुत खेद हो रहा है कि मैं परीक्षा में नकल करते हुए पकड़ा गया, जिसके कारण विद्यालय प्राचार्य ने मुझे बहुत डाँटा और अपने माता-पिता के साथ विद्यालय आने को कहा। मैंने

अपनी गलती के लिए उनसे माफी माँगी तथा उन्होंने माफ भी कर दिया। इससे आपकी बहुत बदनामी हुई। मुझे ऐसा नहीं करना चाहिए था।

अतः आपसे क्षमा याचना करता हूँ। मैं आपको विश्वास दिलाता हूँ कि भविष्य में इसकी पुनरावृत्ति नहीं होगी।

आपका आज्ञाकारी बेटा

अंकुर

संवेदना/सांत्वना/सहानुभूति पत्र

15. आपके मित्र के पिता के सीमा पर शहीद हो जाने का समाचार प्राप्त होने पर अपनी भावनाएँ व्यक्त करते हुए मित्र को संवेदना पत्र लिखिए।

34/160, लक्ष्मीनगर

जयपुर

दिनांक—11 फरवरी, 20XX

प्रिय मित्र राम,

कल ही तुम्हारे पिता के सीमा पर शहीद हो जाने का समाचार प्राप्त हुआ, जिसे सुनकर मुझे बहुत दुःख हुआ। मैं पिछली बार जब तुम्हारे घर आया था, तब उनसे मिला था। तुम्हारे पिता एक बहादुर सैनिक थे जिन्होंने अपने प्राणों की परवाह न करते हुए आतंकवादियों को मार गिराया तथा स्वयं इस देश के लिए शहीद हो गए। इस दुःखद समाचार पर मुझे विश्वास नहीं हो रहा है। ईश्वर के आगे किसी की नहीं चलती है। हमारे जीवन की डोर उसके हाथों में है। पिताजी के आकस्मिक निधन से पूरे परिवार पर विपत्ति का पहाड़ टूट पड़ा है तथा परिवार की जिम्मेदारी अब तुम पर आ गई है। तुम अपनी माँ तथा भाई को धीरज बँधाना साथ ही स्वयं भी धैर्य के साथ रहना।

मेरी ईश्वर से यह प्रार्थना है कि वह तुम्हें तथा तुम्हारे पूरे परिवार को दुःख की इस घड़ी में ताकत प्रदान करे। अंत में ईश्वर से प्रार्थना करता हूँ कि वह दिवंगत आत्मा को शांति प्रदान करे।

तुम्हारा मित्र

राजेश

16. आपके छोटे भाई/बहन ने एक आवासीय विद्यालय में एक मास पूर्व ही प्रवेश लिया है। उसको मित्रों के चुनाव में सावधानी बरतने के लिए समझाते हुए एक पत्र 80-100 शब्दों में लिखिए।

प्रेषक

क ख ग नगर

मध्य प्रदेश

दिनांक—27-XX-20XX

प्रिय अनुज,

तुम कैसे हो? ईश्वर से तुम्हारे स्वास्थ्य व सुखद भविष्य की कामना करते हैं।

प्रिय पिताजी ने तुम्हारे सुनहरे भविष्य के लिए इस आवासीय विद्यालय में प्रवेश दिलाया है।

आशा करता हूँ कि तुम जल्दी ही इस माहौल में ढल जाओगे।

एक महत्वपूर्ण बात बताना चाहता हूँ कि विद्यार्थी जीवन में अकेले नहीं जिया जा सकता। मित्र, इसका महत्वपूर्ण हिस्सा है।

दोस्त जीवन का अहम् हिस्सा है लेकिन उसे चुनने के लिए बहुत सावधानियाँ रखनी होंगी।

तुमको भी दोस्त बनाने से पहले उसे पूरी तरह परख लेना होगा तभी उसे अपना मित्र बनाना।

उसके साथ समय बिताना, उसे समझने की कोशिश करना, अपनी बात भी पूरी बताना तभी मेल हो पाएगा।

जीवन में यह सब समझना जरूरी है। यहाँ सब ठीक है तुम अपना ध्यान रखना।

तुम्हारा

अग्रज

17. आपका छोटा भाई अनुराग परीक्षा में नकल करता पकड़ा गया, जिसके लिए उसे दंडित किया गया। उसे समझाते हुए लगभग 80-100 शब्दों में पत्र लिखिए।

प्रेषक

अ ब स नगर

आगरा

दिनांक—27-XX-20XX

प्रिय भाई अनुज,

हम सब यहाँ ठीक हैं, आशा करता हूँ तुम कुशलता से होंगे।

भाई मुझे तुम्हारे प्राचार्य का पत्र प्राप्त हुआ, एक पल पढ़कर झटका लगा, लेकिन सँभल कर उसे समझा मैं अपने भाई को बहुत अच्छे से जानता हूँ, तुमसे गलती अवश्य हुई है परंतु तुम उसे अवश्य ही सुधार लोगे।

भाई पढ़ाई किसी के सहारे नहीं पढ़ी जाती खासकर इन चंद कागज के टुकड़ों पर आधारित होकर, यह तभी होता है जब व्यक्ति अपना आत्मविश्वास खो देता है। भाई भविष्य में कभी ऐसा नहीं होने देना, अपने पर विश्वास रखो, पढ़ाई में मन लगाओ, यह सोचो मेरे से अच्छा कोई नहीं, जैसे अंग्रेजी में कहा जाता है। ''आइ एम द बैस्ट''।

अपना विश्वास कभी नहीं खोना, अपनी गलती से सीखने की कोशिश करना, सब ठीक होगा।

मेरी तुम्हारे प्राचार्य से बात हो गई है, दंड जरूरी है लेकिन हारना नहीं, हम सब तुम्हारे साथ हैं।

आगे भविष्य में ऐसी गलती नहीं करोगे, मुझे तुम पर पूरा विश्वास है।

तुम्हारा

अग्रज

अनौपचारिक एवं औपचारिक पत्रों का अभ्यास

1. रोजगार समाचार-पत्र पढ़कर पता चला कि शिक्षक के पद रिक्त हैं। आप शिक्षा अधिकारी को शिक्षक-पद हेतु आवेदन-पत्र लिखिए।

सेवा में,

शिक्षा अधिकारी

शिक्षा निदेशालय

नई दिल्ली

दिनांक ....

विषय—शिक्षक पद हेतु आवेदन पत्र।

माननीय महोदय

दिनांक .... के रोजगार समाचार से ....

....

....

....

....

....

शैक्षणिक योग्यता

....

....

....

....

....

आशा है, आप मुझे साक्षात्कार का अवसर अवश्य देंगे।

धन्यवाद

आवेदक

....

....

संलग्न प्रतियाँ

.... , ... ,

.... ।

2. अपने जन्मदिन पर अपने मामा जी द्वारा भेजे गए उपहार के लिए धन्यवाद-पत्र लिखिए।

दिनांक ....

स्थान ....

....

....

....

....

....

....

....

....
....
....
....
....

3. विदेश में रहने वाले अपने मित्र को पत्र लिखकर भारतीय त्योहार के बारे में लिखिए।

दिनांक ....
स्थान ....
....

प्रिय, ...
....
....
....
....
....
....

4. आदर्श महिला मोर्चा नामक संगठन ने महिलाओं के उत्थान के लिए सराहनीय कार्य किया है। इस संगठन की संचालिका की प्रशंसा करते हुए जिलाधिकारी महोदय को पत्र लिखिए तथा उन्हें पुरस्कृत किए जाने का भी अनुरोध कीजिए।

सेवा में,
जिलाधिकारी महोदय
लाजपत नगर, दिल्ली
दिनांक ....
विषय—उत्कृष्ट कार्य के लिए पुरस्कृत करने का अनुरोध।
महोदय,
....
....
....
....
....
....
....
....
....
....

....
....
सधन्यवाद
....
....

5. निकट के थाना प्रभारी को पत्र लिखकर रात्रि में गश्त बढ़ाने का अनुरोध कीजिए।

सेवा में,
....
....

विषय— ....
महोदय,
....
....
....
....
....
....
....
....
....
....
....
....

भवदीय
....
....

दिनांक ....
स्थान ....

6. आपके मित्र ने राष्ट्रीय स्तर पर ऊँची कूद में स्वर्ण पदक प्राप्त किया है। उसे बधाई पत्र लिखिए।

....
....

दिनांक ....
प्रिय ....
....
....
....
....
....

सधन्यवाद

....
....
....
....
....
....
....
....
....
....

....

....

7. विद्यालयों में नैतिक-शिक्षा का महत्त्व बताते हुए किसी समाचार-पत्र के सम्पादक को पत्र लिखिए।

सेवा में,

....

....

विषय— ....

महोदय,

....
....
....
....
....
....
....
....
....
....
....
....

सधन्यवाद

भवदीय

....

....

दिनांक ....

स्थान

8. अपने प्रिय मित्र को पत्र लिखकर धन्यवाद दीजिए कि उसने किस तरह आपका साथ दिया था।

....

....

दिनांक ....

....

प्रिय ....

....
....
....
....
....
....
....
....
....
....
....

....

....

9. आप ज्वर से पीड़ित हैं, जिस कारण विद्यालय जाने में असमर्थ हैं, अवकाश प्राप्ति हेतु प्रधानाचार्य को पत्र लिखिए।

सेवा में,

....

....

दिनांक ....

विषय— ....

....
....
....
....

....

....

....

....

....

....

....

....

....

तुम्हारा मित्र

....

....

10. समुद्री तूफान से पीड़ित अपने मित्र को पत्र लिखकर उसके मृत बंधुजनों के लिए शोक प्रकट कीजिए एवं सांत्वना पत्र लिखिये।

....

....

प्रिय ....

....

....

....

....

....

....

....

....

अभ्यास प्रश्न

1. कक्षा की कठिनाई के सम्बन्ध में अपनी प्रधानाचार्या जी को प्रार्थना-पत्र लिखिए।

2. मनीआर्डर गुम हो जाने की शिकायत करते हुए पोस्टमास्टर को पत्र लिखिए।

3. अपने छोटे भाई को पत्र लिखकर कुसंगति से बचने की शिक्षा दें।

4. अपने विद्यालय के प्रधानाचार्य को पत्र लिखकर छात्रवृत्ति का अनुरोध करें एवं अपनी आर्थिक स्थिति स्पष्ट करें।

5. अपनी दादी की चित्र-प्रदर्शनी पर अपनी प्रतिक्रिया लिखते हुए उन्हें बधाई-पत्र लिखिए।

6. बढ़ते प्रदूषण की रोकथाम के लिए स्वास्थ्य अधिकारी को पत्र लिखिए।

7. किसी महिला के साथ अभद्र व्यवहार को रोकने के लिए बस कंडक्टर के साहस व कर्तव्यपरायणता की प्रशंसा करते हुए परिवहन विभाग को पत्र लिखिए।

8. अपने रूठे हुए मित्र को मनाने के लिए, पश्चाताप की भावना जाग्रत होने के लिए पत्र लिखिए।

9. किसी दैनिक पत्र के सम्पादक को पत्र लिखिए, जिसमें सड़कों की दयनीय दशा के कारण सामान्य नागरिकों की कठिनाइयों का वर्णन किया गया हो।

10. अपने राज्य के परिवहन-प्रबंधक को एक पत्र लिखिए, जिसमें आपकी बस्ती तक नया बस-मार्ग आरम्भ कराने का अनुरोध हो।

❑❑

विज्ञापन लेखन

आज सूचना व प्रौद्योगिक विकास के कारण 'विज्ञापन' अपने आप में एक ऐसा सशक्त माध्यम बन चुका है जिसने पूरे बाजार को अपने वश में कर लिया है। आज विज्ञापन लेखन का कार्य एक व्यवसाय के रूप में उभर चुका है एवं दिन-प्रतिदिन विभिन्न सम्भावनाओं के द्वार खोल रहा है।

विज्ञापन के निम्न उद्देश्य हैं—

☞ नवीन उत्पादों को जन-जन तक पहुँचाना।

☞ उत्पाद के प्रति जनता को आकर्षित करना।

☞ उपभोक्ताओं के मन में अमुक वस्तु के लिए लालसा पैदा करना, लुभाना, रुचि एवं ऐसा विश्वास जगाना कि उसकी आवश्यकता है।

☞ अमुक वस्तु के प्रति आकर्षित कर माँग बढ़ाना।

☞ वस्तु को खरीदने के लिए प्रेरित करना।

विज्ञापन लेखन की विशेषताएँ

(i) विज्ञापन लिखने के कई ढंग हैं—परन्तु आपको बैनर के अनुसार ही लिखना चाहिए जैसे चारों ओर रेखा खींचकर साथ ही विज्ञापन की वस्तु के प्रति पूरी जानकारी होनी चाहिए।

(ii) विज्ञापन की भाषा पूर्ण एवं सरल होनी चाहिए जिससे हर आयु वर्ग के लोग समझ सकें। वस्तु की विशेषताओं पर आधारित वाक्य होने चाहिए।

(iii) विज्ञापन की भाषा ध्वन्यात्मक होनी चाहिए जिससे जनता के बीच वह अपनी अमिट छाप छोड़ सकती है।

(iv) विज्ञापन अपने आप में पूर्ण होना चाहिए जो पूर्ण रूप से जनता को अपनी ओर खींच सके।

(v) विज्ञापन में भाषा के आकर्षण पर विशेष ध्यान देना चाहिए। शब्दों की पंक्तिबद्ध व्यवस्था उपयुक्त एवं सुन्दर होनी चाहिए।

हल सहित प्रश्न

1. '**केशकांति आयुर्वेदिक तेल**' नामक उत्पाद हेतु एक विज्ञापन तैयार कीजिए।

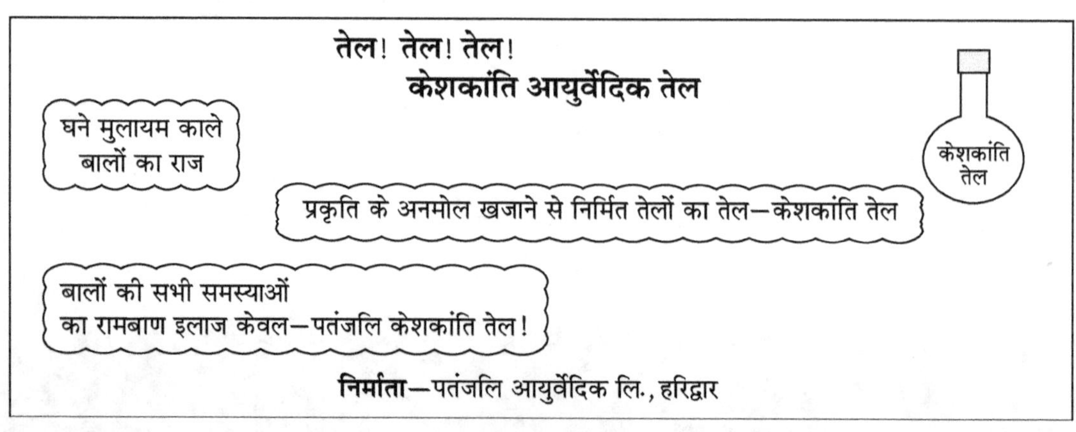

2. अपने विद्यालय की नयी ब्रांच हेतु विज्ञापन तैयार कीजिए।

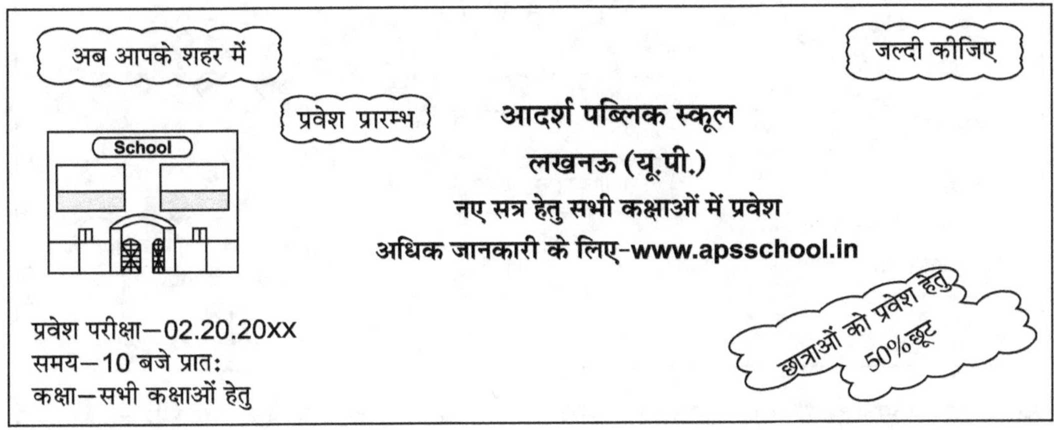

3. नए टूथपेस्ट के लिए विज्ञापन तैयार कीजिए।

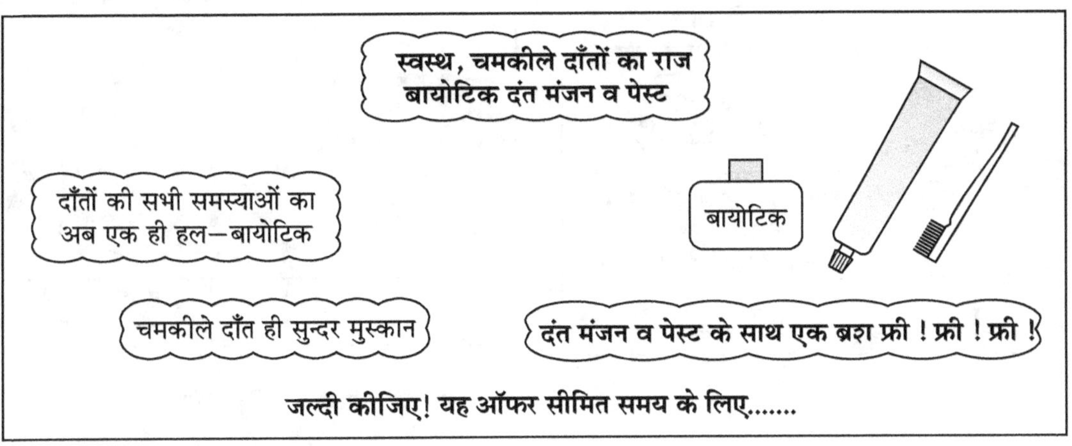

4. घड़ी का विज्ञापन तैयार कीजिए।

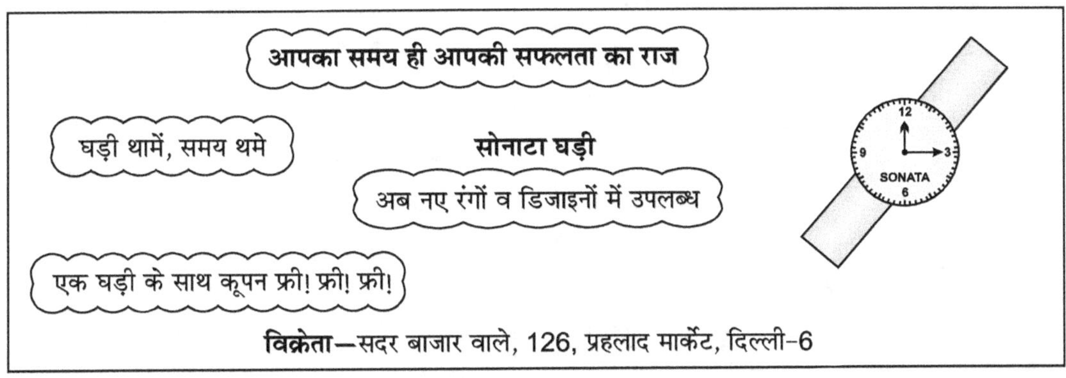

5. क्रिकेट के बल्ले व गेंदों का विज्ञापन तैयार कीजिए।

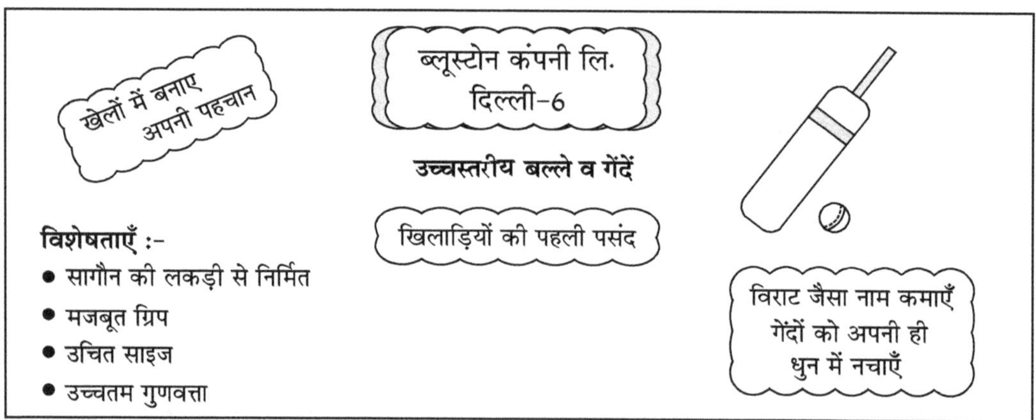

6. टूथपेस्ट बनाने वाली कंपनी के लिए एक विज्ञापन 25-50 शब्दों में तैयार कीजिए।

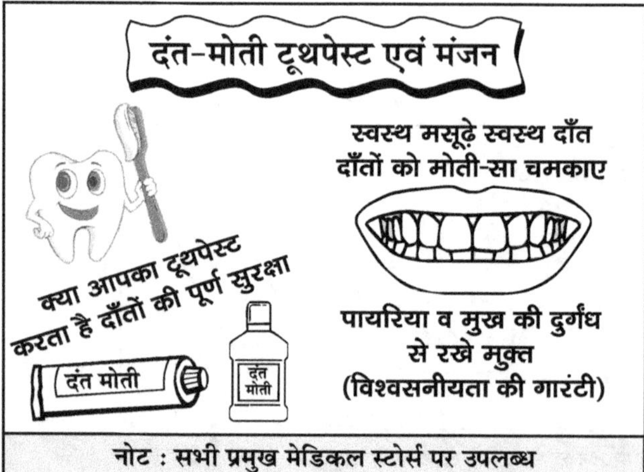

7. पर्यावरण के प्रति जागरूकता बढ़ाने के लिए एक विज्ञापन 25-50 शब्दों में तैयार कीजिए।

8. आपके मुहल्ले में एक संगीत संध्या का आयोजन होने जा रहा है। इसके अधिकाधिक प्रसार के लिए एक विज्ञापन लगभग 25-50 शब्दों में तैयार कीजिए।

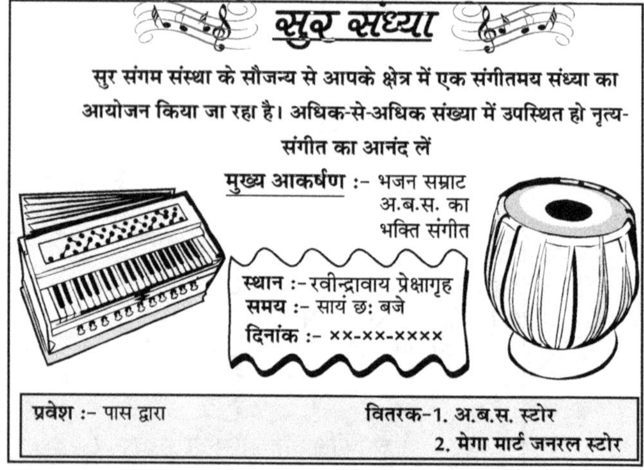

9. 'गणपति मोबाइल रिपेयरिंग सेंटर' नाम से सब प्रकार के मोबाइलों को ठीक करने का दावा करने वाली एक नई दुकान खुली है। इसके प्रचार के लिए एक विज्ञापन लगभग 25-50 शब्दों में तैयार कीजिए।

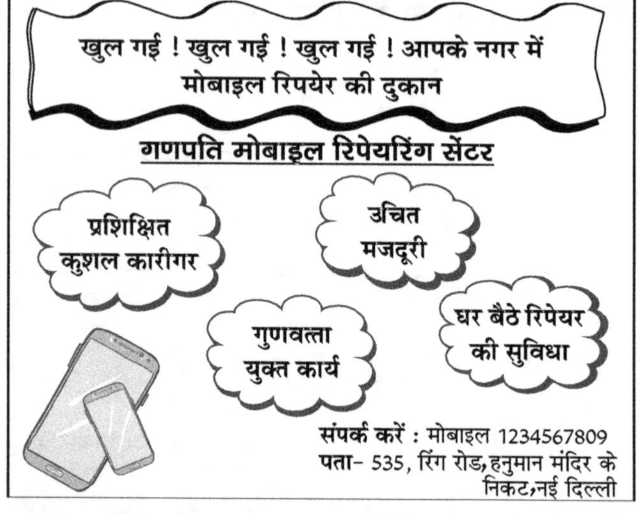

10. विद्यालय में वार्षिकोत्सव के अवसर पर विद्यार्थियों द्वारा निर्मित हस्तकला की वस्तुओं की प्रदर्शनी के लिए एक विज्ञापन लगभग 25-50 शब्दों में तैयार कीजिए।

11. हेलमेट बनाने वाली एक कंपनी के लिए एक विज्ञापन लगभग 25-50 शब्दों में तैयार कीजिए।

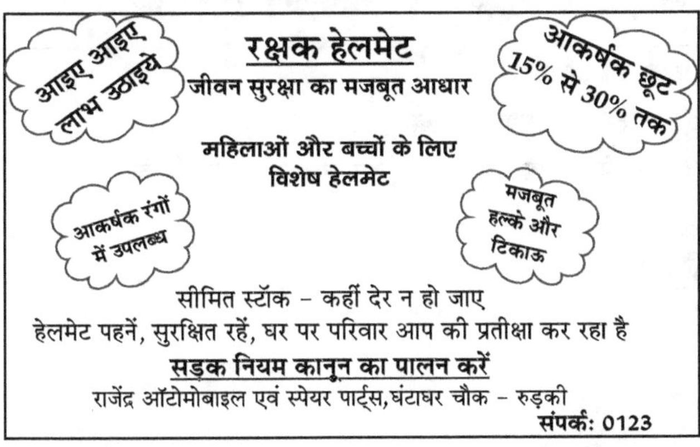

12. नगर में आयोजित होने वाली भारत की सांस्कृतिक एकता प्रदर्शनी को देखने के लिए लोगों को आमंत्रित करते हुए 25-50 शब्दों में एक विज्ञापन तैयार कीजिए।

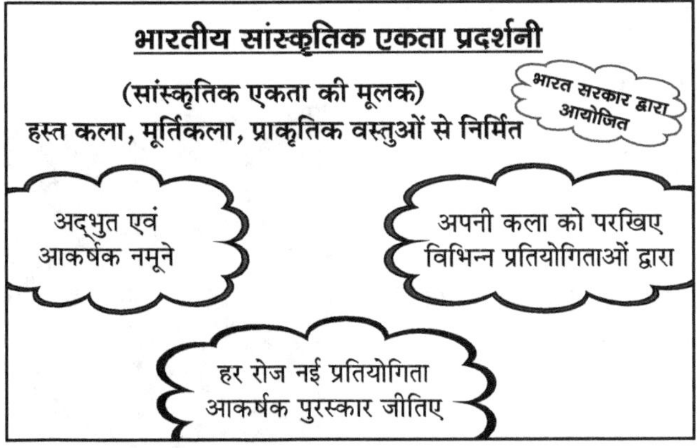

13. प्रदूषण से बचने के लिए जनहित में जारी एक विज्ञापन पर्यावरण विभाग की ओर से 25-50 शब्दों में लिखिए।

14. देश की जनता को 'मतदान अधिकार' के प्रति जागरूक करने के लिए मुख्य निर्वाचन आयुक्त कार्यालय की ओर से लगभग 25-50 शब्दों में एक विज्ञापन तैयार कीजिए।

15. आपके नगर में मिठाई की एक नई दुकान खुली है। इसके प्रचार के लिए एक विज्ञापन लगभग 25-50 शब्दों में तैयार कीजिए।

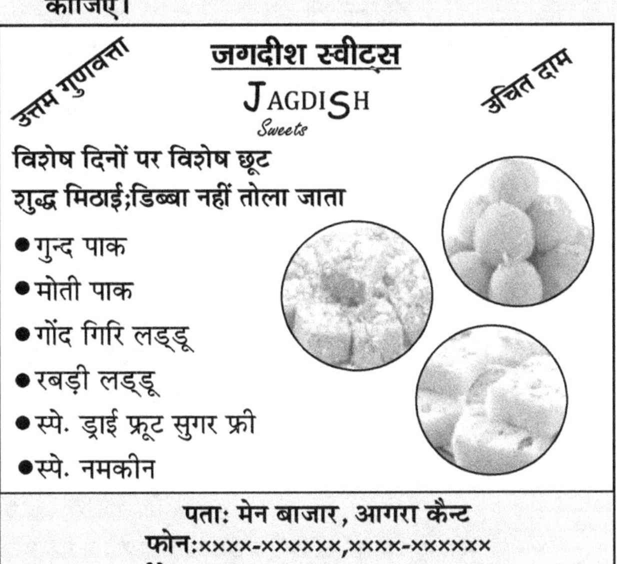

16. आपके शहर में विराट हास्य कवि सम्मेलन आयोजित होने जा रहा है। इसमें देश के प्रसिद्ध हास्य कवि आमंत्रित हैं। इसके प्रचार के लिए विज्ञापन लगभग 25-50 शब्दों में तैयार कीजिए।

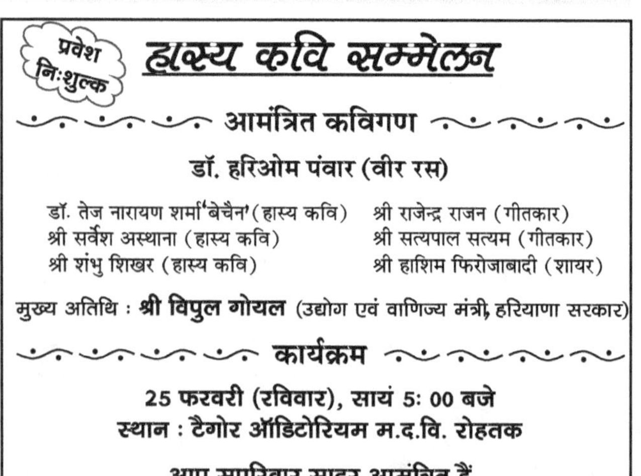

17. रजिस्टर एवं कॉपियाँ बनाने वाली 'रचना कंपनी' के लिए उत्पाद प्रचार हेतु एक विज्ञापन लगभग 25-50 शब्दों में तैयार कीजिए।

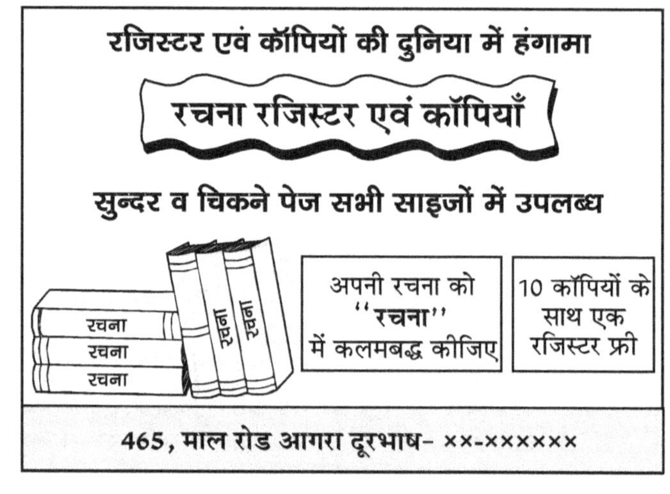

18. पर्यावरण विभाग की ओर से जल-संरक्षण का आग्रह करते हुए विज्ञापन लगभग 25-50 शब्दों में तैयार कीजिए।

जल संरक्षण जीवन का आधार
जल की हर एक बूँद बचाएँ, धरती पर खुशहाली लाएँ

पृथ्वी की सतह पर जो दो-तिहाई जल है उसमें से बहुत कम मात्रा में पीने योग्य शेष है। इसलिए हम सबका कर्तव्य है कि—
वृक्षारोपण करें और वृक्षों के कटाव को रोकें

- ☐ जल स्रोतों को दूषित होने से बचाएँ।
- ☐ वर्षा के जल का संग्रहण करें।
- ☐ पानी व्यर्थ न बहाएँ।

पर्यावरण विभाग द्वारा जनहित में जारी

19. 'रोशनी' मोमबत्ती बनाने वाली कम्पनी के लिए एक विज्ञापन लगभग 25-50 शब्दों में तैयार कीजिए।

रोशनी मोमबत्ती

स्वयं अभ्यास

1. छाते का विज्ञापन तैयार कीजिए—

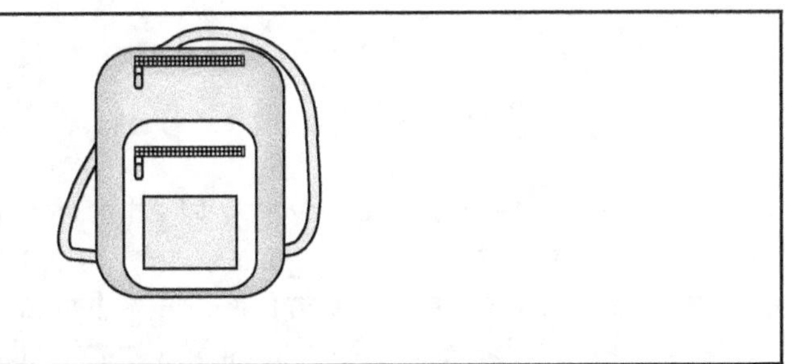

2. टी. वी. का विज्ञापन बनाएँ—

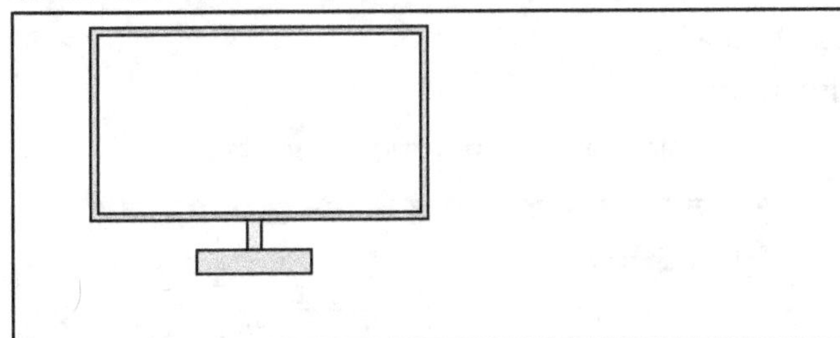

5. 'वाशिंग पाउडर' के लिए विज्ञापन तैयार कीजिए—

3. जेटर पेन का विज्ञापन बनाएँ—

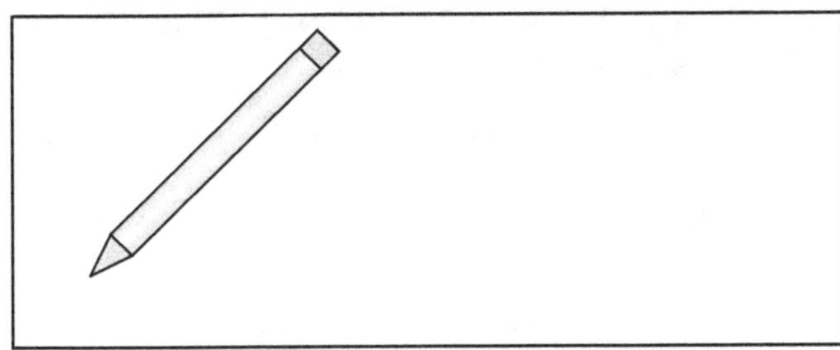

4. बच्चों के स्कूल बैग हेतु विज्ञापन तैयार कीजिए—

अभ्यास प्रश्न

निम्नलिखित विषयों पर अभ्यास करें—

1. टायरों पर विज्ञापन तैयार कीजिए।
2. नए समाचार पत्र के लिए विज्ञापन तैयार कीजिए।
3. किसी नई कार के लिए विज्ञापन तैयार कीजिए।
4. नए मोबाइल के लिए विज्ञापन तैयार कीजिए।
5. शीतल पेय के लिए विज्ञापन तैयार कीजिए।
6. बैंक लोन के लिए विज्ञापन तैयार कीजिए।
7. शीत वस्त्र की सेल हेतु विज्ञापन तैयार कीजिए।
8. ओपो फोन के लिए (मोबाइल फोन) विज्ञापन तैयार कीजिए।
9. लैपटॉप के लिए विज्ञापन तैयार कीजिए।
10. क्रीम (सौंदर्य प्रसाधन) के लिए विज्ञापन तैयार कीजिए।

संदेश लेखन

Chapter
4

संदेश लेखन एक कला है। अपनी भावनाओं को सीमित शब्दों में, सार रूप में दूसरे को प्रेषित करना या पहुँचाना ही संदेश लिखना या भेजना कहलाता है। इस आधार पर 'वह बात या कथन जो लिखित या मौखिक रूप में एक व्यक्ति द्वारा दूसरे व्यक्ति को भेजा गया हो, संदेश कहलाता है।'

संदेश लेखन के प्रकार—संदेश कई प्रकार के होते हैं। किन्तु पाठ्यक्रम में निर्धारित विषय के अनुसार, इन्हें मुख्यत: तीन श्रेणियों में बाँटा गया है—

(क) शुभकामना संदेश—जन्म दिवस, परीक्षा में सफलता, प्रतियोगिता परीक्षा में उत्तीर्ण होने अथवा पदोन्नति आदि के अवसर पर दिए जाने वाले संदेश।

(ख) पर्व अथवा त्यौहारों पर दिए जाने वाले बधाई संदेश— स्वतन्त्रता दिवस, दीपावली, होली, ईद, क्रिसमस आदि पर्वों पर।

(ग) विशेष अवसरों पर दिए जाने वाले संदेश—शोक संदेश, पुण्य तिथि, धार्मिक आयोजन आदि से सम्बन्धित संदेश।

संदेश लेखन का प्रारूप—शब्द सीमा—30 से 40 शब्द।

आजकल संदेश भेजने के लिए हम मोबाइल का प्रयोग करते हैं, जिसमें संदेश के साथ ही भेजने वाले का नाम, दिनांक और समय भी अंकित होता है। किन्तु जब हम किसी कागज पर संदेश लिखते हैं तो हमें उसे चारों ओर से सीमा रेखा में बाँधना होगा। इसके बाद सबसे ऊपर मध्य में संदेश का शीर्षक, उसके नीचे बायीं ओर संदेश भेजने की तिथि और दायीं ओर समय लिखना चाहिए। (यह संदेश के अंत में नीचे भी लिखा जा सकता है), फिर हम जिसे संदेश भेज रहे हैं उनके लिए संबोधन, तत्पश्चात् मुख्य विषय तथा अंत में प्रेषक का नाम अंकित होना चाहिए। संदेश का प्रारूप कुछ इस प्रकार का हो सकता है—

<table>
<tr><td align="center">संदेश/शीर्षक</td></tr>
<tr><td>तिथि
समय
संबोधन
 मुख्य विषय प्रेषक</td></tr>
</table>

ध्यान देने योग्य बातें—

☞ संदेश का भाव पूर्णत: स्पष्ट होना चाहिए अर्थात् जिस उद्देश्य से वह संदेश लिखा गया है पढ़ने वाले को वह समझ आ जाए।

☞ संदेश की भाषा विषयानुकूल, शुद्ध एवं वाक्य छोटे, सरल एवं स्पष्ट होने चाहिए।

☞ विषयानुसार कविता की पंक्तियाँ, दोहे आदि का भी प्रयोग कर सकते हैं।

☞ संदेश लगभग 30 से 40 शब्दों का होना चाहिए।

☞ आवश्यकतानुसार चित्रों और रंगों का भी प्रयोग कर सकते हैं।

कुछ उदाहरण—

1. **मित्र/सखी को जन्मदिन की शुभकामनाएँ देते हुए 30 से 40 शब्दों में संदेश लिखिए—**

<table>
<tr><td colspan="2" align="center">बधाई संदेश</td></tr>
<tr><td>22.03.20XX</td><td align="right">प्रात:– 6:00 बजे</td></tr>
<tr><td colspan="2">प्रिय अभिनव
 जन्मदिन की अंसख्य शुभकामनाएँ मित्र ! 'तुम जियो हजारों साल, साल के दिन हों पचास हजार' ईश्वर तुम्हें स्वास्थ्य, सुख, समृद्धि, यश एवं बुद्धि प्रदान करे। आने वाला प्रत्येक नया दिन तुम्हारे जीवन में अनेक खुशियाँ और अपार सफलताएँ लेकर लाए। समस्त परिवार को बहुत बधाई।
मुकेश</td></tr>
</table>

2. **अपनी छोटी बहन के जन्मदिन पर उसे एक बधाई संदेश 30 से 40 शब्दों में लिखिए—**

<table>
<tr><td colspan="2" align="center">बधाई संदेश</td></tr>
<tr><td>दिनांक : 22-03-20XX</td><td align="right">प्रात:– 6:00 बजे</td></tr>
<tr><td colspan="2">प्रिय बहन लता
 जन्मदिन की असंख्य शुभकामनाएँ 'तुम जियो हजारों साल, साल के दिन हों पचास हजार' ईश्वर तुम्हें स्वास्थ्य, सुख, समृद्धि, यश एवं बुद्धि प्रदान करें। तुम्हारी जीवन बगिया खुशियों के फूलों से महकती रहे। आने वाला वर्ष तुम्हारे जीवन में अपार सफलताएँ लेकर आए।
……………
(सौरभ/स्वाति)</td></tr>
</table>

3. **'शिक्षक दिवस' के अवसर पर अपने हिन्दी शिक्षक के लिए एक भावपूर्ण संदेश 30 से 40 शब्दों में लिखिए—**

<table>
<tr><td>दिनांक : 05 सितम्बर, 20XX</td></tr>
<tr><td> शिक्षक दिवस की हार्दिक बधाई परम श्रद्धेय गुरुदेव
 ज्ञान के दीप से जीवन पथ आलोकित कर दिया आपने हमारा मार्गदर्शन कर जीवन सफल कर दिया॥ आपके द्वारा दिए गए अद्भुत ज्ञान और प्रेरणा के लिए आपका कोटिश: धन्यवाद। आपका प्रेरक व्यक्तित्व हमारे मन में नवीन ऊर्जा का संचार करता है। हम सब छात्र आपके सदैव आभारी रहेंगे।
……………</td></tr>
</table>

4. अपने बड़े भाई को प्रतियोगिता परीक्षा में सफलता प्राप्त करने पर 30 से 40 शब्दों में बधाई संदेश लिखिए—

बधाई संदेश

12.08.20XX   प्रात:- 10:30 बजे

आदरणीय अग्रज

प्रतियोगिता परीक्षा में सफलता प्राप्ति पर आपको हार्दिक बधाई। निश्चय ही यह आपके अथक परिश्रम और निरंतर अभ्यास का परिणाम है। हम सबको आपकी इस उपलब्धि पर बहुत गर्व है। ईश्वर आपको जीवन के हर क्षेत्र में सफलता प्रदान करे।

गौरव/सीमा

बधाई संदेश

15 जून, 20XX   सायं: 5:00 बजे

सोमेश/सुरभि,

परीक्षा में अभूतपूर्व सफलता प्राप्त करने पर हार्दिक बधाई स्वीकार करो। मुझे विश्वास था कि तुम/आप परीक्षा में अवश्य सफल होंगे/होगी......

चरम सफलता पाई तुमने, हमको बड़ा अभिमान है।

माता-पिता का मान बढ़ाया, पाया लक्ष्य महान् है।

आप/तुम सदैव इसी प्रकार उन्नति के पथ पर प्रशस्त रहें/रहो। मिलने पर पार्टी होगी।

आलोक/रीमा

बधाई संदेश

1 फरवरी, 20XX   प्रात:- 8:00 बजे

प्रिय स्वाति/मानव

लक्ष्य प्राप्ति की बहुत-बहुत बधाई। प्रतियोगिता परीक्षा में अभूतपूर्व सफलता प्राप्त करके तुमने अपने विद्यालय ही नहीं परिवार को भी गौरवान्वित किया है। आप/तुम सदैव इसी प्रकार उन्नति के पथ पर प्रशस्त रहें/रहो। सुखद भविष्य की असंख्य शुभकामनाएँ।

माधुरी/सुनील

बधाई संदेश

28 नवम्बर, 20XX   मध्यान्ह:- 2:15 बजे

अमन/शकीला

इम्तिहान में शानदार कामयाबी के लिए बहुत-बहुत बधाई !

मुबारक तुमको कि ये मुकाम पाया है,

अपने हौसलों से हर मुश्किल को हराया है।

दुआ मेरी कि सिलसिला ये दिन-रात चले,

तुम आगे बढ़ते रहो यूँ ही हर मंज़िल मिले।

तुमने अपनी कामयाबी से यह सिद्ध कर दिया कि यदि हम ठान लें तो कुछ भी असंभव नहीं है। अल्लाह/ईश्वर तुम्हें यूँ ही जीवन के हर क्षेत्र में सफल करे।

अशरफ/मीना

---

5. लगभग 30 से 40 शब्दों में नववर्ष का शुभकामना संदेश लिखिए—

संदेश

31 दिसम्बर, 20XX   रात्रि:- 11:55 बजे

....

आपको सपरिवार नूतन वर्ष .... की शुभकामनाएँ और हार्दिक बधाई।

''नव वर्ष का स्वागत करते, पुष्प खिले कलियाँ मुसकाई।
नव बेला में सूर्य किरण भी, खुशियों का संदेश लाई॥
चहकें विहग भोर बेला में, मंद पवन लेती अंगड़ाई।
नए वर्ष में सभी सुखी हों, देते हम सब यही बधाई॥

यह वर्ष आपके जीवन में सुख, समृद्धि, यश, प्रसन्नता और सफलता लेकर आए। आपके सुखद भविष्य की मंगलकामना के साथ........

अ ब स

---

31 दिसम्बर, 20XX   रात्रि:- 12:00 बजे

प्रिय प्रिया,

''अपनों का साथ और दिल में प्यार हो, नए साल की बस यही सौगात हो,
न आए किसी भी आँख में एक आँसू, सब के दिल में खुशी और होठों पर मुस्कान हो।

नूतन वर्ष .... मंगलमय हो। ईश्वर से प्रार्थना है कि नूतन वर्ष आपके जीवन में असंख्य खुशियाँ लेकर आए। आप सपरिवार स्वस्थ, सुरक्षित एवं प्रसन्न रहें।

---

6. दीपावली के पावन पर्व की शुभकामनाएँ देते हुए 30 से 40 शब्दों में एक संदेश लिखिए।

दीपोत्सव मंगलमय हो

5 नवम्बर, 20XX   प्रात:- 9:00 बजे

प्रिय/आदरणीय ....

जगमगाते दीपों से प्रकाशित इस मंगल बेला में विघ्नहर्ता गणेश एवं माँ लक्ष्मी की कृपा आप और आपके परिवार पर बरसे। आपका घर धन-धान्य, सुख-शांति और प्रसन्नता से भर उठे।

दीप से दीप जल गए,

आज अँधेरे सब मिट गए,

आओ हम भी एक दीप जलाएँ,

जो जग के दुःख हर ले और प्रेम का प्रकाश फैलाए।

इन्हीं मंगलकामनाओं के साथ आपको सपरिवार दीपोत्सव की बहुत-बहुत बधाई।

सौरभ/स्मिता

संदेश

25 अक्टूबर, 20XX   प्रात:- 6:00 बजे

प्रिय/आदरणीय ....

''जलाओ दिए पर रहे ध्यान इतना, अँधेरा धरा पर कहीं रह न जाए''

प्रकाश का यह पावन पर्व आपके परिवार में सुख, समृद्धि, वैभव, प्रसन्नता और ईश्वर का आशीर्वाद लेकर आए। ईश्वर आपको शांति, शक्ति, सम्पत्ति, स्वरूप, संयम, सादगी, सफलता, संस्कार, सम्मान और स्नेह प्रदान करे। इन्हीं मंगलकामनाओं के साथ दीपोत्सव की हार्दिक शुभकामनाएँ।

....

---

7. होली के त्यौहार की शुभकामनाएँ देते हुए 30 से 40 शब्दों में एक संदेश लिखिए।

रंगोत्सव की बधाई

4 मार्च, 20XX   सुबह:– 10 बजे

प्रिय.............

मीठी गुजिया और गीतों
की बहार, रंगों की वर्षा
और गुलाल की फुहार।
सूरज की किरणें लाएँ
खुशियों की बौछार, आपको
मुबारक हो होली का त्यौहार॥

आपको प्यार, सौहार्द्र, विश्वास, उत्साह, अपनत्व और उमंग के रंगों से रँगी होली सपरिवार शुभ हो। रंगोत्सव की हार्दिक बधाई और शुभकामनाएँ

....

....

संदेश

25 मार्च, 20XX   प्रात:– 5: 00 बजे

प्रिय/आदरणीय.............

स्नेह के रंगों से भरी पिचकारी और होली की सतरंगी फुहारें आपके जीवन में असंख्य खुशियाँ लेकर आएँ। आपको और आपके परिवार को होली की बहुत-बहुत बधाई।

भाईचारा, स्नेह, समर्पण, सद्विचार, स्नेह, देशप्रेम और दुलार।

इन सात रंगों की रहे आपके जीवन में बौछार, मुबारक हो आपको होली का त्यौहार ॥

इन्हीं शुभकामनाओं के साथ........

....

---

8. ईद का बधाई संदेश

संदेश

20 मई, 20XX   सुबह:– 5:00 बजे

भाईजान/अम्मी.............

ईद मुबारक हो।

अल्लाह आपको ईद के पवित्र मौके पर तमाम खुशियाँ अता फरमाएँ। आपकी हर दुआ कुबूल हो।

"ईद का त्यौहार आया है, खुशियाँ अपने संग लाया है।

सब तरफ फैले अल्लाह का नूर, आपकी हर दुआ हो कुबूल।"

आपको और आपके परिवार को भाईचारे, प्रेम और अमन का त्योहार 'ईद-उल फितर' बहुत मुबारक हो।

अ ब स

इसी प्रकार हम क्रिसमस, गुरु पर्व, ओणम, बीहू, बैसाखी आदि पर्वों पर भी अपने सम्बन्धियों और मित्रों को शुभकामना संदेश भेज सकते हैं।

---

9. किसी प्रियजन के आकस्मिक निधन पर सांत्वना देते हुए अपने सम्बन्धी अथवा मित्र को 30 से 40 शब्दों में संदेश लिखिए।

सांत्वना-संदेश

11.07.20XX   प्रात:– 9:00 बजे

....

यह संसार प्रकृति के नियमों के अधीन है। शरीर नश्वर है, जो इस संसार में आया है समय पूर्ण होने पर उसे जाना ही होता है। प्रभु से प्रार्थना है कि वे दिवंगत आत्मा को मोक्ष एवं शांति तथा शोकाकुल परिवार को धैर्य प्रदान करें। इस दुखद घड़ी में हम सब आपके साथ हैं।

....

सांत्वना-संदेश

13.08.20XX   सायं:– 5:45 बजे

....

आपके .... जी के निधन का दुखद समाचार प्राप्त हुआ। ईश्वर इस दुःख की घड़ी में परिवार को सहनशक्ति, धैर्य और साहस तथा दिवंगत आत्मा को शांति प्रदान करें। इस विषम घड़ी में हम सब आपके साथ हैं।

....

---

10. गणतंत्र दिवस की शुभकामनाएँ देते हुए अपने मित्र को 30 से 40 शब्दों में संदेश लिखिए।

संदेश

20 जनवरी, 20XX   प्रात:– 8:00 बजे

सोमेश/रीना

देश की एकता और अखण्डता के प्रतीक .... वे गणतंत्र दिवस की तुम्हें/आपको सपरिवार हार्दिक शुभकामनाएँ।

इस तिरंगे से ही देश की शान है, ये देश हमारी पहचान है।

न आए अपने वतन पर आँच कभी, बस दिल में यही अरमान है॥

हमें गर्व है कि हम सब भारतीय हैं। देश भर में हर्षोल्लास से मनाए जा रहे राष्ट्रीय पर्व की पुन: शुभकामनाओं सहित।

अ ब स।

---

11. किसी धार्मिक आयोजन की सूचना देते हुए अपने मित्र अथवा संबंधी को 30 से 40 शब्दों में एक संदेश लिखिए।

संदेश

15 जुलाई, 20XX   सांय:– 6:00 बजे

मान्यवर/प्रिय ....

श्रावण के पवित्र मास में दिनांक .... से .... तक प्रतिदिन सायं 4:00 से 6:00 बजे तक मेरे निवास स्थान/प्रसिद्ध शिव मंदिर, घण्टाघर में शिव पुराण तथा भागवत सप्ताह का आयोजन किया जा रहा है। इस अवसर पर पधार कर भक्ति रस का आनंद लीजिए।

....

12. मयंक को अपने पिताजी के मित्र श्री अग्रवाल जी का घर के दूरभाष पर संदेश प्राप्त होता है कि उन्होंने कुछ जरूरी फाइल पिताजी को ई-मेल पर भेजी हैं और उसके पिताजी फोन नहीं उठा रहे हैं। विद्यालय जाने से पूर्व मयंक द्वारा बाजार गई हुई माँ के नाम एक संदेश लिखिए।

संदेश

15.06.20XX   प्रातः- 7:00 बजे

माताजी/रीना

  पिताजी के मित्र अग्रवाल अंकल का फोन आया था। उन्होंने पिताजी को ई-मेल द्वारा कुछ जरूरी फाइल भेजी हैं। आप पिताजी को सूचित कर दीजिएगा। वे अंकल का फोन नहीं उठा रहे हैं। मैं विद्यालय के लिए निकल रहा हूँ।

मयंक

अभ्यास के लिए

1. अपनी छोटी बहन को खेल प्रतियोगिता में सफलता प्राप्त करने पर 30-40 शब्दों में बधाई संदेश लिखिए।

2. अपने मित्र को वाद-विवाद प्रतियोगिता में द्वितीय स्थान प्राप्त करने पर 30-40 शब्दों में बधाई संदेश लिखिए।

3. स्वतंत्रता दिवस की शुभकामनाएँ देते हुए अपने भाई को 30-40 शब्दों में संदेश लिखिए।

4. अपने माता-पिता को शादी के 30 वर्ष पूर्ण करने पर बधाई संदेश 30 से 40 शब्दों में लिखिए।

5. अपने भाई को रक्षाबंधन की शुभकामनाएँ देते हुए 30-40 शब्दों में संदेश लिखिए।

6. मित्र के पिताजी का आकस्मिक निधन होने पर, मित्र को सांत्वना संदेश 30-40 शब्दों में लिखिए।

7. प्रियजन की पुण्य तिथि के लिए, मित्र को 30-40 शब्दों में संदेश लिखिए।

8. घर में सुंदरकाण्ड पाठ के आयोजन की सूचना देते हुए संबंधी को 30 से 40 शब्दों में संदेश लिखिए।

9. मित्र को शोक संदेश 30-40 शब्दों में लिखिए।

10. भगवत गीता पाठ के आयोजन की सूचना देते हुए सम्बन्धी व मित्र को 30-40 शब्दों में संदेश लिखिए।

❏❏